SCEAUX. IMPRIMERIE CHARAIRE ET Cie.

LE
LIVRE DE LA FAMILLE

SCEAUX. IMPRIMERIE CHARAIRE ET Cie.

Bibliothèque du ménage. AUX MÈRES (Connaissances indispensables.)

LE

LIVRE DE LA FAMILLE

(LES PERSONNES ET LES CHOSES. — SAVOIR-VIVRE ET SAVOIR-FAIRE. — MORALE, ÉDUCATION. ÉCONOMIE DOMESTIQUE. — HYGIÈNE. — SOINS AUX ENFANTS, ETC.)

1re PARTIE

Les Personnes : *La femme* (insupportable quand elle est méchante, à vénérer quand elle est bonne). — *L'homme* (être perfectible, le progrès l'améliore). — *L'épouse* (douceur, ordre, travail). — *L'époux* (affection, fermeté). — *L'amour entre époux* (assure seul le bonheur). — *La mère* (emblème de l'affection : quand tous oublient, elle se souvient). — *La fille* (poésie de la maison). — *La sœur* (dévouement). — *Le père* (protection, sollicitude). — *Le fils* (orgueil de la famille.) — *Le frère* (seul ami qui existe). — *Les grands-parents* (heureux ceux qui les possèdent encore). — *La parenté* (définition). — *Le chez-soi* (asile du bonheur. Y être gai, y prier pour le bien-être des personnes aimées et pour la grandeur de la France).

2e PARTIE

Principaux événements de la vie : *Le mariage* traité à tous les points de vue : mariage d'amour, mariage d'argent, mariage entre parents, époux trop jeunes, demande (cour à la jeune fille, cadeaux, contrat), pièces à fournir, consentement, mariage religieux (à l'église, au temple, à la synagogue), mariage des veuves, mariage des demoiselles ayant coiffé sainte Catherine, repas et bal de mariage, voyage de noce. — *La future maman* (hygiène). — *La naissance de bébé* (soins à la mère et à l'enfant). — *La nourrice* (layette, berceau). — *Le baptême et la première communion* (cérémonie religieuse, différents cultes).

3e PARTIE

L'Éducation : *Principes généraux* (la mère seule est capable de bien élever ses enfants). — *Éducation pratique.* — *Enfants gâtés.* — *Éducation religieuse* (qui craint Dieu est sage). — *Éducation morale* (vertus à inspirer, vices à combattre). — *Éducation physique* (donne la hardiesse aux garçons, l'élégance aux filles). — *Éducation patriotique* (parler souvent aux enfants de la grandeur de la France). — *Éducation domestique* (devoirs des enfants envers leurs parents et devoirs des parents envers leurs enfants). — *Éducation des filles* (élever celles qui élèveront, c'est tenir en main l'avenir). — *Éducation des garçons* (courage, énergie).

4e PARTIE

Le savoir-vivre dans toutes les circonstances de la vie (ÉDUCATION SOCIALE). — *Savoir-vivre à l'église* (différents cultes). — *Savoir-vivre en société.* — *Savoir-vivre à table* (savoir manger, savoir boire). — *Savoir-vivre au dehors* (promenades à pied, à cheval, en voiture). — *Voyages en chemin de fer.* — *Traversée en bateau.* — *Savoir-vivre en parlant* (la conversation).

5e PARTIE

Savoir écrire les lettres : Historique de l'écriture et du papier, art épistolaire. Style, orthographe, adresse, modèles fournis par des lettres réellement écrites par les plus grands écrivains dans toutes les circonstances de la vie.

HUIT GRAVURES HORS TEXTE

AVIGNON
SEGUIN FRÈRES, ÉDITEURS
13, RUE BOUQUERIE, 13

PARIS
AUGUSTE PILLET (librairie ancienne et moderne).
25, QUAI VOLTAIRE, 25

AVERTISSEMENT

Il n'y a point d'ouvrage si accompli qui ne fondît tout entier au milieu de la critique, si son auteur voulait en croire tous les censeurs qui ôtent chacun l'endroit qui leur plaît le moins.

(LA BRUYÈRE.)

Il y a des gens qui voudraient qu'un auteur ne parlât jamais des choses dont les autres ont parlé ; autrement on l'accuse de ne rien dire de nouveau. Mais, si les matières qu'il traite ne sont pas nouvelles, la disposition est nouvelle.

(PASCAL.)

Comme un livre sur la famille ne peut être dicté que par les sentiments nobles et délicats, c'est avec une intention passionnée que nous avons tenté de donner à cet ouvrage l'empreinte de ces sentiments. Aux personnes qui voudront bien jeter les yeux sur ces pages — sans l'idée préconçue de vouloir dénaturer les pensées et détourner les mots de leur acception — de juger si nous avons réussi.

Si nous n'avions traité que le côté riant de la vie, nous nous serions moins exposé à la critique, mais, alors, nous n'aurions pas écrit le vrai livre de la famille.

Dans la famille on rit et l'on pleure, on chante et l'on souffre. D'où des tableaux attrayants et des tableaux répulsifs. Mais n'est-ce pas là la photographie de l'humanité?

Il est certain qu'il est plus agréable de s'entretenir des fiançailles de la jeune fille que des obsèques de l'aïeule. Pourtant, en famille, il faut s'occuper des deux.

Quand on traite la vie pratique, il faut parler de tout ce qui est utile, de tout ce qui est indispensable *au bien-être, à la santé, à la vie des personnes de la maison. Et, sous ce rapport, la femme honnête et intelligente aime entendre tout; sa dignité et son bon sens l'empêchent de s'offusquer. Il n'y a que l'*autre *qui fait la* délicate.

Or, est-ce que, crainte de choquer Madame la Délicate *(qui, au fond, ne s'émeut de rien), nous ne parlerons pas de tout ce dont il faut* absolument *s'occuper en famille? Est-ce parce que Madame préfère plutôt poser dans un salon que soigner son mari et ses enfants malades, que nous n'indiquerons pas comment il faut s'y prendre pour soulager les personnes de la maison qui souffrent?*

Est-ce parce que Madame (qui assistait au dernier bal en robe scandaleusement *décolletée) trouve* scandaleux *de parler, en famille, de l'accouchement, que nous n'indiquerons pas les soins qu'il faut donner à la jeune femme?*

Est-ce que, crainte de faire rougir Madame la Maniérée, *nous laisserons souffrir et mourir une mère et son enfant?*

Allons donc!

Du reste, Madame la sus-nommée ne rougit de rien. Tout ce qu'elle en dit ou fait, c'est par hypocrisie. Au fond, rien ne l'émeut, parce qu'elle n'a pas de sensibilité; parce qu'elle est à la femme réellement délicate ce que le tartuffe est au vrai dévot.

Tout en elle est fard et pose, et, par conséquent,... niaiserie. Elle ne peut donc faire autrement que trouver de mauvais goût et impudique ce qui — pour éviter les souffrances et la mort — est dit sur l'accouchement; et de trouver distingué et décent ce qui — pour exciter la corruption — est dit sur les robes décolletées.

Eh bien, Madame, soyez scandalisée autant que vous voudrez, mais vous ne nous empêcherez pas de dire ce qu'il faut faire pour soigner la jeune mère et son enfant : la vie de ces deux êtres sacrés nous est bien plus chère que vos pruderies, soyez-en bien convaincue.

Bien que, dans une encyclopédie, tout soit scientifiquement décrit (sans que le spécialiste soit tenu de signer), tout, dans cet ouvrage, sera traité pratiquement. *C'est-à-dire que n'importe qui pourra faire ce qui est indiqué. On conviendra qu'il eût été absurde de parler dans* « Le Livre de la famille » *de ce que l'on ne dit que dans le livre du savant; qu'il eût été insensé de parler, dans cet ouvrage, de ce qui demande, pour être appris, de nombreuses années d'études et une rare habileté. Ici,* tout *sera à la portée de* tous.

Souvent ce que l'on croit très difficile, parce que l'on n'a jamais osé l'entreprendre, est on ne peut plus aisé. Telle est la délivrance d'une femme en couches. Eh bien, n'importe qui, — à moins d'être l'ineptie personnifiée, — peut, cent quatre-vingt-dix-neuf fois *sur* deux cents, *admirablement bien la réussir. En écrivant ces lignes, nous avons sous les yeux un journal où nous lisons qu'un cocher de fiacre a très bien pratiqué l'accouchement (Madame la Maniérée, ne rougissez donc pas tant!) d'une femme qui avait pris sa voiture pour faire une course. Quelques jours avant, un charretier avait — avec autant de succès — délivré une jeune ouvrière prise du mal d'enfant en traversant le parc de la mairie de Vitry-sur-Seine. Tout récemment, un gendarme a servi d'accoucheur à une femme qui, par hasard, se trouvait seule avec lui dans une diligence, et il a opéré encore bien plus habilement que le cocher et le charretier. D'où nous concluons que l'on peut se permettre de parler de l'accouchement* ordinaire et spontané *sans être sage-femme de première ou de n'importe quelle classe.*

Dans « Le Livre du chez soi », *destiné à être relié avec celui-ci (ouvrage qui traitera absolument* tout *ce qui est indispensable à la* vie pratique, *et tout ce que contient la maison), on trouvera clairement expliqué ce qui peut se faire* pratiquement *pour conserver la santé, pour soigner les malades et secourir les blessés; et tout cela n'est pas plus difficile — pour les personnes sensées — que n'a été impossible au cocher, au charretier et au gendarme la délivrance d'une femme en couches.*

Il nous reste maintenant à dire un mot sur le savoir-vivre *dans toutes les circonstances de la vie : comme il s'agit là d'us et coutumes qui, certainement, varient non seulement de pays à pays et de ville à ville, mais encore de quartier à quartier et de maison à maison, les personnes intelligentes conviendront que — quant aux détails — il ne peut y avoir aucune règle absolue dans ce que nous disons, bien que nous ayons traité la question avec le plus grand soin. « Les usages les plus reçus chez les uns paraissent aux autres ou extravagants ou haïssables », a dit Voltaire. Donc, inutile d'insister à ce sujet.*

Les mots à employer dans la conversation, et surtout dans la salutation, varient encore bien plus que les usages, et sont, parfois, employés en sens inverse. Ainsi, dans plusieurs contrées du midi de la France on dit : « Adieu! comment allez-vous? » *en se rencontrant, tandis que partout ailleurs on ne dit :* « Adieu » *qu'en se quittant. Dans certaines localités on trouve trop cérémonieuse — et on a raison — l'expression archi-rebattue de :* « A l'honneur de vous revoir », *ou, par abréviation :* « A l'honneur » *(ce qui, en effet, est pompeux, souvent ironique, jamais sincère et sent l'obséquiosité des siècles derniers), et l'on préfère dire :* « Au plaisir de vous revoir » ou*:* « Au plaisir », *tout court, ce qui, à coup sûr, est plus sincère et plus simple. Dans d'autres localités c'est le contraire, et — pour justifier l'aphorisme de Voltaire, — on trouve extravagante cette dernière expression qui peut, assurément, partir du cœur, tandis que le :* « A l'honneur » *— qui est affecté et suranné — n'en part jamais. Quand on a* *affaire à des supérieurs, on salue en s'inclinant légèrement sans rien dire. Mais, toutes les fois que la situation sociale permet de manifester le salut par paroles, on doit s'exprimer avec cordialité et non avec flagornerie. Ce n'est pas de l'*honneur *que l'on a à revoir des personnes sympathiques : c'est du* plaisir.

Quand, en saluant, on n'a pas la liberté de dire franchement ce que l'on pense, il vaut mieux saluer en s'inclinant que de débiter des fadaises qui ne sont plus admises.

Du reste, et c'est par là que nous terminons, ce livre s'adresse aux femmes intelligentes, — et celles-là ne posent pas, — et non aux renchéries et aux maniérées, qui, par pruderie, censureraient Dieu lui-même pour son neuvième commandement.

Étant donné que tout ce que l'on peut dire désormais sur la famille ne peut être nouveau que par la forme, — puisque, depuis que le monde existe, on en a parlé dans des milliers de volumes, — la célèbre parole de Salomon : « Il n'y a rien de neuf sous le soleil », *n'a jamais été rappelée aussi à propos qu'en parlant de ce livre. Mais les* **humbles**, *auxquels seuls nous nous adressons, ne pouvant se procurer ces milliers de volumes, nous avons cru leur être utile en résumant tout ce qui intéresse la famille à tous les points de vue.*

Toutes les données concernant les matières contenues dans « Le Livre de la Famille » *(religion, philosophie, morale, éducation, hygiène, savoir-vivre, économie domestique, etc.), ont été puisées aux ouvrages de Xénophon, Confucius, Sénèque, Saint Augustin, Montaigne, Torquato Tasso, Locke, Fénelon, Il padre Flori, J.-J. Rousseau, Aimé Martin, Prevost-Paradol, Mgr Dupanloup, de Lavilleneuve, Paul Janet, Charles Rozan, et de Mmes de Maintenon, de Genlis, Campan, Necker de Saussure, Guizot, Monmarson, Ernestine Wirth, Clarisse Juranville, Marie de Saverny, comtesse de Bassanville, etc., etc...*

AUX MÈRES

C'est pour vous aider dans votre noble mission que nous vous offrons ce livre. Comme on devient de plus en plus savant, et de moins en moins pratique, vous y trouverez, toutes, quelque chose d'utile, car son but principal est de traiter tout ce qui concerne la vie pratique.

« Ce qui fait qu'on goûte médiocrement les savants, a dit un philosophe célèbre, c'est qu'ils ne nous parlent pas assez des choses que nous savons. » Or, ce livre vous plaira parce qu'il ne vise pas à l'érudition, et ne vous parle que des choses que vous savez mieux que nous, et mieux que n'importe qui, car votre cœur vous les répète souvent. Il est le résumé de tout ce qui a été dit des milliers de fois, dans de nombreux ouvrages. Il est le recueil de tout ce qui concerne la FAMILLE, à tous les points de vue (*recueil qui n'avait pas encore été fait*). Vous y lirez donc ce que les grands moralistes (nous les laissons souvent parler) disent relativement aux sentiments de dignité qui doivent guider toutes les personnes de la maison. Vous y lirez tout ce qui a trait à l'éducation et à l'avenir de vos enfants, au bien-être des gens qui vous sont chers, à l'ordre de vos affaires, à la bonne tenue de votre intérieur.

C'est l'idée que tout est toujours trop élémentaire pour les grands érudits qui ont tout appris et rien oublié, et jamais assez pour les personnes modestes — auxquelles ce livre est destiné — qui sont convaincues que la mémoire la mieux douée peut avoir des défaillances, qui nous a fait donner des explications sur des faits et sur des hommes généralement connus.

Tout ce que la mère de famille doit savoir a été traité avec le plus grand soin. Une attention particulière a été portée aux chapitres relatifs au *savoir-vivre* dans toutes les circonstances de la vie, et à l'*Éducation* des filles et des garçons.

Pour rompre la monotonie du style inhérent aux livres du genre de celui-ci, nous avons, parfois, intercalé des anecdotes auxquelles, pour justifier le vieil adage : *il faut mêler l'agréable à l'utile*, nous avons donné le ton le moins grave possible.

Vous trouverez dans cet ouvrage de nombreuses citations. N'ayant pas d'autorité, nous avons eu recours à ceux qui en ont. Nous sentant faible, nous avons cherché des appuis. Vous pouvez donc avoir confiance dans ces pages : elles sont moins notre travail que le fruit de l'expérience et du génie des hommes et des femmes célèbres qui ont écrit des ouvrages immortels sur la famille.

Afin de suppléer à notre insuffisance, nous n'avons

pas hésité à demander des avis et des conseils à des personnes expérimentées et à des spécialistes distingués, qui, tous, avec une bienveillance que nous n'oublierons pas, se sont empressés de nous aider. Nous ne pourrons jamais rien pour eux, mais leur sympathique souvenir restera à jamais gravé dans notre âme. Nous exprimons à chacun d'eux notre vive et respectueuse gratitude. Merci à nos charmantes et intelligentes voisines qui, en véritables *femmes de ménage* adroites et ordonnées, nous ont donné de si utiles renseignements sur l'économie domestique. Merci à la savante doctoresse et habile chirurgienne, si entendue dans les soins à donner aux jeunes mères et à leurs bébés, qui nous a, pour ainsi dire, tracé le canevas des principaux articles de la seconde partie. Merci aux ministres de toutes les religions, aux légistes et aux médecins qui ont bien voulu nous donner les renseignements que nous leur avons demandés. Oui! merci de grand cœur à tous nos collaborateurs : la vanité ne nous empêchera jamais de leur dire : « *Nous vous devons beaucoup.* »

Et maintenant, Mesdames, nous terminons en vous disant que parmi les nombreux paragraphes de ce livre, celui que nous vous recommandons le plus, parce qu'il a trait à la question *de vie ou de mort* de notre Mère à tous, c'est celui que vous rencontrerez tout près d'ici (page 8, chapitre de l'Épouse) et que nous transcrivons ci-après :

« Mais avant de parler de ces sublimes vertus (douceur, prudence), nous devons, maintenant que tous les Français sont soldats, parler d'un devoir que le patriotisme fait placer au premier rang de tout ce que la femme est susceptible de sentir. Ce devoir, c'est d'être courageuse. En se mariant elle a épousé un soldat qui, du jour au lendemain, peut être sur la brèche. Paralyser, par des larmes et par des inquiétudes, l'élan de cet homme, le jour où la France aurait à se défendre, serait bien plus qu'une faiblesse : ce serait un épouvantable forfait, ce serait un crime horrible, car ce serait vouloir détourner un soldat de sa mission sacrée : la *défense de la Patrie.* »

A quoi servirait le titre d'homme bien élevé à celui qui laisserait humilier sa mère?

Toutes les éducations, toutes les bienséances, toutes les fortunes de la terre ne pourraient donner de la dignité à la famille qui — les circonstances l'exigeant — ne ferait rien pour la défense de son pays.

Tout ce que cet ouvrage contient a été minutieusement indiqué dans les deux tables ci-après :

TABLE DES CHAPITRES

PREMIÈRE PARTIE

LES PERSONNES

CHAPITRE IX

La sœur.

CHAPITRE X

Le père.

CHAPITRE XI

Le fils.

CHAPITRE XII

Le frère.

CHAPITRE XIII

Les grands-parents.

CHAPITRE XIV

La parenté.

CHAPITRE XV

Le chez soi.

DEUXIÈME PARTIE

PRINCIPAUX ÉVÉNEMENTS DE LA VIE

CHAPITRE PREMIER

Le mariage.

CHAPITRE II

La future maman

CHAPITRE III

L'accouchement.

CHAPITRE IV

La nourrice.

CHAPITRE X

Éducation des garçons.

QUATRIÈME PARTIE

LE SAVOIR-VIVRE

CHAPITRE PREMIER

Considérations générales.

CHAPITRE II

Savoir-vivre à l'église.

CHAPITRE III

Savoir-vivre en société.

LES VISITES

CHAPITRE IV

Savoir offrir à dîner et savoir-vivre à table.

CHAPITRE V

Savoir-vivre au dehors.

CHAPITRE VI

Savoir-vivre en parlant.

LA CONVERSATION

CINQUIÈME PARTIE

ART ÉPISTOLAIRE

CHAPITRE PREMIER

Historique de l'écriture.

CHAPITRE II

Le papier.

CHAPITRE III

L'écriture des lettres.

CHAPITRE IV

L'orthographe.

CHAPITRE V

Le style.

CHAPITRE VI

Recommandations.

CHAPITRE VII

Formules finales.

CHAPITRE VIII

Signature et adresse.

CHAPITRE IX

Un paquet de lettres.

LA FAMILLE.

LE

LIVRE DE LA FAMILLE

PREMIÈRE PARTIE

LES PERSONNES

I. **La famille.** (Premier besoin de l'homme. Concorde. Travail, doux souvenir.) — II. **La femme.** (Insupportable quand elle est méchante, A vénérer quand elle est bonne.) — III. **L'homme.** (Etre perfectible. Le progrès l'améliore.) — IV. **L'épouse.** (Doit être courageuse, douce, prudente, laborieuse.) — V. **L'époux.** (Doit être affectueux, mais ferme.) — VI. **L'amour entre époux.** (Peut seul assurer le bonheur.) — VII. **La mère.** (Emblème de l'affection. Quand tous oublient, elle se souvient.) — VIII. **La fille.** (Poésie et fleur de la maison. Ne doit pas être coquette.) — IX. **La sœur.** (Susceptible d'un dévouement absolu.) — X. **Le père.** (Se dévoue pour sa famille. Ne doit pas être faible.) — XI. **Le fils.** (Bien élevé, il est l'orgueil de la famille, mal élevé, il en est la honte.) — XII. **Le frère.** (Quand il est bon, c'est le seul ami qui existe.) — XIII. **Les grands-parents.** (On doit les vénérer. Heureux ceux qui les possèdent encore.) — XIV. **La parenté.** (Aimer tendrement les bons parents. Pardonner les autres.) — XV. **Le chez soi.** (Asile du réel bonheur. Y être gai, y lire, y chanter et y prier pour le bien-être des personnes aimées et pour la grandeur de la France.)

CHAPITRE PREMIER

La Famille.

La famille ! Est-il un être sur terre, — à moins qu'il ne soit complètement privé de sensibilité, — chez qui ce mot n'éveille, à tout âge, d'affectueux sentiments ou de chers et inoubliables souvenirs qui, saisissant l'âme, amènent dans les yeux des larmes de regrets ? regrets des personnes aimées que l'on ne verra plus, regrets des jours de jeunesse, regrets des jeux d'enfance et regrets même des moments de turbulence et d'espièglerie, pendant lesquels la bonne maman, impatientée, administrait une correction aussi prompte que méritée.

Le bonheur que la famille procure à l'homme est le seul réel ; c'est le plus profond et le plus intime qu'il puisse goûter. Les affections de la famille sont des sources de joie sans pareilles dont on ne connaît la valeur que quand on est jeté par le sort dans l'isolement. Ce n'est que quand on n'entend plus aucune parole affectueuse, qu'on ne rencontre plus une seule main amie à serrer, que l'on apprécie la vie de famille. C'est l'absence des personnes auxquelles on pouvait ouvrir son cœur, qui fait estimer et regretter le temps heureux où, père et fils, mère et fille, frère et sœur, s'aimaient et se secouraient.

La famille est notre premier besoin ; elle seule nous aide à supporter les amertumes de la vie ; elle seule nous donne des distractions dans l'ennui, des soins dans les maladies, des consolations dans les chagrins.

La dignité, le bon sens, l'intérêt, exigent que l'on reste uni avec les personnes qui font, pour ainsi dire, partie du *soi-même*.

Ce qui doit donc régner, avant tout, dans la famille, c'est l'entente. « L'union fait la force. » Les familles qui parviennent aux grandeurs et à la fortune ont pour devise : *Concorde et travail*.

Dans la famille digne d'estime, les membres que le sort favorise deviennent, naturellement, les bienfaiteurs des membres que le sort oublie. Les forts deviennent les protecteurs des faibles. Les habiles deviennent les conseillers des inintelligents.

Ce qu'il faut surtout éviter, ce sont les procès entre parents. Le partage de vieilles hardes conduit souvent des frères et des sœurs devant les tribunaux dont les portes ouvertes font apercevoir un certain linge duquel on ne devrait s'occuper qu'en famille.

Les procès entre parents annoncent des âmes cupides et viles, et entre citoyens, des êtres insupportables et niais. « Nous autres gens du Palais, disent les huissiers, les avoués et les avocats, nous vivons de la sottise des autres. »

La vanité est aussi une cause de désunion, et même de haine, dans les familles de gens vulgaires. On voit souvent des personnes riches rougir de leurs parents pauvres, et même, les repousser et les renier. On ne doit rougir que des parents malhonnêtes. Les hommes intelligents et corrects qui doivent leur fortune au talent, à la vertu et au travail, et non... au hasard, au lieu de repousser leurs parents, les soulagent.

La trop grande familiarité — qui, au premier coup d'œil, fait croire à une grande affection — contribue, de même que l'égoïsme et la vanité, à amener la rupture entre parents. Le manque mutuel d'égards, les épithètes humoristiques d'abord, grossières ensuite, aigrissent, blessent et, par conséquent, engendrent la haine. Les parents qui s'aiment se respectent.

Dans une famille judicieusement dirigée et au sein de laquelle les enfants reçoivent une éducation propre à leur inspirer des sentiments de délicatesse et de générosité, il ne se produit jamais de dissentiments ni de disputes, parce que les vices dissolvants dont nous venons de parler y sont choses complètement inconnues.

Chercher à rendre les enfants matériellement heureux n'est pas tout. La principale préoccupation des parents doit consister à donner à leurs enfants de bons enseignements et d'excellents exemples, sans quoi ils n'en feront jamais des hommes respectables.

L'enfant est on ne peut plus perfectible. Sans l'éducation, il resterait un être brutal. L'égoïsme l'amènerait à la cruauté : il n'aurait ni instincts moraux, ni sentiments affectueux. Il n'aimerait pas sa famille.

L'éducation seule en fait un homme.

Originairement, la famille se compose du père, de la mère et des enfants. Le mariage de l'homme et de la femme la commence, la naissance des enfants la complète. Elle a pour principe l'amour, et pour but la continuation de la vie.

La femme étant la tige essentielle de la race, étant le

sanctuaire où viennent converger tous les intérêts, toutes les pensées et tous les sentiments, la femme, disons-nous, est, en réalité, l'âme de la famille. Du reste, les mots *femme* et *famille*, — provenant du même radical, — présentent une synonymie telle qu'ils semblent avoir la même signification.

CHAPITRE II

La Femme.

Mlle de Scudéry, une femme poète du siècle de Louis XIV, en parlant des femmes, qu'elle devait bien connaître, a dit ceci :

Contre Job autrefois le démon révolté
Lui ravit ses enfants, ses biens et sa santé.
Mais pour mieux l'éprouver et déchirer son âme,
Savez-vous ce qu'il fit?..... Il lui laissa sa femme.

Et dans le plus saint des livres — la Bible — on lit : « Il vaut mieux demeurer avec un lion et un dragon que d'habiter avec une méchante femme. »

On est donc obligé de croire — puisque c'est prouvé par ces témoignages irrécusables — qu'il y a des femmes insupportables avec lesquelles il est impossible de vivre. Comme nous n'aimons pas ces femmes-là, ce n'est pas pour elles que nous écrivons ce livre. Nous l'écrivons pour les femmes aimables, prudentes et laborieuses dont l'affection encourage, dont l'ordre et l'intelligence font le bonheur de la famille, et dont les soins assidus font du fils d'un simple soldat, d'un modeste employé ou d'un pauvre ouvrier, un homme toujours honnête et distingué, et, parfois, un homme éminent.

Oui! c'est pour ces femmes-là que nous avons travaillé. C'est pour aider ces femmes-là, c'est pour leur rendre plus facile leur sublime tâche que nous avons écrit ces pages. Et nous regrettons bien sincèrement de n'avoir pu faire davantage pour elles, car elles seules sont capables de préparer des hommes susceptibles de concourir à la grandeur de notre chère Patrie.

Avant de parler des attributions multiples de la femme, nous croyons devoir dire un mot de sa personne, un mot de ce doux présent du Ciel dont la parole angélique calme tant de douleurs.

Qui sait ce qu'une femme, au jour de nos tristesses,
Peut inventer de soins, d'amitiés, de caresses,
Pour alléger nos maux, pour calmer nos chagrins.
. . . .
Ce sexe est tout pour l'homme ; il soutient notre enfance,
Il prête à nos vieux ans son active assistance.
Fait pour aimer, pour plaire, et prompt à s'attendrir,
Il nous engage à vivre et nous aide à mourir.

DUCIS.

En effet, l'histoire est remplie de prodiges d'abnégation et de dévouement enfantés par la femme. Toute souffrance afflige son âme, toute misère déchire son cœur. Cette vive sensibilité fait d'elle l'être le plus sympathique de la création.

La femme — comme fille, comme sœur, comme épouse et comme mère — étant l'affection personnifiée, femme et amour sont deux mots inséparables.

C'est pour prodiguer les caresses et pour propager la tendresse que Dieu a fait la femme si affectueuse. C'est pour qu'elle soit le plus ravissant ornement de la vie qu'il l'a dotée de tant de charmes et de tant de beauté. C'est pour qu'elle dirige ses enfants vers le bien et vers le beau qu'il l'a si bien organisée moralement et physiquement.

C'est pour que les chairs délicates et tendres du nouveau-né soient protégées, que Dieu a voulu que la constitution de la femme soit si souple.

C'est pour éviter les amertumes à l'enfant que Dieu a doté la femme d'une inépuisable tendresse.

C'est pour consoler l'homme que Dieu a doué la femme d'une angélique douceur.

Quelle plume sera capable d'écrire combien de fois la voix agréable de la femme a, comme une musique divine, dissipé la mélancolie de l'homme, et répandu du dictame dans son cœur affligé ?

Jeune ou vieille, belle ou laide, la femme remplit, par

ses affectueuses qualités, la vie de l'homme du plus suave bonheur qu'il lui soit permis de goûter en ce monde.

Quand elle a cessé d'émouvoir et d'enivrer par l'attrait de sa jeunesse et de sa beauté, elle devient puissante par ses sentiments exquis, par son tact sûr et délicat, par sa sensibilité vive et persévérante qui s'allient souvent en elle à la justesse du jugement, et qui donnent à sa société intime, à ses conseils fructueux, à ses soins assidus, un prix inestimable.

Ses charmes exercent donc toujours leur puissant empire.

Personnification de la Providence, la femme ne cesse jamais son rôle de bienfaitrice.

Emblème de la sollicitude, elle est au lit de mort du vieillard ce qu'elle était au berceau de l'enfant : tout amour et tout abnégation.

Que l'homme n'oublie jamais cela. Qu'il se dise souvent que si la nature l'a fait plus robuste et plus fort qu'elle, c'est pour qu'il la protège, pour qu'il éloigne d'elle tous les dangers, et non pour qu'il l'asservisse.

Aussi, l'homme que l'égoïsme n'a pas endurci, que la débauche n'a pas dégradé, aime et respecte la femme dans sa sœur, dans sa compagne, dans sa fille, et il la vénère dans sa mère. Celui qui foule au pied cet amour, ce respect et cette vénération est le plus méprisable des hommes.

Reviens de ton erreur, toi qui veux la flétrir.
Sache la respecter autant que la chérir ;
Et si la voix du sang n'est pas une chimère,
Tombe aux pieds de ce sexe à qui tu dois ta mère.

LEGOUVÉ.

CHAPITRE III

L'Homme.

Comme des volumes ne suffiraient pas pour résumer les appréciations — du reste, réciproquement controversées — que les moralistes et les philosophes, les misanthropes et les philanthropes ont faites et font journellement sur l'homme, dont ils disent tant de mal et tant de bien, nous avons pensé qu'il était prudent de ne pas trop s'étendre sur ce sujet.

Nous nous bornerons à dire que l'homme étant perfectible, il n'y a pas lieu d'être pessimiste en l'envisageant, et qu'il faut le considérer comme étant plus apte au bien que disposé au mal.

Il est vrai que les hommes se dévorent encore entre eux; mais, enfin, la civilisation a fait faire à l'humanité d'immenses progrès, et elle continue à la pousser constamment vers le juste et vers le beau.

La civilisation est donc tout pour l'homme. Elle agit sur lui par les habitudes, l'émulation, les idées, l'imitation et même par la perfection physique, car il est prouvé que le corps humain s'embellit en proportion de la marche ascendante du progrès.

Tous les naturalistes qui ont étudié les restes humains ont conclu, d'une manière unanime, que l'homme le plus ancien dont les débris ont été retrouvés et ont pu être examinés, était un être repoussant et hideux.

L'homme primitif, en effet, n'était pas beau, et il n'était pas heureux. Il vivait dans les anfractuosités des rochers, dans les cavernes comme les fauves, et comme eux il ne se nourrissait que du produit de sa chasse; de plus, il était *journellement* en guerre avec ses semblables.

Mais il va sans dire que nous ne faisons pas ici l'historique de l'humanité. Nous ne parlons des temps primitifs que pour bien établir que l'homme doit tout à la civilisation, *tout à l'éducation*.

Tous les êtres possèdent, en naissant, les connaissances indispensables à leur existence. L'homme, lui, est obligé de tout apprendre. S'il ne lui était pas permis de profiter de l'enseignement, il resterait l'être le plus faible, le plus absurde et le plus méprisable de la création.

Sa mission est donc de travailler sans cesse à son éducation et, partant, à son perfectionnement.

CHAPITRE IV

L'Épouse.

Si la rose, en belle saison,
Est l'ornement de tout parage,
La douce épouse est, à tout âge,
L'ange gardien de la maison.

La fille vertueuse et bien élevée apportera, en devenant épouse, la dignité, le bonheur et le bien-être dans sa nouvelle maison.

L'intérieur où brilleront — cent fois plus que les ors de sa dot — son honnêteté, sa grâce et son bon sens, sera toujours un asile de paix et de prospérité.

Quand la douceur découle de l'âme de l'épouse, quand le travail occupe ses mains, quand la prudence dirige ses actes, le foyer conjugal est un paradis.

Douceur, travail, prudence! Y a-t-il une dot matérielle qui vaille ces trésors-là? Non! mille fois non!

Mais avant de parler de ces sublimes vertus, nous devons — maintenant que tous les Français sont soldats — parler d'un devoir sacré que le patriotisme fait placer au premier rang de tout ce que la femme est susceptible de sentir. Ce devoir, c'est d'être courageuse. En se mariant elle a épousé un défenseur de la Patrie, elle a épousé un soldat qui — du jour au lendemain — peut être sur la brèche. Paralyser par des larmes et par des inquiétudes l'élan de cet homme, le jour où la France aurait à se défendre, serait bien plus qu'une faiblesse : ce serait un épouvantable forfait, ce serait un crime horrible, car ce serait vouloir détourner un soldat de sa mission sacrée : *la défense de la Patrie.*

Le devoir le plus saint, la loi la plus chérie,
Est de tout oublier pour sauver la Patrie.

VOLTAIRE.

Donc l'épouse sera courageuse.

Du reste, elle ne pourra pas faire autrement, parce que rien n'est plus à même d'inspirer la bravoure à la femme que l'intrépidité de l'homme qu'elle aime.

Cela dit, revenons à la douceur, au travail et à la prudence :

Le Créateur, en donnant des traits délicats à la femme, a voulu que tout en elle fût aménité, afin que la maison, dont elle est l'âme, soit un séjour de paix, et afin, aussi, d'assouplir le caractère de l'homme, souvent dur et brutal.

Et, en effet, auprès de l'épouse gracieuse et affable — lui prodiguant ses soins et ses sourires — l'homme devient doux, et sa brusquerie se transforme en amabilité.

Si le feu amollit le fer, la *douceur* de la femme assouplit l'homme au caractère le plus rude.

On ne résiste pas au regard enchanteur de la femme douce :

> N'en doutez pas. Oui, la beauté, Madame,
> Ne plait qu'aux yeux : la douceur charme l'âme.
>
> VOLTAIRE.

Par la douceur, les liens de la famille se resserrent de plus en plus, les époux travaillent à la prospérité du ménage; tout réussit et la maison est l'asile du bonheur.

Quand la femme n'est pas douce, l'intérieur est une prison; le mari y reste le moins possible, et, d'après Marguerite de Navarre, il préfère même aller guerroyer au dehors que de rester chez lui. « Les Hébreux défendaient que l'année que l'homme estoit marié il allast à la guerre de paour que l'amour de sa femme ne le retirast des hazards que l'on y doibt sercher (*chercher*). Je trouve ceste loy sans grande raison, car il n'y a rien qui fasse plustost sortir l'homme hors de sa maison que d'estre marié (*marié à femme méchante bien entendu*), parce que la guerre du dehors n'est pas plus insupportable que celle du dedans, et croy que pour donner envye aux hommes d'aller en pays estranger et ne se amuser dans leurs foyers, il les faudrait marier » (*à femme acariâtre*).

Il faut que la femme soit gracieuse et douce, sans quoi la réflexion de La Bruyère : « il y a peu de femmes qui empêchent un mari de se repentir, au moins une fois par jour, d'avoir une femme ou de trouver heureux celui qui n'en a point » serait toujours juste.

C'est par l'amabilité de l'épouse que les sentiments généreux s'acclimatent dans la famille et que les procédés délicats s'y étendent. C'est à la douceur de la femme que l'on doit tout ce qui attache dans la vie, comme c'est à son travail que la maison doit son ordre et son bien-être.

Toutes les chances accourent vers la femme douce qui trouve toujours à s'occuper dans son intérieur. La femme qui aime le *travail* n'éprouve jamais d'ennui, et elle est estimée de tout le monde.

Le travail, en outre de l'aisance qu'il assure, impose un frein aux passions et il procure les plus grandes satisfactions morales que l'on puisse éprouver, car il est considéré, aux yeux de tous, comme une chose honorable et sainte. Il est donc la source du bonheur et de la dignité.

Quelque riche qu'elle soit, l'épouse doit être laborieuse. Elle goûtera alors les éloges qui vont le plus à l'âme : les éloges amenés par les travaux qu'on fait, et non les éloges attirés par les bijoux qu'on porte.

Nous avons eu l'honneur de connaître des femmes — qui étaient la dignité et l'intelligence personnifiées — riches à plus de cent mille francs de rentes, et qui ne restaient jamais une minute inoccupées. Elles ourlaient leur linge, elles faisaient leur chambre, elles taillaient et cousaient leurs robes et celles de leurs filles.

Au moment où nous écrivons ces lignes on nous remet le courrier du matin. Nous ouvrons notre journal et nous lisons ceci : « Les filles de S. M. la reine Victoria (reine d'Angleterre et impératrice des Indes) ne sont pas seulement d'excellentes *couturières*, mais aussi des cordons bleus émérites. Étant encore enfants, elles avaient chacune une petite cuisine installée à leur intention à Osborne où elles apprenaient à préparer *différents plats*, et surtout des pâtisseries. Elles convertissaient en compotes et en sirops les fruits cueillis par elles-mêmes dans leurs propres jardins, et *servaient* des plats à leurs frères princiers, qui faisaient grand honneur, par leur appétit, à *l'art culinaire* des princesses. »

Ces femmes, laborieuses et sensées, pensaient que le travail est tout ce qu'il y a de plus noble sur terre, et se disaient que le malheur frappe tout le monde; que l'on peut devenir pauvre, et qu'alors il est utile de savoir travailler.

« Ma fille, prends l'habitude du travail, non seulement pour te suffire à toi-même sans un service étranger, mais pour que ce travail puisse pourvoir à tes besoins, et que tu puisses être réduite à la pauvreté sans l'être à la dépendance.

« Quand même cette ressource ne te deviendrait jamais nécessaire, elle te servira du moins à te préserver de la crainte, à soutenir ton courage, à te faire envisager d'un œil plus ferme les revers de fortune qui pourraient te menacer.

« Tu sentiras que tu peux absolument te passer de richesses, tu les estimeras moins, tu seras plus à l'abri des malheurs... »

Condorcet (célèbre philosophe).

Malheur à l'épouse que le loisir accable :

> Trop de loisir aux vertus est contraire,
> Qui ne fait rien n'est pas loin de mal faire.
>
> Panard.

Quand tout ment, le travail est sincère, et les profondes jouissances qu'il procure ont tous les enivrements du plaisir.

Dans son cœur, l'épouse qui travaille se sent plus gaie que celle qui ne fait rien, et elle se considère bien au-dessus d'elle.

Consolateur grave et généreux, le travail promet toujours moins qu'il ne donne, et il donne tout.

Ainsi, ma chère Lucile,
Sachez donc que l'Évangile
Dit : « Que dès le grand matin
La femme forte est levée ;
Que par son habile main
Sa maison bien dirigée
Offre partout à notre œil enchanté
L'aspect de l'ordre et de la propreté.
Sur son front la gaîté brille
La paix habite son cœur ! »
Prends ce modèle, ma fille,
Pour arriver au bonheur.

Mme ZÉLIE.

Passons maintenant à une autre vertu qui est aussi nécessaire à l'épouse que celle dont nous venons de parler, car sans elle tous les fruits du travail seraient perdus.

Cette vertu, c'est la *prudence*. La prudence qui fait plus d'heureux que la fortune. Combien de gens fort riches sont malheureux à cause de leur désordre ! Combien de gens ne possédant aucun patrimoine, ni aucune rente, mènent une vie exempte d'embarras et d'angoisses, parce que chez eux tout est réglé, et rien n'est laissé au hasard ! La prudence est la richesse du pauvre et la sauvegarde du riche. Les anciens l'avaient tellement en vénération qu'ils en avaient fait une divinité qu'ils adoraient.

Gouvernail de l'âme, elle empêche de faire ce qui pourrait nuire ; elle fait apercevoir et éviter les dangers et les fautes, et fait connaître et pratiquer tout ce qui est convenable dans la conduite de la vie.

L'épouse se dira souvent que les règles de la prudence l'empêchent de rien entreprendre sans réfléchir, sans avoir pesé ce qui peut résulter de toutes les actions et de toutes les paroles. Que les règles de la prudence l'empêchent de s'entremettre des affaires d'autrui, de s'occuper de ses voisines, de s'ingérer dans ce qui ne regarde ni ses intérêts ni sa réputation, et qu'elles lui commandent surtout d'être discrète.

Les conflits toujours regrettables, et parfois tragiques,

que l'indiscrétion fait naître, nous amènent à consacrer quelques lignes à ce défaut particulier aux femmes.

Mme X... a dit que Mme V... avait dit *ceci* de Mme W... Et ce qui est plus grave, c'est que ce bouleversant propos a été tenu vendredi soir chez Mme Z..., la générale enchef des cancanières du quartier.

Terrible, terrible ! Le mot, qui était une vétille, est devenu une montagne. Là-dessus, haine, et parfois bataille.

La manie de parler domine tellement certaines femmes que, ne trouvant plus rien à inventer contre les voisins, elles racontent tout ce qui se passe chez elles.

La Fontaine (le premier des fabulistes) a peint, comme lui seul savait le faire, le caractère de ces femmes-là.

Un mari, sachant sa femme on ne peut plus bavarde, lui avoue qu'il vient de pondre un œuf, mais il lui recommande de n'en rien dire, autrement, tout le monde l'appellerait poule.

La femme, neuve sur ce cas
Ainsi que sur mainte autre affaire,
Crut la chose, et promit ses grands dieux de se taire,
Mais ce serment s'évanouit
Avec les ombres de la nuit.
L'épouse indiscrète et peu fine,
Sort du lit quand le jour fut à peine levé
Et de courir chez sa voisine :
« Ma commère, dit-elle, un cas est arrivé ;
N'en dites rien surtout, car vous me feriez battre :
Mon mari vient de pondre un œuf gros comme quatre.
Au nom de Dieu gardez-vous bien
D'aller publier ce mystère.
— Vous moquez-vous, dit l'autre : ah ! vous ne savez guère
Quelle je suis. Allez ne craignez rien. »
La femme du pondeur s'en retourne chez elle.
L'autre grille déjà de conter la nouvelle :
Elle va la répandre en plus de dix endroits :
(Il paraît qu'il y avait deux brigades dans cette résidence, et que tout le monde était marié.)
Au lieu d'un œuf elle en dit trois.
Ce n'est pas encore tout ; car une autre commère
En dit quatre, et raconte à l'oreille le fait :
Précaution peu nécessaire
Car ce n'était plus un secret.

Comme le nombre d'œufs, grâce à la renommée,
De bouche en bouche allait croissant,
Avant la fin de la journée,
Il se montait à plus de cent.

La femme bavarde met le trouble chez elle et chez les autres. Tout le monde la fuit. Tout le monde se moque d'elle. Elle perd donc en considération ce qu'elle gagne en ridicule. De plus elle est damnée, car saint Matthieu a dit :

« Je vous déclare, qu'au jour du jugement, les femmes rendront compte de toutes les paroles nuisibles qu'elles auront proférées. »

Décidément les femmes bavardes n'ont pas de chance : la société leur ferme sa porte, et l'Écriture sainte les exclut du Paradis. Eh bien ! qu'elles aillent au diable et n'en parlons plus.

Revenons donc à la femme prudente, à l'épouse sensée qui, seule, fait la richesse et la joie du foyer. Celle-là, trop occupée chez elle, n'a pas le temps de s'inquiéter des voisins. Toutes ses pensées sont pour son intérieur, tous ses soucis pour l'avenir de ses enfants et les affaires de son mari. Celui-ci fera bien de la consulter souvent. L'avis d'une telle femme est toujours précieux. « Éclairée et sensible, dévouée et prudente à la fois, a dit Mme de Rémusat, presque toujours la raison s'applaudira de l'avoir consultée, et l'amour lui apportera une part du succès. Son affectueuse approbation affaiblira l'impression des jugements légers ou sévères, et devancera quelquefois aussi, par l'enthousiasme, cette estime nécessaire que le plus juste n'obtient jamais des hommes aussitôt qu'il l'a méritée. »

Associée à l'existence entière de son mari, cette épouse-là sera la compagne dévouée des bons comme des mauvais moments, et sa tendresse se déploiera de jour en jour avec une sollicitude dont son premier amour lui-même ne possédait pas le secret. Si, accablé par les coups du sort, son mari rentre désolé à la maison, elle réussira, par ses attentions délicates, par ses tendres démonstrations, à faire renaître l'espérance et le courage dans son âme attristée.

Le sourire d'une femme affectueuse ne dissipe-t-il pas tous les chagrins? Si la santé de son mari vient à s'altérer, cette femme sera là, prévenante et assidue, tentant l'impossible pour alléger le mal. Et, en cas d'aggravation, elle encouragera le malade jusqu'au moment où les sanglots l'arrêteront. Alors, les encouragements émaneront d'une autre âme : ils viendront du lit de douleurs, et le mari reconnaissant pourra dire, avec émotion, en parlant de sa garde-malade bien-aimée :

> Au moment où le mal m'accable et me désole
> C'est elle qui gémit et c'est moi qui console.

CHAPITRE V

L'Époux.

> De la femme au cœur pur, au modeste entretien
> L'époux sera toujours le guide et le soutien.

Bien que nous nous réservions de parler encore au chapitre du *Père* de l'autorité que[1], dans l'intérêt général, l'homme doit exercer dans la famille, nous commençons par dire, ici, quelques mots sur cette question de laquelle dépend, à notre avis, aussi bien le bonheur des époux que l'avenir des enfants.

Quand celui qui doit obéir veut commander, c'est l'anarchie.

Nos lectrices — si sérieuses et si sensées — n'admettront donc jamais que la femme soit à même d'exercer des fonctions que la nature a dévolues en propre à l'homme.

Elles savent que leur constitution ne leur permet pas d'exercer le commandement. Vouloir s'emparer de l'autorité serait une prétention ridicule qu'elles n'ont pas. Chacune d'elles — pour son propre compte — aurait horreur de l'interversion des rôles, et nous sommes certain qu'elle serait on ne peut plus humiliée si elle avait pour mari un homme sans caractère et sans énergie. Pas une d'elles, nous en sommes convaincu, ne voudrait avoir une *femmelette* pour époux.

Que de femmes auraient toujours été heureuses si elles avaient trouvé de la force de caractère dans leurs maris! Comme elles les auraient mieux aimés, comme elles les auraient mieux estimés si elles avaient rencontré en eux des hommes énergiques!

Quand l'époux ne possède ni volonté, ni décision, ni virilité, la femme, au lieu de l'aimer, le méprise.

Quand l'époux est faible, tout fléchit, tout va au hasard, et les désordres de tous genres se produisent dans la maison.

La fermeté prévient les défaillances et les écarts, et, par conséquent, fait éviter les fautes.

La femme est comme la vigne : elle sent qu'elle a besoin de s'appuyer. Si elle n'a pas de tuteur, elle tombe.

L'époux sera donc pour elle un soutien inflexible, et un guide affectueux.

Comme il succède au père et à la mère de son épouse, il faut que celle-ci trouve en lui la fermeté et la prudence de l'un, et la sollicitude et la tendresse de l'autre.

Par conséquent, l'autorité du mari sera pénétrée d'affection, et ne se fera discrètement sentir que lorsqu'il aura été impossible de débattre tendrement à deux les questions qui intéressent la famille.

La première assise du mariage est l'entente, mais celle-ci ne peut exister qu'à la condition que chacun des époux reste dans le rôle naturel que Dieu lui a assigné.

Pour que l'harmonie règne entre eux, il faut absolument que les époux pratiquent constamment une tolérance réciproque. Mais que l'époux ne l'oublie pas : la paix, le bonheur et le bien-être de la maison dépendent de lui. « Les bons cavaliers font les bons chevaux, les bons maris font les bonnes femmes, » a dit, avec raison, Abd-el-Kader. Bien que cette comparaison choque, bien que ce rapprochement offusque, il y a dans l'aphorisme du célèbre émir une grande justesse. Pour bien dresser un cheval il faut de la patience, de la prudence et de la fermeté; il faut que le cavalier ne soit ni pusillanime ni brutal, car la rétivité peut aussi bien se trouver au bout de la faiblesse qu'au bout de la cravache.

La vraie docilité s'obtient par l'adresse et non par la force; par la main légère et les jambes près, et non par les saccades et les coups d'éperon. Et la docilité est indispensable. Que dirait-on du cavalier qui, voulant prendre le chemin de droite, serait forcé — par le bon plaisir de Monsieur son destrier — de tourner à gauche?

Quand les rôles sont intervertis, tout va à la dérive. L'usurpateur de la domination court autant de risques que le dépossédé. La culbute est imminente.

L'homme qui, par faiblesse, accepte la subordination alors qu'il doit diriger, se dégrade autant que l'homme qui n'a recours qu'à la brutalité pour imposer son ascendant.

Le brutal et le faible se valent, et leur valeur se réduit à zéro, car l'un et l'autre n'ont de l'homme que le nom.

Pour que la jeune fille (qui, se mariant pour être heureuse, ne demande qu'à bien faire) devienne une femme accomplie, il faut qu'elle trouve dans son mari un tuteur affectueux mais ferme.

Que de fautes seraient évitées si l'époux pensait toujours que la femme a besoin, naturellement, d'un guide permanent et d'un constant appui!

Oh! nous savons bien qu'en parlant ainsi nous nous attirons la haine des *fortes* et la désapprobation des *bons maris*, mais cela ne nous empêche pas d'émettre notre avis.

Le bonheur de la famille, sa fortune et son honneur — nous ne saurions jamais assez le répéter — dépendent de l'attitude du mari envers sa femme. Si, par inertie, il lui laisse la direction de tout; si, par habitude du cercle, du café ou de l'auberge, il la laisse toujours seule; s'il préfère, à sa douce et agréable compagnie, le contact malsain des *piliers d'estaminet*; s'il la force à n'avoir d'autre société que celle des voisins et des soi-disant amis, il peut être sûr que, tôt ou tard, il sera malheureux.

Quand le cavalier a l'imprudente habitude de lâcher les rênes sur l'encolure de son cheval, cheval et cavalier tombent, un beau matin, dans le fossé.

Quand l'époux a l'imprudente habitude de confier les guides à sa femme, femme et époux versent, un beau matin, dans le ridicule.

Il y a des exceptions, dira-t-on. Oui. Mais c'est quand l'homme est une nullité. Du reste, constater l'exception, c'est reconnaître la règle.

La femme — être charmant mais faible — n'est pas faite pour commander. De plus, vouloir accaparer la domination, ne serait-ce pas, de sa part, de la cupidité ? Elle possède déjà deux puissances énormes : la grâce et la beauté avec lesquelles elle nous subjugue. Laisser à l'homme la direction c'est donc la moindre des choses qu'elle puisse faire.

(Vous le voyez, Mesdames ! nous sommes d'une générosité magnanime : sur trois puissances nous vous en cédons deux et nous n'en gardons qu'une, et c'est la moins poétique et la plus pénible des trois.)

La femme sera donc gracieusement soumise à son époux qui, en revanche, sera pour elle tout égards et tout affection.

Le mari qui subit l'ascendant de son épouse est ridicule.

Le mari qui maltraite sa femme est odieux.

L'homme qui se laisse diriger par sa femme est une nullité, mais celui qui abuse de sa force, envers elle, n'est qu'un rustre tout au plus digne de mépris. En effet, on ne saurait voir injurier, brusquer ou frapper une femme (naturellement faible, souvent exténuée par de pénibles travaux, souvent affaiblie par les maladies, souvent épuisée par les douleurs de nombreux accouchements et par les exigences de l'allaitement) sans éprouver un violent dégoût et une profonde répulsion, car c'est une lâcheté et la plus basse de toutes. La belle action d'éclat, hein ! de la part d'un homme fort, de frapper un être faible que l'on sait incapable de lutter! Et dire, à la honte de l'humanité, qu'il existe des brutes qui se font honneur de cette vilenie-là! qu'il y a des hommes assez plats pour tirer vanité de ce bestial exploit!

Après ces violents et hideux personnages qui répandent la terreur dans l'intime asile où la paix et l'amour seuls doivent régner, il y a les non moins répugnants maris — froids, secs et hypocrites — qui, sous des apparences douces et polies, sont la tyrannie personnifiée. Que de larmes, aussi amères qu'ignorées, ces Tartuffes-là font verser à leurs malheureuses femmes!

La tyrannie de l'époux — quelle que soit la forme sous laquelle elle se présente — est la plus terrible de toutes, parce qu'elle est exercée, en permanence et — on peut le dire — impunément par un être fort sur un être faible qui ne peut pas même se plaindre, car les moyens que la femme peut employer pour combattre cette tyrannie sont, pour la famille, des fléaux aussi redoutables que ladite tyrannie elle-même. En effet, la malheureuse femme martyrisée ne peut chercher aide qu'au dehors, ce qui attire les regards sur ses misères intérieures, et, partant, la déconsidération sur tout ce qui la touche de plus près.

Quand elle est contrainte de se faire protéger par les tribunaux, elle fait condamner l'homme dont elle porte le nom, et établit, ainsi, un casier judiciaire au père de ses enfants qui, incontestablement, auront plus tard à rougir et à souffrir de cette flétrissure indélébile.

Donc — et nous ne saurions jamais le crier assez haut — la tyrannie du mari est la ruine et le déshonneur de la famille.

Certes, il y a des femmes insupportables. Certes, la plus belle moitié du genre humain a ses laideurs et n'est pas toujours, hélas! aussi parfaite que nous la présentent messieurs les poètes.

Certaines femmes aussi sont lâches et cruelles. Il y en a qui, sachant leurs maris des hommes au cœur noble, au caractère élevé, et, par conséquent, incapables de les brusquer, abusent de cette grandeur d'âme et en arrivent au manque absolu de respect. Ces femmes-là sont méprisables. Cependant si leurs maris, dès le début du mariage, établissaient dans leur intérieur la suprématie *naturelle*, ils n'en arriveraient pas à se faire cracher publiquement à la figure par leurs femmes. (Nous avons été, un jour, le témoin attristé de cette incongruité dont l'auteur et la victime appartenaient à ce que, dans la société, on est convenu d'appeler le « beau monde ». *Zuze* un peu, dirait le Marseillais, s'ils avaient appartenu au « monde laid » !)

Époux ! si tu n'es pas, chez toi, toujours le maître,
Tôt ou tard tu seras..... ce qu'on ne veut pas être !

CHAPITRE VI

L'amour entre époux.

. . . .
Et moi dans un mot je rassemble
Les plus saints noms et les plus doux,
J'ai mon père et ma mère ensemble
Et mon frère en toi *mon époux !*

Pourvu que ton cœur m'y réponde,
Notre champ est mon univers,
J'ai mon paradis en ce monde
Tant que tes bras m'y sont ouverts.

VICTOR DE LAPRADE.

— Époux, aimez-vous ! Qui dit cela ? L'Évangile.

— Époux, aimez-vous ! Qui redit ces mots ? Le Code.

— Époux, aimez-vous ! Qui les répète ? L'âme et le cœur, la raison et le bon sens.

Loi divine, loi civile, loi humaine, commandent donc aux époux de s'aimer.

Mais, avant d'aller plus loin, nous tenons à faire remarquer ici que l'amour dont nous allons parler est le sentiment pur, inspiré par le charme constant du cœur, et non la passion fugitive inspirée par la beauté attractive du corps. C'est l'amour des âmes, et non l'amour des sens.

L'amour conjugal ainsi compris assure le bonheur et le bien-être de la famille, et, par conséquent, l'avenir des enfants.

Donc, tout ce qui justifie notre existence sur la terre, tout ce qui donne à notre vie sa raison d'être, commande aux époux de s'aimer de cet amour-là. Une union sans lui serait comme un monde sans soleil. L'intérieur où ne réfléchissent pas les rayons radieux de cette divine tendresse est une froide et sombre prison.

Aucun avantage matériel ne peut remplacer l'amour. Lui seul est la base de la vie.

Actes, pensées, sentiments inspirés par l'amour, ne peuvent tendre qu'au beau.

Quand on aime on est heureux, quand on est heureux on est bon.

L'amour est donc le penchant du cœur vers le bien, la marche ascendante de l'âme vers l'esthétique.

« Jamais mon âme ne fut plus grande, plus exaltée, plus belle, que lorsqu'elle se trouvait sous l'empire de l'amour, dit Mme Roland. Dieux ! quelle énergie ! quel ressort ! Persuadée que l'objet de mon affection était au-dessus de tout ce qui existait, jalouse de le mériter par mon élévation, je me sentais capable de ce que l'héroïsme peut faire entreprendre de surprenant et de sublime. »

Combien d'hommes sont parvenus aux richesses et à la célébrité, et qui, au lieu d'ambition, de jalousie ou d'envie d'arriver, n'ont eu pour moteur que l'amour?

En effet, l'amour fait tout entreprendre. Il relève l'homme à ses propes yeux ; donne de la distinction au vulgaire ; rend le paresseux actif et laborieux ; fait de l'indolent un énergique; du maladroit un habile; du borné un intelligent.

Il donne de la délicatesse aux sentiments, de la noblesse au caractère et il atteint à l'apogée de toutes les largesses et de toutes les libéralités en inspirant aux âmes le plus précieux des trésors : le DÉVOUEMENT. Le merveilleux DÉVOUEMENT, qui nous fait trouver en la personne aimée un second nous-même ; le divin DÉVOUEMENT que, ni misère, ni défaut, ni même ingratitude n'arrêtent.

L'amour seul fait qu'un cœur peut, assurément, s'appuyer — arrive qui arrive — sur un autre cœur. Et toute la vie est là. Où en seraient les époux, s'ils ne pouvaient compter l'un sur l'autre? Qu'ils se le disent souvent : Leur mutuel amour est l'unique source de leur bonheur.

Sans amour, il n'y a pas d'entière allégresse et, même, il n'y a pas d'allégresse du tout.

Soyez robuste, soyez puissant, si vous n'aimez pas, si vous n'êtes pas aimé vous êtes malheureux.

Soyez riche à milliards, et rentrez chez vous pour y rencontrer un être qui vous déplaît, un caractère qui vous est antipathique, et puis demandez-vous si votre intérieur est réellement l'asile du bonheur. Ah! comme vous donneriez volontiers les deux et même les *trois tiers* de votre superfluité, de votre *au-dessus du nécessaire*, et même une partie de l'indispensable, pour trouver au logis la personne rêvée dont le regard, le sourire et l'accueil gracieux procurent à l'âme les seules réelles joies qu'elle puisse goûter ici-bas! Jamais, ni splendeurs matérielles (appartements somptueux, mises élégantes, parures de diamants et d'émeraudes), ni titres honorifiques (particules, blasons, grades, décorations, galons) ne procureront les exquises joies que font éprouver les manifestations affectueuses de l'être aimé.

Quel bien, quel bien, dis-moi, vaut le charme suprême
D'entendre l'être aimé dire tout bas : « Je t'aime? »
L'amour est le premier des bonheurs à nommer,
Car le plus grand bonheur, c'est le bonheur d'aimer.

Et, — nous tenons à le redire, — ce n'est pas par la satisfaction matérielle, fiévreuse et furtive des sens, que l'amour nous rend heureux. Oh non! car tout être animé — aussi dégradé qu'il soit — est obligé d'obéir à la loi naturelle. L'amour ne nous rend heureux que par l'exquise délectation de notre âme mise en contact permanent avec l'âme de la personne aimée; que par l'enivrant plaisir de pouvoir, à chaque instant, porter notre regard sur des yeux adorés au fond desquels on lit dans l'âme sœur : « *dévouement absolu* »; que par le sentiment tendre et noble qui ravit l'âme et assure la félicité.

« Assure la félicité. » Cela paraît hyperbolique, n'est-ce pas? Eh bien, ce ne l'est pas. Les époux qui s'aiment sont heureux. Et ils seront heureux pendant toute leur vie, car le sentiment qui les unit est sérieux et profond. L'amour entre époux n'a rien de commun avec l'amour au bandeau de la mythologie. L'amour entre époux a la jouissance de ses yeux. Il voit tout. Lui et la raison, comme l'a dit Pascal, « c'est la même chose ». Il n'a donc pas d'égarements désordonnés. Il est l'amour constant, il est l'amour sans ailes.

(Du reste, — nous disons ceci entre parenthèses, — on est on ne peut plus injuste envers l'amour au bandeau des poètes. Ce cicerone des cœurs, — aveugle comme il est, — devrait conduire sans cesse au fin fond de tous les abîmes. Voyons! franchement! Que sont ses écarts comparés aux emportements vertigineux de l'ambition, de l'orgueil et de la cupidité? Des sauts d'enfant. On ne devrait donc jamais — pas même en riant — dire un mot de blâme contre l'amour, contre ce divin sentiment du cœur humain. On lui jette la pierre parce qu'il occasionne par-ci par-là quelques malheurs. Mais on se garde bien de compter les bonheurs qu'il procure. Les malheurs qu'il occasionne! La belle affaire! Mais les autres sentiments en occasionnent cent fois plus, et ils sont mille fois plus horribles. Si l'on était reconnaissant on devrait — en souvenir de ses joies — préférer ses peines aux plaisirs des autres passions.

Mais, qui sait? Ce sont peut-être ceux qui l'aiment beaucoup (qui aime bien châtie bien) qui crient le plus contre lui. En réalité tout le monde l'aime, et on a raison. N'est-il pas le concert harmonieux des âmes, n'est-il pas la plus charmante et la plus embaumée des fleurs du printemps de la vie?)

Mais revenons à l'amour conjugal qui, lui, n'a ni extases ni ivresses, attendu qu'il s'attache aux qualités du cœur, et non aux perfections physiques. C'est pour cela qu'il fait trouver du charme, non dans les beautés du corps, mais dans les vertus de l'âme.

L'amour conjugal ne naît pas de la passion violente qui s'éteint, mais de l'estime qui grandit. De là ces égards et ces dévouements mutuels qui rendent l'existence si agréable et qui ne cessent qu'avec la vie. De là la disposition d'être prêt, à toute heure, à tous les sacrifices. De là l'abnégation la plus sincère et la plus absolue. De là le désir de prendre pour soi les maux de l'être aimé. De là la faculté de souffrir — comme l'a si bien dit Mme de Sévigné — à la poitrine de la personne chérie, comme si c'était notre propre poitrine. De là ces soins affectueux qui font que l'on se doit réciproquement la santé et la vie.

Dans les tourmentes perpétuelles de l'existence humaine, que deviendraient les époux s'ils ne s'aimaient pas? Pères et mères n'étant plus là, à qui ouvriraient-ils leur cœur meurtri? Qui les consolerait? Qui les encouragerait?

C'est surtout quand on a supporté longtemps ensemble des chagrins et des peines que l'amour s'accroît et devient plus stable et plus profond.

« L'amour, a dit Mme Cottin, a besoin pour être vif et durable, que la douleur lui prête quelquefois ses larmes. »

Ce ne seront donc pas quelques moments de tristesse qui empêcheront les époux qui s'aiment d'être heureux.

Et malgré les vicissitudes de la vie, — à cause même de ces vicissitudes, — ils ne cesseront jamais de remercier Dieu de les avoir unis.

CHAPITRE VII

La Mère.

> Oh! l'amour d'une mère, amour que nul n'oublie,
> Pain merveilleux que Dieu partage et multiplie!
> Table toujours servie au paternel foyer!
> Chacun en a sa part et tous l'ont tout entier.
>
> V. Hugo.

« *Une Mère!* a dit Mgr Dupanloup, c'est ce qu'il y a de plus auguste, de plus vénérable et de plus sacré sur la terre; *une mère!* c'est cette faible et sublime créature choisie par le plus merveilleux des privilèges, et associée par le Dieu du ciel et de la terre, à la Providence suprême, pour continuer l'œuvre admirable de la création! On l'a dit, et cela est vrai : la couronne de la dignité maternelle est belle et sainte; cette couronne descend des cieux, c'est Dieu qui la dépose sur le front de la femme, et quand rien ne la flétrit, elle est plus belle que celle des rois! Enfin *une mère*, c'est le reflet le plus vif et le plus touchant de votre miséricorde, ô Seigneur! et de votre puissance. »

L'amour de la mère pour ses enfants est l'affection la plus sincère, la plus énergique et la plus sublime que la femme puisse éprouver.

Commençant au berceau, résistant à tout, même à l'ingratitude, et allant plus loin que la tombe, l'amour de la mère pour ses enfants est le sentiment le plus constant et le plus pur du cœur humain.

Quand sœurs et frères insouciants ou égoïstes, oublient, quand épouses et maris frivoles ou ingrats abandonnent, elle — la bonne et vieille maman — se souvient. Elle prodigue ses soins à l'adulte au lit de douleur, avec le même dévouement qu'elle a soigné l'enfant au berceau. Pour soutenir, pour guider, pour aider l'enfant qu'elle a porté dans son sein avec tant de fatigue, et pour lequel elle a sacrifié fraîcheur et beauté, elle est capable de tous les courages et de tous les sacrifices. Pour cet enfant, l'affection déborde de son cœur comme le lait déborde de sa mamelle.

Les premiers sourires et les premiers bégaiements, les premiers pas et les premiers succès de son enfant sont, pour elle, autant de circonstances de bonheur sans égal; aucun bien-être matériel ne lui cause une félicité aussi parfaite.

Qui pourra jamais décrire sa joie lorsque le bonheur sourit à ses filles, lorsqu'un rayon de gloire illumine le front de ses garçons?

L'influence bénie de la mère, ses bons conseils, ses douces leçons, sont plus profitables à l'enfant que n'importe quel enseignement scientifique. Tout homme qui a laissé et qui laisse journellement derrière lui des travaux impérissables, qui laisse derrière lui les traces de sa fortune, de son talent ou de son génie, est l'ouvrage de sa mère.

Et, en effet, qui réussirait mieux que la mère à former l'enfant? Elle seule est susceptible de le bien diriger, car elle seule connait les moindres mouvements de son âme. Elle seule sait ce qu'il faut combattre ou corriger, stimuler ou tempérer en lui. Que d'hommes écrasés par l'insuccès dans leur premier âge sont parvenus aux grandeurs ou à la fortune par les encouragements de leurs mères? Qui aimera le malheureux, si sa mère ne l'aime pas? Qui essaiera de ramener l'incorrigible si elle n'essaie pas? La mère ne se rebute jamais. Quand ses paroles échouent, ses prières triomphent.

Ah! ils sont bien malheureux ceux qui sont privés de la judicieuse et protectrice direction maternelle! Direction qui est le soutien inflexible sur lequel le fils s'appuie jusqu'à ce qu'il puisse se diriger lui-même, sur lequel la fille se repose jusqu'à ce qu'elle s'attache à un mari. Soutien inflexible qui, peut-être, ne sera jamais remplacé. Qui peut, en effet, vous assurer, jeunes gens et jeunes filles, que vous trouverez, dans vos liaisons futures, un dévouement aussi absolu que le dévouement de votre mère? Ah! il y en a plusieurs parmi vous, — soyez-en bien convaincus, — qui, après le dernier baiser de leur mère, ne recevront jamais plus de leur vie aucune marque sincère d'affection? Donc aimez, aimez votre mère puisque son dévouement seul vous est assuré. Aimez-la. Elle ne repousse aucun de vous. Aucun de vous n'est exclu de sa tendresse. Elle est heureuse de vos joies, elle souffre de vos douleurs. Elle ne rebute ni l'infirme, ni le disgracié, ni l'incapable, ni le faible. Elle a pour vous tous des trésors inépuisables de sollicitude et d'adresse. Quand on la croit à bout de ressources elle imagine de nouveaux moyens. Par ses habiles insinuations elle dirige le pervers vers le bien et vers le juste. Combien d'enfants vicieux et méchants, secs et endurcis au mal, prenant à tâche de répondre à l'affection par l'ingratitude, ont senti leur cœur s'éveiller au contact vivifiant de la sollicitude maternelle? Et quand, par hasard, elle n'a pas pu réussir, que de larmes amères elle a versées sur le malheureux qu'elle n'a pu sauver!

Quand tout en ce monde condamne et flétrit, la mère seule plaint et console.

> Maudit avec raison par tout le genre humain,
> Ta mère t'a pleuré, fratricide Caïn!

CHAPITRE VIII

La Fille.

La fille est la poésie et la fleur de la maison.

Ses sincères expansions, ses tendres caresses, sa douceur et sa gentillesse poétiques en font l'être le plus sympathique et le plus chéri du foyer.

Qui ne serait touché par les accents mélodieux de son angélique voix, et par le charme enchanteur de son exquise beauté?

Elle est la plus belle de toutes les belles productions du

Créateur, et Stahl n'a rien exagéré en disant que les roses sont jalouses de sa fraîcheur, le myosotis de son amabilité, le jasmin de sa grâce, et la pervenche de sa tendresse et de sa suavité.

En effet, il n'y a rien sur terre d'aussi charmant qu'une jeune fille.

Quand, toute petite et mignonne, elle va dans la maison, — les bras ouverts, le regard joyeux, la lèvre chargée de baisers,—embrasser, l'une après l'autre, toutes les personnes de la famille, elle est bien l'emblème de l'affection dans son éclat le plus radieux.

En grandissant, — si elle laisse aller d'elles-mêmes les grâces dont elle est douée, — elle est l'orgueil des siens et l'admiration de tous ceux qui la voient.

Quand elle sera devenue demoiselle, — si elle ne tire aucune vanité des dons qu'elle a reçus de la nature, — elle sera l'objet de l'estime universelle.

Elle ne sera donc pas orgueilleuse. Elle restera toujours modeste et simple. Elle ne fera jamais parade ni de sa beauté ni de son esprit. Elle ne cherchera jamais à éblouir ni à éclipser. Une jeune fille ne doit pas en imposer : elle doit ravir et charmer.

Mais reconnaissant que pour traiter un sujet si délicat, nous avons besoin d'aides, au lieu de continuer à parler, nous allons *lire*. Nous allons lire les maîtres immortels, à l'autorité incontestable, qui ont si éloquemment développé les qualités de la *jeune fille accomplie*.

« Mlle Herminie est assez grande..... Elle ne craint ni la chaleur, ni le hâle, et les plus longues promenades ne l'épouvantent pas..... Quand Herminie a relevé sur son peigne la forêt de cheveux qui couvre sa tête..... on la trouve charmante, et on ne se figure pas que des fleurs, des perles ou des diamants puissent ajouter à sa beauté. — Sa conversation est simple et facile, et on ne se douterait pas qu'elle connaît nos meilleurs auteurs; mais, dans l'occasion, elle s'anime, et la finesse de ses traits trahit son secret. Aussitôt qu'elle s'en aperçoit, elle rougit, ses yeux se baissent, et sa rougeur prouve sa modestie..... Elle n'a point négligé les travaux de l'aiguille, sources de jouissances bien innocentes et ressources toujours prêtes contre l'ennui ; elle travaille comme une fée..... »

BRILLAT-SAVARIN,
Magistrat et littérateur, mort en 1826.

« Je n'ai encore rien vu de l'âge de Mlle de Farre qui lui ressemble ; il n'en fut jamais de si agréable.... Il est question ici d'un charme à part, de je ne sais quelle gentillesse qui répand dans les mouvements, dans le geste même, dans les traits, plus d'âme et plus de vie qu'ils n'en ont d'ordinaire... Mlle de Farre, avec la finesse et le feu qu'elle avait dans l'esprit, écoutait volontiers en grande compagnie, y pensait beaucoup, y parlait peu..... Je ne lui ai jamais rien entendu dire qui ne fût bien placé et de bon goût..... Elle avait une sagacité de sentiments prompte, subite, naïve, une grande noblesse dans les idées, avec une âme haute et généreuse, mais mêlée de je ne sais quelle douceur qui la rendait très aimable..... »

MARIVAUX,
Littérateur, mort en 1763.

« Sophie est bien née, elle est d'un bon naturel; elle a le cœur très sensible..... Elle sait tirer parti de ses défauts mêmes, et si elle était plus parfaite elle plairait beaucoup moins..... Sophie n'est pas belle, mais auprès d'elle les hommes oublient les belles femmes, et les belles femmes sont mécontentes d'elles-mêmes. A peine est-elle jolie au premier aspect, mais plus on la voit et plus elle s'embellit; elle gagne où tant d'autres perdent, et ce qu'elle gagne elle ne le perd plus..... Sans éblouir, elle intéresse, elle charme, et l'on ne saurait dire pourquoi... Sophie aime la vertu; cet amour est devenu sa passion dominante. Elle l'aime parce qu'il n'y a rien de si beau que la vertu; elle l'aime parce que la vertu fait la gloire de la femme, et qu'une femme vertueuse lui paraît presque égale aux anges; elle l'aime comme la seule route du vrai bonheur, et parce qu'elle ne voit que misère, abandon, malheur, ignominie dans la vie d'une femme déshonnête; elle l'aime enfin, comme chère à son respectable père, à sa tendre et digne mère..... Sophie sera chaste et honnête jusqu'à son dernier soupir; elle l'a juré dans le fond de son âme, dans un temps où elle sentait déjà tout ce qu'un tel serment coûte à tenir; elle l'a juré quand elle en aurait dû révoquer l'engagement, si ses sens étaient faits pour régner sur elle... Elle méprise surtout le petit jargon de la galanterie. Elle sait bien que l'homme qu'elle cherche n'a pas ce jargon-là... La haute opinion qu'elle a des droits de son sexe, la fierté d'âme que lui donne la pureté de ses sentiments, cette énergie de la vertu qu'elle sent en elle-même, et qui la rend respectable à ses propres yeux, lui font écouter avec indignation les propos doucereux dont on prétend l'amuser. Elle ne les reçoit pas avec une colère apparente, mais avec un ironique applaudissement qui déconcerte, ou d'un ton froid auquel on ne s'attend point. Qu'un beau Phébus lui débite ses gentillesses, la loue avec esprit sur le sien, sur sa beauté, sur ses grâces, sur le prix du bonheur de lui plaire, elle est fille à l'interrompre, en lui disant poliment : « Monsieur, j'ai grand'peur « de savoir ces choses-là mieux que vous; si nous n'avons « rien de plus curieux à dire, je crois que nous pouvons finir « ici l'entretien. »

J.-J. Rousseau,
Grand philosophe et grand écrivain, mort en 1778.

« Antiope est douce, simple, sage; ses mains ne méprisent point le travail; elle prévoit à tout; elle sait se taire, et agit de suite sans empressement; elle est à toute heure occupée; elle ne s'embarrasse jamais, parce qu'elle fait chaque chose à propos; le bon ordre de la maison de son père est sa gloire, elle en est plus ornée que de sa beauté.... Elle s'est rendue aimable à toute la maison; c'est qu'on ne trouve en elle ni passion, ni entêtement, ni légèreté, ni humeur, comme dans les autres femmes..... Son esprit, non plus que son corps, ne se pare jamais de vains ornements; son imagination, quoique vive, est retenue par sa discrétion; elle ne parle que pour la nécessité, et, si elle ouvre la bouche, la douce persuasion et les grâces naïves coulent de ses lèvres..... Ainsi Antiope, sans prendre aucune autorité et sans se prévaloir de ses charmes, maniera un jour le cœur de son époux, comme elle touche maintenant sa lyre quand elle en veut tirer les plus tendres accords..... Antiope ne prendra jamais pour époux qu'un homme qui craigne les dieux, et qui remplisse toutes les bienséances. »

FÉNELON,
Grand écrivain, célèbre archevêque, mort en 1715.

CONSEILS D'UN PÈRE A SA FILLE

Ma fille, tu grandis; en sortant de l'enfance,
Quittes-en les défauts, gardes-en l'innocence.
Aimable et cher objet de mes plus tendres soins,
Ton amour est pour moi l'un des premiers besoins.
Puisqu'à dix ans, — telle est ta précoce sagesse, —
Un discours sérieux te plaît et t'intéresse,
Écoute des avis dont dépend ton bonheur :
Ainsi que ton esprit je dois former ton cœur.
Aux travaux de ton sexe, aux détails du ménage,
Prélude, en imitant la mère la plus sage.
Règle, dans son essor, ta curiosité;
Qu'elle soit naturelle et sans malignité.
De tout ce qu'en secret tu vois ou faire ou dire,
La vertu te défend de chercher à t'instruire.
Pour ton repos, tes mœurs, même pour ta santé,
Garde, comme un trésor, ton ingénuité.
A ce Dieu, qui d'un souffle anima la matière,
Offre, soir et matin, tes vœux et ta prière.
Aux auteurs de tes jours, obéir est ta loi;
Exécute à l'instant ce qu'ils veulent de toi.
Dans ta soumission, un retard, un murmure,
En blessant leur amour, outrage la nature.
Respecte la vieillesse et ses infirmités,
Ne plaisante jamais de ses difformités.
Dans un corps contrefait soupçonne une belle âme :
Le vice seul est laid, et mérite le blâme.

Brille par la décence et par la propreté;
Tout autre luxe est fard et ternit la beauté.
Des besoins d'un ami que ton cœur t'avertisse.
Dois-tu le reprocher, ne rends pas un service.
N'écoute ni ne tiens d'immodestes propos;
Garde-toi de l'orgueil, c'est le vice des sots.
On refuse l'éloge à qui s'en montre avide;
On aime le talent, mais modeste et timide.
Écoute, observe tout; tais-toi, si l'on médit;
Dans cette occasion le silence est esprit.
De dégoûts, de regrets et de douleurs suivie
La folle intempérance abrégerait ta vie;
Que la sobriété préside à tes repas,
Et de la propreté ne te départis pas.

. . . .

La louange corrompt, préfère la censure;
Son utile secours rendra ta marche sûre.
A plaire cherche moins qu'à te faire estimer :
On s'expose au mépris quand on veut trop charmer.
A ta promesse sache être toujours fidèle;
Garde bien un secret; défends-toi d'un faux zèle.
Rends le bien pour le mal; use sans abuser;
Sans engoûment admire; abstiens-toi de railler.
Aux calomniateurs réponds par le silence.
On est fort quand on a pour soi sa conscience.
Stérile est la pitié qui s'exhale en discours;
A qui souffre sois prompte à donner du secours.
Oppose le pardon à l'injure, à l'offense,
Le calme à la colère, au mal la patience;
De la vengeance enfin, étouffe tout désir :
Haïr est un tourment, aimer est un plaisir.
C'est un devoir sacré que la reconnaissance;
Aucun âge, aucun titre, aucun temps n'en dispense.
Plains l'ingrat, il trahit ses propres intérêts;
Pour lui seul, à leur source il tarit les bienfaits.
Des efforts que sur soi l'on arrive à se faire,
L'inestimable prix est un bon caractère.
Seule, es-tu sur le point de mal faire, dis-toi :
« Dieu remplit l'univers, il a les yeux sur moi. »
Près des maux qui pourraient éprouver ta constance,
Dieu, pour te consoler, a placé l'espérance.
L'espérance! Sans elle, à mourir destiné,
L'homme jouirait-il du bonheur d'être né?
Si... (Combien cette idée alarme ma tendresse!)

Si tu tombais un jour dans l'extrême détresse,
En te décourageant n'accrois pas ton malheur;
A la douce espérance ouvre plutôt ton cœur.
« Ma fille, ici, je veux, dans une loi précise,
T'offrir de la Morale une exacte analyse :
Jusqu'au dernier moment chéris avec ardeur
Dieu, le bien, ton pays, ta famille et l'honneur,
Quand des liens du corps l'ordre de la nature,
Un jour, affranchira ton âme chaste et pure,
De l'austère vertu tu n'auras pas en vain
Fidèlement suivi le pénible chemin.
De gloire et de bonheur un héritage immense
Au séjour des élus sera ta récompense.

GIRAUD,
Médecin et poète français, mort en 1780.

Que la jeune fille relise souvent ce que nous venons de lui *lire*, qu'elle le médite attentivement et qu'elle en observe les préceptes. Ce n'est pas bien long, mais cela peut suffire à faire germer dans son âme tout ce qui est susceptible de la rendre aussi parfaite que possible, et qui se résume en ceci : Être sage, être bonne, être modeste, être laborieuse, et se rappeler toujours — et surtout au milieu des plus enivrants plaisirs — que si elle est formée pour exciter l'amour, elle est née pour mériter l'estime.

Jeune fille ! ceux qui t'aiment n'insisteront jamais auprès de toi pour te faire comprendre que tu as besoin — avant tout — d'être belle et spirituelle. Ces brillants-là, si tu n'étais pas vertueuse, te seraient plus nuisibles qu'utiles car

Ils sont très dangereux et néfastes, vois-tu !
Les beaux traits et l'esprit, quand manque la vertu.

CHAPITRE IX

La Sœur.

Ma sœur! oh! quel doux temps ce doux nom me rappelle.
LAMARTINE.

On trouve chez la sœur quelque chose de plus tendre que chez le frère.

« On est oublié de ses frères et de ses amis, on est méconnu de ses compagnons, on ne l'est jamais de sa mère, de *sa sœur* ou de sa femme », a dit avec raison Chateaubriand, parce que qui dit femme dit amour.

Comme la mère, — et souvent bien plus que l'épouse, — la *sœur* donne des preuves d'inaltérable dévouement.

Qui n'a pas vu, après la mort des parents, ces sœurs, parfois encore enfants et presque toujours frêles et chétives, devenir, pour leurs jeunes frères orphelins, de véritables petites mères aux soins adroits et affectueux, et à la sollicitude clairvoyante et empressée?

L'affection de la *sœur* pour le frère ne peut, du reste, qu'être constante et durable, car elle n'est exposée à aucune des vicissitudes qui molestent les autres doux sentiments du cœur. Elle est affranchie des troubles auxquels sont sujettes les autres affections. Elle n'a — en effet — à éprouver ni les craintes de l'amour maternel, ni les jalousies de l'amour conjugal. Elle a la tendresse de l'un sans en avoir les inquiétudes; elle a la profondeur de l'autre sans en avoir les tourments.

Sachant qu'elle a dans le frère un protecteur qui ne peut exercer sur elle aucune autorité, la sœur aime le frère d'une affection qui ne peut être troublée ni par la soumission ni par la crainte.

Même lorsque la marche naturelle de la vie l'a séparée de lui, la sœur aime tendrement son frère. Mais c'est surtout pendant l'enfance et l'adolescence; c'est surtout pendant ce temps inoubliable passé ensemble au foyer paternel (germinal et floréal de la vie) qui, pour elle, s'étend du berceau à la corbeille de mariage, que la sœur est pour le frère l'emblème de la tendresse et du dévouement. Que de petites larmes brûlantes coulent sur ses joues roses quand ce cher frère est grondé! Quel empressement elle met à le défendre! Que de douceur elle donne à sa voix pour demander la grâce du coupable! Ah! c'est que le cher frère est pour elle l'ami enjoué et familier, et surtout l'ami indulgent qui, — n'ayant pas à s'inquiéter du prix des poupées qu'elle écartèle et des livres qu'elle déchire avant de les avoir étudiés, ni, plus tard, du prix des robes qu'elle met de côté (ne les trouvant plus en harmonie avec sa beauté), ni de la valeur des chapeaux démodés qu'elle ne veut plus porter, — est toujours pour elle aimable et souriant. Et cette amabilité et ces sourires du frère pour la sœur sont on ne peut plus sincères. Comme il n'a pas à se soucier de son existence matérielle, le frère ne voit dans la sœur que l'image vivante du pathétique et du doux, et il répond généreusement à son affection.

La *sœur*, comme la mère, est capable de tous les dévouements. Son abnégation peut même l'amener à se priver de nourriture. Exemple :

Un jour, une femme comparaissait devant un tribunal de première instance sous une singulière accusation : le directeur d'une usine lui reprochait d'avoir non volé, mais caché, pour les emporter, quelques livres de pain :

Le président à la prévenue : — Que vouliez-vous faire de ce pain?

La prévenue : — Le donner à mon petit frère, qui n'a rien à manger.

— Comment vous l'étiez-vous procuré?

— En mettant chaque jour de côté une partie de ma ration.

Le président au directeur : — Cela est-il vrai?

Le directeur : — Certainement, monsieur le président.

Je n'accuse pas cette femme d'avoir volé ce pain, mais d'avoir voulu l'emporter. Rien ne doit sortir de l'usine.

Le président à la prévenue : — Saviez-vous que vous ne deviez pas emporter ce pain ?

La prévenue : — Non, monsieur le président, je ne pouvais pas croire que je commisse un crime en donnant à mon frère un morceau de mon propre pain.

Le président : — Ma brave femme, vous vous êtes rendue coupable d'un délit que la loi punit de prison, mais le tribunal ne vous condamnera pas. Seulement promettez-moi de ne plus rien emporter hors de la maison de travail.

La prévenue, essuyant ses yeux pleins de larmes : — Je vous obéirai, monsieur le président.

Et maintenant, terminons ce petit chapitre en citant de beaux vers sur l'amour sororal.

LA PETITE SOEUR

Au cimetière d'un village,
Où souvent s'égarent mes pas,
Une enfant jouait : heureux âge,
Que la tombe n'attriste pas !

Deçà delà, légère et vive,
Je suivais ses jeux en rêvant.
Je l'appelle ; prompte elle arrive,
Les pieds nus, les cheveux au vent.

« Répondez-moi, petite fille :
Combien de frères avez-vous ?
— Nous sommes sept de la famille
— Sept enfants ! Où donc sont-ils tous ? »

Avec son beau regard tranquille
Et sa voix au son doux et clair :
« Deux sont ouvriers, à la ville,
Deux encor bien loin sur la mer.

« Deux autres dans ce cimetière
Dorment là-bas sous le gazon ;
Et moi de la famille entière,
Seule je reste à la maison.

— Hélas! ma jeune tête blonde,
Du chœur ces deux-là sont exclus;
Et dans votre joyeuse ronde,
Enfant, les morts ne comptent plus!

— Pourquoi?... C'est Jeanne et Petit-Pierre;
Je sais bien qu'ils sont là tous deux,
Et j'y viens dire ma prière
Afin de parler avec eux.

« C'est Jeanne qui, souffrante et blême,
Se lamentait le jour entier,
Quand Dieu pour l'endormir lui-même,
La prit dans son berceau d'osier.

« Depuis, près de son lit de pierre,
Nous avons joué tout l'été,
La neige vint et Petit-Pierre
S'alla coucher à son côté.

« J'y viens quand la journée est belle,
Tricoter tant qu'on peut y voir;
Puis avec ma petite écuelle,
J'y porte mon souper le soir.

« Nous sommes sept, redisait-elle;
Et nous comptons bien nous revoir. »

Mme TESTU.

CHAPITRE X

Le Père.

Un invisible bras, armé pour sa défense,
Aux mains des meurtriers dérobait son enfance.
Son *père*, à son côté, sous mille coups mourant,
Le couvrait tout entier de son corps expirant:
Et du peuple et du roi trompant la barbarie
Une seconde fois il lui donna la vie!

VOLTAIRE.

L'amour paternel fait souvent pousser le dévouement jusqu'à la dernière limite. L'histoire cite les noms de plusieurs pères qui se sont sacrifiés pour leurs enfants. Les vers que l'on vient de lire ont été inspirés par un trait sublime qui eut lieu pendant l'horrible massacre de la *Saint-Barthélemy* (24 août 1572, — règne de Charles IX).

Un gentilhomme huguenot (protestant), CAUMONT DE LA FORCE, vieillard septuagénaire, se fit tuer pour son fils. Il le couvrit de son corps et reçut tous les coups de poignard qui lui étaient destinés.

En 1793, pendant la Terreur, SALLIER, président au parlement de Paris, qui avait protesté contre le nouvel ordre de choses, informé qu'il allait être arrêté sur l'heure, se sauva précipitamment à l'étranger sans avoir eu le temps de prévenir son père. Sur la seule ressemblance du nom, — sans prendre d'autres informations, — le tribunal révolutionnaire fit arrêter SALLIER père qui, de même que le tribunal, ignorait la fuite de l'inculpé. On montra la protestation signée SALLIER au vieillard en lui demandant s'il en connaissait la signature. (C'était celle du fugitif.) Dans l'espoir de sauver son fils qu'il croyait encore à Paris, et avec l'idée de se sacrifier pour lui, il répondit que la signature était la sienne, qu'il avait suivi l'impulsion de sa conscience en lançant la protestation, et qu'il n'avait rien à se reprocher. Cette réponse fut sa condamnation. Le lendemain il fut guillotiné.

A la même époque, DE SAINT-SERNIN père et fils se trouvaient dans la même prison. SERNIN fils ayant été condamné à mort perdit connaissance en disant adieu à son père, mêlé à la foule des détenus. Un instant après on appela les condamnés pour les conduire à l'échafaud « Me voilà ! » répondit le vieux SAINT-SERNIN. Et il alla courageusement à la mort avec l'espoir d'avoir sauvé son fils qui, en effet, fut mis en liberté, quelques jours après, le 9 thermidor.

Ces exemples historiques, brièvement rapportés, prouvent la puissance de l'amour du père pour ses enfants ; amour tellement naturel que Dieu lui-même ne le recommande pas. Cette pensée nous rappelle un paragraphe du *Génie du Christianisme*, — chef-d'œuvre de Chateaubriand, illustre écrivain français, mort en 1848 : — « Les païens ont recommandé d'honorer les auteurs de nos jours. Solon (*un des sages de la Grèce*) décerne la mort au mauvais fils. Que fait Dieu? Il promet la vie à la piété filiale : ce commandement est pris à la source même de la nature. Dieu fait un précepte de l'*amour filial;* il n'en fait pas un de l'*amour paternel;* il savait que le fils, en qui viennent se réunir les souvenirs et les espérances du père, ne serait souvent que *trop aimé* de ce dernier; mais au fils il commande d'aimer, car il connaissait l'*inconstance* et l'*orgueil* de la *jeunesse*. »

Il faut donc recommander aux enfants d'aimer leur père et de reconnaître à tous moments son autorité. Le père ayant la responsabilité de la famille doit en avoir la souveraineté.

Chaque personne, quel que soit son âge, quel que soit son sexe, a, en propre, son caractère, ses idées, ses sentiments. De là des volontés distinctes, individuelles et multiples; de là des caprices et des fantaisies en sens inverse qui, en créant infailliblement le désordre, maintiendraient la famille dans une agitation permanente, et qui, en engendrant l'anarchie, amèneraient la ruine.

Une autorité capable de maintenir la concorde, en empêchant les écarts et les excès, était donc indispensable. Cette autorité, Dieu l'a donnée au père, car lui seul possède assez de force pour protéger la famille, et assez de raison pour la diriger. « La main qui guide tient au bras qui défend. »

Si, de nos jours, grâce à la civilisation, la famille n'est plus, chez nous, exposée journellement, comme autrefois, aux périls de la brutalité, il n'en reste pas moins établi qu'elle a et qu'elle aura toujours besoin d'un chef dont la suprématie doit être constituée par ce que nous appellerons la raison virile. Et ce chef ne peut être que l'homme. La femme, trop impressionnable, manquerait de fermeté et d'impartialité. « La suite et la profondeur nous manquent, a dit une femme célèbre, Mme de Rémusat. Nous sommes trop facilement émues pour demeurer impartiales, trop mobiles pour nous appesantir. » Les femmes reconnaissent donc elles-mêmes qu'elles sont inaptes à diriger la maison, bien qu'elles en soient l'âme. Celles qui, sortant du rôle que la nature leur a assigné, s'emparent de cette direction, occasionnent tôt ou tard de graves désagréments à leurs familles.

C'est l'homme qui est le chef.

Mais pour bien exercer son autorité, il doit bien se pénétrer de ceci : Les membres de la famille, tout en étant ses subordonnés dans la maison, sont ses égaux dans l'ordre légal et dans l'ordre moral. Par conséquent ils ne sont ni ses sujets, ni ses esclaves. S'il les maltraite, le Code le condamne; s'il les néglige, la morale le flétrit. Dirigeant la famille d'après ces données, le père sera certain que son autorité ne sera jamais ni contestée ni méconnue. La femme et les enfants seront obligés de reconnaître que le père — soit par sa nature, soit par son éducation, soit par son âge, soit par son expérience — a le jugement plus sain et l'appréciation plus juste qu'eux, et que sa clairvoyance est supérieure à la leur.

Mais le père ne doit pas oublier que son autorité, quoique basée sur les titres que nous venons d'énumérer, n'aurait pas assez de prestige si l'appui de la dignité lui faisait défaut.

Le père à la conduite correcte et digne, au caractère ferme et droit, obtiendra spontanément l'obéissance sans avoir besoin de l'imposer. Et l'obéissance est indispensable. C'est elle qui, plus tard, amènera le fils à s'incliner avec résignation devant les vicissitudes de la vie. L'enfant docile sera un citoyen honorable et un patriote dévoué. « Celui qui sait fléchir à propos sait ne pas fléchir à tout propos. » L'enfant qui aura été soumis à l'autorité paternelle sera soumis aux lois nationales et aux règles de l'honneur. Il comprendra mieux que tout autre le patriotisme et la dignité, et saura énergiquement relever la tête devant l'opprobre et devant l'iniquité. Le prestige du père sera donc dû à l'ascendant moral que crée une digne attitude.

Cet ascendant, le père l'acquerra en entourant sa famille d'une constante sollicitude. Ses plaisirs et ses joies il les cherchera dans son intérieur. Hormis des cas très rares, amenés par ses relations sociales et par ses obligations professionnelles, il n'aura d'autres distractions que les distractions incomparables du foyer, les seules qui ne lassent point. Distractions mondaines et amusements artistiques (jeux, bals, soirées, concerts, théâtres) blasent toujours, le gracieux sourire de la femme et le doux baiser de l'enfant, jamais.

CHAPITRE XI

Le Fils.

Si la fille est la poésie et la fleur du foyer, le fils en est l'honneur et le soutien.

C'est à lui qu'incombe le devoir de maintenir intacte l'honorabilité de la maison où il est né. C'est lui qui est chargé de continuer l'impulsion de prospérité donnée à la famille par le père et par les aïeux.

S'il ne prenait pas à cœur tout cela, il paierait d'ingratitude tout ce que ses parents ont fait pour lui, et les travaux, les luttes, les angoisses et les efforts de son père et de sa mère seraient plus que méconnus, ils seraient méprisés.

Il faut donc que le fils aime sa famille, qu'il respecte et vénère ses parents alors même que ceux-ci seraient (ce qu'ils ne seront pas) indifférents, grondeurs ou méchants.

Le fils qui honore son père et sa mère sera toujours remarqué et estimé de tout le monde. Il grandira sous des auspices heureux, et il entrera dans la vie escorté par la sympathie et la considération.

Pour parvenir à être ainsi apprécié, le fils n'aura qu'à obéir à ses parents.

L'obéissance fait naître dans le cœur le respect et la vénération.

Pour se maintenir soumis, le fils n'aura qu'à se dire, de temps en temps, que la désobéissance abaisse, endurcit, dessèche et étouffe intérieurement tout sentiment de tendresse et de générosité ; qu'elle fait de celui qui la pratique un objet de répulsion et de haine, en même temps qu'elle en fait un fourbe et un indélicat.

La désobéissance émousse tout sentiment moral, et amène au mensonge et à la dureté.

Le fils désobéissant n'aime personne. La maison paternelle est pour lui non l'asile heureux, non le temple des réelles joies, des pures affections et des cordiales expansions, mais bien l'auberge répugnante où seuls les besoins matériels du manger et du dormir le conduisent, comme la faim et la fatigue ramènent instinctivement la brute vers son antre.

Le fils désobéissant contractera des vices qui, tôt ou tard, délabreront sa santé et compromettront son bonheur. N'ayant pas voulu se soumettre volontairement à la paternelle domination de ses parents, il sera contraint par la force à se soumettre, plus tard, à l'inflexible autorité de la loi qui, elle, n'étant nullement tenue à user d'indulgence, le frappera avec sévérité. N'ayant pas voulu écouter ses parents, il sera inévitablement mal élevé, et la société le repoussera avec dédain.

La soumission est donc pour lui la question capitale.

Alors même que les parents seraient incorrects, le fils ne doit pas être irrévérencieux. « Le bon fils, a dit M. Rozan, dans son excellent ouvrage *La Bonté* (livre couronné par l'Académie française). est celui qui ne mesure ni les bienfaits de ses parents, ni le degré de sa reconnaissance. »

Quoi que ses parents fassent, le fils ne doit cesser de les estimer. Il leur accordera en tendresse ce qu'il n'a pu leur donner en vénération.

Il est certain que nos lecteurs éviteront à leurs fils cette cruelle épreuve, épreuve que nous ne signalons que pour faire ressortir la différence qui existe entre eux et les indignes parents qui la motivent.

Le fils doit se plaire près de ses parents. En conséquence, il fuira les déplorables et ruineuses distractions des établissements publics. S'il s'adonnait à ces amusements délétères, il prendrait en dégoût l'étude, le travail et même la famille; il en arriverait vite au désordre et, peut-être, au scandale et au déshonneur. Le jeune homme qui ne trouve plus de plaisir au milieu des siens, qui s'ennuie chez lui, peut s'attendre à de terribles chutes. Dans tous les cas, les délicatesses du cœur, les joies pures et durables, lui seront inconnues. Ses affections étant devenues nomades comme ses amusements, le mariage, — même d'inclination, — sera impuissant à lui faire aimer la maison.

Hélas! il est vrai que dans la famille on pleure quelquefois, mais que ceux qui ont voulu les goûter nous disent si les divertissements du dehors ne les ont pas désillusionnés? Qu'ils nous disent si l'atmosphère corrompue des établissements publics a laissé dans leurs cœurs des souvenirs doux et pathétiques? Qu'ils nous disent si la tabagie, et les fiévreuses parties du café et du cercle, si les contacts répugnants des *beuglants* ont jamais fait naître en eux des réminiscences qui émeuvent, comme le souvenir des moments heureux passés au paternel foyer?

L'amour de la famille, éloignant les passions flétrissantes et le désordre des sentiments, fera du fils un honnête homme, un mari aimant, un père heureux.

EXEMPLES D'AMOUR FILIAL

Le Corrège, — célèbre peintre italien, — que sa générosité maintenait dans un état permanent de gêne, étant allé un jour à Parme pour y recevoir le prix d'un de ses tableaux qu'il avait vendu depuis longtemps, au lieu d'être payé en pièces d'or ou d'argent, dut accepter — sous menace de n'être pas encore soldé — un énorme sac de douze cents livres en monnaie de billon. Sa famille était très gênée. Sa mère, infirme et alitée, avait besoin de soins urgents. Afin de lui procurer des secours le plus tôt possible, et ne trouvant aucun moyen de transport, il jeta sur ses épaules le lourd fardeau et partit à pied. Il avait un long trajet à faire. En route, exténué de fatigue, accablé par la chaleur, inondé de sueur, il s'écriait : « O ma bonne mère, c'est pour toi ! » En arrivant, il fit soigner sa mère, l'embrassa, se mit au lit et, quelques jours après, il mourut, tué par ce voyage.

Pendant la terrible famine de 1795, un petit enfant d'une pauvre famille d'ouvriers habitant la rue Saint-Paul, près l'Arsenal, à Paris, aussitôt après avoir reçu sa petite portion de pain, courait — en n'en prenant qu'une bouchée — la serrer dans le buffet. Étonnée de cette abstinence, sa mère lui dit un jour : « *Mais, mon enfant, pourquoi donc ne manges-tu pas tout ton pain ? tu n'as donc pas faim ? — Tout au contraire, maman, mais je le laisse pour papa qui travaille tant et qui se meurt de besoin.* »

Écoutez un mot, mes amis,
Qui me paraît beau de tendresse :
D'une veuve, entre ses deux fils
L'un de huit ans, l'autre de dix,
Les soins se partageaient sans cesse ;
A leur tour, ces objets chéris
A celle qui les intéresse,
Rendaient caresse pour carresse...
« Maman, lui dit un jour l'aîné,
Vous m'avez sûrement donné
Des preuves d'un amour extrême ;
Malgré tout votre attachement,
Vous ne pouvez pas cependant
M'aimer autant que je vous aime.
— Quoi ! mon fils, de mes sentiments
Méconnais-tu le caractère ?
— Non ; mais vous avez deux enfants ;
Moi, je n'ai qu'une Mère. »

DE LAMADELAINE.

« Tant que je sentais la main de ma mère sur mon front, je revoyais les anges et leurs blanches ailes, et il me semblait habiter encore le monde radieux d'où j'étais descendu.

« Mais il vint un jour terrible, un jour où l'on m'arracha d'auprès d'elle, un jour où il ne me fut plus permis de la voir, un jour, hélas ! où elle mourut.

« On me le dit, mais je ne compris pas ; je cueillis une rose blanche et me glissai dans sa chambre. Elle dormait d'un étrange sommeil, et pour la première fois sa voix aimée ne me répondit pas.

« Ce soir-là, je m'agenouillai et tristement je priai. Sa main ne pressait plus mon front.....

« Les années passèrent rapides sur ma tête, et je grandis dans une sauvage et capricieuse indépendance ; puis les passions me terrassèrent, et je fus courbé et plié jusqu'à terre par l'ouragan. Mais au milieu du calme des nuits, je sentais cette main douce et puissante s'abaisser sur moi et je pleurais.

« Avec la jeunesse vinrent les attraits et les écueils du plaisir ; mais au penchant de l'abîme la main me retenait.

« Comme autrefois il me semblait qu'elle s'enlaçait dans ma chevelure, et une voix basse et lointaine me disait : — « Mon fils, mon bien-aimé, garde-toi de faiblir ! Ne pèche « pas contre Dieu, contre ta mère. »

« L'âge a affaibli ma mémoire, voilé les objets, émoussé les sons ; mais ce contact sacré est demeuré présent comme au premier jour : sous la glace des ans, sur mes cheveux blanchis je sens cette main bénissante.

« Et lorsque, franchissant l'obscur passage de la tombe, j'entreverrai le Ciel, la main qui m'a sauvé, la main de ma mère me guidera vers elle et vers Dieu. »

SIGOURNEY.

CHAPITRE XII

Le Frère.

> Oui, le titre de frère est un nœud si sacré
> Qu'en osant le briser au Ciel on fait injure.
> Un frère est un ami donné par la nature.
>
> LEGOUVÉ (*Mort d'Abel*).

« Un frère est un ami donné par la nature. » Ce vers, rappelé à propos, par le poète français, est écrit dans le *Chi-King*, troisième livre sacré des Chinois, publié plusieurs siècles avant Jésus, et il a été répété, depuis, par tous les philosophes et par tous les moralistes. Il y a donc longtemps que les hommes se disent que le *frère* est l'ami naturel, c'est-à-dire, l'ami vrai, l'ami réel, en un mot le *seul ami*. Cependant on rencontre, hélas! beaucoup d'hommes qui, méconnaissant cette vérité, se rendent indignes de ce titre sacré, et vivent en très mauvaise intelligence avec leurs frères.

L'inassouvissable rapacité de l'homme, — qui n'a rien à envier, en violence, à la vorace rapacité du fauve, — fait surgir entre frères, lors du partage des dépouilles paternelles, d'horribles dissensions.

Par respect pour le père ou pour la mère que l'on vient d'enterrer, se partager paisiblement le pauvre héritage que l'on doit à un si triste événement, serait pourtant la moindre des choses que l'on pût faire. Mais non! On se disputera pour une loque, on se battra pour un verre fêlé. Nous espérons que ce hideux spectacle ne sera jamais donné par les lecteurs de ce livre. Ces lecteurs se diront que quelques hardes de plus ou de moins ne les rendront pas millionnaires, et qu'ils n'en seront pas plus pauvres en donnant la meilleure part au frère ou à la sœur qui, par suite de charges de famille, ou par suite d'infirmités, en aurait le plus besoin. Ils se distingueront ainsi des mauvais frères.

Mères! apprenez à vos enfants à s'aimer. Dites-leur que

lorsque l'on a été reçu dans le même berceau, lorsque l'on a partagé les mêmes jeux et les mêmes souffrances, lorsque l'on a mêlé ses rires et ses larmes, et lorsque l'on a donné aux mêmes parents les doux noms de père et de mère, on doit avoir, les uns pour les autres, un attachement vif et dévoué, et que se haïr serait une monstruosité. « Deux frères en désaccord, a dit le plus grand philosophe de la Grèce (Socrate), sont comme les deux mains qui se gêneraient l'une l'autre, quoique la nature les ait faites pour s'entr'aider, ou comme les deux pieds qui chercheraient à s'embarrasser réciproquement. »

L'inimitié entre frères est donc tout ce qu'il y a de plus antinaturel.

Se haïr lorsque l'on a dormi dans le même berceau, les bras entrelacés, joue contre joue, poitrine contre poitrine, c'est, en effet — nous le répétons — bien monstrueux.

Par suite d'une longue séparation motivée par la marche naturelle de la vie et les intérêts séparés, l'amour fraternel peut quelquefois s'attiédir, mais, quand les circonstances l'exigent, le doux souvenir du foyer où l'on a joué, ri et pleuré ensemble, le ravive promptement.

Malheur à celui qui, en cas d'infortune, ne voit pas la main d'un frère tendue vers lui!! « On peut avoir *des amis*, » dira-t-on. Oui, nous avons des amis lorsque nous n'avons besoin de rien, lorsque près de nous il y a tout à gagner et rien à perdre; mais soyons frappés par le sort, et nous verrons combien d'amis il nous restera. « Tant que tu seras heureux, tu compteras un grand nombre d'amis, mais que le malheur vienne à fondre sur toi et tu resteras seul, » a dit Horace, un grand poète latin.

« Nous perdons tous nos amis en perdant tous nos biens, » a dit Destouches. « Les amis sont comme les oiseaux de passage, a dit Charles Nodier, ils viennent à la bonne saison et s'en vont à la mauvaise. » De Maistre ajoute : « J'ai eu quelques amis et une foule de liaisons, mais maintenant je ne suis plus rien pour tout ce monde-là qui a oublié jusqu'à mon nom. » Et Champfort, bien plus cruel encore, s'écrie : « Pourquoi faut-il que ces chers amis, à qui l'on donne sa confiance, ne soient que des chers ennemis ! »

Comme nous ne voudrions pas, pour tout au monde, qu'on nous accusât de misanthropie, nous nous empressons d'ajouter qu'il y a réellement de l'exagération dans ce que ces grands esprits ont écrit contre les amis. Non, il n'est pas exact que les vrais amis abandonnent. Mais la grande difficulté est de trouver ces vrais amis-là.

> Chacun se dit ami, mais fou qui s'y repose.
> Rien n'est plus commun que le nom,
> Rien n'est plus rare que la chose.
>
> La Fontaine.

Oui, on peut trouver des amis, mais la chose est difficile : tellement difficile que pour entreprendre une telle recherche, il faut posséder le courage, la force, la hardiesse et l'habileté des Argonautes (héros grecs dont le moins fort était Hercule qui, avec le pouce et l'index, déracinait le plus gros des chênes, et dont le plus myope était Lyncée qui, sans se servir de *son lorgnon*, voyait une aiguille au fond de la mer), lesquels Argonautes, pour trouver la *toison d'or*, — exposée aux limites extrêmes du monde, — voyagèrent pendant un nombre infini d'années à travers les mers en tempête, les vents en fureur et les monstres en courroux. Mais (il faut dire ce qui est), ils la trouvèrent. Donc, les choses les plus difficiles à découvrir peuvent être trouvées. Avec le temps et la persévérance, tout est possible. Ne voulant décourager personne, nous affirmons que, malgré l'opinion des écrivains célèbres que nous venons de nommer, et malgré l'exclamation connue d'un grand philosophe grec (Aristote) : « *O mes amis, il n'y a point d'amis!* » nous affirmons, disons-nous, que l'on peut trouver des amis, mais il ne faut pas être pressé, car s'il faut en croire un des hommes les plus purs, les plus sages et les plus vertueux qui aient paru sur terre (Caton, célèbre Romain), « il faut tant de choses pour faire un ami, que cette rencontre ne se présente point en trois siècles ».

Il va de soi qu'il s'agit ici de l'ami réel prêt à exposer ses intérêts et sa vie, et non de l'ami flatteur et frivole qui, sachant que vous n'avez besoin de rien, vous offre obséquieusement — *en paroles* — trésors et dévouement. Oh! cet ami-là, quand on est heureux, on le rencontre à chaque pas. Mais soyez dans l'embarras, soyez malade ou gêné dans vos affaires, et vous le verrez s'éclipser avec une prestesse capable de rendre plusieurs centaines de lieues d'avance à l'électricité.

Donc, le seul ami facile à trouver, et sur lequel on peut compter, c'est le frère.

Soit par amour fraternel, soit par amour-propre, le frère aidera. Il ne voudra pas que l'on dise qu'il a été ingrat. Nul n'est susceptible de plus d'attachement qu'un frère, l'amour fraternel étant la plus forte des amitiés; seul le frère peut inspirer de la confiance et favoriser cette chose si agréable à l'âme : *l'épanchement*. Et l'épanchement est indispensable. Les bons sentiments non épanouis dessèchent le cœur. La concentration produit la tristesse et même la misanthropie. Les belles pensées sont comme les belles plantes et les belles fleurs : il leur faut du dehors, sans quoi elles s'étiolent et périssent. Or, la confiance absolue peut seule permettre l'ouverture du cœur, et la confiance absolue — à de rares exceptions près — ne peut exister qu'entre frères ou sœurs. « Où cesse l'égalité s'arrête l'expansion. » La situation de fortune, la position sociale, empêchent souvent, entre voisins, l'effusion cordiale de deux personnes naturellement disposées à une réciproque sympathie. Du reste, l'amitié entre *ceux qu'on appelle amis* n'a, les trois quarts du temps, aucune base solide; les cas où l'on puisse compter sur elle sont excessivement rares; elle laisse toujours du doute, tandis que l'amitié entre frères est basée, non seulement sur les liens du sang, mais encore sur l'égalité du rang, l'aide réciproque que l'on s'est prêtée depuis que l'on vit, et le souvenir ineffaçable de l'enfance et du foyer où l'on s'essuyait mutuellement les larmes avec des baisers, où l'on mêlait jouets et livres, raison et gaîté.

L'âge, le caractère et toutes les autres inégalités naturelles empêchent aussi l'intimité absolue entre le fils et le père, entre la fille et la mère. On se dit entre frères ce que l'on ne peut se dire entre fils et père. On se dit entre sœurs ce que l'on n'ose pas avouer à la maman, aussi bonne qu'elle soit. L'amitié absolue permettant d'ouvrir entièrement son âme, ne peut donc exister qu'entre frères et qu'entre sœurs. Vouloir la pratiquer autrement, c'est s'exposer, presque à coup sûr, à la félonie et au ridicule.

L'union fraternelle, scellée par le sang, est le vrai lien indissoluble que ni temps, ni distance, ni vicissitudes ne peuvent briser. D'elle dépendent souvent la fortune de la famille et le bonheur individuel de ceux qui la composent.

Le *frère aîné* doit s'attacher à maintenir l'union fraternelle; elle dépend, en partie, de lui. L'affection qui le lie à ses petits frères et à ses petites sœurs tient beaucoup de la paternité. Il est leur protecteur, leur guide, leur conseil. Sachant qu'il est la raison complaisante et n'ayant rien d'austère, les petits frères et les petites sœurs — et même les grandes — l'aiment plus intimement que le père qui, responsable et soucieux, a besoin de plus de gravité. Du reste, le frère aîné joue un rôle très important dans la famille dont il devient même le chef lors de la mort des parents. Dans ce cas, il exerce une réelle autorité et devient responsable de tout.

Mais alors même que le bonheur lui aurait évité la douloureuse mission d'exercer l'autorité paternelle, le frère aîné n'en doit pas moins, à ses petits frères et à ses sœurs, une constante sollicitude. Il doit se plaire à les diriger. Il doit trouver une satisfaction intime à les protéger et à les instruire. Il doit les faire profiter de l'éducation qu'il a déjà reçue et de l'expérience qu'il a déjà acquise. Et il peut être certain que tout ce qu'il fera pour le bien-être de ses frères et de ses sœurs ira profondément au cœur du père et de la mère. Il doit porter son attention à s'observer de manière à ne leur donner que d'utiles exemples et de raisonnables conseils, car il serait bien coupable s'il agissait autrement.

Et comme son âge lui donne le droit de réprimande, il ne doit pas négliger de combattre les défauts de ses petits frères.

On voit très facilement, comme chacun sait, les défauts des autres. Donc et alors même que le frère aîné — ce qui arrive quelquefois — ne serait pas supérieur aux autres en sagesse, il peut être néanmoins susceptible de combattre leurs mauvaises pensées, car, comme le dit un vieux proverbe : « Celui qui n'est pas raisonnable pour lui-même l'est souvent pour autrui. » Le conseil donné par un frère à un frère ou à une sœur, affectant toujours la forme de la gaité, de l'intimité et de la douceur, sera infailliblement fructueux. Les petits frères, trouvant dans leur aîné un guide bienveillant, partageront volontiers avec lui leurs jeunes idées, seront heureux de répondre à sa pure affection, partageront avec lui leurs pensées et leur amitié, et leur confiance en lui s'accroîtra de jour en jour. L'amour fraternel se gravera, alors, à jamais dans leurs âmes, ce qui fera le bonheur des parents et contribuera à donner de vaillants défenseurs à la France. (Les bons frères font d'excellents soldats parce que l'amour de la Patrie n'est que l'extension de l'amour de la famille.)

BEAUX EXEMPLES D'AMOUR FRATERNEL

« Hélas! tu n'es plus qu'un souvenir, qu'une pensée fugitive; la feuille qui vole et l'ombre impalpable sont moins atténuées que toi. Mais, ô chère image! mon cœur et mes sens savent encore t'embrasser. Non, tu ne seras jamais pour ton frère un être éteint. Cher compagnon, tu l'es encore, je veux que tu le sois toujours! Quand une pensée douce vient m'émouvoir, je t'appelle à ma jouissance, je t'appelle surtout lorsque mon cœur médite un projet honnête, et, c'est en voyant sourire ta physionomie que j'en goûte plus délicieusement le prix. Souvent tu présides aux pensées qui viennent animer ma tête avant le sommeil. Je ne me cache point de toi, mais il est bien vrai que lorsque mon âme est occupée de ses faiblesses, je ne cherche plus tant à t'appeler, alors je ne te vois plus sourire. Oh! ta belle physionomie est un guide plus sûr que toute la morale des hommes. »

BARNAVE.

Un des plus grands hommes de la Révolution française, mort en 1793.

« Jérusalem était un champ labouré. Deux frères possédaient la partie du terrain où s'élève aujourd'hui le temple. L'un de ces frères était marié et avait plusieurs enfants, l'autre vivait seul. Ils cultivaient en commun le champ qu'ils avaient hérité de leur mère. Le temps de la moisson venu, les deux frères lièrent leurs gerbes et en firent deux tas égaux qu'ils laissèrent sur le champ. Pendant la nuit, celui des deux frères qui n'était pas marié eut une bonne pensée, il se dit à lui-même : « Mon frère a une femme et des enfants à nourrir, il n'est pas juste que ma part soit aussi forte que la sienne. Allons! prenons dans mon tas quelques gerbes que j'ajouterai secrètement aux siennes; il ne s'en apercevra pas, et ne pourra, ainsi, refuser. » Et il fit comme il avait pensé. La même nuit, l'autre frère se réveilla et dit à sa femme : « Mon frère est jeune; il vit seul et sans compagne; il n'a personne pour l'assister dans son travail et le consoler dans ses fatigues : il n'est pas juste que nous prenions du champ commun autant de gerbes que lui. Levons-nous, allons, et portons secrètement à son tas un certain nombre de gerbes; il ne s'en apercevra pas demain, et ne pourra, ainsi, les refuser. » Et ils firent comme ils avaient pensé.

« Le lendemain, chacun des frères se rendit au champ et fut bien surpris de voir que les deux tas étaient toujours pareils : ni l'un ni l'autre ne pouvait intérieurement se rendre compte de ce prodige. Ils firent de même plusieurs nuits de suite mais, comme chacun d'eux portait au tas de son frère le même nombre de gerbes, les tas demeuraient toujours égaux, jusqu'à ce qu'une nuit tous deux s'étant mis en sentinelle pour approfondir la cause de ce miracle, ils se rencontrèrent, portant chacun les gerbes qu'ils se destinaient mutuellement.

« Or, le lieu où une si bonne pensée était venue à la fois et si persévéramment à deux hommes, devait être une place agréable à Dieu, et les hommes le bénirent et le choisirent pour y bâtir une maison de Dieu.

LAMARTINE.
Voyage en Orient. — Jérusalem.

« Vous avez des frères et des sœurs; prenez dès lors toute espèce de soins pour que l'amour que vous devez à vos semblables commence par naître en vous dans toute sa perfection, d'abord envers vos parents, ensuite envers ceux qui vous sont liés par la plus étroite *fraternité*, celle qui vous fit naître des mêmes père et mère.

« Pour bien exercer la divine science de la charité envers tous les hommes, il faut en faire l'apprentissage en famille.

« Quelle douceur ineffable n'y a-t-il pas dans cette pensée: « Nous sommes les enfants d'une même mère! » Quelle douceur d'avoir, dès son arrivée au monde, trouvé les mêmes objets de vénération et d'amour! L'identité du sang et la conformité de beaucoup d'habitudes entre *frères* et *sœurs* produisent naturellement une puissante sympathie qu'un affreux égoïsme peut seul détruire.

« Si vous voulez être bon *frère*, défendez-vous de l'égoïsme, proposez-vous chaque jour d'être généreux dans vos relations fraternelles. Que chacun de vos frères, que chacune de vos sœurs, voie que ses intérêts vous sont aussi chers que les vôtres. Si l'un d'eux commet une faute, soyez indulgent pour le coupable, non pas seulement comme vous le seriez pour un autre, mais bien plus encore. Réjouissez-vous de leurs vertus, imitez-les et, à votre tour, excitez-les par vos exemples; faites qu'ils aient à bénir la Providence de vous avoir pour *frère*. Ils sont innombrables les motifs de douce reconnaissance, d'affectueux désirs, de crainte pieuse qui tendent continuellement à nourrir *l'amour fraternel*. Mais il faut néanmoins y réfléchir; autrement ils passeraient inaperçus. Il faut se faire une loi de les ressentir. Les sentiments les plus exquis ne s'acquièrent que par une volonté bien arrêtée. De même que personne n'excelle dans la poésie, dans la peinture, sans étude, de même personne ne comprend l'excellence de l'amour fraternel ou de quelque autre noble affection, sans la persévérante volonté de les comprendre.

« Que l'intimité du foyer ne vous fasse jamais oublier d'être poli avec vos frères. Soyez encore plus aimable, plus délicat de manières avec vos sœurs. Leur sexe est doué d'une grâce puissante, c'est un don céleste dont elles se servent pour répandre le calme et la sérénité dans toute la maison, afin d'en bannir les humeurs chagrines et pour tempérer les reproches d'un père ou d'une mère que parfois elles entendent proférer. Honorez dans vos sœurs les sublimes vertus de la femme; goûtez le charme suave de leur influence pour adoucir votre âme. Et puisque la nature les a faites plus faibles et plus sensibles que vous, soyez d'autant plus attentif à les consoler dans les afflictions, à ne pas les affliger vous-même, à leur témoigner constamment du respect et de l'amour.

« Ceux qui contractent envers leurs frères et envers leurs sœurs des habitudes de malveillance et de rudesse, deviennent grossiers et méchants avec tout le monde. Que la réunion de la famille soit tout à la fois agréable, amicale et sainte, et alors, quand l'homme quittera la maison paternelle, il emportera avec lui, dans ses relations avec le reste de la société, cette tendance à l'estime et aux douces affections, et cette foi dans la vertu, qui sont le fruit d'un continuel exercice des nobles sentiments. »

SILVIO PELLICO.
Poète italien, mort en 1854.

Et maintenant, pour finir, lisons ensemble ce charmant paragraphe rédigé par une femme :

« Nous avons dans nos campagnes des exemples communs d'amitié fraternelle développée par les occasions et les circonstances. Le pauvre utilise cette affection; il ne pourrait vaquer à ses travaux sans les soins mutuels que ses enfants se donnent. Ainsi, l'un d'eux berce son petit frère, quoique à peine plus âgé que lui ; plus tard, il le recouvrira de son habit de laine, s'ils se rendent ensemble à l'école par un temps pluvieux, et se placera devant lui pour le mieux rassurer si quelque danger les menace en route. Ce sont là, entre mille autres, des faits qui révèlent la tendance mutuelle du caractère. »

MADAME DE LA RIVE.

CHAPITRE XIII

Les Grands-Parents.

L'aïeul rit à ce fils, dans ses bras le balance,
Et bégaye avec lui les mots de son enfance.

MALLEVAUT.

C'est une grande joie, mais hélas ! bien rare, de voir, autour de la table de la famille, le bon grand-père avec ses cheveux blancs, et la douce grand'maman avec ses grandes lunettes. De leur côté, ces bons vieillards sont heureux de se voir entourés d'enfants et de petits-enfants auxquels ils rendent, en inépuisable tendresse et en affectueux conseils, ce qu'ils en reçoivent en respect et en soins.

On ne saurait jamais assez répéter aux enfants qu'ils doivent aimer et respecter leurs grands-parents. On leur dira souvent que c'est un enviable bonheur de les posséder encore, et on leur fera comprendre que nul au monde ne les aime mieux qu'eux.

Les grands-parents ont, en effet, pour leurs petits-fils, une affection qui ne peut être comparée à aucune autre. Ils savent — les bons vieillards — que cette affection-là est la dernière qui fera battre leurs cœurs et mouiller leurs paupières de larmes d'attendrissement. Ils sentent que cette affection-là produit en eux des vibrations qui, en puissance et en sincérité, ne le cèdent en rien aux vibrations dues au premier sentiment affectueux qui a germé dans leur âme.

Tombés de lassitude avant d'avoir vu la réalisation de leurs vœux, leurs espérances en partie évanouies, les vieux grands-parents, dont l'âge n'a ni desséché le cœur ni flétri les sentiments, concentrent toutes leurs pensées en une seule : l'avenir de leurs petits-fils. De là ce vif attachement — allant parfois jusqu'à la faiblesse — qu'ils ont pour ces enfants souvent peu reconnaissants.

Oui, l'affection des grands-parents pour leurs petits-fils est tellement excessive que souvent elle les égare. Pour leur procurer des amusements, ils ne reculent devant aucune fatigue. Pour entendre leur rire bruyant, qui leur va tant au cœur, ils cèdent à tous leurs caprices : ils redeviennent enfants. Pour les voir contents et gais, ils se font ingénieux : ils inventent mille plaisirs nouveaux, mille distractions nouvelles. Pour écarter d'eux tous les chagrins et toutes les amertumes, ils leur dissimulent, par tendresse, tous les douloureux mystères de la vie. Ils ont recours à tous les moyens pour que ces petits êtres, qui leur sont si chers, ignorent, le plus longtemps possible, que la terre n'est pas précisément un lieu de délices perpétuelles, où l'on passe tout son temps à rire et à jouer.

En un mot, l'affection des grands-parents pour leurs petits-fils est un des sentiments les plus purs et les plus vrais.

Les petits-fils — quel que soit leur âge — seraient donc bien ingrats s'ils ne répondaient pas à cet affectueux sentiment.

Alors même qu'ils n'en recevraient pas directement et personnellement des bienfaits, les petits-fils doivent aimer leurs grands-parents, car, par l'intermédiaire de leurs pères ou de leurs mères, ils profitent de ce que ces vieillards ont fait pour la maison; ils profitent de leurs labeurs, de leurs économies, de leur ordre, et ils profitent surtout des sentiments élevés et des habitudes de dignité qu'ils ont su inspirer à tous les membres de la famille, et que — restant l'esprit du foyer — l'on se transmet comme un précieux héritage. De là ces principes inaltérables d'honnêteté que l'on se passe de père en fils, et qui sont des blasons bien plus nobles que les blasons héraldiques.

Petits-fils, aimez ces vieillards ! Souvenez-vous toujours que vous leur devez beaucoup. Souvenez-vous des soins qu'ils ont eus pour vous, des conseils qu'ils vous ont donnés. C'est la grand'maman qui, aussi souvent que votre mère, — sinon davantage, — vous a appris à prier Dieu et à vous aimer les uns les autres. C'est le grand-papa qui, alors que votre père travaillait pour votre bien-être, vous a appris à aimer la Patrie et à suivre le chemin de l'honnêteté. Rappelez-vous quand, le soir venu, l'un et l'autre vous faisaient agenouiller près d'eux et, passant leurs mains ridées dans votre chevelure blonde, ils vous faisaient répéter la prière qu'ils vous avaient apprise et dans laquelle on appelait les faveurs du Ciel sur la famille et sur la France. Chérir, honorer, respecter ces bons vieillards qui vous aiment tant, c'est l'accomplissement du plus sacré de vos devoirs. Ces attentions, à leur égard, les rendent heureux et adoucissent les dernières années de leur vie, toujours si douloureuses et si tristes.

Les vieillards sont d'une susceptibilité excessive. A l'âge où — chaque jour — la vie décline, le corps faiblit, les forces diminuent, un rien impatiente et humilie. Les petits-fils ne devront donc parler à leurs grands-parents qu'avec un respect religieux : ils devront céder avec empressement à leurs volontés, éviter avec soin de les contrarier, et être à leur égard d'une docilité absolue. Agir autrement serait bien blâmable.

C'est surtout lorsque la mémoire leur fait défaut, quand leurs facultés s'affaiblissent, quand les défaillances commencent, qu'il faut redoubler d'indulgence et de soins envers eux. Comme ils sont déjà très susceptibles et très défiants, la moindre observation les vexerait énormément. Les contrariétés répétées, les mécontentements fréquents, les aigriraient encore bien plus que les infirmités inhérentes à la vieillesse, et ils finiraient par devenir moroses au point de se plonger dans un lugubre isolement, ce qui leur serait funeste. L'amertume chez les vieillards est un spectacle bien navrant.

On cherchera donc à les égayer et à leur rendre agréables et doux les derniers jours de leur vie. On le leur doit. Ne pas le faire serait plus qu'une ingratitude : ce serait une monstruosité.

BEL EXEMPLE D'AMOUR FILIAL

Il y a quelques années, une vieille femme comparaissait devant le tribunal correctionnel de Paris, comme prévenue de vagabondage, et avouait le fait en disant que, vieille et malheureuse, il lui était impossible de faire autrement, et elle demandait à être mise en prison.

Le président. — Vous n'avez donc personne qui puisse prendre soin de vous?

La prévenue. — Personne, monsieur. J'avais un fils, mais il est mort, ainsi que sa femme. Il ne me reste qu'un petit-fils, mais il est trop jeune pour venir à mon secours.

En ce moment on vit un petit garçon s'élancer dans la salle en s'écriant : « Me voilà, bonne maman, je viens te chercher.

(Au président). — Je viens chercher maman, je ne veux pas qu'elle aille en prison.

Le président. — Vous n'êtes pas en état de prendre soin d'elle.

L'enfant. — Pardon, monsieur le président.

Le président. — Mais non! vous êtes trop jeune.

L'enfant. — J'ai onze ans et trois mois.

Le président. — Qu'est-ce que vous faites?

L'enfant. — Je suis apprenti tourneur.

Le président. — Que gagnez-vous?

L'enfant. — Trois francs par semaine, monsieur. Je lui donnerai tout!... Je n'ai besoin de rien, moi, je suis logé et nourri chez mon maître. Avec ça, ma bonne maman aura de quoi avoir du pain et quelque chose avec.

LA GRAND'MÈRE

Voici trois ans qu'est morte ma grand'mère
— La bonne femme! — et quand on l'enterra,
Parents, amis, tout le monde pleura
D'une douleur bien vraie et bien amère.

Moi seul j'errais dans la maison, surpris
Plus que chagrin; et, comme j'étais proche
De son cercueil, quelqu'un me fit reproche
De voir cela sans larmes et sans cris.

Douleur bruyante est bien vite passée;
Depuis trois ans, d'autres émotions,
Des biens, des maux, — des révolutions,
Ont dans les cœurs sa mémoire effacée.

Moi seul j'y songe, et la pleure souvent;
Depuis trois ans, par le temps prenant force,
Ainsi qu'un nom gravé sur une écorce,
Son souvenir se creuse plus avant.

GÉRARD DE NERVAL.
Poète français, mort en 1855.

L'ENFANT ET SON AIEUL

Par un beau soir, j'errais à travers le vallon;
Le soleil se couchait vermeil à l'horizon,
Les derniers bruits du jour expiraient dans la plaine,
Le rossignol chantait, le vent, de son haleine
Faisait seul murmurer les frêles arbrisseaux,
Et moi, j'allais chercher quelques rêves nouveaux,
Et je m'assis pensif auprès d'une chaumière.
Un vieillard, un enfant, sur un vieux banc de pierre,
S'entretenaient entre eux. « Vois, disait le vieillard,
En levant vers le ciel son humide regard,
Vois, mon fils, l'heure approche; à chaque jour qui tombe,
Je sens un pas de plus que je fais vers la tombe;
Vois mes membres cassés, mon bras jadis si fort,
A présent sans vigueur. Le souffle de la mort
Pèse déjà, je crois, sur ma faible poitrine;
Et je souffre, et ma tête impuissante s'incline

Sous le poids des douleurs. Pauvre orphelin, c'est toi
Que je pleure surtout de laisser après moi,
Toi, le fils de mon fils, si jeune en la misère,
Quand je ne serai plus... Ah! mon cœur se resserre,
Toi que rien ne soutient, toi que rien ne défend,
Que le Ciel te protége! — Oh! non, reprit l'enfant,
Vous ne pouvez encor me quitter, ô grand-père;
J'ai prié ce matin, chaque jour, et j'espère
Que le Ciel près de moi raffermira vos pas.
Et pourtant vous souffrez... Oh! vous ne savez pas
Quel malheur c'est pour moi de voir votre souffrance!
Et comme je tressaille à la moindre espérance!
Et comme vos soupirs résonnent dans mon cœur!
Et comme je serais fier et rempli d'ardeur,
Si seulement mes soins, mon travail, ma constance
Pouvaient vous apporter le repos et l'aisance!
Mais non, je suis si faible!... » Et l'enfant inclinait
Son front jeune et pensif, et de larmes baignait
Les mains de son aïeul, quand soudain son visage
Se ranime... « Oui, dit-il, oh! oui, reprends courage,
Nous n'aurons pas toujours ce triste sort.
Nos peines finiront; va, je deviendrai fort.
Hier j'essayai mon bras, et déjà je puis dire
Que par moi seul bientôt je pourrai te suffire.
Alors tu n'iras plus, grand-père, chaque jour
T'asservir au travail, et le soir, au retour,
Je ne te verrai plus la poitrine inclinée,
De fatigue tombant. C'est moi dont la journée
Sera toute employée à combler tes désirs;
C'est moi qui te rendrai la paix, les doux loisirs
Que tu m'avais donnés. Prends courage, grand-père,
Je m'en souviens encor : Souvent ma bonne mère
Me disait que le Ciel, quand il semble en courroux,
Ne nous met qu'à l'épreuve et veille encor sur nous.
Qui sait ce qu'il nous garde à présent, et peut-être,
Si, recherchant la paix, nous n'allons voir paraître
Un ange bienfaisant qui nous l'apporterait. »
Ainsi parlait l'enfant, et son père admirait
La bonté de son cœur, le feu de sa parole;
Car dans un âge encore inconstant et frivole,
Il avait pressenti tout le poids du destin.
Dans les bras du malheur jeté dès son matin,
Il avait de bonne heure élevé sa pensée :
Son esprit était mûr et son âme avancée.

L'éclair de la raison brillait dans son regard,
Et l'orgueil paternel dans les yeux du vieillard.
Cependant il pleurait, faible comme au jeune âge,
Quand tout à coup il voit remuer le feuillage,
Une ombre, un corps de femme aux contours gracieux
Apparaît, et de l'or tombe devant ses yeux,
Puis une voix lui crie : « Au nom du Ciel, espère!
Dieu prend soin de l'enfant qui prend soin du grand-père. »

MARMIER, de l'Académie française.

CHAPITRE XIV

La Parenté.

La parenté, c'est le rapport qui existe entre des personnes unies par le lien du sang. Resserrer ce lien doit être la pensée constante de toutes les personnes vertueuses pour qui les traditions pures et saintes de la famille sont tout ce qu'il y a de plus précieux.

Entre parents, il faut se voir le plus souvent qu'on le peut. Si les besoins de la vie matérielle empêchent la fréquentation, on doit organiser, de temps en temps, des réunions de parents. (On ne se trouve à son aise et réellement heureux que parmi les siens.) Si les réunions elles-mêmes ne peuvent avoir lieu à cause d'empêchements matériels, on doit, au moins, ne pas oublier de s'écrire, de se communiquer tout ce qui intéresse, de se parler de ses inoubliables joies de l'enfance dont le souvenir est toujours si doux et, enfin, de se faire par écrit toutes les expansions intimes qui dilatent tant le cœur.

A chaque minute, on peut avoir besoin de l'aide d'une personne dévouée.

C'est surtout lorsqu'on ne peut avoir recours à un frère que l'on est heureux de pouvoir compter sur un parent.

Qui pourrait alterner avec nous, — après le frère, — pour rester au chevet du malade ou de l'infirme? qui pourrait nous aider dans toutes les circonstances difficiles ou périlleuses de la vie, si ce n'est un oncle, un neveu, un cousin?

Aimons donc nos parents! aimons-les toujours! ne cessons jamais de les fréquenter. Si nous commencions par les négliger, nous finirions par les oublier.

On distingue cinq catégories de parenté :

1° La parenté légitime proprement dite existant entre les divers membres d'une famille issus d'un auteur commun (grand'mères, oncles, tantes, neveux, nièces, cousins, cousines);

2° La parenté adoptive;

3° La parenté civile ou d'alliance, résultant du mariage (beaux-frères, belles-sœurs);

4° La parenté naturelle qui s'applique à tous les individus qui sont issus d'un commerce illégitime (ou même adultérin ou incestueux) pourvu qu'ils aient été reconnus ou déclarés tels, dans les formes que la loi autorise;

5° La parenté spirituelle, provenant du parrainage.

On distingue deux systèmes usités pour compter les générations ou degrés de parenté : celui du droit civil et celui du droit canonique.

On appelle ascendants, le père, la mère, les aïeuls.

On appelle descendants, les enfants, les petits-enfants et les arrière-petits-enfants.

On appelle collatéraux, les frères, les sœurs, les oncles, les tantes, les neveux, les nièces, les cousins et les cousines. Les collatéraux sont dits *agnats* quand ils sont parents du côté du père et *cognats* lorsqu'ils sont parents du côté de la mère.

En droit civil, on détermine la parenté, en ligne directe, en comptant autant de degrés qu'il y a de générations.

Ainsi à l'égard du père, le fils est au premier degré, le petit-fils au second, l'arrière-petit-fils au troisième, et réciproquement.

En ligne collatérale, on compte également les degrés par nombre de générations, mais en remontant d'un des parents jusque et non compris l'auteur commun, puis en descendant de celui-ci jusqu'à l'autre parent.

Ainsi deux frères sont parents au second degré; l'oncle et le neveu sont parents au troisième degré; les cousins germains au quatrième.

En ligne collatérale, il n'y a donc pas de premier degré de parenté.

En droit canonique, on compte, dans la ligne collatérale, les degrés de parenté d'un seul côté comme pour la ligne directe. Ainsi, d'après ce droit, deux frères sont au premier degré parce qu'il n'y a qu'une génération de l'un des frères jusqu'au père; deux cousins germains sont au second degré, parce qu'il y a deux générations depuis l'un d'eux jusqu'à l'aïeul qui est la souche commune.

On hérite jusqu'au douzième degré de parenté.

CHAPITRE XV

Le Chez soi.

Se trouver bien chez soi! Le vrai bonheur est là. Et ce bonheur est accessible à tout le monde. Pour le goûter, il suffit de rire, de lire, de chanter et de prier ensemble, et surtout d'être tolérant. Tout être humain est peccable. On doit se dire souvent que l'on est soi-même bien plus incomplet que n'importe qui.

Chacun a ses défauts : hélas! il n'est personne
Qui n'ait sur quelque point besoin qu'on lui pardonne.
A l'humaine faiblesse il faut donc se prêter;
Et, puisqu'on vit ensemble, il faut se supporter.

MOLIÈRE.

Une des premières vertus est de souffrir — sans trop se

plaindre — les défauts des personnes avec lesquelles on vit. Si, pour la moindre vétille, on veut tout exterminer, si pour une assiette cassée on veut faire une scène de famille, il n'y a pas de vie possible.

Si l'on n'était pas tolérant, il ne resterait plus qu'à s'en aller vivre seul au milieu d'une forêt.

Les gens intelligents (et quand nous disons *intelligents* nous ne disons pas *savants*, car il y a des savants bien maladroits) savent que la plus importante préoccupation doit être celle qui contribue à maintenir, entre les membres de la famille, l'union qui est indispensable au bonheur de tous. En famille on doit s'aimer.

On habituera de bonne heure les enfants à embrasser souvent leurs parents, et à s'embrasser entre eux. Les amitiés — même les plus fortes — ont besoin d'être ranimées par des manifestations. S'embrasser excite la tendresse. En caressant souvent, l'enfant (être égoïste, ne l'oublions pas) devient aimable et finit par s'attacher à ses parents par affection, comme il s'y était tout d'abord attaché par intérêt et par besoin.

Les caresses sont les aliments du cœur.

Quand on cesse de s'embrasser, on commence à moins s'aimer; l'indifférence s'établit; la froideur extérieure passe dans l'âme; la désaffection arrive et les membres de la famille finissent par devenir étrangers et, parfois, hostiles les uns aux autres.

Les habitudes caressantes entretenant l'affection, on continuera à s'embrasser à tout âge. Il n'y a rien de plus touchant, du reste, que de sauter au cou des gens qu'on aime et qu'on doit toujours aimer.

Ces manifestations affectueuses attachent à la maison paternelle. Le chez-soi où l'on s'aime attire. Nulle autre part on ne se trouve aussi heureux.

Un rien amuse entre personnes qui s'affectionnent. On invente des jeux. On rit. On lit.

On rit, on lit!! Nous demandons la permission de nous arrêter une minute sur ces deux mots :

On rit! Eh bien! mille milliards d'éclats! on a raison de rire. Au chez-soi où l'on rit on ne s'ennuie pas. On s'y plaît, on y est heureux. La gaieté annonce un intérieur où l'on s'aime, où l'on est d'accord, où l'on est honnête. La gaieté ne sympathise qu'avec les habitudes de travail et d'intégrité. Le paresseux et l'indélicat ne sont pas gais.

La joie est naturelle aux âmes innocentes,
Autant que la tristesse aux âmes malfaisantes.

Trouver une belle âme sans gaieté serait trouver un printemps sans verdure. La gaieté et la sagesse — que l'on ne s'y trompe pas — font souvent route ensemble, et elles sont escortées toujours par leur excellente amie la santé, qui se plaît énormément dans leur compagnie, la seule, du reste, qu'elle recherche.

Dans le cours de la vie,
Un des biens qu'on envie,
C'est la santé.
Mais chaque jours j'observe
Que ce qui la conserve,
C'est la gaîté.

Les personnes gaies sont franches, aimables, sympathiques et très sérieuses au fond. Elles ne cachent ni pièges ni faiblesses. Essayez donc de les tromper, et puis vous verrez comme elles vont *vous rire au nez*. Qu'on le sache bien : la gaieté est autant l'antipode de la sottise qu'elle est le contrepoison du chagrin. Elle se moque autant de la ruse qu'elle combat la tristesse. Elle est l'apanage des personnes intelligentes et loyales, comme la morosité est la marque des personnes perfides et... niaises.

La gaieté éloigne des mauvaises pensées et des maladies, et elle prolonge la vie par les agréments qu'elle lui procure. Elle est la compagne du sage et le trésor du pauvre. Elle porte en soi le bonheur et la santé, tandis que la tristesse ronge le cœur, affaiblit l'âme, le corps et la raison.

Donc on sera gai chez soi.

Passons maintenant à l'autre mot souligné :

On lit! Heureux l'intérieur où l'on a pris l'habitude de

faire des lectures. Comme le temps passe vite en lisant d[e] bons livres! Si l'on réfléchissait aux avantages que l'on retire des lectures à haute voix, pas un jour ne se passerait sans que cette saine distraction ne soit inscrite à l'avance sur le programme de la soirée.

Faire de la musique, c'est aussi bien attrayant. Ceux qui peuvent se livrer aux délices de cet art divin qui adoucit les caractères, parle au cœur et ravit l'âme, ajoutent, à la longue liste des félicités du chez-soi, une félicité de plus.

Pourtant les lectures sont, à notre avis, préférables à la musique, parce qu'elles sont, souvent, aussi amusantes, et presque toujours plus utiles à la vie pratique. En lisant, on apprend toujours quelque chose dont on peut avoir besoin. Certaines expressions, qui font si bien dans n'importe quelle lettre ou quel entretien, frappent l'attention et restent dans la mémoire. Et puis, la facilité de parole et le choix d'expressions que les enfants — et même les adultes — acquièrent vite en lisant à haute voix, est chose incroyable! Essayez seulement pendant une semaine, vous qui voulez bien parcourir ces lignes, et vous serez convaincu que nous n'exagérons pas.

Quand on aura réglé les affaires matérielles du ménage, arrêté la besogne du lendemain, mis ordre à tout ce qui est relatif au bien-être du chez-soi (il faut d'abord assurer tout cela), après avoir joué, fait de la musique, ri et lu, on s'agenouillera ensemble. La personne la plus âgée de la famille fera la prière (c'est la mission de la grand'maman si elle est encore là). On appellera la bénédiction du Ciel sur les personnes aimées et sur la France, et puis on pourra aller se reposer. Les rêves seront doux, la nuit sera brève. Quelle différence avec le sommeil fiévreux et agité de ceux qui, fuyant le chez-soi — où ils ne rentrent qu'en bâillant — vont passer la soirée au jeu, au cercle et aux lieux de dépravation où le corps s'étiole, le cœur se dessèche, l'intelligence s'atrophie!

FIN DE LA PREMIÈRE PARTIE.

DEUXIÈME PARTIE

LES
PRINCIPAUX ÉVÉNEMENTS DE LA VIE

I. **Mariage** (TRAITÉ A TOUS LES POINTS DE VUE). — II. **La future maman** (SIGNES DE LA GROSSESSE, HYGIÈNE). — III. **L'accouchement** (PRÉCAUTIONS, ENFANTEMENT, SOINS, HYGIÈNE DE L'ACCOUCHÉE ET DU NOUVEAU-NÉ). — IV. **La nourrice** (LAYETTE, ALLAITEMENT, HYGIÈNE DE LA MÈRE ET DE L'ENFANT, SEVRAGE). — V. **Le baptême** (CÉRÉMONIE RELIGIEUSE A L'ÉGLISE, AU TEMPLE, A LA SYNAGOGUE). — VI. **Première communion** (DIFFÉRENTS CULTES).

DEMANDE AGRÉÉE

C'est le printemps de sa vie : à lui de le fleurir. (Page 82.)

CHAPITRE PREMIER

Le Mariage.

I. **Définition** (acte le plus important de la vie). — II. **Mariage d'inclination** (le seul qui rend heureux). — III. **Conditions** (époux mal assortis). — IV. **Mariage d'argent** (l'époux pauvre est un intrus dans son propre intérieur). — V. **Différence d'âge** (le mari doit être plus âgé que la femme). — VI. **Vices héréditaires** (précautions à prendre à leur égard). — VII. **Mariage entre parents** (l'éviter). — VIII. **Époux trop jeunes** (inconvénients). — IX. **La demande** (comment faite). — X. **Demande repoussée** (attitude du refusé). — XI. **Demande agréée** (cour à la jeune fille). — XII. **Toilette des fiancés** (doit être simple). — XIII. **Attitude des fiancés** (visites, bouquets, rêves de bonheur). — XIV. **Cadeau de fiançailles** (sa consistance). — XV. **Corbeille de mariage** (sa composition). — XVI. **Signature du contrat** (ordre des signatures). — XVII. **Pièces à fournir à la mairie** (s'en occuper à l'avance). — XVIII. **Consentement** (à demander à tout âge). — XIX. **Acte respectueux** (notification, modèle). — XX. **Mariage civil** (célébration). — XXI. **Des empêchements du mariage et de ses nullités** (questions de droit, différents cas). — XXII. **Impuissance physique** (les impuissants ne doivent pas se marier). — XXIII. **Mariage religieux** (cérémonie à l'église, au temple, à la synagogue). — XXIV. **Mariage des veuves** (délais, cérémonie). — XXV. **Mariage des demoiselles ayant coiffé sainte Catherine** (cérémonie, toilette). — XXVI. **Repas et bal de mariage** (places des mariés, chants, poésie, danse). — XXVII. **Voyage de noce** (ses inconvénients, rester chez soi).

I

DÉFINITION

Le mariage est l'acte le plus sérieux et le plus important de la vie. C'est le lien qui unit deux êtres en une seule destinée. C'est le contrat que les lois de l'attraction font signer à l'homme et à la femme, et dans lequel ils s'engagent à partager joie et tristesse, fortune et misère, et à s'aider mutuellement dans la laborieuse mission de former — par l'éducation — des enfants capables d'honorer l'humanité.

II

MARIAGE D'INCLINATION

Bien que nous ayons, dans un chapitre de la première partie de ce livre, parlé de l'amour, nous répétons ici que,

— quoi qu'en disent ceux qui n'ont jamais su se faire aimer, — les jeunes gens qui se marient sans avoir d'affection l'un pour l'autre, ont quatre-vingt-dix-neuf chances sur cent d'être malheureux.

Dieu a dit au premier homme et à la première femme : « Soyez tous deux comme une seule chair ». Les époux doivent donc ne former, pour ainsi dire, qu'un seul être, sans quoi il ne saurait y avoir de bonheur. Le mariage dit à l'homme : « Tu aimeras ta femme toute ta vie », et à la femme : « Tu aimeras ton mari jusqu'à ce que tu meures. » La vanité et le calcul — si l'on veut assurer le bonheur des époux — ne doivent jamais être écoutés. Que les ambitieux se le disent : « Mariage sans amour ne peut que mal tourner ». Ici le cœur ne doit réellement obéir qu'à une loi qui s'appelle affection. Ceux qui n'obéissent pas à cette loi, ceux qui l'outragent, sont bien plus punis que ceux qui enfreignent les prescriptions du Code : ils se condamnent eux-mêmes à des tourments bien plus cruels que les tourments endurés par les galériens.

Condamner deux âmes antipathiques à vivre ensemble, c'est condamner deux ennemis à traîner le même boulet. L'intérieur des époux qui ne s'aiment pas est un enfer. Mères! qui cherchez le bonheur de vos enfants, sondez bien leurs dispositions avant de les marier. Ne violentez jamais leur volonté énergiquement exprimée. Le jeune homme ne doit se donner pour compagne que la jeune fille qu'il croit apte à lui assurer le bonheur et qu'il juge digne d'être la mère de ses enfants. La jeune fille ne doit épouser que l'homme qui lui plaît et qui lui semble capable — par son mérite et son honnêteté — de bien diriger la famille.

« L'ambition, a dit Théophile Gautier, fait appeler *folie* aimer une jeune fille gracieuse et charmante; et appeler *raison* épouser une femme laide, revêche et qui déplaît. »

« Un jour, dit Rivarol, je m'avisai de médire de l'amour, il m'envoya l'hymen pour *se venger*. Depuis je n'ai vécu que de regrets. »

Et maintenant Legouvé va nous dire comment se font les mariages de *raison*.

« *Je marie ma fille* », tel est le mot de presque tous les parents, et le mot dit la chose. Alléguant toujours la jeunesse des fiancés comme si cette jeunesse n'était pas le *premier abus à réformer*, ils substituent trop souvent leur goût, ou les intérêts de leur vanité, au bonheur de leurs enfants. Une jeune fille de noblesse ne peut se marier qu'à *un titre*, une fille riche, qu'à *un million*. Toutes les classes se concentrant égoïstement en elles-mêmes, ne permettent pas à la sympathie de s'étendre au delà de leur cercle étroit, et de ce cercle même elles commandent le choix qui satisfait le mieux à leurs mesquines passions. Une jeune fille pleurait dans le sein de sa mère, sur la laideur et l'inintelligence de son fiancé. « J'en conviens, repartit la mère, tu as raison, mais « dans ce mariage, tout est si bien, excepté l'époux!! » Et cette mère persista, et cette fille se maria, et l'on jura qu'elle avait consenti parce qu'elle avait dit *oui*. »

Et Voltaire, en parlant à la jeune fille sacrifiée à l'ambition, et mariée à un homme qu'elle n'aime pas, s'exprime ainsi : « Vous vous donnez à lui sans le connaître; vous vivez avec lui sans l'aimer. C'est un marché que l'on a fait sans vous. » On peut ajouter : « Et cependant c'est vous qui devez en supporter tous les frais et toutes les conséquences. »

Il est impossible aux époux d'être heureux quand leur union n'a été qu'une *affaire* pendant laquelle on s'est écrié : « Arrière la fille aimée mais pauvre, bien que son honnêteté, sa grâce et sa douceur puissent donner à penser qu'elle aurait assuré le bonheur de son époux, et vive la femme riche, bien qu'elle soit aussi revêche que l'a dit Théophile Gautier. Arrière l'homme aimé mais pauvre, bien que son intelligence, son énergie et sa conduite connues soient des garanties de bonheur pour la jeune fille, et vive l'homme riche et inconnu du marché dont parle Voltaire! »

Les vrais, les seuls mariages dictés par la nature et par

le cœur — deux maîtres absolus auxquels il coûte cher de désobéir — sont les mariages d'inclination.

> Et qui donne à sa fille un mari qu'elle hait
> Est responsable au Ciel des fautes qu'elle fait.
>
> MOLIÈRE.

« Dans les mariages d'amour, quand la possession a dissipé l'ivresse, disent certains moralistes hargneux, un amer repentir se produit. » — Et pourquoi donc ce repentir se produirait-il plus violemment et plus vite après la possession de la personne aimée qu'après la possession de la personne antipathique?

« Parce qu'après un mariage de raison ou de calcul les époux peuvent être unis par l'estime », nous disent encore les mêmes moralistes. Ah bah! Mais d'abord tranchons ceci : Vous dites : « *peuvent être* », donc vous n'êtes pas sûrs qu'ils le soient. Cela dit, continuons : Et après un mariage d'amour les époux ne peuvent donc pas être unis par l'estime? Pourquoi l'estime naîtrait-elle plus facilement entre deux personnes qui ne s'aiment pas qu'entre deux personnes qui s'aiment? Il nous semble pourtant que la voie des sentiments sympathiques est plus ouverte dans les mariages d'amour — les seuls naturels, les seuls compréhensibles, les seuls qui fassent battre le cœur — que dans les mariages de calcul où, comme dans une halle, on n'entend sonner que les écus, et où — à l'instar de l'épicier débitant ses pruneaux et sa mélasse — on discute le *prix* franc par franc, sou par sou? Allons donc! Est-ce que l'amour et l'estime ne marchent pas toujours unis? On les rencontre trop souvent faisant route ensemble, la main dans la main, pour douter qu'ils ne sont pas du même âge, pour douter qu'ils ne sont pas nés en même temps.

La personne que l'on a aimée au point de s'unir à elle pour toute la vie, on l'estime. Le contraire arrive si rarement que ce serait une honte pour l'humanité si l'on était obligé d'en parler.

Que les casuistes ne cherchent donc pas à empêcher —

par leurs subtilités — les amoureux de se marier librement.

La personne que l'on épouse par inclination, on l'aime toujours. Ne serait-ce qu'en souvenir des moments de jeunesse et de félicité passés avec elle (les seuls moments de la vie réellement heureux), il est impossible, à moins d'être fou, brutal ou ingrat, de ne pas conserver toujours pour elle des sentiments affectueux.

III

CONDITIONS

D'autres moralistes prétendent que le mariage heureux est impossible s'il n'y a pas rapport de constitution, de taille, d'embonpoint, d'âge, de santé, de principes, d'habitudes, de rang, de fortune, etc., etc...

Mais s'il fallait réunir toutes ces conditions-là on ne se marierait jamais.

Si l'on ne devait marier les gras qu'avec les grasses, les maigres qu'avec les sèches, les acariâtres qu'avec les boudeuses, on ferait du joli!

L'amour, au contraire, veut le contraste, et cela est logique parce qu'il y a compensation. Qui n'a pas vu des petites boulottes et des grands efflanqués unis par l'amour, et faire d'excellents époux?

Il n'y a que les mariages sans amour qui font des malheureux. Et principalement quand le calcul unit l'intelligence à la sottise, et la richesse à la pauvreté. Décrire les tortures morales qu'endurent les époux mal assortis est impossible. Eux seul pourraient faire connaître leurs mécomptes, leurs humiliations et leur martyre. Ce que souffre surtout une femme intelligente mariée à un... benêt est inouï. Étant donné que l'action de la niaiserie est constante, c'est, pour cette femme, l'agitation en permanence. A chaque moment, elle a à souffrir des bévues et des incorrections de son mari. Si elle n'est pas d'une honnêteté à toute épreuve, la dignité et la fortune de la famille courent les plus grands périls. Dans tous les cas, la paix intérieure s'en ressentira, car

Monsieur trouvera toujours — consciemment ou inconsciemment — le moyen de la troubler. Le mariage d'une femme intelligente avec un homme à conception bornée est, nous le répétons, un de ceux qui nous semblent le plus blâmables, par la raison que l'homme étant moralement annihilé, la femme ne peut ni l'aimer, ni l'estimer. De plus, si la femme est aussi belle qu'intelligente, le mari sera... voué au ridicule.

Le mariage d'un homme intelligent avec une femme moins bien douée, n'offre pas d'inconvénients. Dans cette union, la supériorité naturelle reste à qui de droit.

IV

MARIAGE D'ARGENT

Le mariage d'argent (sans amour, bien entendu) trouble la paix du foyer autant — et même plus — que le mariage dont nous venons de parler.

Des femmes riches épousent quelquefois, par ambition, et sans les aimer, des hommes en vue dont, un beau matin, la célébrité s'éclipse, ou des hommes titrés mais ruinés.

Il y a dans ces mariages-là (ce qui se paie tôt ou tard) renversement des rôles. La nature — que l'on ne trompe jamais impunément — veut que ce soit l'homme qui subvienne à tous les besoins matériels de la famille. Or, ici, c'est la femme qui apporte tout. Quelle humiliante situation pour un homme de cœur !

L'homme pauvre qui — n'étant pas sûr d'être aimé — se marie avec une femme riche est un intrus dans son propre intérieur, un parasite à sa propre table. C'est l'attitude la plus piteuse qu'un homme puisse avoir. Quand Madame aura ses nerfs — et vous pouvez être certains qu'elle les aura souvent — gare les : « *Ma dot par-ci, ma dot par-là* », et quelques mots bien plus durs encore.

V

DIFFÉRENCE D'AGE

Une trop grande différence d'âge présente aussi des inconvénients, mais ils ne sont pas aussi graves que ceux dont nous venons de parler, à moins que ce ne soit la femme qui soit plus âgée que le mari. Dans ce cas, celui-ci ira, tôt ou tard, chercher des distractions au dehors, et la femme, ainsi délaissée, souffrira.

Alors même que les époux seraient du même âge, ou que l'homme n'aurait que quatre ou cinq ans de plus que sa femme, l'union — à de rares exceptions près — ne sera pas heureuse non plus.

Supposons une jeune fille de vingt ans mariée à un homme de vingt-cinq ans. Douze ans plus tard, l'homme sera dans la plénitude de ses forces, et la femme aura déjà vu décliner les siennes. Les grossesses, quelquefois annuelles, les accouchements souvent laborieux, la lactation toujours affaiblissante, puis les nombreux tracas suscités à la mère par les enfants en bas âge, et enfin, toutes les indispositions qui assaillent la femme, l'auront épuisée. La femme qui, en douze ans aura eu — nous n'exagérons rien — trois enfants seulement (beaucoup en ont davantage) sera bien *fatiguée*. Elle n'aura que trente-deux ans, et elle sera — ne lui en déplaise — presque vieille. Son état physique correspondra, alors, à celui d'un homme de cinquante ans environ, et, pourtant, son mari n'en aura que trente-sept. C'est l'âge auquel l'homme est le plus heureux. Il est en pleines forces et il a assuré sa position sociale (l'homme qui n'a pas de position à cet âge-là n'en aura jamais). Donc, il est dans la meilleure période de sa vie. Qui peut répondre, alors, qu'il n'ait pas l'idée de *sortir* si sa position de fortune le lui permet. — Il y a, malheureusement, beaucoup d'hommes qui ne réfléchissent même pas s'ils peuvent, sans frustrer leur femme et leurs enfants, se payer des... *sorties* inavouables.

Il y a beaucoup d'exceptions, c'est certain, mais la jeune

fille qui se marie à un homme âgé de moins de vingt-huit ou trente ans versera plus d'une larme. Qu'elle se le tienne pour dit.

Chez un homme robuste et sobre, à la conduite régulière, quelques années de plus ou de moins ne doivent pas être comptées. Il peut être *âgé*, mais non vieux. Il y a des vieux jeunes, et des jeunes vieux. Le débauché et le désordonné seront décrépits de bonne heure; l'homme correct et l'homme tempérant seront encore jeunes à quarante ans.

« On a tort d'établir le rapport des âges uniquement sur le nombre des années, dit de Latena, dans son excellente *Étude de l'homme*. Ce rapport résulte, non seulement des années que chacun a parcourues, mais de celles qu'il semble avoir à parcourir encore. On peut être jeune à quarante ans, et déjà vieux à vingt-cinq. La jeunesse véritable est dans la santé et la vigueur du corps, dans l'énergie du caractère, dans l'activité et la fermeté de l'esprit, enfin, dans la bonne humeur. Celui qui ne possède pas ces dons heureux de la nature a beau n'avoir pas longtemps vécu, il est vieux. »

« Quarante-deux ans! mais l'âge, qu'est-ce que ça fait? Ce n'est pas là qu'est la différence; elle est dans les goûts et dans les caractères. Si j'ai les mêmes goûts que l'homme qui me plaît, je suis aussi vieille que lui. Si nous avons le même caractère, il est aussi jeune que moi. Vingt ans! Qu'est-ce que c'est que ça? Je l'aurai bien vite rattrapé! Il est dans la nature qu'il meure avant moi. La preuve? Vous êtes encore là, mon cher père, et maman qui était bien plus jeune que vous est morte. Tous les jeunes gens que je connais sont plus vieux que lui, quoiqu'ils n'aient que vingt ans environ. » A. DUMAS FILS.

D'après le philosophe Schopenhauer, « les femmes donnent la préférence à l'âge compris entre trente et trente-cinq ans, et le mettent bien au-dessus de celui de l'adolescence qui offre cependant le type parfait de la beauté humaine ».

VI

VICES HÉRÉDITAIRES

Passons maintenant à des questions bien autrement importantes que celles que nous venons de traiter.

Avant d'en arriver à ne plus pouvoir dire : « NON », et afin d'éviter de grands malheurs, il faut s'assurer qu'on ne s'allie pas à une famille chez laquelle il existe des vices héréditaires.

Si le jeune homme ou la jeune fille appartient à une famille où il existe des maladies transmissibles par voie de génération (cécité, surdité, scrofule, épilepsie, phtisie et — chose horrible — folie), les enfants pourraient naître malingres, aveugles, sourds-muets ou... (cela donne le frisson) idiots. Et tout l'or du monde — entendez-vous, vaniteux? — n'empêchera pas ces enfants-là d'être malheureux.

Si le mari appartient à une famille de joueurs, de paresseux, de débauchés, de brutaux ou de malhonnêtes, la femme peut s'attendre à des larmes, le ménage à la ruine, la maison au déshonneur.

Si l'épouse appartient à une famille qui n'a jamais produit que des femmes coquettes et frivoles, adieu repos du mari, bien-être de la maison et avenir des enfants!... Aurait-elle apporté en dot des millions, que son intérieur n'en serait pas moins un bagne et un chaos, et, en peu de temps, le château de la misère.

Avant tout, il convient donc de s'assurer très sérieusement que jeune fille et jeune homme n'apporteront pas, pour cadeaux de noce, les infirmités morales, physiques et mentales dont nous venons de parler. C'est tout ce qu'il y a de plus sérieux dans le mariage.

La jeune fille rachitique, à la taille déviée, aux hanches inégales, au bassin mal constitué, ou à toute autre déformation de nature à créer des obstacles à l'accouchement, et de nature à mettre au monde des infirmes, commet un vrai crime en se mariant.

Le jeune homme atteint de maladies congénitales, d'impuissance ou de certaines affections contractées que nous n'osons pas nommer, et qui se marie, est un misérable.

VII

MARIAGE ENTRE PARENTS

Si l'on veut éviter d'avoir des enfants chétifs, infirmes ou idiots, il faut éviter de se marier entre parents. Plus les races sont croisées, plus les enfants sont intelligents et robustes. Du reste, la morale et la pudeur, nécessaires à l'honorabilité de la famille, défendent le mariage entre parents. Les lois de l'Église et les lois civiles le défendent également. « En ligne directe, dit l'article 161 du Code civil, le mariage est prohibé entre tous les descendants légitimes ou naturels, et les alliés dans la même ligne. »

Le mariage est donc prohibé entre le père légitime ou naturel et la veuve du fils (belle-fille), et entre le fils légitime ou naturel et la seconde épouse du père (belle-mère).

« En ligne collatérale, dit l'article 162 du même Code, le mariage est prohibé entre le frère et la sœur légitimes ou naturels, et les alliés au même degré. » Et l'article 163 défend le mariage entre l'oncle et la nièce, la tante et le neveu. « Néanmoins, il est loisible au gouvernement, de lever, pour des causes graves, les prohibitions portées par l'article 162 aux mariages entre beaux-frères et belles-sœurs, et par l'article 163, aux mariages entre l'oncle et la nièce, la tante et le neveu. » (Art. 164 du Code civil.) D'où il résulte que beaux-frères et belles-sœurs, oncles et nièces, tantes et neveux peuvent se marier entre eux après y avoir été autorisés. (S'ils se mariaient sans avoir obtenu la dispense, ils commettraient le crime d'inceste.) Mais dans les deux cas, ces mariages soulèvent un sentiment de répulsion, et les enfants qui naîtront de ces deux dernières liaisons, ne seront ni énergiques ni intelligents.

VIII

ÉPOUX TROP JEUNES

Jeune homme et jeune fille, avant de se marier, doivent être parvenus à leur complet développement physique, sans quoi — en plus des inconvénients que nous avons déjà cités — ils procréent des enfants malingres, et ils s'exposent à un épuisement dont ils ressentiront les suites pendant toute leur vie. C'est afin d'empêcher ces graves inconvénients, dus à l'union des impubères, que l'article 144 du Code civil dit : « L'homme avant dix-huit ans révolus, la femme avant quinze ans révolus *ne peuvent* contracter mariage. » Mais si la loi indique ces âges, la raison et le bon sens, qui en cette matière sont plus forts que la loi, en indiquent d'autres :

Voyons! franchement, est-ce qu'un *blanc-bec* de dix-huit ans peut être un mari sérieux? Est-ce qu'une *bambine* de quinze ans qui ne sait pas encore se débarbouiller, peut être une ménagère, peut être, neuf mois après, une mère de famille raisonnable? Non, mille fois non!

Pour que l'union soit contractée dans de bonnes conditions, il faut que l'homme ait au moins vingt-huit ou trente ans, et la femme vingt ou vingt-deux.

IX

LA DEMANDE

Préférez-vous manger un mets que vous avez choisi vous-même, selon votre goût et selon vos facultés digestives, ou manger un mets qui vous répugne, et que, malgré les protestations de votre palais et les révoltes de votre estomac, votre voisin veut vous forcer à avaler? Si vous êtes assez faible de caractère pour préférer ce dernier mets au premier (n'osant pas dire non à votre voisin), vous courrez risque d'être atteint de certaine indisposition qui ne se manifeste qu'après un mauvais dîner. Pourtant cette indisposition n'est que momentanée et elle appartient à la catégorie des curables; certains moyens en ont vite raison: c'est l'affaire de quelques minutes; on est vite débarrassé. Mais lorsque le voisin — profitant toujours de votre faiblesse — réussit à vous faire épouser une personne que vous n'aimez pas, la *délivrance* sera, sinon impossible, du moins laborieuse, très pénible et scandaleuse.

Conclusion : Mariez-vous vous-même. Ne vous laissez pas marier par les autres, quels qu'ils soient.

Il s'agit ici de l'acte capital de la vie. Il faut le préparer soi-même. Le jeune homme qui fait faire la demande en mariage, sans s'être assuré qu'il est sympathique à la jeune fille, est (ne soyons pas trop sévère) un vrai nigaud. Si sa demande est refusée — ce qui, en ce cas, arrive presque toujours — il devient ridicule. (La demande en mariage, repoussée par les parents, passe encore, mais repoussée par la jeune fille c'est — pour l'amoureux — du dernier grotesque.) Un jeune homme intelligent ne lancera rien au hasard. Il préparera le terrain à l'avance. A défaut d'autres choses, il aura au moins — avant de faire la demande en mariage — lu dans les yeux de la jeune fille une inclination que les lèvres n'auront pas encore eu l'occasion ni le courage de manifester, mais qui existe au fond de son cœur. C'est souvent des yeux que l'on se parle quand on est amoureux. Le doux regard de la jeune fille, — plus pénétrant que sa voix émue par le plaisir d'aimer et de se savoir aimée, — ayant dit le mot le plus agréable que l'homme puisse entendre dans sa vie (*le divin* « OUI » de la bien-aimée), le jeune homme pourra charger un de ses parents (père, mère, oncle, tante, etc.) de faire la demande officielle. A défaut de parents, le jeune homme peut charger un ami commun, ou le curé, le pasteur, le rabbin, ou le notaire de présenter sa demande aux parents de la jeune fille.

DEMANDE REPOUSSÉE

.... C'est, pour l'amoureux, du dernier grotesque. (Page 80.)

X

DEMANDE REPOUSSÉE

Si la demande n'est pas favorablement accueillie par les parents de la jeune fille, le jeune homme doit être très adroit:

Il évitera de rompre brusquement ses relations avec la famille qui n'a pas voulu de lui, et puis, sans jamais faire allusion au refus, il s'éloignera insensiblement. Quand surtout il est bien sûr que la jeune fille l'aime, il doit tout faire pour que la rupture s'opère avec la plus grande délicatesse et avec le plus parfait ménagement. L'homme aux nobles sentiments doit tout supporter pour éviter des larmes de douleur à la candide jeune fille dont les pensées sont à lui. Faire comprendre à la jeune fille que ce sont ses parents à elle qui s'opposent au mariage, serait un acte indigne d'un galant homme. Ce serait vouer la pauvre enfant à un chagrin qui pourrait influer sur toute sa vie. Coûte que coûte, le jeune homme — quitte à se faire qualifier d'infidèle et de criminel par la bien-aimée — doit tout employer pour faire croire que la rupture n'est due qu'à son inconstance, qu'à sa frivolité. L'homme de cœur, l'homme de caractère, doit se sacrifier pour la jeune fille qui lui a dit : *Je vous aime.*

Si, après avoir été agréé, des raisons graves (elles ne peuvent être que graves) contraignent le jeune homme à une rupture, il doit agir avec prudence et tact. Il prétextera une maladie, une affaire, un voyage, et puis il mettra fin aux relations par une lettre très respectueuse dans laquelle il exprimera tous les regrets qu'il a de se voir forcé de se retirer. Il cessera alors toute visite, non seulement aux parents de la jeune fille, mais encore à toutes les personnes chez lesquelles il serait exposé à rencontrer la jeune fille ou les siens.

XI

DEMANDE AGRÉÉE

Si la demande est accueillie, si rien n'empêche le mariage, le jeune homme est autorisé à faire sa cour à la jeune fille.

Il fait demander, par son père ou par sa mère — et à défaut, par un parent ou par un ami — à être reçu comme fiancé.

Les parents de la jeune fille le reçoivent, alors, intimement, mais pas encore familièrement.

XII

TOILETTE DES FIANCÉS

Pendant ses visites, — et principalement dans les premiers jours, — le costume du jeune homme ne doit être que correct; trop cérémonieux, il annoncerait le mauvais goût de celui qui le porte ; trop négligé, il décèlerait son manque absolu de savoir-vivre.

De même, la toilette de la fiancée doit être simple et bien portée.

XIII

ATTITUDE DES FIANCÉS

Lors de ces visites, les fiancés continueront à faire précéder leurs noms du mot *Monsieur* ou *Mademoiselle*, soit qu'ils s'adressent directement la parole, soit qu'ils parlent l'un de l'autre à un tiers : Le temps n'est pas encore venu de s'appeler « Paul » ou « Louise » tout court.

Lorsque le mariage est officiellement annoncé, le père et la mère de la jeune fille ne reçoivent plus que leurs proches parents et amis, et ceux du fiancé.

Dans les quinze derniers jours qui précèdent le mariage, les visites du fiancé deviennent journalières. Il doit porter et faire porter des bouquets en quantité; c'est le printemps de sa vie : à lui de le fleurir.

Pendant que la jeune fille respire ces fleurs, liberté entière de causer entre eux doit être accordée aux amoureux. Destinés à vivre unis pendant toute leur vie, ils ont besoin, dans ces courts moments de félicité, de laisser échapper intimement les expansions de leur âme, les secrets de leur affection, et faire tout bas des rêves de bonheur. Mais la mère, ou, à son défaut, un parent de la jeune fille, doit toujours se trouver dans la même pièce que les fiancés, ou du moins, y entrer souvent sous un prétexte quelconque.

Les futurs époux ne doivent jamais se promener seuls. Le monde est si méchant !

Une jeune fille bien élevée et bien conseillée ne fera jamais naître, entre elle et son futur époux, pendant la période des fiançailles, ni une réserve glaciale qui serait ridicule, ni une familiarité déplacée qui serait condamnable. Une jeune personne adroite trouvera facilement un terme moyen : ce sera de témoigner, sans détours, une correcte affection au vaillant garçon qu'elle aime. De cette façon, elle ne donnera aucune prise à la malignité des vieilles commères qui, n'ayant rien à mettre sur la pointe de leur mauvaise langue, enrageront de dépit.

Le jeune homme doit être, de son côté, très empressé et très respectueux. Il va sans dire qu'il doit rester indifférent aux questions d'intérêt. Cela regarde les parents, ou, si les familles sont très riches, les notaires. Il doit entretenir sa fiancée de ses goûts, de ses projets, de ses espérances, en lui faisant comprendre que tout cela n'a pour objectif que le bonheur qu'il rêve pour elle.

XIV

CADEAU DE FIANÇAILLES

Pendant ce printemps de la vie,— en outre des bouquets qu'il doit lui envoyer le plus souvent possible, — le jeune homme doit faire à sa future épouse un *cadeau de fiançailles*, qui consiste, habituellement, en un bijou de circonstance (bague ou bracelet dont la forme en anneau semble présenter le premier maillon de la chaîne qui va bientôt unifier deux cœurs, deux âmes, deux destinées). Ce cadeau de fiançailles se fait dans toutes les classes de la société. Les fiancés riches y mettent le prix qu'ils veulent, les fiancés pauvres, le prix qu'ils peuvent.

XV

CORBEILLE DE MARIAGE

Il en est de même de la corbeille de mariage. Mais celle-ci n'est offerte que le jour de la signature du contrat, ou, s'il n'y a pas de contrat, la veille du mariage à la mairie. Sa valeur — comme celle du cadeau de fiançailles — doit être en rapport avec la situation de fortune du fiancé. Si celui-ci est un homme sage, il ne montrera aucune exagération dans la composition de cette corbeille qui ne doit son existence qu'à la vanité.

La corbeille de mariage se compose de bijoux, d'objets de toilette, de livres de messe, d'éventails et, si le fiancé est très riche, de fourrures et de dentelles. En un mot, elle se compose, généralement, d'objets superflus et non d'objets nécessaires : c'est du clinquant, ce n'est pas du solide. Aussi, dans certains pays où les gens sont très pratiques, elle est représentée par une bourse contenant une somme quelconque en argent. Nous préférons, et de beaucoup, cette dernière façon de procéder. Dans ce cas, il faut faire en sorte que les pièces en or ou en argent — selon la fortune du fiancé — déposées dans la bourse, soient toutes neuves.

On envoie les cadeaux de la corbeille de mariage dans une boîte élégante, ou dans une petite table à ouvrage destinée à faire partie de l'ameublement des futurs époux. Ces cadeaux sont exposés dans la chambre de la fiancée, où tous les parents et amis peuvent venir les admirer. Mais comme tout dépend de la situation de fortune des fiancés, cet étalage n'est pas — inutile de le dire — obligatoire. On se moque même, et on a raison, de ceux qui le provoquent et de ceux qui le font, lorsque les jeunes gens apportent en dot plus de projets que d'écus.

XVI

SIGNATURE DU CONTRAT

S'il y a une fête le jour de la signature du contrat, la fiancée y assiste en toilette blanche. C'est elle qui, dansant avec son fiancé, ouvre le bal. Les deux plus jeunes proches parents leur font vis-à-vis. A la deuxième contredanse, la future épouse danse avec le notaire, ou avec un de ses proches parents à elle.

Il est d'usage que tous les parents et amis qui sont appelés à signer le contrat de mariage, fassent un cadeau à la fiancée.

Chez les gens riches, le contrat est signé au domicile de la jeune fille, où le notaire se rend. Dans les autres classes de la société, il est signé dans le cabinet du notaire.

Toutes les clauses du contrat doivent être préalablement consenties et arrêtées. Une discussion d'intérêt, le jour de la signature du contrat, serait du plus mauvais goût.

Lorsque le notaire a fini la lecture du contrat, le jeune homme se lève, salue sa fiancée, en guise de demande d'approbation, signe, et puis lui offre la plume. La jeune fiancée signe à son tour, et donne la plume à la mère de son futur époux. Celle-ci la passe, après avoir signé, à la mère de la jeune fille, qui la donne au père du fiancé, et le père du fiancé la passe au père de la future. Après les pères et mères, le contrat est signé par les quatre témoins, et puis par tous les membres des deux familles, par ordre de degré de parenté et par rang d'âge. Cet acte reste ouvert sur une table, et on invite à le signer toutes les personnes auxquelles on doit de la déférence.

Aux termes de la loi, le notaire doit remettre aux futurs époux un certificat constatant qu'il a été dressé un contrat de mariage. Ce certificat sera lui-même remis au maire avant la célébration du mariage.

(Voir plus loin, — actes de l'état civil, — tout ce qui est relatif au contrat de mariage, acte dont il est très utile de connaître et les bases et les formes.)

XVII

PIÈCES A FOURNIR A LA MAIRIE

Quelques jours avant le mariage civil, on remet à la mairie les pièces indiquées ci-après :

1° L'extrait de l'acte de naissance (quand les fiancés ne sont pas nés dans la commune où ils doivent se marier);

2° Un certificat constatant que les bans ont été publiés dans la commune où est domicilié celui des époux qui ne se marie pas chez lui.

Les publications de mariage doivent être faites deux dimanches de suite par le maire de la commune, et un extrait de ces publications doit rester affiché pendant huit jours compris entre les deux dimanches.

Le mariage ne peut être célébré qu'à partir du 3e jour, depuis et non compris celui de la 2e publication.

3° Le consentement par acte notarié des père et mère des futurs ou des parents qui en tiennent lieu et qui ne pourraient pas se rendre à la cérémonie;

4° L'extrait de l'acte de décès des parents dont le consentement serait requis s'ils étaient vivants;

5° L'extrait de l'acte de décès du premier conjoint, quand c'est un veuf ou une veuve qui se remarie;

6° Les certificats délivrés par les officiers de l'état civil des diverses communes où les publications ont été faites, attestant qu'aucune opposition au mariage ne s'est produite, ou la mainlevée de celles qui auraient été formées;

7° L'autorisation de contracter mariage donnée par les supérieurs militaires, lorsque l'époux appartient à l'armée active de terre ou de mer;

8° Un acte authentique des différentes dispenses qui auraient pu être accordées (Dispenses d'âge, de publication, à raison de la parenté ou de l'alliance);

9° Le certificat du notaire, constatant qu'il a été dressé un contrat de mariage (lorsqu'il y a eu contrat).

S'informer à l'avance à la mairie si d'autres pièces sont nécessaires (nous croyons les avoir pourtant toutes indiquées) afin que tout soit en règle lorsque les futurs et les invités arriveront.

Les sous-officiers et les soldats de l'armée active ne peuvent contracter mariage sans l'autorisation délivrée par le conseil d'administration de leurs corps ou compagnies.

Pour les officiers de l'armée active, cette autorisation est délivrée par le ministre de la Guerre ou par le général commandant le corps d'armée, selon le grade du futur.

XVIII

CONSENTEMENT

« Le fils qui n'a pas atteint l'âge de vingt-cinq ans accomplis, la fille qui n'a pas atteint l'âge de vingt et un ans accomplis ne peuvent contracter mariage sans le consentement de leurs père et mère ; en cas de dissentiment, le consentement du père suffit. » (Art. 148 du Code civil.)

Les forces du corps se développant avant les facultés de l'âme et le discernement, les jeunes gens se trouvent ainsi physiquement habiles à contracter mariage avant d'être moralement en état de faire un bon choix. Donc l'article du Code précité agit sagement en prescrivant à la tendresse éclairée des parents de suppléer à l'inexpérience des enfants, et de s'opposer à l'entraînement des passions souvent fantasques de l'adolescence.

Lorsque les pères et mères assistent à la célébration du mariage, leur consentement verbal suffit. S'ils n'y assistent pas, la preuve de leur consentement est fournie par un acte passé devant notaire.

Si les futurs n'ont ni père ni mère, c'est à leurs grands-parents qu'ils doivent demander le consentement, et à défaut de ces derniers, au conseil de famille. L'officier de l'état civil qui aurait célébré le mariage sans que le consentement ait été donné, serait passible d'une amende de 16 à 300 francs, et d'un emprisonnement dont la durée ne pourra être moindre de six mois (art. 156 du Code civil).

Quand le consentement doit être donné par les grands-parents, « s'il y a dissentiment entre l'aïeul et l'aïeule de même ligne, il suffit du consentement de l'aïeul. S'il y a dissentiment entre les deux lignes, ce partage emportera consentement. » (Art. 150 du Code civil.)

Les enfants doivent, à tout âge, commencer par demander le consentement de mariage à leurs ascendants. Ce devoir, que la loi naturelle et la loi civile imposent aux enfants, est perpétuel. Donc, ils doivent, même après l'âge de vingt-cinq ans (homme) et vingt et un ans (femme), demander ce consentement. S'il leur est refusé, ils sont tenus de le demander encore par un acte respectueux et formel. (Art. 151 du Code civil.)

XIX

ACTE RESPECTUEUX

C'est l'acte par lequel l'enfant demande le conseil de ses ascendants pour se marier.

« Depuis la majorité fixée par l'article 148 jusqu'à l'âge de trente ans accomplis pour les fils, et l'âge de vingt-cinq ans accomplis pour les filles, l'acte respectueux prescrit par l'article 151, et sur lequel il n'y aurait pas de consentement au mariage, *sera renouvelé deux autres fois*, de mois en mois; et un mois après le troisième acte, il pourra être passé outre à la célébration du mariage. » (Art. 152, Code civil.) Après l'âge de trente ans pour les fils et de vingt-cinq ans pour les filles, « il pourra être, à défaut de consentement sur un acte respectueux, passé outre, un mois après, à la célébration du mariage » (art. 153, Code civil); l'âge des futurs ayant atteint toute sa maturité, il n'y a plus de motifs pour retarder le mariage.

Cet acte ne doit rien contenir de blessant ni d'irrévérencieux pour les parents. Autrefois il était établi par les huissiers; aujourd'hui il est rédigé et notifié par les notaires, afin de lui donner un caractère plus imposant et plus solennel. « Les actes respectueux ne devront plus être notifiés par les huissiers. On emploiera les notaires; ce sont les officiers dépositaires des secrets des familles, ceux dont elles réclament habituellement le ministère pour régler amiablement tous leurs intérêts. » (Exposé des motifs du livre 1er, titre V, du Code civil.)

Les notaires emploieront tous les moyens de conciliation

pour opérer un rapprochement toujours si désirable entre des pères et des enfants.

Modèle d'un acte respectueux : L'an mil....., le ..... heures ..... Sur la réquisition de D[lle] ....., âgée de ...., fille ..... de .... et de ....., demeurant à ..... M[e]....., notaire à la résidence de ..... assisté..... des sieurs....., demeurant tous deux à ....., témoins aussi soussignés, s'est transporté en la demeure des sieur ..... et dame ....., père et mère; et en présence du notaire et des témoins, la demoiselle .... a supplié respectueusement ses père et mère de lui donner leur conseil sur le mariage qu'elle se propose de contracter avec le sieur ....., demeurant à ....., fils de ..... et de dame... son épouse.

Et la demoiselle a signé après lecture.

(*Signature.*)

Les sieur et dame ..... ont répondu, savoir : le sieur .... qu'il connaît le sieur ..... dont la conduite est loin d'être régulière; qu'il est peu laborieux, et n'est pas capable de pourvoir par son travail aux besoins de sa famille; — et la dame ..... qu'elle a déjà fait à sa fille toutes les remontrances que l'amitié qu'elle lui porte lui a suggérées, et qu'elle se croirait coupable de faiblesse envers elle si elle donnait son consentement à une pareille union.

Et ont signé après lecture faite.

(*Signature.*)

De tout ce que dessus, le notaire soussigné a dressé le présent procès-verbal qu'il a signé avec les témoins, lesdits jour, mois et an, après lecture faite, et duquel, sur la réquisition de la demoiselle ..... ils ont, pour notification de l'acte respectueux qu'il renferme, laissé copie à chacun des sieur et dame .. ..

(*Signature du notaire.*)

Après la notification du dernier acte respectueux, le mariage pourra être célébré à moins que les ascendants ne forment l'opposition prescrite par l'article 173 du Code civil. Opposition qui a pour but de faire connaître à l'officier de l'état civil les empêchements qui pourraient faire obstacle au mariage. Ces empêchements doivent être motivés. Tant que cette opposition ne sera levée, le mariage ne pourra être célébré. A défaut d'ascendants, les frère, sœur, oncle ou tante, cousine ou cousin germains majeurs peuvent former opposition, mais seulement dans les deux cas suivants : 1° lorsque le consentement requis par l'article 160 du Code civil n'a pas été obtenu; 2° en cas de démence de l'un des deux futurs (art. 174, Code civil). Pour obtenir la mainlevée de l'opposition à leur mariage, les fiancés doivent s'adresser au tribunal civil de leur arrondissement, et ce n'est que sur le vu du jugement, que le maire peut procéder à la célébration du mariage, sans quoi cet officier de l'état civil serait passible d'une amende de 300 francs et de tous dommages-intérêts. (Art. 68 du Code civil.)

XX

MARIAGE CIVIL

Lorsque toutes les pièces nécessaires à la célébration du mariage sont en état, on demande à la mairie quel jour le mariage peut être célébré. (Chaque commune a ses jours et ses heures.)

Au jour fixé, le mariage est célébré publiquement à la mairie (art. 75 et 165 du Code civil), « toutes portes ouvertes ».

En cas *d'absolue nécessité*, on admet que l'officier de l'état civil puisse se transporter au domicile de l'un des époux pour y procéder à la célébration. (Tel serait le cas d'un mariage au lit de mort.)

Le mariage à la mairie peut avoir lieu plusieurs jours et même plusieurs mois avant le mariage à l'église, au temple ou à la synagogue. Les prêtres, les pasteurs ou les rabbins qui célébreraient le mariage religieux sans s'être assurés de la célébration préalable du mariage civil, seraient passibles d'une amende de 16 à 100 francs et même d'un emprisonnement de 2 à 5 ans. (Art. 199 et 200 du Code pénal.)

Comme généralement on donne plus d'éclat au mariage religieux (quel que soit le culte auquel les époux appartiennent) qu'au mariage civil, si ce dernier mariage a lieu un ou plusieurs jours avant le mariage religieux, la cérémonie doit être simplement faite. Il n'y a que les parents, les témoins et les amis intimes qui y assistent. La grande fête se fait le jour du mariage religieux.

C'est la famille du futur qui supporte les frais de voiture, ou autres, du mariage civil.

Les témoins, — qui seront les mêmes pour le mariage religieux, — sont habituellement choisis parmi les plus proches parents des mariés, ou parmi les personnes amies et importantes avec lesquelles les familles sont en relations.

Chaque époux choisit *deux* témoins.

Si le mariage religieux ne doit pas être célébré immédiatement après le mariage civil, la mariée n'est pas tenue d'être en toilette blanche pour aller à la mairie; elle peut s'habiller comme elle l'entend, mais il va sans dire qu'elle sera en robe claire.

Le secrétaire de la mairie lit l'acte de mariage. Le maire lit le chapitre VI du Code civil, sur les droits et les devoirs respectifs des époux.

Il reçoit de chaque partie, l'une après l'autre, la déclaration qu'elles consentent à vouloir se prendre pour mari et pour femme.

Les futurs doivent répondre nettement et d'une manière intelligible pour toute l'assistance : « *Oui* ». La moindre hésitation que présenterait leur réponse peut faire douter de la liberté de leur consentement et empêcher le maire de les déclarer unis par le mariage. Il y a des exemples de consentements douteux ou refusés qui ont empêché l'union. Quand les réponses sont clairement affirmatives, le maire dit, de manière à être entendu par tout l'auditoire : « Au nom de la loi vous êtes unis par le mariage ».

XXI

DES EMPÊCHEMENTS DU MARIAGE ET DE SES NULLITÉS

Nous avons vu que la loi exige l'accomplissement de certaines formalités et l'observation de certaines prescriptions préalables à la célébration du mariage. Cet acte ne sera donc possible que lorsqu'il aura été satisfait aux exigences de la loi.

Supposons, cependant, qu'en fait, et au mépris de la loi, le mariage ait été célébré, et demandons-nous quelles seront les conséquences de cette célébration irrégulière, quant à la validité de l'acte. La validité du mariage ainsi contracté, sera subordonnée à la gravité des empêchements qui faisaient obstacle à sa célébration.

Ces empêchements sont de deux sortes :

1° Les empêchements prohibitifs qui laissent subsister le mariage, mais punissent celui qui l'a célébré;

2° Les empêchements dirimants (*détruire*) qui annulent le mariage.

Les empêchements prohibitifs ne constituent, — ainsi que leur nom l'indique, — qu'une simple défense de célébrer le mariage, sans avoir, cependant, assez de force pour l'annuler. La seule sanction de la loi consiste en des pénalités dont seraient passibles l'officier de l'état civil qui l'aurait indûment célébré, et les parties contractantes.

Les empêchements prohibitifs au mariage sont :

1° Le défaut d'actes respectueux envers les ascendants et la famille (art. 151 du Code civil);

2° Les oppositions faites au mariage par la personne déjà mariée avec l'un des futurs époux, par les ascendants, par les collatéraux et par les tuteurs ou curateurs (art. 172 à 175 du Code civil);

3° Le délai de dix mois de viduité imposé à la veuve après la mort de son premier mari (art. 228, même code);

4° Le même délai de dix mois, également imposé à la femme divorcée à partir du jour où le divorce est devenu définitif, avant qu'elle puisse contracter un nouveau mariage (art. 296 du Code civil);

5° Le défaut de publications (art. 63 du Code civil);

6° Le second divorce prononcé entre les mêmes époux

après une deuxième célébration de mariage (art. 295 du Code civil);

7° Le divorce admis pour cause d'adultère à l'égard de l'épouse coupable et de son complice (art. 298 du Code civil);

8° Le défaut d'autorisation de leurs supérieurs pour les militaires de l'armée active de terre et de mer (Décrets des 16 juin, 3 et 28 août 1808. Avis du Conseil d'État du 22 novembre 1808);

9° La prêtrise catholique.

Les empêchements dirimants mettent obstacle au mariage et l'annulent quand il a été célébré en les violant; nous les classons en trois catégories, et nous expliquerons plus loin quelques-uns d'entre eux.

Première catégorie (Inexistence du mariage) :

1° Identité de sexe;

2° Défaut de consentement des parties contractantes;

3° Défaut de manifestation du consentement des parties devant l'officier de l'état civil.

Deuxième catégorie (Nullité absolue) :

1° Impuberté des époux ou de l'un d'eux (trop jeunes);

2° Bigamie (déjà mariés);

3° Inceste (mariage non autorisé, entre parents);

4° Clandestinité du mariage (défaut de publications);

5° Incompétence de l'officier de l'état civil;

6° Interdiction judiciaire.

Troisième catégorie (Nullité relative) :

1° Consentement des époux ou de l'un d'eux, obtenu par la violence matérielle (voies de fait);

2° Consentement des époux ou de l'un d'eux, obtenu par la pression morale;

3° Erreur sur la personne physique;

4° Erreur sur la personne morale ;

5° Absence du consentement des ascendants ou de la famille.

La *nullité absolue*, qui résulte d'une infraction à une règle créée pour l'ordre public et l'intérêt commun de la société, comme, par exemple, le mariage clandestin entre parents (inceste), peut être invoquée par le ministère public sur la plainte de n'importe qui.

La *nullité relative*, qui provient de l'infraction à une règle établie pour un intérêt particulier, comme, par exemple, l'obligation de demander le consentement des père et mère, ne peut être invoquée que par les intéressés. Si personne ne se plaint, le mariage ne peut être annulé.

L'*erreur* peut porter sur la personne *physique*, sur la personne *civile* ou sur la *qualité* de la personne ; exemples :

1° *Personne physique :* — Croyant épouser Louise, j'épouse sa sœur Marie (c'est le cas de Jacob, chez Laban, épousant Lia croyant épouser Rachel). Si personne ne se plaint, le mariage est valable ;

2° *Personne civile :* — J'ai promis ma fille en mariage à un homme que ni ma fille ni moi n'avons jamais vu : c'est par l'intermédiaire d'un ami commun, mort quelques jours après, que le mariage a été convenu.

Matériellement, tout est réglé et entendu.

Reste la présentation des futurs. Un beau matin, un charmant garçon arrive chez moi, porteur de titres et de pièces attestant qu'il est bien le fiancé que nous attendions. Il plaît à ma fille, il me plaît, et le mariage se fait. Quelque temps après, nous apprenons que nous avons eu affaire à un imposteur qui, sachant que nous ignorions la mort du vrai fiancé, en a pris adroitement et frauduleusement la place. Dans ce cas, le mariage est annulé. (Arrêt de la Cour de Bourges, 6 août 1827. — Arrêt de la Cour de cassation, 24 avril 1862.) Ce cas s'est présenté plusieurs fois.

3° *Qualité de la personne :* — J'épouse une femme étrangère croyant épouser une Française; une fille naturelle la croyant légitime; une fille pauvre la croyant riche; le mariage ne peut être cassé : tant pis pour moi, je devais mieux me renseigner.

XXII

IMPUISSANCE PHYSIQUE

C'est à dessein que nous n'avons pas mentionné l'impuissance physique parmi les causes de nullité du mariage.

En effet, le Code civil est muet sur ce point, et, à notre avis, l'impuissance physique ne constitue pas une cause de nullité parce que, si la procréation est un des buts du mariage, l'union de cœur, d'affection, d'estime et d'assistance réciproques, peut enchaîner les époux et, même, les rendre heureux. D'ailleurs, comment établir la preuve de l'impuissance physique sans se rendre ridicule et sans motiver un scandale qui révolterait la conscience et l'honnêteté publiques? En présence du silence du législateur et de la perspective du ridicule et du scandale dont nous venons de parler, nous sommes amené à décider que le mariage ne peut être attaqué pour cause d'impuissance physique des époux. Pourtant, il s'est trouvé des jurisconsultes qui ont exprimé cette opinion, que l'impuissance occasionnée par des accidents survenus avant le mariage, constitue une véritable erreur sur la personne physique lorsque, toutefois, l'autre époux ignorait ces accidents.

A notre sens, c'est une fausse interprétation.

Quoi qu'il en soit, nous terminons ce paragraphe en disant aux impuissants (hommes ou femmes) : *Ne vous mariez pas.*

XXIII

MARIAGE RELIGIEUX

(*Cultes catholique, protestant, israélite.*)

CULTE CATHOLIQUE. — *A l'église :* Avant de se rendre à l'église, il faut fournir :

1° Un billet de confession, si le prêtre qui officie n'a pas reçu la confession;

2° Le certificat de mariage délivré à la mairie;

3° La justification de la publication des bans, s'ils ont été faits ailleurs que dans la paroisse où le mariage a lieu;

4° L'acte de baptême.

Il est de règle de faire à l'église trois publications de bans avant la célébration du mariage, mais on peut obtenir dispense des deux dernières.

Les bans sont publiés à la paroisse du futur et à celle de la future, sur la présentation d'un certificat délivré par la mairie et constatant le dépôt des pièces nécessaires que nous avons déjà indiquées.

Il est bon de joindre à ces pièces un certificat attestant que l'on a fait sa première communion, car il y a des curés qui l'exigent.

Afin de ne pas être arrêté au dernier moment par un défaut de formalités, il est prudent d'aller demander au curé, quelques jours avant le mariage, si toutes les pièces exigées sont fournies, et si elles sont en règle.

Les veufs et les veuves seront dispensés de fournir les certificats de baptême et de première communion, mais il faut qu'ils fournissent l'acte de leur premier mariage et l'extrait de l'acte de décès de leurs épouses ou époux.

Si le mariage a lieu entre parents, il faut solliciter, quelques mois à l'avance, une dispense que l'on obtient par l'entremise de son curé auquel on s'adresse pour cela, avant de faire publier les bans.

Le mariage religieux est, ordinairement, célébré à la paroisse de la future. Pourtant, si cela convient mieux, il peut l'être à la paroisse du jeune homme.

On peut aussi se marier dans n'importe quelle église, mais alors il faut une permission écrite des curés des paroisses où habitent les fiancés.

Si cette permission est refusée, il faut adresser une requête à l'évêque du diocèse, qui a seul le droit de passer outre. Si l'on veut se marier pendant le Carême ou l'Avent, il faut également s'adresser à l'évêque pour lui demander une dispense.

Le mariage à l'église entre une personne catholique et une personne d'une autre religion ne peut être célébré qu'après avoir été autorisé par le Pape.

Le futur et sa famille vont prendre la future et les siens.

Le bouquet que le jeune homme offre à sa fiancée doit être entièrement blanc.

Si l'on emploie des voitures, il convient de les envoyer aux témoins et surtout aux demoiselles d'honneur qui viennent prendre la future chez elle avant de se rendre à l'église.

Les frais de ces voitures et toutes les dépenses de la cérémonie religieuse sont à la charge du marié.

Le dîner du mariage et le bal sont à la charge de la famille de la mariée.

Pour entrer dans l'église, la jeune fille, conduite par son père, tient la tête du cortège. Vient ensuite le jeune homme donnant le bras à sa mère. Après lui, marche son père donnant le bras à la mère de la jeune fille. Entrent ensuite les garçons, les demoiselles d'honneur et les témoins.

Les invités qui sont arrivés à l'avance (ils ne doivent jamais arriver en retard), forment la double haie à l'intérieur de l'église, et, s'ils sont nombreux, jusqu'à l'autel.

En passant entre les invités, le futur époux salue discrètement en inclinant très légèrement la tête, mais la jeune fiancée marche les yeux modestement baissés vers le sol, et sans regarder autour d'elle.

En arrivant à l'autel, le jeune homme prend place à droite, la jeune fille à gauche. Chaque invité se place du côté du marié dont il tient son invitation. Les invités du jeune homme se placent à droite, ceux de la jeune femme à gauche. S'il y a *deux demoiselles et deux garçons d'honneur*, un couple se place à droite et l'autre à gauche, mais à la même hauteur. S'il n'y a qu'une demoiselle d'honneur elle se place à gauche de l'autel, du côté de la future. Les parents et les amis intimes des mariés occupent seuls les places réservées près de l'autel.

Les invités se placent sur les premières chaises venues.

La quête est faite par les demoiselles d'honneur (quand il n'y en a qu'une, elle passe devant tous les invités). Les garçons d'honneur leur donnent la main, portent leurs bouquets et facilitent le passage entre les rangées de chaises.

Généralement, les demoiselles d'honneur sont les plus proches parentes ou les intimes amies de la jeune femme. Dans certains pays, si les futurs ont chacun une jeune sœur, ce sont ces deux jeunes filles qui sont de droit les demoiselles d'honneur et qui quêtent. La sœur de la mariée quête du côté de la famille du marié, la sœur du marié, du côté de la famille de la mariée.

On doit remettre au curé, avant la messe, l'anneau nuptial et la pièce de monnaie, dite *pièce de mariage*. *L'anneau* est le symbole de l'alliance emprunté aux Juifs. Chez les premiers chrétiens, il était en fer. Par la suite, on le fit en métal précieux. Il doit être simple et ne présenter ni ciselures, ni pierreries. La pièce de mariage indique la communauté de biens.

DEVOIRS : En arrivant à leur place, près de l'autel, les époux s'agenouillent et font une courte prière.

Lorsque le prêtre s'avance pour leur poser les questions d'usage, ils se lèvent et se tiennent debout jusqu'à la fin de ces questions.

Après, ils s'asseyent jusqu'au commencement de la messe.

Le prêtre leur dit :

— Vous vous présentez ici pour contracter mariage en face de l'Église?

Ils répondent :

— Oui, monsieur le curé.

— Vous faites profession de foi de la religion catholique.

— Oui.

— Vous présentez-vous ici avec une entière liberté et sans aucune contrainte?

— Oui.

Après ces questions, l'époux prend de la main droite la main droite de l'épouse qu'il ne quitte que lorsque le prêtre lui donne la pièce de mariage. (La jonction des deux mains droites est le symbole de la fidélité garantie par la force.)

Pour donner plus d'énergie à l'acte, le prêtre pose l'étole sur les mains jointes des époux et il dit au jeune homme :

— Vous déclarez et jurez devant Dieu et en face de sa sainte Église que vous prenez maintenant pour femme et légitime épouse (*nom*) ici présente?

L'époux répond :

— Oui.

Le prêtre ajoute :

— Vous promettez et jurez de lui garder fidélité en toute chose, comme un fidèle époux le doit à son épouse selon le commandement de Dieu?

L'époux répond :

— Oui.

Le prêtre fait les mêmes questions à l'épouse qui répond de la même manière. Avant de répondre à demi-voix à cette dernière question, chacun des époux tourne légèrement la tête du côté de son père et de sa mère qu'il salue respectueusement, puis répond : « Oui », en fixant et saluant le prêtre. Pendant que le prêtre bénit l'anneau, les mariés ôtent leurs gants. Lorsque la bénédiction est finie, le marié s'incline légèrement, prend l'anneau entre le pouce et les deux premiers doigts de la main droite (bien le tenir, car il serait ridicule de le laisser tomber), et le passe à l'annulaire de la main gauche de la mariée.

Après l'Offertoire (prière que le prêtre dit entre le *Credo* et le *Sanctus*), les époux se lèvent, prennent de la main droite le cierge qui est placé devant eux, vont déposer l'argent de l'offrande, baisent la patène et vont s'agenouiller.

Avant l'*Agnus Dei*, on étend sur eux le voile nuptial qui est tenu par les garçons d'honneur, et le prêtre leur donne une bénédiction qu'ils reçoivent à genoux et inclinés. (Cette formalité est omise au mariage des veuves.) A la fin de la messe, ils s'inclinent pour recevoir une dernière bénédiction. Après la messe, on passe dans le même ordre qu'en entrant dans l'église (*l'époux ne donne pas encore le bras à l'épouse*) dans la sacristie pour signer l'acte de mariage. Tous les invités et toutes les personnes conviées à la messe de mariage — deux catégories qu'il ne faut pas confondre — (les premiers accompagnent les mariés, les autres se retirent après la cérémonie de l'Église), doivent suivre les mariés à la sacristie pour leur adresser leurs compliments.

Là l'époux présente à l'épouse (qui désormais ne doit plus s'éloigner de lui) les personnes de sa connaissance.

La mère de la mariée présente ses amis au marié.

Tout cela fait, on sort de la sacristie et de l'église dans un ordre nouveau :

Le marié affirme ses droits en s'emparant du bras de sa femme. Le père de l'époux donne le bras à la mère de la mariée. Le père de la jeune fille donne le bras à la mère du marié. Viennent ensuite les demoiselles et les garçons d'honneur qui se disent tout bas, tout bas, des mots charmants.

Après ces joyeux couples, — emblèmes de nouveaux hyménées, — marchent les témoins, et, enfin, et indistinctement, la foule des invités.

Pendant le défilé dans la sacristie, les invités forment la haie comme pour l'entrée dans l'église. Mais la jeune fille, — maintenant femme, — n'étant plus tenue à la timidité et à la pudeur de la fiancée, lève la tête et répond, par de discrets sourires et par de légères et gracieuses inclinations de tête, aux saluts qui lui sont adressés.

S'il n'y a pas de voiture, le cortège continue à marcher dans le même ordre que nous venons d'indiquer, jusqu'à l'endroit où doit avoir lieu le grand déjeuner.

S'il y a des voitures, les jeunes époux montent dans la première avec les parents du marié. La charmante épousée au fond de la voiture, à droite, le marié à son côté, le père de l'époux en face de la jeune femme, la mère en face de son fils. La seconde voiture est destinée à la famille de la mariée. La troisième voiture, aux témoins.

Chaque demoiselle d'honneur monte avec ses parents et son cavalier dans une voiture distincte. Les autres invités montent dans les voitures qui, les premières, leur tendent le marchepied. On n'accompagne les mariés chez eux que si l'on a été invité au repas de noces.

Le prix des chaises occupées à l'église par les invités entre dans les frais généraux de la cérémonie.

Pour la messe de mariage, les femmes doivent être en robe claire. *Si on est en deuil, on reste chez soi.*

Les demoiselles d'honneur sont habituellement en robe blanche. Mais elles peuvent aussi s'habiller en gris-clair ou en bleu.

Les gants blancs ne sont plus de rigueur que pour la mariée. Le marié peut être en gants beurre frais, très clairs. Pourtant il peut — sans paraître ridicule — se conformer à l'ancienne mode en portant des gants blancs.

Le livre de messe de la mariée doit être blanc. Si l'on ne veut pas en acheter un neuf, on couvre, en moire blanche, celui que l'on possède déjà.

A moins de cas très grave on ne sort pas de l'église pendant la cérémonie religieuse. On ne doit partir qu'après avoir félicité les mariés à la sacristie.

Il faut bien se garder de rire ou de causer pendant une messe de mariage, surtout quand le prêtre bénit les époux. Les sceptiques et les railleurs sont libres de rester dehors, mais s'ils entrent dans l'église ils sont obligés d'être comme le commun des mortels, soit : *polis* et *respectueux*. En toute circonstance, rire, causer, grimacer et gouailler dans une église, un temple ou une synagogue, est une révoltante inconvenance que seul les malappris se permettent. Pendant une messe de mariage, c'est une grossièreté inqualifiable : on manque de respect à Dieu et on offense la famille qui a convié à la cérémonie.

Pour éviter aux mariés et à leurs familles l'humiliation de trouver l'église déserte à leur arrivée, il est expressément recommandé aux invités d'arriver un peu à l'avance.

Il n'y a que les hommes qui font partie du cortège, et qui doivent assister au repas et au bal, qui sont tenus d'être en costume de cérémonie; les autres peuvent se dispenser de la cravate blanche et garder même leur pardessus à l'église.

Après le déjeuner, pendant le café, la jeune mariée échange sa robe blanche contre une robe moins claire; il est de mauvais goût de conserver la robe blanche toute la journée.

Culte protestant : *Au temple.* — Lorsque les deux époux sont protestants, la cérémonie religieuse du mariage a lieu au temple, immédiatement après la célébration du mariage civil.

Le pasteur n'exige d'autres pièces que l'extrait de l'acte du mariage civil.

Comme dans le culte catholique, le marié se place à droite et la mariée à gauche.

L'anneau de mariage est donné généralement de la même manière qu'à l'Église catholique. Pourtant, cela dépend des usages : chaque consistoire a les siens.

L'offrande est faite comme dans l'église catholique. Les demoiselles d'honneur font la quête. Les nouveaux mariés ont l'habitude de remettre au pasteur un don pour la Société biblique. Le pasteur leur remet, de la part de la Société biblique, un exemplaire de la sainte Bible. De là l'origine du don fait par les époux à cette Société.

Les autres personnes de la noce, en sortant du temple, déposent aussi une offrande dans un tronc. Toutes ces offrandes sont absolument libres.

Le pasteur lit la liturgie du mariage aux époux, implore pour eux la bénédiction de Dieu, et leur adresse une allocution, ainsi qu'aux assistants.

La cérémonie terminée, on se rend à la sacristie, dans le même ordre que l'on est entré au temple et l'on signe l'acte de mariage. (L'ordre du cortège est le même que chez les catholiques.)

Le pasteur est souvent invité au repas et aux fêtes du mariage.

Quand un catholique épouse une protestante, ou quand un protestant épouse une catholique, et que les deux bénédictions sont demandées, le mariage est célébré à l'église et au temple, ou au temple et à l'église, c'est-à-dire que la cérémonie a d'abord lieu dans le sanctuaire du culte de l'époux.

Culte israélite : *A la synagogue.* — Le jour du mariage, jusqu'après la cérémonie, les deux époux doivent s'abstenir de toute nourriture et de toute boisson, et, avant de se rendre à la synagogue, ils doivent réciter la prière journalière de l'après-midi, en la faisant suivre de la grande confession du jour du Pardon. Dans certaines localités, ce rite n'est pourtant pas essentiellement obligatoire, mais on fera bien de l'observer.

Avant de quitter la maison paternelle pour aller recevoir, à la synagogue, la bénédiction nuptiale, les époux demandent pardon à leurs parents respectifs de tous les chagrins qu'ils pourraient leur avoir causés. Cet usage, émouvant et pieux, est vraiment admirable.

En entrant dans la synagogue, les futurs, leurs parents et leurs témoins se placent sous un dais préalablement dressé devant le tabernacle qui renferme les livres de Moïse.

Les invités se placent : les hommes à droite, les femmes à gauche.

Le rabbin prononce un discours, puis il reçoit le consentement des futurs et de leurs pères et mères.

Le fiancé passe l'anneau à l'annulaire de la main droite de la fiancée, et il déclare qu'il la reconnaît pour sa légitime épouse au nom de Dieu, selon la coutume établie par Moïse, et au nom de l'État.

Le rabbin bénit alors l'union, fait communier les époux avec le vin consacré à Dieu, et proclame le mariage en lisant à haute voix l'acte dressé à l'avance ; puis il fait signer les époux. Pendant ce temps, l'usage veut que l'on casse un verre de cristal.

La quête est faite par les demoiselles d'honneur, de la même manière qu'à l'église catholique et qu'au temple protestant.

La célébration religieuse du mariage, chez les Israélites, est une cérémonie entourée de la plus grande solennité.

Les hommes gardent leur chapeau sur la tête pendant la cérémonie. Ils ne font en cela que se conformer à l'usage général répandu chez les Juifs, de se tenir toujours couverts dans la synagogue.

La cérémonie du mariage terminée, les mariés, leurs parents et les invités se rendent dans un petit salon attenant à la synagogue pour féliciter les mariés.

Le rabbin, étant considéré comme l'ami des familles, — même quand il n'a aucune relation avec elles, — est toujours invité au repas de noces.

XXIV

MARIAGE DES VEUVES

Aux termes de l'article 228 du Code civil, « la femme ne peut contracter un nouveau mariage qu'après dix mois révolus depuis la dissolution du mariage précédent. »

Le législateur, en édictant cette disposition, a permis à la femme qui serait enceinte, de mettre au monde le petit être qu'elle porte dans son sein, avant d'avoir contracté le second mariage, pour qu'elle soit sûre que son premier mari en est le père.

Pourtant cet empêchement n'est que prohibitif, c'est-à-dire que si le deuxième mariage venait à être célébré, personne ne pourrait en demander l'annulation. Mais l'officier de l'état civil qui l'aurait célébré sans s'être assuré, — en exigeant la production de l'acte de décès du premier mari, ou l'acte de transcription du divorce, — que dix mois se sont écoulés depuis la dissolution du premier mariage, serait seul passible d'une amende de 16 à 300 francs (art. 194 du Code pénal).

La nullité du deuxième mariage contracté en violation

de l'article 228 du Code civil, n'est, en effet, prononcée par aucun autre article du Code. Si donc une femme se remarie un mois seulement après la mort de son premier mari, ou un mois après son divorce, son mariage sera valable (arrêt de la Cour de cassation du 29 octobre 1811). Mais si elle accouchait huit mois après, auquel du premier ou du deuxième mari attribuerait-on la paternité ? Comment déterminer, par exemple, les droits successoraux de l'enfant à l'égard du premier mari ?

Un pareil mariage serait donc un grand scandale et un vrai défi porté au bon sens, à l'honnêteté et à la décence publiques. Aussi, la disposition de la loi est-elle pleine de sagesse, et on fera bien de ne jamais l'enfreindre.

De plus, la délicatesse et les convenances les plus élémentaires imposent à la veuve le devoir de ne se remarier que deux ans après la mort de son mari, c'est-à-dire à l'expiration des délais de son deuil.

La prohibition de la loi ne s'applique pas au veuf. S'il a pu dire, comme Piron, aussitôt après avoir enterré son épouse :

Ci-gît ma femme. Ah ! qu'elle est bien
Pour son repos et pour le mien !

il est libre de se remarier le lendemain. Mais si c'est un homme qui a le sentiment de sa dignité, il ne se remariera qu'après les six mois de son deuil. S'il épouse une jeune fille, tout se passe comme s'il s'agissait d'un mariage de jeunes gens, c'est-à-dire qu'il y a fête et invités. Mais si c'est une veuve qui se remarie, — se marierait-elle avec un jeune homme, — l'usage de tous les pays veut qu'il n'y ait pas de fête. Il n'y a que les quatre témoins, les parents et quelques intimes qui assistent au mariage. La cérémonie a lieu habituellement le matin de bonne heure, sans aucune pompe. La toilette de la veuve qui se remarie doit être très simple et de nuance peu claire, sans, pourtant, être noire. Après la cérémonie, un petit déjeuner a lieu chez la remariée, et tout est terminé: pas de fête, pas de bal.

La veuve qui se remarie ne fait pas de visites de noces. Elle envoie des lettres de faire-part dans la quinzaine qui suit sa nouvelle union, et, au besoin, elle indique sa nouvelle adresse.

XXV

MARIAGE DES DEMOISELLES AYANT COIFFÉ SAINTE CATHERINE

Afin d'éviter le ridicule, lorsqu'une demoiselle a dépassé l'âge auquel les jeunes filles se marient, la cérémonie doit se faire très simplement. Le mariage a lieu sans fête bruyante. Il n'y a d'invités que les proches parents et les amis intimes. On ne sait pourquoi, mais le mariage d'une vieille demoiselle prête à la... *goguenarderie* encore bien plus que le mariage d'une veuve.

Si elle a conservé encore un peu de fraîcheur, si elle a su se servir du secret que possèdent toutes les vieilles coquettes qui savent peindre et... orner leur visage,

« Pour réparer des ans l'irréparable outrage »,

elle peut prendre une toilette claire ; autrement, elle doit choisir une robe de la nuance qui lui sied le mieux, à l'exception, bien entendu, de la nuance noire.

Si elle n'est pas trop âgée elle peut encore s'habiller en blanc, mais ne doit pas prendre de voile. Il lui est permis de mêler aux fleurs blanches de son blanc chapeau, quelques boutons de fleurs d'oranger, mélangés à d'autres fleurs.

Une demoiselle avancée en âge donne le bras à son futur aussi bien pour aller à la mairie que pour aller à l'église.

Si elle n'a plus ni père ni mère, ni grands-parents, c'est en son propre nom qu'elle fait part de son mariage. Elle fait des visites de noces à ses connaissances.

XXVI

REPAS ET BAL DE MARIAGE

(Jeunes époux)

Les jeunes mariés sont placés au milieu de la table, l'un vis-à-vis de l'autre. La mariée a à sa droite le père de son jeune époux, ou le parent qui le remplace. Elle a à sa gauche son propre père, ou la personne qui en tient lieu. Le marié a à sa droite la..... terrible belle-mère, — encore douce et riante, mais dont les risettes ne dureront pas longtemps, — et à sa gauche sa mère.

Si un personnage important a été invité au repas, il doit être placé à côté de la jeune mariée, à la place du père de la famille qui l'a invité. Il sera donc placé à droite si c'est un invité de l'époux, et à gauche si c'est un invité de l'épouse. Dans certains pays, la place de droite est occupée par le curé, le pasteur ou le rabbin.

Les autres places d'honneur sont occupées par les témoins qui doivent se trouver le plus près possible des jeunes mariés.

La mariée doit être servie la première, bien qu'elle n'ait pas grand appétit.

Le repas doit être gai. Pas d'entretiens d'affaires; pas de propagande électorale; pas de questions d'intérêts. Tout doit être à la joie.

Au dessert on porte des toasts aux mariés, si l'on veut. C'est le premier témoin de la mariée qui parle le premier. La parole est donnée ensuite au premier témoin du marié. Le père de la jeune épouse et le père du jeune marié peuvent répondre à ces toasts.

Tous les discours doivent être courts et préparés à l'avance. Il faut être grand orateur pour n'avoir pas à se méfier de l'improvisation.

Les collets-montés prétendent qu'il ne faut pas chanter à un repas de noce. Et quand donc faut-il chanter? A un repas de funérailles?

Eh bien! notre avis est qu'il faut chanter; chanter fort, chanter juste, chanter faux, chanter quand même. C'est le jour de la joie, des chants et des vers. C'est le jour de la gaîté, de la musique et de la poésie.

Il va de soi que l'on ne chantera que des couplets amoureux. Quant aux vers on peut en dire dans le genre de ceux-ci, en faisant observer que c'est le marié qui parle le premier :

Comme l'on est heureux, après l'avoir rêvée,
De se dire tout seul, tout bas : « Je l'ai trouvée.
Je l'ai trouvée enfin, la fille au doux regard,
Qui du bonheur réel doit assurer ma part. »

Comme l'on est heureux et content de soi-même
Quand, la première fois, on lui dit : « Je vous aime,
Car vous êtes pour moi ce que sont en tout temps
Pour les oiseaux les airs, pour les fleurs le printemps,
Soit tout. Je vous chéris d'affection profonde
Et je n'ai désiré qu'une chose en ce monde
Pour que l'ont vit en moi le plus heureux humain :
Tenir de votre cœur le don de votre main.

Amour, dieu de jeunesse ! O baume salutaire,
Qui seul nous fait goûter le bonheur sur la terre !
Amour, soleil de l'âme éclipsant tous les ors,
O toi qui vaut cent fois les plus riches trésors,
Sois béni ! J'ai sa main. Et maintenant près d'elle
Je ne cesse de dire : Oh combien elle est belle !
Et combien il me tarde, O Ciel ! de déposer
Sur son front virginal mon cordial baiser,
En lui disant souvent, en lui disant encore :
« Fille je vous aimais, femme je vous adore. »

Elle, — tout en gardant un souvenir très doux
Pour ceux qu'il faut quitter, — dit : J'aime mon époux,
Car il aura pour moi, j'en ai la certitude,
L'affection sincère et la sollicitude
(Puisqu'il m'aime comme eux d'un amour éternel)
Des êtres tant chéris du foyer paternel.
Oh, va ! je t'aimerai, toi qui sus me comprendre
Avec autant d'ardeur que je fais vœu d'apprendre
Aux fruits de notre amour — à toute heure en tout lieu —
A chérir leur Patrie autant qu'à prier Dieu. »

Et la bonne maman en embrassant sa fille,
Dit : « Tu n'oublieras pas dans ton autre famille.
Que tu restes toujours (le dire est-ce besoin ?)
L'objet de tous nos vœux, l'objet de notre soin.
J'ai couvert ton berceau, protégé ta jeunesse,
Guidé tes premiers pas par ma vive tendresse.

Eh bien! en te donnant j'assure ton bonheur,
Louis, ton jeune époux, est un homme de cœur,
Chez qui l'intelligence à la bonté s'allie
Et t'aimant comme nous, ma petite Julie. »

Le père affectueux s'unit aux conviés,
Pour boire à l'heureux sort des jeunes mariés.
Il leur dit comme nous : « Époux pleins d'espérance,
Allez! et préparez des vengeurs à la France! »

Maintenant que nous avons chanté et dit des vers dansons.

Le bal est ouvert par les jeunes époux. La mariée danse avec l'homme qui occupait la place d'honneur à sa droite pendant le repas. Le marié danse avec la dame qui — à table — était à sa droite.

Les jeunes mariés se font vis-à-vis pendant la première contredanse, et dansent ensemble la seconde. Après ces deux figures, l'un et l'autre dansent indistinctement avec tous les invités et invitées. Il est permis à la mariée de faire elle-même toutes les invitations qu'elle veut. Après cela, comme elle doit avoir envie de... se reposer, elle s'éclipse le plus furtivement qu'elle peut, et les invités doivent avoir le bon goût de ne pas s'apercevoir qu'elle s'en va. (Nous n'avons pas besoin de dire qu'après son départ le jeune époux ne restera pas longtemps là.)

XXVII

VOYAGE DE NOCE

Autrefois, chez les gens aisés, les jeunes mariés partaient en *voyage de noce* au sortir de l'église. Cette coutume tend à disparaître. Ceux qui partent ne se mettent en route, maintenant, qu'après le repas du soir. Si le voyage de noce est entrepris avant ce repas, un déjeuner est servi chez les parents de la jeune mariée. Tout se passe alors sans cérémonie. Les jeunes époux peuvent se placer, à table, l'un à côté de l'autre. Parents et invités se placent où bon leur semble.

Que dire du voyage de noce?

A notre avis, c'est une sorte de fuite à la dérobée qui occasionne souvent bien des malheurs. Le nombre des jeunes mariées tombées malades en route est considérable. Mieux vaut faire semblant de partir, et puis s'en revenir, en cachette, le soir, dans le petit nid que l'on a préparé à l'avance. N'est-ce pas là où l'on est le plus heureux? N'est-ce pas là l'asile

« Où l'intime bonheur loin des regards s'exile? »

La vue seule des lieux où l'on a passé les meilleures heures de sa vie adoucira, plus tard, bien des tourments.

Aussi, nous répétons ce que nous avons dit dans *La lune de miel :*

Donc, que l'on se marie en août, mars ou décembre
Si l'on veut être heureux qu'on reste dans sa chambre.

Et nous terminons ce long chapitre (le sujet exigeait des développements) en disant :

Heureux avenir aux jeunes époux,
Entente parfaite et baisers bien doux.

CHAPITRE II

La future Maman

Signes de la grossesse (prudence). — **Hygiène physique** (aliments, boissons, envies, vêtements, lit, occupations). — **Hygiène morale** (douleur et joie peuvent être funestes, bizarreries, émotions, contrariétés, soins).

Nous retrouvons, dans ce chapitre, la charmante jeune femme qui, dans le chapitre précédent, a fait vœu d'apprendre, « aux fruits de son amour, à chérir leur Patrie autant qu'à prier Dieu », et nous constatons que, dans quelque temps, elle pourra, en effet, tenir sa promesse. Elle sera bientôt *maman*. Dans peu de mois elle donnera à la France un défenseur de plus. A ce titre elle nous est on ne peut plus sympathique. Aussi nous allons — autant que cela nous est possible — l'aider à sortir indemne de cet état *intéressant* mais nullement dangereux pour les femmes prudentes comme elle.

Beaucoup de signes font connaître le commencement de la grossesse. Bien des symptômes indiquent la récente conception :

1° Chaleur à la partie inférieure de l'abdomen ;

2° Suppression des menstrues ;

3° Mal de dents causé par cette suppression ;

4° Abattement physique et mélancolie ;

5° Couleur plombée aux paupières inférieures ;

6° Perte de l'appétit ;

7° Nausées et vomissements ;

8° Bouffées de chaleur et masque à la face ;

9° Goûts dépravés qui font désirer les substances les plus indigestes et les plus dégoûtantes ;

10° Envois fréquents d'urine ;

11 Gonflement des seins qui deviennent plus sensibles,

et dont le mamelon est plus proéminent et entouré d'un cercle noirâtre;

12° Augmentation du volume de l'abdomen, et, après le quatrième mois, sensations multiples occasionnées par les mouvements de l'enfant.

La grossesse, comme chacun sait, dure neuf mois, mais cette durée n'est pas absolue. La loi (art. 312 et 314 du Code civil) regarde comme légitimes les enfants qui naissent au sixième et au dixième mois. Ces cas sont rares.

Une grave responsabilité pèse sur la femme qui va devenir mère: elle se doit tout entière à l'enfant qu'elle porte dans son sein. L'avenir de cet enfant dépend des soins qu'elle prendra de sa santé et de son état moral, jusqu'au moment de l'accouchement. Le tempérament physique et les dispositions intellectuelles de l'enfant sont influencés par l'état de la mère pendant la grossesse.

Il faut donc que la femme enceinte veille attentivement sur elle. Sa nourriture, ses vêtements, son attitude de tous les instants, et jusques et y compris ses goûts et ses caprices doivent être l'objet de toute son attention. Elle doit absolument s'observer en tout et pour tout.

Nous allons, d'après les indications des plus habiles praticiens et des spécialistes les plus expérimentés, faire connaître les précautions hygiéniques que la femme enceinte doit prendre, et le régime qu'elle doit suivre. Que de tourments, que de larmes elle s'évitera si elle met en pratique ce qui suit!

Hygiène physique. — Le régime alimentaire auquel la femme est habituée est le meilleur, à condition qu'il soit sain et nourrissant. Il sera simple, pas excitant, et jamais pris en grande quantité à la fois. La femme mangera peu et souvent. Ne pas tenir compte du préjugé en vertu duquel on force, pour ainsi dire, la femme enceinte à prendre plus d'aliments que de coutume, par le motif spécieux qu'elle doit — comme disent les bonnes commères — *manger pour deux.* La nature, par les dégoûts fréquents et l'inappétence, indique à la femme qu'elle doit manger avec modération.

A toutes les époques de la grossesse, la femme doit éviter les indigestions dont les suites sont très graves pour elle et pour l'enfant. L'usage du vin mêlé avec de l'eau est salutaire pendant la grossesse, pourvu qu'on évite d'en boire trop à la fois.

Il y a des femmes enceintes qui aiment telles boissons et tels mets pour lesquels elles n'avaient, autrefois, que de la répugnance. Cela n'est pas nuisible. Mais il ne faut pas adhérer à toutes les fantaisies bizarres des femmes enceintes. Il y a lieu de résister aux caprices et aux ENVIES de la future maman, envies qui seraient certainement moins fréquentes sans la conviction répandue qu'il faut les satisfaire. Ces ENVIES ont certainement une force particulière, mais non invincible ; leur non-satisfaction n'a pas les suites fâcheuses pour l'enfant, comme le dit la commère d'à côté. Craindre que l'enfant soit marqué de l'objet que la mère aurait vainement désiré, c'est un préjugé ridicule. Croire que l'image de cet objet s'imprime sur le corps de l'enfant, c'est croire à l'impossible, c'est croire aux revenants. La femme, créature naturellement impressionnable, est encore bien plus sensible lorsqu'elle est enceinte, et ses émotions peuvent être nuisibles à l'enfant qu'elle porte dans son sein. Mais de là à affirmer que l'enfant naîtra avec la marque d'une sardine sur le nez parce que la mère aura désiré manger ce clupe et n'aura pu se le procurer, c'est un vrai poisson d'avril.

Les vêtements seront relatifs à la saison : chauds en hiver, légers en été. Ils seront lâches et flottants pendant le séjour à la maison, et amples et aisés lorsque la femme sortira de chez elle. Toute compression provenant des vêtements nuit également à la santé de la mère et à celle de l'enfant. Mais il faut que la poitrine et les membres supérieurs soient bien couverts. Le corset doit être desserré peu à peu, tenu lâche et lacé par un petit nombre d'œillets seulement. Quand il est long et ainsi porté, il est utile, car il soutient l'abdomen. Une ceinture souple et élastique convient à merveille pendant les derniers mois de la grossesse. Se servir de chaussures à talons larges et plats, et éviter celles à talons élevés et pointus qui exposent à des chutes pouvant amener des pertes ou une fausse couche.

La femme enceinte ne se couchera jamais trop tard, mais il faut pourtant que sa digestion soit terminée. Son lit sera mieux placé dans un coin de la chambre, avec des rideaux à demi fermés, que dans le fond d'une alcôve.

Ses occupations et son exercice doivent être modérés et réguliers. Elle doit éviter les mouvements excessifs autant que l'inaction et la paresse. Elle cherchera à respirer le grand air mais elle ne sortira pas pendant la digestion. Pas de longues courses ni d'efforts pour soulever des objets lourds. De la modération en tout et toujours, même dans les choses les plus légitimes desquelles il faut absolument s'abstenir à partir du quatrième mois. S'abstenir aussi des soirées passées hors de chez soi et des voyages en chemin de fer.

Dans un but providentiel, la nature protège la femme enceinte en la garantissant, généralement, de presque toutes les maladies épidémiques et contagieuses, et en suspendant l'effet des maladies chroniques qui reprennent leur cours après l'accouchement. Mais les maladies aiguës peuvent facilement l'atteindre. En raison de la constitution momentanée qui lui est propre, le catarrhe pulmonaire peut acquérir chez elle plus d'intensité et de développement que chez la femme délivrée. Il en est de même de la péritonite (maladie du ventre) qui, à cause de la distension de l'abdomen par le poids de l'enfant, a des tendances à l'atteindre facilement. . . . . .

Enfin, la femme enceinte est sujette à une quantité prodigieuse d'indispositions inséparables de son état, qui peuvent perdre elle et son enfant, si elle EST MALTRAITÉE (*l'homme qui brutalise une femme enceinte est l'être le plus lâche, le plus vil et le plus abject de la création*) ou si elle n'est pas prudente. Elle agira donc très sagement en ne se fiant jamais aux traitements des empiriques et des vieilles commères, mais en consultant les médecins.

Tel ou tel produit pharmaceutique, qui soulage la femme nerveuse, peut être funeste à la femme lymphatique. Donc ne rien prendre sans l'avis du docteur.

Pourtant, les nausées et les vomissements peuvent être combattus, sans danger, par des boissons aromatisées telles que les infusions de fleurs d'oranger, de tilleul, de mélisse, de thé, de camomille, etc... Si les vomissements persistent et se continuent pendant toute la gestation, on peut également, sans danger, avoir recours aux eaux gazeuses (eau de Saint-Galmier, eau de seltz, etc.), à l'eau froide additionnée d'une cuillerée à café d'eau de fleurs d'oranger et au kirsch, après chaque repas. L'usage des bains pendant la grossesse peut être rendu nécessaire par des affections nerveuses ; dans ce cas, c'est au médecin seul qu'il appartient de le prescrire. Les bains tièdes sont principalement utiles dans les deux derniers mois de la grossesse. Les bains de pieds chauds, pendant les premiers mois, peuvent être nuisibles. Les bains froids doivent être défendus, il en est de même des bains de mer et de rivière.

Si la femme enceinte voit paraître du sang, elle se couchera.

Encore une fois, consulter le médecin.

Deux mois avant l'accouchement, préparer les seins à la fonction qu'ils doivent remplir en saisissant le mamelon à sa base entre le pouce et l'index, serrer un peu et tirer à soi. Répéter souvent ces tractions.

Toutes les religions dispensent la femme enceinte du jeûne et de l'abstinence.

Hygiène morale. — Douleurs et joies peuvent avoir sur la femme enceinte une influence néfaste, et amener des affections convulsives et l'avortement. Il faut combattre ces exaltations par les prévenances, le raisonnement et les sages conseils. On a vu des femmes enceintes commettre — lorsqu'elles étaient en proie à ces exaltations — toute espèce de bizarreries, et même des actions coupables (vols, meurtres, etc.).

Deux médecins (MM. Briant et Chaudé) affirment dans leur manuel complet de médecine légale, « qu'une femme enceinte, des environs de Cologne (Prusse), désirant manger de son mari, l'assassina pour satisfaire son appétit et en sala une partie pour assouvir son féroce plaisir ». Dans les commentaires de la *Cité de Dieu* de saint Augustin, par Vivès, on lit : « J'ai vu une femme sur le point d'avorter, si elle n'eût satisfait son désir de mordre au cou un jeune homme à qui cette morsure causa la plus vive douleur. »

Il est donc prouvé par l'expérience et par le raisonnement que la grossesse est susceptible de déranger l'imagination et les facultés mentales de la femme, au point de dépraver sa volonté. Partant, les personnes qui entourent une femme enceinte, surtout lorsqu'il s'agit d'une première grossesse, ne sauraient trop porter de soins à lui épargner les contrariétés, les frayeurs et les émotions. On doit éloigner d'elle la vue des objets hideux et désagréables qui peuvent l'impressionner plus ou moins vivement. Ne jamais lui tenir un langage qui puisse l'attrister, et principalement après le quatrième mois, époque à laquelle elle est naturellement prédisposée à la mélancolie. Il faut avoir égard à ses goûts toutes les fois qu'elle ne demande pas des choses évidemment nuisibles.

Enfin, il ne faut pas perdre de vue que, par le seul fait de la grossesse, les facultés morales de la femme sont très affaiblies. Il faut donc l'entourer de tous les soins dus à un être fragile et duquel dépend, pourtant, l'existence de ces deux personnes si chères : *une mère et son enfant.*

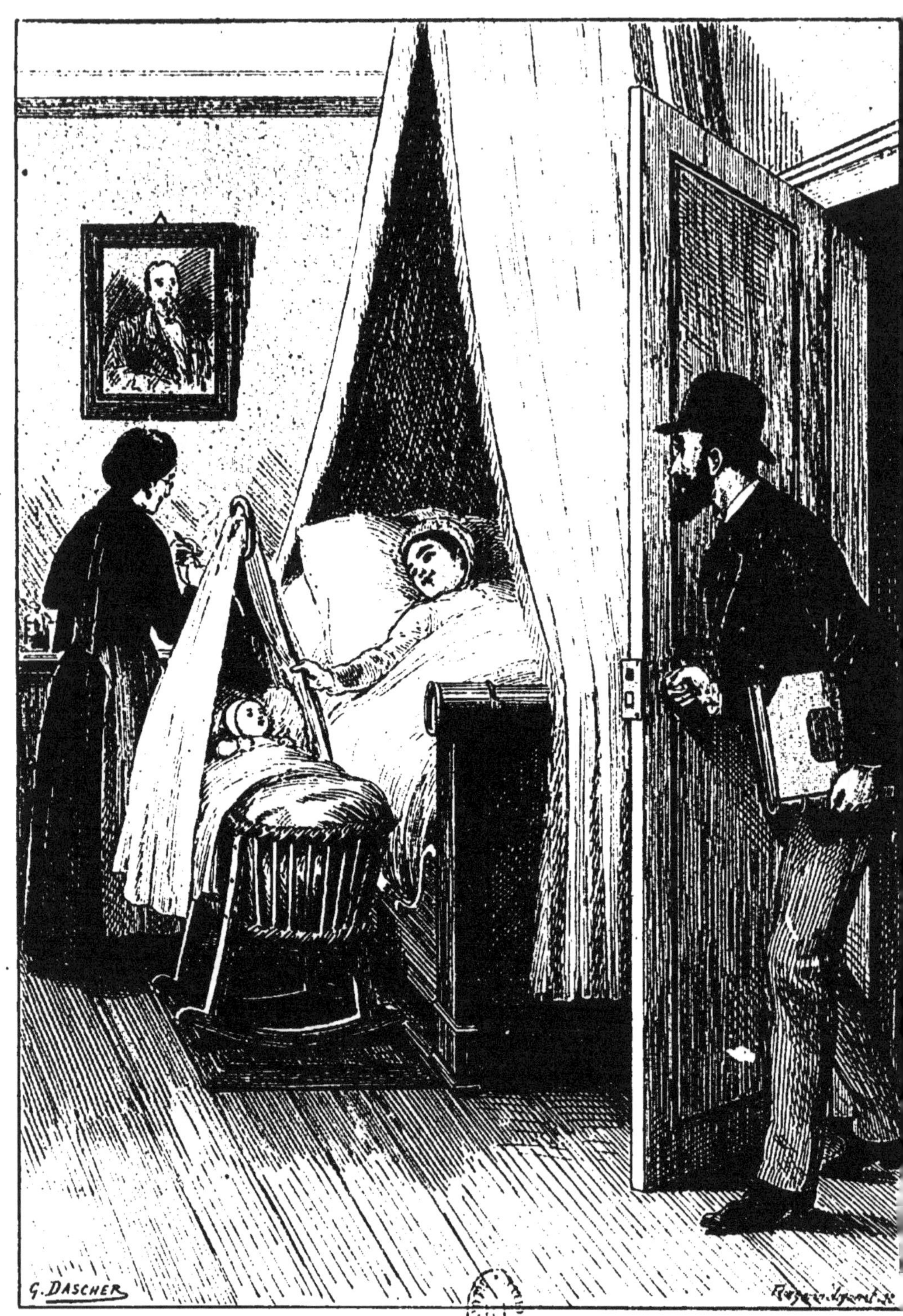

LA JEUNE MÈRE ET SON BÉBÉ

On placera le berceau près du lit et de manière que la mère, sans avoir besoin de se déranger, puisse voir et toucher son enfant. (Page 131.)

CHAPITRE III

L'accouchement

I. **Avant la naissance** (premières douleurs, encouragements ; 199 fois sur 200, l'accouchement n'est pas dangereux. — II. **Précautions** (habillement de l'enfant préparé à l'avance, linge, lit). — III. **Toilette de la femme en couches** (vêtements, chaussettes, cheveux bien noués). — IV. **Lit de misère** (placement, dispositions). — V. **Avant l'enfantement** (recommandations). — VI. **L'enfantement** (tenue de l'accoucheuse, venue de l'enfant, manière de le recevoir). — VII. **Soins à donner à l'accouchée** (délivre, propreté, vêtements, transport de l'accouchée du lit de misère au lit de repos). — VIII. **Soins à donner au nouveau-né** (nettoyage, habillement, soins en cas d'asphyxie). — IX. **Hygiène de l'accouchée** (chambre, tranquillité, propreté, fièvre de lait, aliments, boissons, relevailles). — X. **Hygiène du nouveau-né** (repos, pansement du nombril, allaitement). — XI. **Habillement du nouveau-né** (langes, layette) — XII. **Berceau** (confection, dimensions, garniture, manière de coucher l'enfant, endormons bébé).

I

AVANT LA NAISSANCE

Enfin, le jour de la *délivrance* est arrivé. La jeune femme ayant observé les prescriptions indiquées au chapitre précédent n'a été affligée — pendant les *neuf* mois de sa *position intéressante* — ni par les maladies ni par les accidents.

La femme est prise inopinément par des douleurs : elle ressent des coliques, des *mouches. Le travail* commence. (Travail veut dire, ici, toutes les phases que présente l'enfantement.)

Lorsque tout est prudemment préparé et fait, la parturition est très facile et ne présente aucun danger. La première personne venue, si elle n'est pas absolument bornée, peut assister une femme en couches. Il est des femmes qui n'ont pas même besoin d'aide. « Dans l'immense majorité des cas, disent plusieurs médecins, la femme peut — à la rigueur — accoucher seule. »

D'après plusieurs statistiques, l'accouchement (action qui s'accomplit par les seules forces de la nature) réclame, plutôt par besoin que par danger, *une* seule fois sur *cent*, l'intervention de la médecine opérative, et, 199 fois sur 200, il n'est pas dangereux.

Que la jeune femme n'ait donc aucune inquiétude. Du reste, les personnes qui l'entourent ne doivent cesser de l'encourager en lui répétant souvent les chiffres des statistiques précitées.

Quelque vives que soient les douleurs de l'enfantement, elles ne durent, généralement, que peu de temps, et elles disparaissent avec une incroyable rapidité.

Donc, jeune femme, courage! courage!

Les aliments que la femme doit prendre, pour soutenir ses forces, quand l'accouchement est lent, doivent être très légers et d'une digestion très facile. Le matin, café au lait. Dans la journée, bouillon, en petite quantité à la fois. Si des vomissements se produisent, — ce qui arrive souvent, — il faut supprimer toute espèce d'aliments.

Les femmes déjà mères, et qui ont l'habitude d'accoucher facilement, ne prendront aucune nourriture dès que le *travail* est commencé.

Les boissons permises pendant l'accouchement lent sont : l'eau sucrée, l'infusion légère de tilleul, ou de feuilles d'oranger, de mauve ou de violette. Les limonades, le vin et les liqueurs sont absolument prohibés. Les aliments et les boissons ne sont pris — pour donner des forces à la femme — que lorsque l'accouchement est très laborieux et très lent, autrement, la diète est une excellente chose; la femme n'ayant ni mangé ni bu, il ne se produira aucune évacuation pendant les douleurs de l'enfantement.

Sa mère, deux de ses sœurs — ou deux amies — sont les seules personnes qui doivent rester dans sa chambre.

Si la future mère est intelligente, elle n'aura pas honte d'accoucher en présence de son mari ; elle éprouvera même une grande consolation de l'avoir près d'elle. La personne chargée de l'aider doit faire annoncer son arrivée. L'émotion causée par l'arrivée intempestive de l'accoucheuse a été souvent funeste.

II

PRÉCAUTIONS

On disposera sur des chaises, et de façon qu'ils soient bien apparents, tous les petits effets (chemises, camisoles, bonnets, etc.) qui doivent servir à habiller le nouveau-né. Petits effets que — cela va sans dire — la jeune femme a prudemment préparés à l'avance. On placera aussi ostensiblement des ciseaux, du fil ciré, des compresses, des serviettes, du beurre frais, une cuvette, une bassinoire et des vêtements pour changer la jeune mère après la délivrance.

Inutile de faire remarquer que le berceau, dont nous parlerons plus loin, doit être placé dans cette pièce.

On fera chauffer de l'eau et du linge pour la toilette de la mère et du nouveau-né. On préparera le lit (lit habituel de la femme, qui ne doit jamais servir à la *délivrance*) où la jeune mère doit être soignée jusqu'à son rétablissement.

Ce lit sera fait de la manière suivante :

On pliera, par la lisière (bord qui termine la largeur), un drap en quatre, et on le passera en travers sur le matelas, en le plaçant un peu plus du côté de la tête que du côté des pieds. On placera, par précaution, sous ce drap — comme pour le *lit de délivrance* dont nous parlerons plus loin — une petite toile cirée, ou des journaux bien tendus, ou du vieux linge sans ourlets. On bordera ce drap avec soin sous le matelas. On placera, comme on le fait d'habitude en le tendant bien, le drap de dessous, puis le drap de dessus. (Ce lit contiendra donc trois draps.) Enfin, on continuera à faire le lit, mais en mettant plus de couvertures que d'ordinaire du côté des pieds.

III

TOILETTE DE LA FEMME EN COUCHES

La femme en couches se vêtira de manière à pouvoir facilement se déshabiller. Elle mettra des chaussettes en laine par-dessus ses bas, afin d'éviter le froid aux pieds, auquel sa position l'expose. Comme elle doit rester plusieurs jours sans pouvoir se peigner, elle arrangera ses cheveux de façon qu'ils ne puissent ni se mêler ni se dénouer.

IV

LIT DE DÉLIVRANCE

Nous appelons lit de délivrance le meuble sur lequel la femme accouche. Ordinairement c'est un petit lit de sangle. Ce meuble doit être placé près du feu, la tête contre le mur, et au milieu de la chambre, afin que l'on puisse circuler aisément tout autour. Il sera garni d'une toile cirée. La couverture et le drap de dessus ne doivent être bordés d'aucun côté. Le matelas, qui devra être aussi dur que cela se peut, sera placé par-dessus le traversin afin que la tête soit élevée le plus possible. (Il faut absolument que la tête et les épaules soient plus hautes que le reste du corps.)

Pour garantir le matelas, on placera sous le drap une toile cirée ou, à défaut, une couche de vieux journaux, du papier goudronné ou même un drap à plusieurs plis.

S'il n'a pas été possible de se procurer un lit en sangle, la délivrance peut être opérée sur une table assez grande munie d'un matelas, de deux draps et d'une couverture. Pour que la tête et les épaules de la femme soient relevées, on mettra — plié en deux — un deuxième matelas sur le premier, ou à défaut, une chaise à dossier renversé, sur lequel dossier, garni d'un oreiller ou d'un coussin ou de différentes étoffes, la future mère s'appuiera. L'enfantement peut même — sans danger — se faire sur le sol. Dans ce cas quelqu'un se place derrière la femme et lui soutient la tête et les épaules.

V

AVANT L'ENFANTEMENT

Avant la rupture de *la poche des eaux* (on appelle *poche des eaux* la membrane, en forme de sac sans ouverture, où 'enfant, à l'état d'œuf, est enfermé et nage dans un liquide qui doit s'écouler), avant la rupture de la poche des eaux, disons-nous, on laissera à la femme la liberté d'aller à la garde-robe aussi fréquemment qu'elle le désire.

Dès le début du travail, la femme peut se tenir couchée, rester debout ou se promener; le changement de position rend l'enfantement plus facile. Elle ne devra rester couchée qu'après la rupture de la *poche.* Les femmes qui ont déjà eu plusieurs enfants agiront prudemment en ne se promenant pas trop : l'enfant, chez elles, vient tellement vite que parfois elles n'ont pas le temps de se coucher, et elles enfantent debout.

La jeune femme marchera lentement dans sa chambre, en s'appuyant sur l'épaule de quelqu'un. Quand elle souffrira elle pourra s'asseoir ou s'étendre sur un canapé ou autre meuble. Elle ne se couchera sur le lit de délivrance que quand les douleurs se rapprocheront. Alors, tout le monde se taira; il faut parler le moins possible autour d'une femme en couches, et ne pas faire de bruit du tout.

En ce moment, le mari fera bien d'être là. Les consolations et les soins affectueux qu'il prodiguera à sa femme la rassureront et lui donneront du courage. Pour ne pas gêner ces épanchements, les autres personnes présentes s'effaceront discrètement, ou feront semblant de ne rien entendre.

Il faut rassurer la femme relativement à l'écoulement

qui va se produire aussitôt après la rupture de la *poche des eaux*.

Si la femme a des crampes, faire des frictions sur le lieu de la souffrance. Ne pas attacher d'importance aux frissons.

On emploiera tous les moyens de persuasion, afin de ne pas décourager la future mère. (Nous ne cesserons de répéter que l'accouchement n'est nullement dangereux. Il n'inspire pas plus de crainte, aux femmes intelligentes, que les traversées en bateau — crainte de naufrage — n'inspirent de frayeur aux marins.) On lui conseillera de ne pas faire d'efforts pour activer la sortie de l'enfant, avant la rupture de la *poche des eaux*.

IV

L'ENFANTEMENT

Avant tout, disons entre parenthèse qu'il existe une différence entre le mot *accouchement* et le mot *enfantement* : le premier indique tout ce qui est relatif aux couches (préliminaires, opérations, suites), le dernier n'indique que la venue de l'enfant.

La femme se placera sur le lit de délivrance en se couchant sur le dos. Elle aura les jambes et les cuisses fléchies, et les pieds arc-boutés contre une barre ou tout autre appui solide. A défaut de barre et d'appui, deux personnes soutiendront les pieds et les genoux. Si elle se plaint de douleurs aux reins, on lui glissera, sous les épaules, une grande serviette dont les bouts seront tenus par deux personnes qui soulèveront cette partie du corps. Des éponges et du vieux linge doivent être placés de manière à recevoir les liquides qui s'écouleront dès la rupture de la *poche des eaux*.

L'accoucheuse doit avoir les bras nus. Afin d'éviter les taches à ses vêtements elle se couvrira d'un grand tablier. Elle enduira sa main droite de beurre ou de tout autre corps gras, et se placera à la droite du lit de délivrance. Après la rupture de la poche des eaux, elle passera son bras droit du côté des pieds et se rendra compte des progrès du travail par le *toucher*. Si elle constate la présence d'un corps dur et arrondi, tout va bien : c'est la tête qui se présente. Si cette constatation n'a pas été possible, c'est que l'enfant n'est pas sur le point de sortir ; si elle a été faite, c'est que l'enfant apparaîtra bientôt. Il y a alors, de la part de l'accoucheuse, une grande précaution à prendre : la tête de l'enfant pourrait, en passant, déchirer certain tissu. L'accoucheuse préviendra cet accident en passant son bras droit sous la cuisse de la femme, et elle placera la main de façon que la paume couvre le périné. Le pouce de cette main sera écarté des autres doigts de manière à toucher la cuisse droite. Les autres doigts seront appliqués, à plat, et toucheront la cuisse gauche. Cette position de la main offre deux avantages : 1° elle empêche la déchirure du périné ; 2° elle forme une espèce de voûte renversée sur laquelle l'enfant soutenu glissera facilement et sans danger.

Afin de diriger en avant la tête de l'enfant, cette main s'appuiera un peu plus vers le derrière.

La pression que la tête de l'enfant exerce, fait éprouver à la femme un besoin pressant d'aller à la selle ; il faut absolument l'empêcher de se lever. La plupart du temps, ce besoin n'est qu'illusoire.

L'enfant venant facilement, l'accoucheuse écartera peu à peu les doigts de sa main droite de façon à saisir la tête dans son entier, si c'est possible, et elle la contiendra afin de l'empêcher de sortir trop brusquement. Cela dispense de dire qu'il ne faut jamais tirer la tête à soi.

Comme les enfants viennent toujours le visage en bas et posé sur le drap de dessous, l'accoucheuse tournera délicatement de côté la bouche du nouveau-né pour faciliter la respiration. Cela fait, elle continuera à soutenir la tête en attendant patiemment que le *travail* s'achève, ce qui d'ordinaire ne demande pas beaucoup de temps, et elle veillera à ce que les liquides ne suffoquent pas l'enfant.

La tête étant sortie, on s'assurera, avant de laisser venir le reste du corps, que le cordon ne fasse pas plusieurs circulaires autour du cou, ce qui pourrait étrangler l'enfant. Si ces circulaires existent, il faut amener légèrement au dehors une portion du cordon, et dégager le cou.

Quand les épaules ne sortent pas par les seules forces de la nature, l'accoucheuse — en se servant de ses deux mains — maintient en arrière, avec deux doigts, l'épaule la plus éloignée, et, avec l'autre main, elle amène doucement l'épaule la plus avancée.

Quand les épaules sont sorties, le reste du corps vient sans résistance.

L'enfant né, et se trouvant entre les jambes de sa mère à laquelle il tient par le cordon, le placer sur le dos, puis prendre le cordon de la main gauche et le lier fortement, avec une aiguillée de fil ciré (20 ou 25 cent. de long), à 8 ou 10 centimètres du corps de l'enfant, en tournant plusieurs fois le fil autour du cordon avant de faire le nœud; s'assurer que le cordon ne fasse pas d'anse, et puis le couper avec les ciseaux à 5 ou 6 centimètres au-dessus de la ligature. Cela fait, lever l'enfant, en le saisissant d'une main par la nuque, de manière que la tête se trouve dans le creux de la main et les doigts sous les épaules. Poser l'autre main sous les fesses, en ayant soin de mettre le pouce entre les jambes pour éviter les chutes très fréquentes, à cause des matières qui recouvrent le corps et le rendent très glissant, et placer l'enfant dans le tablier, très solidement attaché, d'une personne assise, qui le recevra sur ses genoux.

VII

SOINS A DONNER A L'ACCOUCHÉE

En pareille circonstance, mère et enfant exigent tous deux des soins urgents et simultanés. On devra donc s'occuper des deux en même temps.

Après la naissance de l'enfant, la mère continue à éprouver des douleurs de la même nature que celles qui ont accompagné l'expulsion du nouveau-né. La personne qui soigne l'accouchée prendra le cordon avec la main gauche, sans faire le moindre effort pour le tirer, et, de l'autre main, elle exercera une légère pression sur le bas-ventre. Cette pression exercée, l'accoucheuse tendra très légèrement le cordon et retirera le DÉLIVRE aussitôt qu'il sera sorti.

Si l'écoulement continue après l'expulsion du *délivre*, et que l'accouchée pâlisse, il y a pertes. Dans ce cas, il faut abaisser la tête du lit, découvrir les pieds au lieu de les chauffer, appliquer sur le bas-ventre une serviette imbibée d'eau froide et de vinaigre, et exercer une légère pression sur cette partie, puis appeler le médecin. Mais que la jeune femme se rassure, ce cas est rare, *excessivement rare*, et le traitement est facile.

S'il n'y a pas de *pertes*, l'accouchement est heureux, mais la jeune mère doit rester immobile sur le meuble où elle a enfanté. Le repos le plus complet lui est nécessaire. Elle ne devra ni parler ni *entendre parler*. En un mot, il lui faut le calme le plus absolu. Si elle le désire, on lui donnera à boire de l'eau sucrée tiède, de la tisane d'orge ou quelques autres boissons analogues.

Plus l'enfantement aura été laborieux, plus l'accouchée restera sur le lit de délivrance, où on aura soin de la tenir proprement. Les éponges et les linges mouillés seront retirés au fur et à mesure, et seront remplacés par d'autres

La jeune mère restera couchée horizontalement sur le dos, les cuisses rapprochées et peu couvertes. Nous répétons qu'il lui faut le repos le plus absolu, et du corps et de l'esprit. Une demi-heure après l'enfantement on la nettoiera bien doucement et avec les plus grandes précautions, avec une éponge fine ou, à défaut, avec un linge bien doux trempé dans de l'eau tiède et limpide, et puis on l'essuiera délicatement et avec soin, en se servant d'un linge très propre, sec et chauffé. On débarassera ensuite l'accouchée de tous les vêtements qu'elle portait pendant *le travail* et on les remplacera par des vêtements très aisés, secs et chauffés. Ce changement de toilette doit être rapidement fait afin que l'accouchée reste le moins possible exposée à l'air.

On aura soin de bien couvrir les bras et la poitrine pour que la jeune femme puisse les tenir hors du lit sans inconvénient.

On entourera, sans trop serrer, son abdomen avec une grande serviette ou tout autre linge, en veillant à ce que ce bandage ne s'enroule pas sur lui-même, et ne forme une espèce de corde circulaire. Ne rien placer sur les seins.

Tout cela sérieusement fait, l'accouchée sera transportée dans son lit habituel où elle doit rester pendant tout le repos exigé par la suite des couches. Ce lit sera préablement bien chauffé.

Pour faire passer la jeune mère du *lit de délivrance* au lit habituel, on rapprochera le premier du deuxième. Ce changement se fera avec précaution, mais le plus rapidement possible.

On évitera tout ce qui peut émotionner la jeune mère. On empêchera surtout les visiteuses (ou pour mieux dire les curieuses) qui, sous le prétexte de présenter leurs félicitations, viennent contrôler et critiquer tout ce qui se fait, et médire de Pierre et de Paul, ce qui fatigue énormémen l'accouchée.

Après trois heures de repos environ, la mère peut donner le sein à son enfant, en se tenant assise sur son lit et en ayant le dos appuyé à des oreillers. Pour avoir le bras droit libre et soulever tout ce qui peut masquer la petite figure de leur enfant, les jeunes mères placent presque toujours — instinctivement — le nouveau-né dans le bras gauche, et offrent le sein du même côté. Il faut éviter cette habitude, en offrant tantôt un sein, tantôt l'autre.

VIII

SOINS A DONNER AU NOUVEAU-NÉ

Si — après avoir été reçu dans le tablier — l'enfant crie, si les battements de son cœur sont réguliers et si sa peau est rosée sur toute sa surface, il n'y a rien à craindre, et on n'a qu'à le nettoyer.

Le nettoyage du nouveau-né se fait d'abord avec du jaune d'œuf bien délayé, ou avec du beurre, et, à défaut, avec de l'huile d'olive, puis avec de l'eau tiède. Le lavage terminé, on essuie le corps avec un linge fin et bien propre, et on l'enveloppe dans des serviettes chaudes afin de bien le sécher. Cette opération terminée, on habille bébé. La tête sera couverte d'un bonnet en toile fine à demi usée, avec un bonnet en flanelle légère et, enfin, avec un bonnet ordinaire en étoffe non doublée. L'habillement du corps consistera en une chemise, une brassière et une petite flanelle. Afin de n'avoir qu'à passer les bras une seule fois, on mettra d'abord, les unes dans les autres, les manches de tous les effets qui doivent couvrir le buste. Les manches de ces effets doivent être assez larges pour que l'on puisse y introduire la main. Les membres de l'enfant, et particulièrement les bras, doivent être maniés avec la plus grande précaution : ils sont très fragiles. Plusieurs infirmités proviennent des soins mal donnés aux nouveau-nés. Les bras de l'enfant, ayant été habitués à une grande flexion dans le sein de la mère, il est difficile de passer les manches de la petite chemise : il faut être patient.

Après avoir mis les bonnets et les brassières, et avant de placer les langes, on pansera le nombril, ce qui s'opère en pratiquant un trou dans une petite compresse carrée. Le trou fait, on fend la compresse depuis le trou jusqu'à un de ses bords, et on place la racine du cordon dans le trou. On enveloppe soigneusement le cordon avec la compresse enduite avec du céra (voir *Pharmacie du foyer*) et on le renverse du côté gauche de l'abdomen pour ne pas comprimer le foie. On applique une deuxième compresse pliée en quatre sur la première, et on la fixe avec une bande de linge de trois doigts de largeur environ. (Voir plus loin l'*Hygiène du nouveau-né* pour le pansement du nombril.)

Le cordon étant soigné, on enveloppera l'enfant dans deux langes dont un en laine. Il faut éviter d'employer des épingles dans la toilette de l'enfant. On se servira de petits cordons assez fins pour ne pas blesser les chairs. Ne pas serrer les vêtements, et s'assurer que les mouvements de la respiration sont libres. On placera, en dernier lieu, un fichu autour du cou, et on le croisera sur la poitrine.

Lorsque l'enfant est habillé on lui fait avaler un peu de miel délayé dans de l'eau, afin de faciliter l'évacuation des matières accumulées dans l'intestin pendant la gestation. On arrêtera ce purgatif dès le résultat obtenu.

Tout ce qui vient d'être dit s'applique à l'enfant né dans les conditions désirables. Mais si la peau de l'enfant est blanche au lieu d'être rouge; si son corps est mou et froid; si les battements de son cœur sont lents et irréguliers; si sa respiration est imperceptible, il y a asphyxie. Il faut alors faire immédiatement la ligature du cordon, placer l'enfant — enveloppé de linges chauds — devant une fenêtre complètement ouverte, frictionner la poitrine avec une flanelle douce ou avec un linge fin imbibé d'eau froide vinaigrée (ne pas employer d'eau-de-vie simple ni camphrée, ce qui durcirait la peau et serait très dangereux), donner une bonne tape sur les fesses avec la main ouverte. Si on n'obtient aucun résultat, avoir recours à l'insufflation pratiquée par une personne qui applique sa bouche sur celle de l'enfant, de manière à faire pénétrer de l'air dans la poitrine, à diverses reprises, tout en pinçant le nez de l'enfant à chaque aspiration. L'insufflation ne sera ni prolongée ni brusque. Après avoir poussé une certaine quantité d'air, s'arrêter et presser la poitrine pour chasser l'air, en simulant la respiration.

Tous ces moyens doivent être pratiqués assez longtemps,

car ils ne réussissent, quelquefois, qu'une ou deux heures après.

Si la figure est gonflée, si le corps est privé de mouvements, si l'enfant ne crie pas, il y a apoplexie (affection du cerveau, arrêt du mouvement). Dans ce cas il faut, après avoir coupé le cordon, ne pas appliquer la ligature, et laisser écouler une quantité suffisante de sang pour faire disparaître l'engorgement du cerveau et du poumon, et lier le cordon ensuite.

Quand l'enfant ne donne plus d'inquiétude, il arrive souvent que, par excès de zèle, certaines femmes coupent le frein de la langue, croyant couper le filet. S'abstenir absolument de toute opération de ce genre : il n'y a là rien qui presse, le médecin seul peut opérer en pareil cas.

Et maintenant que nous avons donné les premiers soins à la mère et à l'enfant, occupons-nous de leur hygiène.

IX

HYGIÈNE DE L'ACCOUCHÉE

Tout ce qui est relatif à l'allaitement sera traité plus loin. Ici, nous ne parlons que des soins à donner à la jeune mère jusqu'à son complet rétablissement.

La chambre de l'accouchée ne sera ni trop chaude ni trop froide. Pendant l'hiver, ou même pendant les fraîches journées de printemps ou d'automne, faire, avec du bois, un feu modéré dans la cheminée. Autant que cela est possible, ne pas allumer de poêle avec du charbon toujours plus ou moins malsain.

Cette chambre sera la plus spacieuse et la plus éclairée de la maison. Il faut en exclure les bonnes et les mauvaises odeurs ainsi que les personnes qui déplaisent à la jeune mère. On doit aussi l'interdire aux amies bavardes, car l'accouchée a plus besoin de repos que de cancans. Il faut l'aérer tous les jours. Pendant que les fenêtres seront ouvertes, on fermera les rideaux du lit pour que les courants d'air n'aient pas d'accès sur l'accouchée. L'aération faite (quelques minutes suffisent), on ouvrira les rideaux qui ne doivent jamais être tirés quand les fenêtres seront closes. Tenir la chambre dans le plus grand état de propreté et enlever tout ce qui est susceptible de répandre des émanations. Éloigner de suite le linge sale. Nettoyer souvent la jeune mère avec du lait coupé par une décoction de cerfeuil ou, à défaut, avec de l'eau claire un peu réchauffée.

Environ quarante-huit heures après l'enfantement, l'accouchée est saisie par la *fièvre de lait*. Ne pas s'effrayer de cette indisposition et faire observer à la malade une diète absolue. L'accouchée souffrira de maux de tête. Elle aura quelques légers frissons, mais, le plus souvent, de la chaleur et de la sécheresse de peau et, au bout de quelques heures, une sueur assez abondante. Son pouls s'accélérera petit à petit. Sa figure sera rouge et animée. Elle ne pourra rapprocher ses bras du corps. La peau de sa poitrine se tendra. Le lait gonflera ses mamelles. Ne pas cesser d'encourager la malade. La fièvre de lait n'est pas dangereuse ; elle ne dure qu'environ vingt-quatre heures. Elle ne se prolonge presque jamais au delà de deux jours. Les primipares (femmes qui accouchent pour la première fois) ont moins de fièvre de lait que les autres. Il en est de même des femmes qui ont donné le sein aussitôt après la venue du nouveau-né. Présenter le sein à l'enfant quatre heures environ après la délivrance est une excellente chose à tous les points de vue.

Dès que la fièvre de lait cesse il faut donner à téter à l'enfant ; cela désemplit les mamelles, et la femme se trouve tout à coup soulagée. Si la mère ne nourrit pas, l'engorgement des seins dure plus longtemps. Appliquer sur les seins trop remplis, une serviette chaude et mollette, et la renouveler dès qu'elle est mouillée, ou mieux encore des étoupes bien fines ou de la ouate. Si les seins se gonflent trop, il faut faciliter l'écoulement du lait à l'aide de la succion ou d'un cataplasme émollient de farine de lin.

Si la femme a froid aux pieds on les lui couvre avec un édredon et des couvertures, mais on n'emploie jamais de corps chauds (briques, fers, boules) qui peuvent provoquer des pertes.

Les aliments que l'on donnera à l'accouchée seront doux et de facile digestion. Dans les deux premiers jours, quelques légers potages, et un léger bouillon pendant la nuit; puis augmenter graduellement la quantité d'aliments de façon que la femme qui nourrit parvienne peu à peu, et en dix jours environ, à ses habitudes ordinaires. Pour les femmes qui ne nourrissent pas, le régime sera plus sévère; elles mangeront peu, surtout si les mamelles restent engorgées.

Quant aux boissons, pendant tout le temps qu'elle restera couchée, la jeune mère ne fera usage que de tisanes légèrement sucrées. Les tisanes de feuilles d'oranger, de tilleul, de camomille, de mauve et de violette, sont les préférées. Ne rien lui donner d'acide.

Faire comprendre aux femmes qui demandent des boissons pour faire passer le lait que, la plupart du temps, c'est là un moyen inutile.

Éloigner de l'accouchée tout ce qui pourrait l'impressionner, et lui éviter toutes sortes d'émotions morales, car son excitabilité est excessive. On placera le berceau près du lit, et de manière que la mère, sans avoir besoin de se déranger, puisse voir et toucher son enfant.

Nous répétons qu'il faut tenir l'accouchée dans le plus grand état de propreté. La laver avec grand soin plusieurs fois par jour, et couvrir d'un linge très souple la partie du corps qui vient d'être lavée; ce linge sera fréquemment changé.

Ne pas s'effrayer des écoulements qui se manifestent deux ou trois jours après les couches, et dont généralement est exempte la primipare : ils diminuent vite et insensiblement.

Éviter l'usage des boissons trop chaudes et des bouillons trop succulents.

La jeune mère restera couchée sur le dos pendant les

premiers jours. On aura soin de la préserver des refroidissements.

Le séjour au lit sera de deux semaines si c'est possible, mais de neuf jours au moins.

Ce ne sera qu'après la fièvre de lait que l'on fera son lit pour la première fois. Pendant cette opération, l'accouchée sera portée dans un lit provisoire ou sur tout autre meuble que l'on aura glissé près de son lit. Elle ne doit pas s'asseoir.

La première fois qu'elle se lèvera, elle ne restera debout que pendant une heure environ. Les jours suivants, l'exercice sera progressif.

La première sortie, après les couches, dépendra de l'état de la femme, de la saison et du temps, et ne sera jamais trop prolongée. Elle pourra s'effectuer après trois semaines en été, et un mois après, environ, en hiver.

Tous les accidents qui arrivent aux accouchées sont dus à leur imprudence; elles ne sauraient donc jamais assez prendre de précautions. La cérémonie religieuse des *relevailles*, que beaucoup de femmes croient devoir faire dès leur première sortie, doit être ajournée jusqu'au rétablissement complet : les églises, temples ou synagogues, sont généralement humides et froids, et les accouchées en reviennent avec le germe d'une maladie inflammatoire qui peut avoir des conséquences funestes.

X

HYGIÈNE DU NOUVEAU-NÉ

Lorsque l'enfant est habillé et qu'on lui a fait prendre un peu de miel délayé dans de l'eau, il faut le coucher dans son berceau, car, aussi bien que sa mère, il a besoin de repos. Quand il se réveillera, sa mère lui présentera le sein si elle ne dort pas, autrement on lui donnera un peu d'eau sucrée ou miellée (voir au chapitre *Nourrice* tout ce qui est relatif à l'allaitement).

On regardera le nombril toutes les fois qu'on lèvera l'enfant, et on le pansera souvent. Si on aperçoit du sang, il faut changer la compresse et faire au cordon une deuxième ligature plus serrée que la première. Pour empêcher la compresse de se durcir et, par suite, de blesser l'enfant, on la changera tous les jours.

Du quatrième au cinquième jour, le cordon se détache à l'endroit marqué par la nature, à quelque longueur qu'on l'ait coupé, et il se forme une petite plaie qu'il faut panser tous les jours en la saupoudrant avec de la poudre de riz. On mettra sur cette plaie un petit linge fin plié en six et formant un petit coussinet de l'épaisseur et de la forme d'un dé de domino. On maintiendra ce linge à l'aide d'une petite bande qui entoure le corps, et on le laissera en place pendant un mois et demi environ. Si la cicatrice du nombril s'écorche on la saupoudre avec de la suie.

Pour que l'enfant respire un air souvent renouvelé, la gaze qui couvre le berceau sera très claire.

Si une petite hernie ombilicale se manifeste après avoir cessé de panser le nombril, on replacera le petit appareil (linge en forme de dé de domino et petite bande) dont nous avons déjà parlé, en l'arrosant souvent avec du vin rouge dans lequel on aura fait bouillir de l'écorce de chêne.

Comme on le voit, le pansement du nombril, duquel dépend souvent la vie de l'enfant, est chose bien facile. Toutes les mères peuvent le faire. (Employer des com presses et des bandes très fines.)

Pour toutes les autres affections dont le nouveau-né peut être atteint pendant les premiers jours de sa vie, c'est la nourrice que l'on doit traiter. L'enfant ne pouvant recevoir de médications que par l'intermédiaire du lait, s'il a la diarrhée on fera prendre à la nourrice du vin chaud sucré dans lequel on aura fait infuser de la canelle. S'il est *resserré*, s'il a la peau jaune, la nourrice fera usage d'aliments rafraîchissants et d'une tisane d'orge mêlée avec un peu de vin.

Si l'enfant dort trop longtemps, il faut le réveiller, et faire en sorte de lui faire prendre le sein.

Bien que nous traitions au chapitre *Nourrice* tout ce qui est relatif à l'alimentation de l'enfant, nous croyons devoir dire ici qu'il ne faut jamais donner au nouveau-né de mets solides, par la raison que, n'ayant pas encore de dents, la succion seule lui est possible. Le lait — et autant que possible, celui de sa mère — doit être son unique nourriture, nourriture qui sera en rapport avec la délicatesse de ses organes.

Plusieurs nouveau-nés meurent parce qu'on leur donne à manger trop tôt. Il faut, dès le premier jour, habituer l'enfant à dormir dans son berceau. Ne jamais le laisser s'endormir dans les bras ni sur les genoux de personne, où, du reste, il ne doit jamais se trouver si ce n'est pendant qu'on l'habille où lorsqu'il est au sein de sa mère.

XI

HABILLEMENT DU NOUVEAU-NÉ

Et maintenant, faut-il oui ou non emmailloter l'enfant? La vieille expérience dit « oui », le progrès dit « non ». Il est certain que le corps et les membres du nouveau-né sont bien fragiles et semblent demander, ainsi que le jeune arbre, un tuteur, et que le maillot, roulé en spirale des aisselles aux talons, soutient les reins et les membres. Mais le pauvre bébé — momie vivante — est alors bien à plaindre. Il est là comme pétrifié. Impossible de remuer quoi que ce soit. Le pauvre innocent est garrotté. Il se trouve bien plus emprisonné qu'avant de naître, car dans le sein de sa mère il changeait souvent de position.

En Angleterre on n'emmaillote pas les enfants. Nous ferions bien de suivre ce système. Nos enfants ne pleureraient pas tant. Tout le monde s'en trouverait mieux. Pour les habiller à l'anglaise, il faut des chemises et des robes longues d'un mètre environ, très amples, ouvertes en arrière de haut en bas, et retenues au cou et à la ceinture par des coulisses. Les couches auront $1^{m},15$ de longueur et 70 centimètres de largeur. Pour porter l'enfant, on croise les deux pans de chemise et la première robe, et on laisse la robe de dessus flottante. Pour le coucher, on ouvre tous les vêtements et on le place sur la couche de manière qu'il n'y ait que celle-ci qui puisse se salir. La coiffure et la chaussures sont les mêmes que dans la layette française.

Aux mères qui persistent à vouloir emmailloter leurs enfants nous conseillons de ne pas trop serrer la poitrine afin de n'occasionner aucune gêne aux mouvements de la respiration. D'ailleurs, quelle que soit la partie du corps où elle est exercée, une forte compression empêche le sang de circuler et le fait refluer vers le poumon et vers le cerveau ; de là, des congestions pulmonaire et cérébrale. La pression exagérée de la bande paralyse et lèse les muscles frêles du nouveau-né. Les jambes, que l'on s'imagine rendre plus droites en les comprimant l'une contre l'autre, prennent souvent des déviations irrémédiables. C'est parce que, étant enfants, ils ont été serrés au point d'être obligés de respirer très souvent pour faire pénétrer dans les poumons la quantité d'air nécessaire à la vie, que certains hommes conservent toujours une respiration courte et gênée. Le maillot a encore le grand inconvénient d'empêcher la propreté de l'enfant. Il ne permet pas de voir quand les langes sont sales. Du reste comme il faut un temps inouï pour défaire et replacer toutes les pièces, on ne nettoie pas l'enfant assez fréquemment, et il en résulte que les matières fécales irritent la peau, l'enflamment et l'excorient. Enfin, le maillot mal arrangé expose l'enfant à de graves accidents et à de terribles souffrances.

XII

BERCEAU

Toutes les mères savent préparer le berceau. On n'apprend pas à la fauvette à faire son nid. Nul ne sait mieux que la maman donner du moelleux à la couche mignonne d'où partira pour elle le premier sourire de son enfant. Nous nous bornons donc à quelques recommandations.

Le berceau en osier ou en fer est préférable au berceau en bois parce qu'il est plus facile de le tenir propre, et il a l'avantage d'être à l'abri des punaises. Inutile de dire qu'il doit être garni d'étoffe sur tout son pourtour, et recouvert de rideaux. Il doit contenir deux ou trois petites paillasses remplies de fougère, de paille, de balle d'avoine ou de toute autre substance peu coûteuse afin de la renouveler dès qu'on s'aperçoit qu'elle a contracté la moindre odeur. On aura deux ou trois petits oreillers garnis comme les paillasses, et que l'on changera dès qu'ils seront mouillés. Pendant les premiers jours, on pourra se servir d'un oreiller rempli de plumes un peu résistantes, mais lorsque l'enfant prend un peu de force cet oreiller sera remplacé par un oreiller rempli de crin. On couvrira ces oreillers avec une taie. Il ne faut pas que l'enfant soit couché trop moelleusement sans quoi il serait toujours en moiteur, ce qui est très mauvais. En hiver on aura dans le berceau une couverture en laine, une couverture de coton et un petit couvrepied ouaté. Un drap doit envelopper le tout.

Quand l'enfant est tout jeune, on place sous lui un feutre absorbant, ou une petite peau d'agneau garnie de sa laine.

Le berceau doit être assez large pour que les mouvements du corps soient libres et que les membres délicats de l'enfant ne puissent pas se blesser au contact des parois. Il doit être profond et encaissé pour éviter les chutes.

L'enfant doit être couché un peu sur le côté pour faciliter l'écoulement des mucosités qui se ramassent souvent dans sa bouche. Ses bras doivent être libres et dégagés, ses jambes étendues et non ramassées. On le couchera tantôt d'un côté, tantôt de l'autre pour l'accoutumer à dormir dans toutes les positions. L'habituer à dormir dans le bruit et l'obscurité. Lui éviter la transition brusque de l'obscurité à la lumière. Ne jamais le coucher en face le grand jour, et surtout éviter de le placer dans le lit de la mère.

Le berceau arrivera à hauteur de ce lit.

Il faut absolument éviter de bercer le nouveau-né, car cela a le grand inconvénient de l'habituer à ne s'endormir qu'après un berçage long et fastidieux. Il vaut beaucoup mieux provoquer son sommeil par des chants à mi-voix, dont toutes les mères connaissent si bien l'air. En voici un composé pour nos charmantes lectrices :

Endormons bébé.

(Berceuse)

Dors, bébé chéri, dors bien,
Ta maman, près de toi veille
Tout en songeant qu'étant vieille,
Tu seras son vrai soutien.

Oui, bébé s'endormira,
Il suffit de le lui dire.
Un baiser dans un sourire,
Tout d'abord il m'enverra.

Il s'empresse d'obéir.
Disant de sa lèvre rose :
« Pour que ma mère repose
Je vais vite m'endormir. »

Merci, mon doux chérubin.
En effet, je suis bien lasse.
Allons, viens que je t'embrasse,
Et puis, cher ange : à demain.

CHAPITRE IV

La Nourrice

I. **Layette** (sa composition). — II. **Allaitement naturel** (la mère doit nourrir son enfant; elle n'est pas véritablement mère sans cela). — III. **Hygiène de la nourrice** (éviter les émotions et les intempérances). — IV. **Allaitement étranger** (nourrice). — V. **Choix d'une nourrice** (elle doit être bien portante, jeune et gaie). — VI. **Allaitement par animal** (la chèvre est préférée aux autres animaux). — VII. **Allaitement artificiel** (biberon, lait d'ânesse de préférence). — VIII. **Allaitement mixte** (enfant nourri tantôt au sein, tantôt au biberon). — IX. **Hygiène du nourrisson** (éviter le grand air et le froid; nourriture, sommeil, berceau, habillement, propreté). — X. **Sevrage** (précautions à prendre). — XI. **Dentition** (soins, hochet, périodes d'éruption, coqueluche). — **Prescriptions de l'Académie de médecine relatives aux nourrissons.**

I

LAYETTE

La propreté de l'enfant (on peut dire sa santé) dépend des pièces de rechange que peut fournir la layette. Brassières, chemisettes, langes, bonnets, couches, bavettes, ne forment-ils pas le trousseau de la fillette qui vient de naître, et qui, déjà, exige des changements multiples de toilette? Le nombre de chacun des objets composant ce trousseau est limité, bien entendu, par la rondeur de la bourse d'où sortira plus tard la dot, mais il est pourtant indispensable que ce nombre d'objets permette de blanchir et faire sécher tout ce qui est sali par l'enfant. Notre jeune mère ne se laissera donc pas prendre au dépourvu. Elle augmentera, autant qu'elle pourra, le nombre des effets de rechange.

Les langes en molleton de coton sont préférables à ceux en molleton de laine blanche. Ces derniers se rétrécissent au lavage, exigent un temps inouï pour sécher, et si on les approche du feu, ils deviennent roussâtres. Nous conseillons donc les langes en coton.

Quant aux couches, on fera bien de les confectionner en toiles de Bretagne dont le prix d'achat est très modéré. Cette toile est très blanche et moelleuse. C'est la toile des enfants par excellence. Si on ne peut pas s'en procurer, se servir de toile neuve et douce, mais n'employer de vieux draps de lit que lorsqu'on ne peut faire autrement.

II

ALLAITEMENT NATUREL

(L'allaitement est dit: 1° *naturel* (enfant nourri par la mère) ; 2° *étranger* (nourrice); 3° par *animal* (enfant tétant une chèvre, etc.); 4° *artificiel* (biberon); 5° *mixte* (enfant nourri tantôt par la mère, tantôt par un moyen quelconque).

L'enfant ne s'étant nourri, pendant les neuf mois de la gestation, que du sang et de la chair de la femme qui l'a conçu, il en résulte que le nouveau-né et sa mère se sont tellement identifiés qu'ils ne forment, pour ainsi dire, qu'un seul corps. Les séparer immédiatement c'est un fait antinaturel. Après sa naissance, l'enfant a besoin de se développer par sa mère, et de tirer d'elle tout ce qui doit achever l'ouvrage encore incomplet de la création. L'allaitement par la mère est seul susceptible d'achever heureusement l'œuvre de la reproduction. Après avoir mis son enfant au monde, la mère doit donc rester, pendant longtemps, en communication matérielle et morale avec lui, afin de compléter ce que la nature exige. Pour être entièrement mère, il faut qu'une femme allaite son enfant. Le faire élever par une nourrice c'est lui introduire dans les veines un sang étranger pouvant recéler des principes de maladies congénitales (épilepsie, scrofules, tubercules, syphilis, etc...). Voilà les inconvénients physiques. Quant aux inconvénients moraux, ils sont encore plus graves : la nourrice peut puissamment modifier le tempérament et le caractère de l'enfant en lui inculquant des penchants vicieux. Il y a donc des dangers innombrables à faire allaiter son enfant par une étrangère.

Si les enfants des villes sont souvent débiles, frêles, estropiés, maladifs et mauvais sujets, c'est parce qu'ils n'ont pas tété le lait de leurs mères.

Le nouveau-né, livré à une nourrice, est un germe arrêté dans son évolution qui se trouve naturellement interrompue. Il devient, pour ainsi dire, un bâtard. C'est, pour lui, une vie nouvelle et la négation originelle. L'allaitement étranger est une cause de dégénérescence.

Du reste, la mère qui ne nourrit pas s'expose à de graves dangers : dans le présent, elle est sujette à la fièvre de l'enfantement et à l'inflammation de l'abdomen. Dans l'avenir, elle est sujette à la perte des cheveux, des dents et de la mémoire. Enfin, des maux de nerfs et d'estomac, des affections de la poitrine et de la matrice, des cancers aux seins et à l'utérus peuvent atteindre la mère parjure, qui, par coquetterie ou par paresse, n'a pas nourri son enfant.

L'allaitement par la mère est donc indispensable. Il est en même temps une sainte obligation. C'est le vœu de la nature. La vraie mère est celle qui nourrit, non celle qui enfante. L'instinct et la raison ont prescrit à la femme d'allaiter son enfant. Il faut que la mère se conforme à cette prescription si elle veut que son fils vive, grandisse et soit exempt de maladies physiques et d'imperfections morales.

Le lait de la mère se trouve approprié par la nature à la délicatesse des organes de l'enfant, et il acquiert successivement des propriétés qui sont en harmonie et en convenances parfaites avec les besoins du nouveau-né. Le premier lait purge l'enfant en facilitant l'évacuation des humeurs accumulées dans le gros intestin pendant la gestation. Ensuite, le lait de la mère devient d'autant plus nutritif que les forces du nouveau-né augmentent. En un mot, l'allaitement par la mère est — quelle que soit la position de fortune de la famille — une obligation absolue. Tous les médecins, tous les moralistes, tous les philosophes de tous les siècles et de tous les pays recommandent aux mères de nourrir leurs enfants. Le lait, les soins, la sollicitude de la mère ne peuvent se remplacer.

Le nouveau-né s'attache instinctivement au sein de sa mère. Elle peut sans inconvénients le lui offrir quelques heures après la naissance, et alors qu'elle est un peu reposée des fatigues de l'accouchement. Avant de le lui donner, elle aura soin de nettoyer le mamelon. Si l'enfant hésite à le prendre, elle fera jaillir un peu de lait jusqu'à sa bouche. Pour lui rendre la succion facile, elle comprimera légèrement le sein. Pendant que l'enfant tette, il faut que la mère veille à ce qu'il n'ait pas le visage trop appliqué au sein. Cette position l'empêche de respirer par le nez, et le force à quitter le mamelon pour respirer avec la bouche.

Quelques accoucheurs prétendent qu'il est avantageux de régler, dès le *premier jour*, l'heure des repas du nouveau-né. D'autres, bien plus nombreux, recommandent de n'arriver à cette régularité que progressivement. C'est l'avis de ces derniers qui nous paraît préférable : l'estomac de l'enfant qui vient de naître est trop faible et trop délicat pour supporter, sans inconvénients, une règle quelconque.

Donc, pendant les deux ou trois premiers jours (selon la constitution de l'enfant), la nourrice donnera souvent à téter, mais peu à la fois.

Les jours suivants, on espacera peu à peu les *téteries* sans pourtant trop les éloigner, car, pendant les premières semaines, l'estomac de l'enfant travaille beaucoup et a grand besoin d'avoir toujours quelque chose de léger à dévorer. Si on tardait trop à satisfaire son appétit, l'enfant — obéissant à l'instinct — engloutirait avec trop de précipitation, ce qui est nuisible, même aux adultes. On ne réglera les repas que quand l'enfant aura pris un peu de force. Ainsi, vers les deux mois, on arrivera progressivement à ne lui donner le sein que toutes les deux heures environ. A quatre mois, on mettra un intervalle de trois heures.

Lorsque l'enfant commence à être fort, il ne faut pas se croire obligé de lui donner le sein toutes les fois qu'il crie, surtout quand ses repas auront été réglés, ce qu'il faut absolument faire. L'enfant crie souvent pour le plaisir — ou plutôt pour le besoin — de crier. Il remue pour développer ses muscles, il crie pour développer ses poumons : la croissance l'exige. Il faut le laisser crier. La mère qui n'a pas le courage de laisser crier son enfant, la mère qui, dès le premier cri, a habitué son enfant à être pris dans les bras et caressé, s'est faite l'esclave de Monsieur Bébé qui est un autocrate de premier ordre, et qui va se charger de la faire marcher tambour battant.

L'enfant prend — avec une facilité incroyable — les habitudes qu'on lui donne. Il faut donc, dès le *premier jour* (nous ne saurions jamais assez le recommander) ne pas accourir à ses pleurs, à moins qu'il ne soit malade, et alors il ne crie pas beaucoup. Lorsqu'on est sûr que rien ne le blesse et qu'il n'est pas mouillé, il faut le laisser pleurer : il se taira bientôt, s'endormira, et ne prendra pas l'habitude d'attirer sa mère, par ses cris, près de son berceau, à chaque minute.

Il est reconnu qu'une mère avec une constitution frêle en apparence peut être une excellente nourrice pour son enfant, sans nuire à sa propre santé. La qualité et la quantité du lait s'améliorant petit à petit, ne pas s'alarmer de son manque d'abondance ou de sa faiblesse au début de l'allaitement. La succion répétée détermine la formation du lait. Donc que la jeune mère, dont le sein paraît tari, donne souvent à téter à son enfant et le lait viendra peu à peu. On a même vu des jeunes filles vierges avoir du lait après avoir exposé leur sein à une fréquente succion, et avoir entretenu ainsi la sécrétion lactée.

III

HYGIÈNE DE LA NOURRICE

La femme qui allaite, a grand besoin de s'observer. Il faut qu'elle évite toute émotion. On a vu souvent des enfants bien portants mourir aussitôt après avoir tété le lait d'une femme surexcitée, comme s'ils avaient avalé un poison violent.

L'identification de la mère et de l'enfant — nous l'avons déjà dit — est incontestable. Toutes les substances prises par la mère arrivent à son fils en passant par le lait. Quand le nourrisson est malade c'est la nourrice que l'on soumet au traitement. Donc, la mère ne doit manger que ce qui ne peut faire aucun mal à l'enfant : elle doit manger pour lui et non pour elle. Certains aliments de son goût peuvent être très nuisibles à son enfant. Elle doit bannir de sa nourriture les épices, les assaisonnements relevés, les vieux fromages, les salaisons, le chocolat, le vin pur. La soupe et les lentilles sont pour elle de bons aliments. Elle doit préférer les viandes rôties aux bouillies, aux ragoûts et aux viandes fumées. Elle ne prendra ni café ni liqueurs, mais elle pourra boire de la bière. Elle s'interdira les veilles prolongées, les spectacles, les lectures romanesques, les rapports conjugaux et prendra souvent des bains simples. Comme elle a besoin de sommeil pour fabriquer du bon lait, elle ne donnera le sein la nuit que lorsqu'elle ne pourra réellement faire autrement. Il est nécessaire d'habituer l'enfant en forces à ne pas téter la nuit. En un mot, la femme qui allaite doit éviter tout excès, tout écart, toute intempérance.

La durée naturelle de l'allaitement peut être fixée à vingt mois environ.

Quand l'enfant est devenu fort et que la mère reconnaît que son sein, (aussi abondant qu'il soit) est insuffisant pour nourrir le petit Gargantua, elle ajoutera à son lait des aliments. Pour commencer, ceux-ci devront être demi-liquides. Ils ne seront présentés à l'enfant que tièdes. Ne pas oublier cette recommandation, car les aliments trop chauds ne peuvent faire que du mal aussi bien aux lèvres et au palais de l'enfant qu'à son gosier et à son estomac.

Au début, la mère donnera, une ou deux fois par jour, quelques cuillerées de crème préparée avec de l'eau, du lait ou du riz. Le tapioca apprêté au lait, peut aussi être employé. Plus tard on remplacera le lait par du bouillon de poulet ou de bœuf. Le pain bien cuit, et grillé, est une excellente nourriture, à condition qu'il soit bien mâché. Plus il est grillé meilleur il est parce que la dessication l'a rendu plus léger, et par conséquent, plus facile à digérer.

La bouillie de farine doit être interdite; elle affaiblit les organes digestifs, occasionne des coliques et peut même disposer l'enfant à de graves maladies.

Pendant tout le temps de l'allaitement la mère s'assurera que son enfant ne dépérit pas, en le pesant de temps en temps. Si elle s'aperçoit que son lait est nuisible à son fils — ce qui, par extraordinaire, arrive quelquefois — elle consultera le médecin et n'hésitera pas à chercher une nourrice.

IV

ALLAITEMENT ÉTRANGER

Comme nous venons de le dire, le lait de la mère peut être nuisible à l'enfant. D'autres causes peuvent aussi empêcher la mère de nourrir le nouveau-né. Une excessive impressionnabilité de caractère; une susceptibilité nerveuse très marquée; des maladies héréditaires, telles que les scrofules, l'épilepsie, les cancers, les phtisies etc...; une débilité générale; une grossesse pénible; un accouchement laborieux, et enfin d'autres causes inévitables, peuvent forcer la mère à ne pas pouvoir donner le sein au nouveau-né.

Il faut alors, si on aime son enfant, — ce qui ne se demande pas — avoir recours à une nourrice, quelles que soient les ressources du ménage. On portera une robe moins belle; on aura des sabots à la place de bottines, mais il faut se procurer une nourrice, et non avoir recours au biberon qui sera le dernier des moyens à employer. (On peut avoir à la campagne des nourrices pour 15 francs par mois.)

Il faut faire en sorte de trouver une nourrice dans la localité que l'on habite, ou le moins loin possible, afin de pouvoir la surveiller et s'assurer souvent que le nouveau-né ne manque de rien.

V

CHOIX D'UNE NOURRICE

La nourrice devant présenter des garanties non seulement physiques mais encore morales, il faut, avant de lui confier l'enfant, prendre des renseignements sur elle et sur sa famille; faire en sorte de connaître ses antécédents et la conduite de son mari. La femme d'un homme brutal ou d'un ivrogne est très mauvaise nourrice, quelque bonne que soit sa constitution physique. Les émotions que le brutal ou l'ivrogne lui occasionne, altèrent son lait au point d'en faire un poison.

Il faut ensuite l'examiner sous le rapport de la santé, de la constitution et du caractère. Inutile de dire qu'elle doit être saine, robuste et sage. (Nous avons déjà dit qu'elle pouvait tout inculquer à l'enfant.) Elle sera douce, intelligente et gaie. La gaîté de la nourrice distrait beaucoup l'enfant et ne lui fait jamais connaître ce deuil perpétuel : la tristesse. (*Les vagues agitées de la vie occasionnent, hélas! à l'adulte trop de tourments pour que l'on ne cherche pas à les éviter à l'enfant.*)

La nourrice doit être âgée de 20 à 35 ans. Plus jeune, elle n'aurait pas l'expérience voulue pour bien soigner l'enfant. Plus âgée, elle n'aurait plus de gaîté, plus de force ni rien de ce qui constitue la bonne nourrice. Il est à désirer qu'elle en soit à son deuxième ou troisième enfant, et que la date de son dernier accouchement se rapproche de celui de la mère de l'enfant, afin que son lait soit de l'âge du nouveau-né. Si le terme de son accouchement est éloigné, son lait est ancien, trop substantiel et il n'est nullement en rapport avec les faibles organes digestifs du nourrisson.

On préfère la nourrice brune à la blonde. Néanmoins la femme très brune possède ordinairement une transpiration forte et âcre dont le lait peut se ressentir.

Le sein n'a pas besoin d'être volumineux. Les femmes

dont les mamelles sont en forme de poire, un peu pendantes, sont meilleures nourrices que les femmes aux seins arrondis.

Les mamelles trop fermes retiennent difficilement le lait.

Une petite femme aux seins modérément développés fournit du lait meilleur et en plus grande quantité qu'une grande femme dont les mamelles sont volumineuses.

Le sein qui est parcouru par des veines nombreuses et bien dessinées et qui présente au toucher des nodosités, indique une excellente nourrice. Le mamelon doit se redresser au contact de la bouche, et même du doigt. Il ne doit être ni trop enfoncé ni trop saillant.

Pour s'assurer que la nourrice est bonne on fait tomber sur l'ongle une goutte de son lait. Si ce lait est bleuâtre, sans odeur, légèrement sucré, et s'il se maintient sur l'ongle on peut-être sûr qu'il est nourrissant. Pourtant, il faut tenir compte de l'époque de l'accouchement: quand il a eu lieu récemment, le lait est clair et peut — quoique bon — ne pas tenir sur l'ongle.

Il est d'usage de donner à la nourrice une certaine quantité de sucre et de savon. A la première dent de l'enfant on lui offre une petite gratification. On en fait de même toutes les fois qu'on lui fait une visite.

VI

ALLAITEMENT PAR ANIMAL

Si on n'a pas pu se procurer une nourrice, et avant d'avoir recours au biberon, on fera en sorte de faire nourrir l'enfant par une chèvre. La docilité de cet animal, la grosseur et la forme de ses mamelons, l'abondance et la qualité de son lait, lui ont fait donner la préférence sur tous les autres animaux. Le lait de l'ânesse ou de la jument serait meilleur, mais le nouveau-né ne pourrait pas téter. L'enfant saisit facilement avec sa bouche le pis de la chèvre et celle-ci se prête facilement aux exigences du nourrisson. Il faut la choisir jeune, mais qu'elle ne soit pourtant pas à sa première portée, car son lait se tarirait vite. S'assurer qu'elle ait mis bas le plus récemment possible, et qu'elle soit facile à dresser. La choisir de couleur blanche : le lait des chèvres blanches est meilleur que celui des chèvres à poil sombre.

VII

ALLAITEMENT ARTIFICIEL

Lorsque l'enfant n'aura pu téter ni au sein de sa mère, ni à celui d'une nourrice, ni au pis d'une chèvre, il sera allaité artificiellement. On lui fera boire du lait à l'aide du *biberon*.

De préférence on emploiera du lait d'ânesse. A défaut, faire prendre du lait de jument, de chèvre et, enfin, de vache. Mais de quelque animal que le lait provienne, on aura soin, au début, de le couper avec une décoction d'orge ou d'eau de riz, ou d'eau panée (eau où l'on fait tremper du pain grillé).

Autant que possible, il ne faut donner le biberon que quinze ou vingt jours après la naissance, c'est-à-dire, lorsque l'enfant aura été purgé par le lait de la mère ou par celui d'une femme récemment accouchée.

Pourtant, si l'on peut avoir le lait d'un animal venant de mettre bas, on pourra employer de suite le biberon. Ce lait, contenant du *colostre* (premier lait possédant des qualités purgatives) sera en rapport avec les forces digestives du nouveau-né.

La plus importante des conditions de l'allaitement au biberon est d'employer du lait vivant (lait que l'on vient de traire). Ne jamais faire prendre au nouveau-né du lait mort (lait refroidi et qu'on a fait bouillir.) Le lait cuit est privé de l'albumine, substance très utile à la nutrition.

Toutes les fois que l'on sera obligé de faire chauffer le lait, on se servira du bain-marie (eau bouillante dans laquelle on met le vase contenant ce que l'on veut chauffer); mais ne jamais se servir de l'action directe du feu.

Le biberon est préférable au petit pot, attendu qu'il représente mieux le sein. L'enfant est obligé de sucer, et la succion a l'avantage de provoquer dans la bouche des sécrétions qui, mélangées au lait, facilitent la digestion.

Il faut que le lait employé soit toujours donné à la même température, c'est-à-dire tiède.

Reste maintenant le genre de biberon à choisir : il faut absolument écarter le biberon à long tube en caoutchouc, qui est très mauvais.

« C'est la paralysie progressive. C'est l'empoisonnement journalier, » dit un médecin. Un autre docteur s'écrie :

« Je voudrais voir fouetter en place publique les mères de ces enfants-pompes. »

Le meilleur est le biberon Charrière. Il présente un mamelon en ivoire ramolli, qui, maintenu dans l'eau tiède, lorsque l'on ne s'en sert pas, conserve la plus grande propreté et possède, alors, presque la flexibilité du mamelon naturel.

A défaut du biberon Charrière, on se procurera le biberon de Mme Breton. Le col de ce biberon est formé d'un bouchon de cristal ayant la forme d'un bout de sein, et il réunit, comme le précédent, toutes les conditions de propreté.

Si on n'a pas pu se procurer l'un ou l'autre de ces deux biberons, on se servira d'une fiole allongée en verre blanc, dont on garnit le goulot avec une éponge fine que l'on taille en forme de mamelon. On recouvre l'éponge avec une étoffe très fine (gaze ou mousseline) que l'on attache très solidement, avec du gros fil, autour du rebord du goulot, pour empêcher que l'éponge ne soit entraînée dans la bouche de l'enfant. Il faut que le bout de l'éponge qui simule le bout du sein soit assez long pour que la bouche du nouveau-né ne touche pas le goulot, ce qui pourrait blesser les gencives. Après chaque repas, la fiole, l'éponge et l'étoffe doivent être lavées soigneusement avec de l'eau chaude. Du reste, quel que soit le genre que l'on emploie, *il faut absolument* tenir le biberon très propre. A cet effet, il faut le démonter tous les jours et en laver toutes les pièces les unes après les autres.

Le biberon se donne aux mêmes intervalles que l'on

donnerait le sein. La mère fera en sorte de tenir l'enfant entre ses bras pendant la succion. La douce chaleur qui résulte du contact de l'enfant avec sa mère est une sorte d'incubation indispensable au nouveau-né.

VIII

ALLAITEMENT MIXTE

Ce genre d'allaitement a lieu tantôt avec le sein de la mère, tantôt avec le biberon. Il doit être employé par les mères qui ont peu de lait. C'est surtout pendant la nuit que l'on donne le biberon afin de laisser reposer la mère qui, comme nous l'avons déjà dit, a grand besoin de sommeil.

IX

HYGIÈNE DU NOURRISSON.

Les maladies qui compromettent la vie des enfants pendant l'allaitement ne peuvent être combattues que par des soins hygiéniques bien dirigés, puisqu'il est presque toujours impossible d'employer les médicaments.

Le nouveau-né craint énormément le froid et les variations subites de la température. Cela se comprend aisément étant donnée la délicatesse de son petit corps. Dans la rigueur de l'hiver, et toutes les fois que le temps n'est pas doux et calme, il ne faut pas le sortir de la maison, aussi bien couvert qu'il soit : l'air vif pénétrant trop brusquement dans ses frêles poumons peut lui occasionner des maladies mortelles.

L'enfant a souvent des coliques après avoir été promené dehors. Or cela provient justement de l'air vif qu'il a respiré. Ces coliques sont dues à des gaz trop abondamment absorbés. L'enfant est *météorisé*, c'est-à-dire qu'il a les poumons gonflés par l'accumulation des gaz. Nous ne saurions donc trop recommander de ne jamais sortir le nouveau-né, à moins que le temps ne soit fort beau, et l'endroit où on le promène fort sain. Autrement, gare les cris en rentrant. Avant tout, le nouveau-né a besoin de chaleur. Ses organes respiratoires, non encore habitués à leurs fonctions, ne peuvent supporter l'air froid ni le grand air. Alors même qu'il serait chaudement emmaillotté, il peut mourir s'il est exposé à respirer un air glacial ou corrompu. Les statistiques médicales constatent qu'il meurt en hiver la moitié plus de nouveau-nés qu'en été. Donc se rappeler que le jeune enfant ne doit respirer qu'un air doux et tempéré. Cela est plus important pour sa santé que de le surcharger de vêtements superflus, propres à l'affaiblir par un excès de transpiration.

Le nouveau-né est souvent atteint de coliques causées par l'inflammation des intestins. Dans ce cas, il crie beaucoup et il est atteint d'une diarrhée verdâtre. On diminue alors sa nourriture, et on lui fait prendre un peu d'eau de Vichy et des bains tièdes. Mais avant de lui administrer des sirops et autres purgatifs, il faut consulter le médecin. Les bains tièdes combattent aussi les insomnies et les petites convulsions.

Pendant la première année, les vers rendent rarement l'enfant malade. Ne pas lui faire avaler de vermifuges qui lui sont plus funestes que ces parasites.

Certaines mères, par économie de temps et de combustible, préparent des panades ou des bouillies pour deux jours. C'est un très mauvais procédé. Ces aliments fermentent et s'aigrissent du matin au soir, et sont alors très nuisibles. Il ne faut donner aux jeunes enfants que des mets récemments préparés.

Le sommeil, dans le premier âge, n'est pas moins indispensable à l'enfant que la chaleur. C'est pendant le sommeil que l'accroissement du nouveau-né est le plus prononcé. On a donc tort d'empêcher l'enfant de dormir pendant le jour, sous prétexte qu'il dormira mieux la nuit. Il faut le laisser dormir chaque fois qu'il en éprouve le besoin.

Le berceau contribue beaucoup à la conservation de la santé du jeune enfant. La plume et la laine doivent en être exclues; ces matières exposent le corps délicat du petit être à un échauffement excessif. Jusqu'à l'âge de quatre ou cinq ans, l'enfant ne doit coucher que sur des substances peu molles, telles que la feuille de fougère, la balle d'avoine, etc... Le berceau ne retiendra pas alors d'émanations malsaines et laissera subsister la pureté de l'air nécessaire à la respiration de l'enfant endormi.

Les vêtements de l'enfant démailloté seront amples, commodes, souples, légers : ils permettront à la transpiration de s'évaporer et ils ne seront pas trop chauds. La coiffure sera très légère ou nulle. La chaussure devra tenir les pieds secs et chauds.

Nous venons de dire que les vêtements ne devront pas être trop chauds. Mais il ne faut pas conclure de cela qu'ils ne devront pas garantir du froid. Car, si l'hygiène conseille avec raison de ne pas trop couvrir les enfants, lorsqu'ils commencent à devenir un peu forts, de peur de les rendre trop impressionnables aux changements atmosphériques, on ne doit pas tomber dans l'excès contraire et laisser — dans les deux premières années — le cou, les bras et les jambes nus, ce qui expose les enfants aux affections de la gorge et de la poitrine. Ce ne sera que plus tard, vers quatre ou cinq ans (nous parlerons de cela en traitant *l'hygiène de l'enfant*, nous ne parlons ici que de *l'hygiène du nourrisson*) que l'on pourra adopter la mode anglaise en habituant peu à peu l'enfant à moins se couvrir.

La propreté est une des parties les plus importantes de l'hygiène du nourrisson. Dès le jour de la naissance, le jeune enfant doit être soumis à un lavage journalier. On passera donc, tous les matins, une éponge douce imbibée d'eau tiède, sur toute la surface du corps de Bébé qui se soumettra volontiers à cette utile opération. On agira assez promptement afin d'éviter le refroidissement qui peut résulter de l'évaporation de l'eau. En hiver, cette toilette doit être faite dans une chambre chauffée. Aussitôt le lavage achevé, on s'empressera de bien essuyer toutes les parties du corps avec un linge très doux. Bien que lavé à l'éponge, tous les matins, il faut faire prendre à l'enfant un bain tiède par semaine. On le met dans un petit récipient en le soutenant de manière que sa petite tête ne touche pas l'eau, et on lui passe la main droite sous les articulations des genoux. Il va sans dire qu'il sera couché sur le dos. Bien l'essuyer après le bain.

La tête de l'enfant exige une attention spéciale; il faut la laver à l'eau tiède comme le reste du corps. Afin d'enlever la crasse, les pellicules et les croûtes qui s'y accumulent, il est utile de la frictionner souvent avec un linge et une brosse très douce. Cette opération indispensable évite les maladies si répugnantes du cuir chevelu.

X

SEVRAGE

Quand doit-on sevrer l'enfant?

Quelles sont les précautions à prendre pour que l'enfant ne souffre pas trop du sevrage?

Quelle est la nourriture qui convient le mieux pour remplacer le lait naturel?

Voilà trois questions dont les réponses doivent faire connaître les moyens à employer pour prévenir les affections qui peuvent atteindre l'enfant pendant la transition critique du sevrage.

Le sevrage devrait commencer lorsque la nature l'indique, c'est-à-dire lorsque la première dentition s'achève, puisque c'est alors que les organes de la mastication sont devenus aptes, chez l'enfant, à faire subir aux aliments solides la première préparation digestive. Mais étant donnés les cas multiples dans lesquels l'enfant et sa mère peuvent se trouver, il est impossible de préciser l'époque du sevrage. Tout le monde comprendra cela. La constitution et le tempérament de l'enfant, l'abondance du lait et la santé de la mère, le travail de la dentition peuvent activer le sevrage. Cette question ne peut donc être tranchée que par le sage jugement de la mère qui, elle seule, sait si elle peut continuer l'allaitement sans nuire à sa propre santé, comme elle sait mieux que n'importe qui, lorsque son enfant peut s'habituer à se passer de son sein. Généralement, ce n'est que quand l'enfant présente assez de force, et qu'il prend, sans trop de difficultés, d'autres aliments que le lait, qu'il doit être sevré, sans trop tenir compte de son âge.

Il y a plus d'inconvénients à avancer l'époque du sevrage qu'à la retarder. Par conséquent, lorsque la mère ne souffre pas de la lactation, et que l'enfant trouve en elle une alimentation suffisante, il n'y a aucun danger à prolonger l'allaitement.

Il faut bien se garder de commencer le sevrage lorsque la dentition tourmente le nourrisson. On profitera des intervalles qui séparent la sortie des différents groupes de dents. Généralement, on ne songe à retirer le sein que lorsque l'enfant a toutes ses dents de devant.

Enfin, quand le sevrage sera reconnu nécessaire, il faut que la mère s'arme de courage, qu'elle ne se laisse pas attendrir par les cris de l'enfant, et, s'il demande le sein, le lui refuser en le calmant, en le dorlotant dans les bras, en lui donnant à boire un peu d'eau sucrée. Il est bien rare que l'on n'obtienne pas le résultat cherché après quelques jours de lutte. Si l'enfant persiste à vouloir téter, on le dégoûtera du sein en appliquant sur le mamelon des substances à saveur désagréable comme l'aloès, l'absinthe, etc.

Mais on n'aura ni besoin d'avoir recours à ce moyen, ni de passer des nuits à calmer l'enfant, si on opère le sevrage par une douce transition, et non d'une manière subite.

Ainsi, la première semaine, la nourrice présentera le sein une fois de moins par jour. La semaine suivante, deux fois de moins, et ainsi de suite jusqu'à ce que l'enfant ne tette plus qu'une fois dans les vingt-quatre heures. Puis, la mère tâchera de rester un jour et demi, deux, trois et quatre jours sans offrir le sein. (Moins on donne à téter, moins le sein se remplit.) En procédant de cette manière, l'enfant se trouvera sevré sans presque s'en apercevoir, et — le lait se tarissant progressivement — la mère ne sera exposée à aucune indisposition. Pourtant, si pendant les premiers jours, il survenait un engorgement des seins, on aura recours à quelques légers purgatifs.

On commencera le sevrage au printemps ; de préférence, au mois de mai.

Le sevrage achevé, il faut prendre de sérieuses précautions relativement à la nourriture de l'enfant. Il faut songer qu'un bébé ne se nourrit pas comme un adulte. Les organes digestifs de l'enfant, identifiés avec le lait naturel, digèrent difficilement les substances nouvelles mises en contact avec eux. Le remplacement du lait par des mets solides demande donc de la prudence. Une nourriture trop forte et trop abondante occasionne un grand nombre de maladies, entre autres la diarrhée à laquelle succombent beaucoup d'enfants. Dès le début, on ne donnera donc que des mets liquides et qu'une légère panade préparée avec du lait, du beurre ou du bouillon. (C'est une excellente nourriture, et facile à préparer.) Pour boisson, on donnera du lait coupé avec un autre liquide, ou de l'eau sucrée aiguisée d'un peu de vin. La semoule est aussi un bon aliment.

Un autre mets délicieux et qui est à la portée de tout le monde, c'est la crème de pain : on prend du pain très cuit que l'on fait sécher au feu ; on le fait ensuite tremper dans de l'eau pendant quelque temps, puis, on le fait bouillir dans de l'eau, on ajoute un peu de sucre et l'on passe au tamis.

Le vin et la viande ne seront donnés que peu à peu et avec beaucoup de ménagement.

Ne pas perdre de vue que l'on doit progressivement augmenter la consistance et la quantité de la nourriture avant de l'amener à l'alimentation normale.

XI

LA DENTITION

Passons maintenant au martyre des jeunes enfants : à *la dentition*. C'est la période la plus douloureuse de la première enfance.

Comme elle présente des phénomènes extrêmement variés et d'une gravité telle que souvent les praticiens ne peuvent arrêter les accidents qui en résultent, la dentition doit appeler toute la sollicitude de la mère et, au besoin, l'attention du médecin.

Pourtant, si le travail de la dentition a des conséquences graves chez les enfants élevés d'une façon peu raisonnable, il s'opère sans dommages et, pour ainsi dire, sans qu'il s'en aperçoive chez l'enfant bien soigné.

La rougeur à la face, les ulcères dans la bouche, la toux, le flux de ventre, la fièvre, les convulsions, les insomnies peuvent se manifester quand les premières dents doivent percer.

On combattra ces accidents par des boissons adoucissantes, des purgatifs au miel. On frictionnera les gencives avec du miel rosat ou avec le sirop Delabarre, que l'on trouve dans toutes les pharmacies. Ce sirop, qui exerce une utile influence et calme les douleurs, s'applique directement sur les gencives enflammées à l'aide du doigt : on l'emploie deux fois par jour.

Si les accidents que nous venons d'indiquer se compliquent, il faut appeler le médecin et ne pas s'effrayer s'il est obligé, quelquefois, de faire une incision sur les gencives pour faciliter la sortie des dents. Mais, comme l'art n'a qu'une faible prise sur le travail de la dentition, nous conseillons de n'appeler le médecin que dans des cas très graves.

Très souvent, il suffit de mettre entre les mains de l'enfant un hochet en corail ou en ivoire, ou bien un anneau d'os, et, de préférence, un morceau de réglisse ou de guimauve, que l'on attache au cou avec un cordon. On peut encore donner à l'enfant une croûte de pain bien rassis enduite de miel. La façon dont l'enfant mâchonne ces corps durs, et leur frottement répété sur les gencives, activent l'issue des dents.

On lavera souvent les gencives avec une décoction de racine de guimauve ou d'eau d'orge miellée.

La tête de l'enfant ne sera jamais trop couverte. On s'assurera qu'aucun lien ne gêne la circulation du sang.

La nourriture de l'enfant doit être l'objet d'une sérieuse attention. On supprimera, pendant le travail de la dentition, les aliments solides et excitants. On n'oubliera pas que les enfants qui n'ont jamais eu d'autre nourriture que le lait de leur mère sont moins exposés aux accidents de la dentition que ceux qui ont été élevés au biberon.

Comme les dents de lait poussent par groupes que sépare un temps d'arrêt, et que l'on profite de ces intervalles de repos pour opérer le sevrage, il est utile de faire connaître les cinq périodes de l'éruption des dents de l'enfant.

Première période. — On voit, mais rarement, quelques enfants naître avec des dents. (Il paraît que le roi Louis XIV a été de ce nombre.) Mais ordinairement le premier groupe, composé des deux incisives moyennes de la mâchoire inférieure, apparaît du cinquième au septième mois. (Le retard au delà de cette époque indique un état maladif ou une mauvaise constitution du système osseux.) La pousse de ce premier groupe s'accomplit en dix jours environ, et est suivie d'un arrêt de deux mois.

Deuxième période. — Les quatre dents de devant de la mâchoire supérieure mettent de quatre à six semaines pour passer. Après la sortie de ce deuxième groupe il se produit un repos de deux mois.

Troisième période. — Les deux incisives latérales et les quatre molaires de la mâchoire inférieure poussent en un ou deux mois (quatre mois de repos).

Quatrième période. — Les quatre canines (les deux supérieures nommées œillères) mettent deux ou trois mois à pousser. Après l'éruption de ce quatrième groupe, qui s'opère lorsque l'enfant est âgé d'environ vingt mois, il se produit un repos de plus de quatre mois, et on en profite souvent pour commencer le sevrage.

Cinquième période. — Les molaires poussent en deux ou trois mois de temps, et alors la première dentition est terminée. L'enfant est âgé d'environ deux ans et demi.

Les dents de lait sont au nombre de vingt : quatre incisives, deux canines et quatre petites molaires, à chaque mâchoire.

Quatre autres molaires, qui ne tomberont pas — deux en haut et deux en bas — poussent entre quatre et six ans. Alors la dentition de l'enfant est complète à vingt-quatre dents. Quand l'enfant sera grand il lui poussera encore quatre molaires vers l'âge de dix ans, et quatre autres, dites *dents de sagesse*, de dix-huit à vingt-cinq ans. Ce qui complète à trente-deux le nombre normal des dents de l'homme.

Nous n'avons pas besoin de faire observer que les indications que nous avons données sur la durée de l'éruption des dents ne sont qu'approximatives. Ces indications s'appliquent à la généralité des enfants, mais, étant données les grandes irrégularités qui accompagnent l'évolution dentaire, elles peuvent subir de nombreuses modifications.

Avant de terminer l'hygiène du nourrisson, disons deux mots d'une maladie à laquelle peu d'enfants échappent pendant leurs premières années : *la coqueluche*. Cette maladie est contagieuse. Donc, éloigner des autres l'enfant qui en est atteint. Elle est fréquente dans la première enfance, de un à sept ans. Elle débute comme un simple rhume, mais au bout de quelques jours la sonorité de la toux prend un ton particulier ayant quelque analogie avec le cri du coq. Cette toux est bruyante et saccadée. Le petit malade, pour reprendre l'air qui lui manque, se débat, s'agite et donne des signes d'angoisse et de suffocation. Ses yeux sont mouillés de larmes ; son visage devient rouge et violet ; son cou se gonfle. Après chaque accès l'enfant rend des mucosités filantes qui peuvent s'accumuler dans sa bouche. On doit les lui retirer avec le doigt. Pendant les quintes de toux, il faut asseoir l'enfant et lui tenir la tête relevée en appuyant une main sur son petit front. On abrégerait la durée et l'intensité de l'accès de toux si on pouvait faire boire l'enfant à petits coups. Pour boisson on donne une infusion de mauve, de violette ou de coquelicot. Le malade doit être tenu chaudement. Comme il peut vomir souvent, il faut, aussitôt après son repas lui faire prendre une cuillerée d'eau-de-vie mêlée d'eau sucrée. Ce mélange lui permet de garder ce qu'il a mangé, et, en le lui administrant le soir avant de le coucher, lui procure une nuit calme, et amène une amélioration sensible dans son état.

La coqueluche peut se guérir presque instantanément en faisant changer d'air au petit malade. On a vu souvent des enfants guérir en quelques jours rien que pour avoir quitté leur habitation pour en occuper une autre dans la même localité. Mais plus loin ils seront conduits, plus vite ils guériront.

Le changement d'air est le moyen le plus prompt pour guérir la coqueluche. Il peut se faire que la guérison ne soit pas subite, mais il est certain qu'une amélioration notable se produit presque aussitôt.

Si on ne peut pas faire changer d'air à l'enfant et que la coqueluche continue et donne des inquiétudes, il faut appeler le médecin à qui il appartient seul d'administrer les innombrables médications que l'on a préconisées contre cette maladie, qui, pourtant, n'est pas très dangereuse. Ses accès ont une physionomie alarmante mais, mères, rassurez-vous ! Une quinte de coqueluche, même accompagnée de suffocation poussée jusqu'à la perte momentanée de la connaissance, n'est presque jamais mortelle. Pourtant, il faut maintenir le ventre du malade par une bande d'étoffe quelconque, afin d'éviter les hernies inguinales pendant ces terribles accès de toux.

Et maintenant terminons ce chapitre en insérant intégralement les prescriptions données par l'*Académie de Médecine*, et contenues dans la loi du 23 décembre 1874. On verra que c'est à peu près ce que nous avons dit.

XII

PRESCRIPTIONS DE L'ACADÉMIE DE MÉDECINE RELATIVES AUX NOURRISSONS

1° Pendant la première année, la seule nourriture de l'enfant doit être le lait, celui de la mère surtout, qui est toujours préférable, ou, à son défaut, celui d'une nourrice. Le sein doit être donné toutes les deux heures environ et moins souvent la nuit;

2° A défaut de lait de femme, se servir de lait de vache ou de chèvre, tiède et d'abord coupé par moitié, puis, quelques semaines après, par quart d'eau légèrement sucrée;

3° Pour faire boire ce lait, employer des vases de verre ou de terre et les nettoyer avec soin toutes les fois qu'on s'en est servi; ne jamais se servir de vases d'étain, qui contiennent toujours du plomb; éviter l'usage de suçons de liège ou d'éponge, que l'on met quelquefois entre les lèvres de l'enfant pour calmer sa faim ou ses cris;

4° S'abstenir des compositions diverses que le commerce recommande pour remplacer le lait;

5° Se rappeler que la nourrice au biberon ou au petit pot, sans le secours du sein, augmente beaucoup les chances de maladie et de mort des enfants;

6° Il est très dangereux de donner à l'enfant, dès les premiers mois surtout, une nourriture solide, pain, gâteaux, viandes, légumes, fruits;

7° Ce n'est qu'à partir du septième mois que l'on peut commencer à donner des potages, si le lait de la mère est insuffisant; mais, à la fin de la première année, il est toujours utile de donner des potages légers, faits avec du lait et du pain blanc, de la farine séchée au four, du riz, des fécules, pour préparer peu à peu l'enfant au sevrage. Ce sevrage ne doit avoir lieu qu'après la percée des douze ou treize premières dents, lorsque l'enfant est en bon état de santé et pendant le calme qui suit la sortie de plusieurs dents;

8° Chaque matin la toilette de l'enfant doit-être faite avant la mise au sein ou le repas. Cette toilette doit se composer : 1° du lavage du corps et surtout des organes génitaux, qui doivent toujours être tenus propres; du lavage de la tête, sur laquelle il ne faut pas laisser accumuler la crasse ou les croûtes; 2° du changement de linge. La bande du ventre doit être maintenue pendant le premier mois ;

9° Il faut rejeter absolument l'usage du maillot complet, qui enveloppe et serre ensemble les membres et le corps, car plus l'enfant a de liberté dans ses mouvements, plus il devient robuste et bien conformé. Rejeter aussi tout bandage qui comprime la tête et qui peut produire plus tard des désordres dans la santé ou l'intelligence ;

10° L'enfant doit être vêtu plus ou moins chaudement, selon le pays qu'il habite et selon les saisons ; mais il faut toujours le préserver avec soin, du froid et des excès de chaleur, soit au dehors, soit à l'intérieur des habitations dans lesquelles cependant l'air doit être suffisamment renouvelé ;

11° Il n'est pas prudent de sortir l'enfant avant le quinzième jour, à moins que la température ne soit très douce ;

12° Il est très dangereux de coucher l'enfant dans le même lit que sa mère ou sa nourrice ;

13° Il ne faut pas trop se hâter de faire marcher l'enfant; on doit le laisser se traîner à terre et se relever seul. Il faut donc rejeter l'usage des chariots-paniers ;

14° On ne doit jamais laisser sans soins, chez l'enfant, les moindres indispositions (coliques, diarrhées, vomissements fréquents, toux, etc.) ; il faut appeler un médecin dès le début d'une maladie, si elle se prolonge au delà de vingt-quatre heures ;

15° En cas de grossesse présumée, toute mère ou nourrice doit cesser immédiatement de donner le sein sous peine de compromettre la vie ou la santé de l'enfant ;

16° Il est indispensable de faire vacciner l'enfant dans

les trois premiers mois qui suivent sa naissance, ou même dans les premières semaines, s'il règne une épidémie de petite vérole; le vaccin est le seul préservatif de cette maladie.

RECOMMANDATIONS SPÉCIALES

La nourrice doit tenir son nourrisson avec la plus grande propreté, soit en état de santé, soit en état de maladie. Il lui est expressément interdit :

1° De le coucher dans son propre lit;

2° D'avoir, dans la pièce où est le berceau, des animaux domestiques, chiens, chats, porcs, etc.;

3° De tenir la lumière trop près du berceau.

Si les nourrices n'observent pas rigoureusement les prescriptions qui précèdent et si les nourrissons sont victimes de leur négligence, elles pourront être poursuivies pour homicide par imprudence, condamnées à un emprisonnement de trois mois à deux ans, et à une amende de 50 à 600 francs, conformément à l'article 319 du Code pénal.

Pour être bonne nourrice au sein, il faut qu'une femme soit âgée de plus de vingt ans et de moins de quarante, et qu'elle n'ait pas à allaiter à la fois deux enfants de moins de six mois. On ne doit pas, quel que soit l'âge, sevrer un enfant pendant les grandes chaleurs (juin, juillet, août).

Toute nourrice qui devient enceinte doit en prévenir le médecin.

INSTRUCTION POUR LES ENFANTS ÉLEVÉS AU BIBERON

Tout enfant élevé au biberon ne doit recevoir aucune autre nourriture avant l'âge de sept mois. Le lait doit être absolument frais, c'est-à-dire tiré depuis six heures au plus en été, et huit heures en hiver. Au delà de ce temps le lait s'aigrit et détermine la diarrhée mortelle des enfants. L'eau de gruau ne nourrit pas suffisamment les enfants, de plus elle s'aigrit et produit la diarrhée comme le lait tiré depuis trop longtemps.

INSTRUCTIONS GÉNÉRALES POUR LES SOINS A DONNER A TOUS LES NOURRISSONS

Des bains tièdes administrés avec précaution, en évitant les refroidissements, constituent un moyen précieux d'entretenir la santé des enfants. On doit toujours repousser de l'alimentation des enfants l'usage du cidre ; l'eau rougie ne sera tolérée qu'après huit mois. Les garde-robes des enfants bien portants sont jaunes, demi-liquides, pas trop abondantes; les garde-robes vertes ou brunes mélangées de grumeaux blancs, sont un indice de maladie. On doit appeler un médecin. En cas de maladie, et en attendant le médecin, on devra supprimer tout aliment autre que le lait de la nourrice si l'enfant est élevé au sein, ou le lait absolument frais, si l'enfant est élevé au biberon. Le chapeau des enfants doit être enlevé; on le fait disparaître graduellement avec une brosse douce après l'avoir ramolli avec de l'huile ou de l'eau de savon tiède.

AVIS TRÈS IMPORTANT DANS L'INTÉRÊT DES NOURRICES

Les boutons qui apparaissent dans les premières semaines qui suivent la naissance de l'enfant doivent être signalés immédiatement au médecin. En négligeant cette précaution, la nourrice s'expose, elle et sa famille, aux plus grands dangers.

CHAPITRE V

Le Baptême

Historique, parrain et marraine. — II. **Culte catholique** (ondoiement, prénoms, cérémonie). — III. **Culte protestant** (lecture de la liturgie). — IV. **Culte israélite** (circoncision, chants à la synagogue).

I

HISTORIQUE, PARRAIN ET MARRAINE

Le baptême (*laver, purifier*) date de la plus haute antiquité. L'abbé Blanc, dans une de ses études, en fait remonter l'usage jusqu'à Moïse (1705 ans avant Jésus), mais l'opinion la plus probable l'attribue aux premiers Hébreux (2200 ans avant Jésus). Saint Jean, — précurseur du Messie, — baptisait déjà sur les bords du Jourdain (ce qui lui a donné le nom de Baptiste) quand Jésus vint lui demander à être baptisé de sa main. L'action de laver le corps, de le purifier par l'eau, a, pour ainsi dire, toujours existé, et a toujours été le symbole de la purification de l'âme. Toutes les nations l'ont entendu ainsi. De là l'eau lustrale (eau sacrée) des Grecs et des Romains, et les ablutions des Tartares dans le Gange, grand fleuve et vaste bain sacré des Indiens.

L'usage de soumettre l'enfant, — *présenté par un parrain et une marraine,* — à l'ablution purifiante, a toujours été reconnu par tous les peuples.

Nous allons donc parler de cette cérémonie telle qu'elle est pratiquée par les cultes reconnus en France, mais, d'abord, disons un mot du parrain et de la marraine sans lesquels il n'y a pas de baptême.

Le parrain et la marraine deviennent les parents spirituels de l'enfant. Ils lui doivent aide et assistance si son père et sa mère viennent à lui manquer. Le parrainage est donc une responsabilité. De plus, l'usage en a fait un véritable impôt. En outre des dépenses occasionnées par la cérémonie religieuse, le parrain est tenu de faire un cadeau à la mère de l'enfant et à la marraine, et de leur offrir des bouquets et des dragées. Il doit aussi des dragées aux invités et aux enfants qui l'attendent dans la rue. Quand on a accepté d'être parrain il faut faire les choses convenablement, selon ses moyens.

La marraine est obligée d'accepter le bouquet et les dragées. Quant à accepter le cadeau — si la marraine et le parrain sont célibataires — la question est délicate; l'acceptation du cadeau crée une espèce d'engagement. C'est donc au parrain à voir si son cadeau peut être accepté; s'exposer à un refus serait de la maladresse.

Le jour du baptême, la marraine attend le parrain chez les parents de l'enfant.

Si on n'est pas parent des père et mère de l'enfant, on peut décliner *l'honneur* d'être parrain et marraine; personne n'a le droit de s'en fâcher. Mais si des liens du sang imposent le parrainage, on ne peut pas le refuser.

On fait part du baptême, comme on fait part du mariage.

L'usage, dans plusieurs pays, est de prendre, pour parrain et marraine du premier-né, le grand-père paternel et la grand'mère maternelle, et pour le second enfant, le grand-père maternel et la grand'mère paternelle.

A défaut de grands-parents, les parrains et marraines sont choisis parmi les parents les plus rapprochés et, ensuite, parmi les amis. Dans ce dernier cas, on laisse à la marraine — si elle le désire — le soin de choisir son compère.

Le parrain et la marraine doivent être de la même religion.

Encore un mot sur les cadeaux :

Dans certaines localités, il est d'usage que la marraine donne à l'enfant une timbale et un petit couvert dit « *couvert de bouillie* ». Dans d'autres pays, la coutume oblige la marraine à donner à l'enfant une robe qu'elle choisit de façon à ce qu'elle soit en harmonie avec la position sociale de la famille du filleul.

Le cadeau que le parrain et la marraine font à la mère de l'enfant dépend de la position de fortune de celle-ci. A une mère riche on donne un bijou, à une mère aisée, une pièce d'argenterie, à une mère pauvre, un effet de toilette qu'elle puisse porter. On donne, en outre, à cette dernière du café, du sucre, du chocolat, du vin et toute autre chose utile aux pauvres femmes qui relèvent de couches et qui n'ont pas les moyens de se soigner.

Le parrain et la marraine doivent être choisis quelques mois à l'avance.

Nous n'avons pas besoin de dire que si on refuse le parrainage, il faut que ce refus soit accompagné d'excuses adroitement présentées, et faisant bien ressortir le regret que l'on éprouve de ne pas pouvoir accepter.

Une jeune fille ne peut accepter d'être marraine sans l'agrément de ses parents. Si elle y est autorisée elle doit faire connaître très délicatement au parrain qu'il n'aura pas de grosses dépenses à faire à son intention. Ce désintéressement est de très bon goût. Mais si le parrain est son fiancé, ou si elle désire qu'il le devienne, elle est autorisée à ne rien lui dire, et même à lui faire adroitement comprendre qu'elle serait heureuse de tenir, déjà, quelque chose venant de lui.

II

CULTE CATHOLIQUE

On doit s'entendre à l'avance avec le curé qui, seul, a le droit d'indiquer le jour et l'heure auquels le baptême doit être célébré. On indique au curé, également à l'avance, les prénoms qui ont été donnés à l'enfant sur les actes de l'état civil, ainsi que les noms et prénoms du parrain et de la marraine.

L'enfant doit être baptisé presque aussitôt après sa naissance. Si une raison quelconque fait retarder la cérémonie, l'enfant doit être ondoyé.

L'ondoiement ne peut être donné que lorsque l'enfant est en danger de mort. Il peut être fait par n'importe qui, et il n'exige ni la présence du parrain ni celle de la marraine. Pourtant, une personne non catholique ne peut l'administrer. Un homme serait préférable, mais une femme (nourrice, sage-femme, simple voisine ou la mère elle-même) peut ondoyer l'enfant.

La personne qui ondoie verse un peu d'eau naturelle (cette eau peut être tiède) sur la tête de l'enfant en disant : « Je te baptise au nom du Père, du Fils et du Saint-Esprit, ainsi soit-il. » (Avoir soin que l'eau touche la peau de l'enfant.)

La cérémonie du baptême doit avoir lieu dans l'église de la paroisse où l'enfant est né, ou dans l'église de la paroisse où l'enfant est en nourrice, ou, enfin, dans l'église de la paroisse du domicile des parents.

L'enfant peut être baptisé avant d'avoir été inscrit à la mairie.

Si les prénoms donnés à l'enfant sont tous fantaisistes ou profanes, le curé a le droit d'ajouter à ces prénoms le nom d'un saint (décision du Conseil d'État, 1803). Les prénoms doivent être les mêmes et être rangés dans le même ordre, aussi bien à l'église qu'à la mairie. Afin d'éviter des difficultés qui peuvent surgir dans les circonstances de la vie, où l'extrait de l'acte de naissance et l'extrait de l'acte de baptême doivent être produits ensemble, il est nécessaire de donner à l'enfant, sur les registres de la mairie, un nom de saint pour que le prêtre n'ait pas le droit de modifier les prénoms.

Si l'on se rend à l'église en voiture, c'est au père de l'enfant à régler les frais de ce luxe.

Pour éviter tout retard et tout inconvénient, on doit attacher le bonnet de l'enfant de manière que l'on puisse facilement le dénouer.

C'est la femme portant l'enfant (nourrice ou autre) qui

marche la première. Viennent, immédiatement après, le parrain et la marraine qui ne doivent pas se donner le bras en entrant dans l'église; puis viennent les parents et les amis.

Quand la cérémonie commence, le parrain se place à la droite de la personne qui tient l'enfant, et la marraine à gauche. Tout le monde reste debout. L'enfant est tenu couché et a la tête appuyée sur le bras droit de la nourrice ou de la femme qui la remplace.

Lorsque le prêtre demande quels sont les parrain et marraine, ceux-ci, pour toute réponse, inclinent légèrement la tête.

Quand le prêtre demande si l'enfant est né dans la paroisse, s'il a été ondoyé, etc..., c'est le père qui répond.

Le prêtre adresse ensuite à l'enfant les questions suivantes, auxquelles les parrain et marraine répondent pour lui :

— Que demandez-vous? — Le baptême. — Que nous procure le baptême? — La vie éternelle.

Ces questions posées, le prêtre exorcise l'enfant et récite le *Pater* et le *Credo*. Si les parrain et marraine sont invités à dire ces prières avec le prêtre, ils les récitent à voix basse et avec recueillement.

Ces prières achevées, le prêtre interroge de nouveau l'enfant, et le parrain et la marraine continuent à répondre.

— Renoncez-vous à Satan? — J'y renonce. — Et à ses pompes? — J'y renonce. — Et à ses œuvres? — J'y renonce.

N'ajouter aucun mot aux réponses indiquées ci-dessus, ne pas dire : « *Oui, monsieur.* »

Le prêtre, après ces dernières questions, fait les onctions sur l'enfant, puis, en l'appelant par ses prénoms, il lui dit : — Jacques, Paul, croyez-vous en Dieu, le Père tout-puissant, créateur du ciel et de la terre? Le parrain et la marraine répondent : — J'y crois. — Croyez-vous en Notre-Seigneur Jésus-Christ son fils, qui est mort sur la croix pour nous? — J'y crois. — Jacques, voulez-vous être baptisé? — Je le veux.

Après ces dernières questions, la personne qui tient

l'enfant le décoiffe et l'avance sur les fonts baptismaux. Le parrain et la marraine mettent la main droite au-dessus de l'enfant sur la tête duquel le prêtre verse l'eau bénite.

Le prêtre fait tenir un cierge allumé, de la main droite, au parrain et à la marraine, pendant qu'il termine les prières.

Après la cérémonie, tout le monde se rend à la sacristie pour y signer l'acte de baptême.

Bien que la cérémonie du baptême soit gratuite, le parrain donne, habituellement, au prêtre une boîte de dragées, au fond de laquelle il met une pièce d'or ou d'argent. Il donne également, et selon ses moyens, quelques pièces au suisse, au sacristain et aux enfants de chœur, sans oublier les pauvres qui l'attendent à la sortie.

Quand le baptême est donné à un adulte, c'est lui qui répond aux questions du prêtre. Le parrain et la marraine assistent à la cérémonie.

On demande son acte de baptême, lorsque l'on en a besoin, à l'église où on a été baptisé. Cette pièce est délivrée gratuitement.

III

CULTE PROTESTANT

Les parents de l'enfant doivent prévenir à l'avance le pasteur.

La cérémonie a lieu dans le temple, sauf en cas de maladie.

Après l'inscription des prénoms de l'enfant sur les registres, le pasteur donne lecture de la liturgie du baptême.

Cette lecture achevée, le pasteur recommande au parrain et à la marraine de veiller à ce que l'enfant soit élevé dans la foi chrétienne telle qu'elle est expliquée dans le Symbole des Apôtres.

Le pasteur verse ensuite quelques gouttes d'eau sur la

tête de l'enfant en disant : « Je te baptise, au nom du Père, du Fils et du Saint-Esprit. »

Les frais du baptême sont à la charge du père de l'enfant.

IV

CULTE ISRAÉLITE

Le baptême consiste, pour les garçons, dans la circoncision (ablation d'une partie du prépuce), telle qu'elle a été instituée deux mille ans avant Jésus, par Abraham. Elle est faite le huitième jour après la naissance de l'enfant, par un spécialiste nommé *péritomiste*, que les parents paient selon leur fortune, mais qui, en principe, ne doit rien accepter pour prix de ses services, et qui surtout ne doit rien réclamer.

Le parrain et la marraine portent l'enfant dans la pièce de la maison paternelle où doit se faire la circoncision; pendant qu'on l'opère, la bénédiction de Dieu est appelée sur l'enfant.

Les parents et les amis sont conviés. Il en est de même du rabbin dont pourtant la présence, à la circoncision, n'est pas indispensable. C'est le péritomiste, revêtu, en cette circonstance, d'un caractère religieux, qui récite, après l'opération, les prières d'usage. Le père remercie Dieu de lui avoir donné un enfant et de lui avoir permis de remplir le devoir de la circoncision. Les assistants lui répondent en lui souhaitant de voir son fils devenir savant, vertueux et former à son tour une famille.

Pour les filles, le baptême chez les Israélistes consiste dans une fête de famille, donnée dans la maison paternelle, le premier samedi après la naissance.

La première sortie de la mère, après ses relevailles, doit être employée à se rendre à la synagogue avec son mari et son enfant. Des chants sont célébrés en son honneur, pendant l'office. Le père de l'enfant fait une prière et une offrande devant le livre de la *Loi de Moïse*. L'enfant (fils ou fille) est béni par le rabbin qui lui donne un prénom biblique.

Dans l'après-midi de cette cérémonie, les parents, les alliés et les amis rendent visite à la famille de l'enfant.

Les dragées et les cadeaux sont distribués absolument comme dans les cultes de la religion chrétienne.

Le samedi qui suit la naissance d'un garçon, le père porte une offrande à la synagogue. Cette offrande est tout à fait volontaire et elle est faite au profit d'une œuvre charitable ou philanthropique.

Il n'est rien offert lors de la naissance d'une fille.

CHAPITRE VI

Première communion.

I. **Culte catholique** (âges et costumes des enfants, leur attitude pendant la cérémonie). — II. **Culte protestant** (exhortations adressées aux catéchumènes par le pasteur). — III. **Culte israélite** (lecture, à la synagogue, d'un chapitre du Pentateuque).

I

CULTE CATHOLIQUE

C'est à l'âge de douze ans révolus que les enfants catholiques font leur première communion, après avoir suivi le catéchisme pendant deux ans.

Lorsque les enfants ont atteint leur dixième année, on les présente au curé de la paroisse, en le priant de les admettre au catéchisme de première année.

Quand les enfants sont nés dans une toute autre paroisse que celle où ils doivent faire leur première communion, on est tenu de fournir leur acte de baptême.

L'enseignement du catéchisme a lieu habituellement une fois par semaine pendant la première année, et deux fois par semaine pendant la deuxième.

Les enfants qui se présentent pour faire leur première communion doivent être proprement vêtus. Les jeunes filles sont en robe blanche, sans broderies, avec un grand voile de même nuance. Elles ne doivent porter aucun bijou. Les garçons sont, généralement, en veste noire et pantalon blanc. Ils ont un large ruban blanc au bras gauche.

Dans certaines villes, les bureaux de bienfaisance se chargent de l'habillement des pauvres.

Il va sans dire que le jour de la première communion, il faut être à jeun, et ce jeûne, dit *eucharistique*, est le plus absolu de tous : pas même une goutte d'eau ne peut être prise à partir de minuit jusqu'après la sainte cérémonie.

La première communion est préparée par une confession. Du reste, le curé donne tous les renseignements qu'il faut.

Presque partout une image est distribuée en souvenir de la première communion. On garde précieusement cette image : elle rappelle une des plus belles journées de la vie; et, hélas! ces journées-là sont si rares!!!

La communion est l'acte par excellence de la religion catholique. La sainte hostie offerte par le prêtre représente le corps de Jésus.

Le communiant se tient à genoux, la tête légèrement inclinée. Le prêtre, après le *Confiteor*, élève le ciboire, et dit : « Voici l'agneau de Dieu qui efface les péchés du monde »; puis il récite trois fois cette prière : « *Seigneur, je ne suis pas digne que vous entriez chez moi, mais dites seulement une parole et mon âme sera guérie.* » Il dépose ensuite l'hostie sur la langue du communiant en disant : « *Que le corps de Notre-Seigneur Jésus-Christ garde ton âme pour la vie éternelle, amen.* »

Un an après, a lieu le renouvellement de la première communion. Tout se fait absolument comme pour la première cérémonie.

On fait un cadeau au prêtre qui a officié. Généralement, toutes les familles dont les enfants ont fait leur première communion le même jour, se cotisent, et offrent, en commun, ce cadeau au bon vieux curé.

II

CULTE PROTESTANT

Lorsque les garçons ont atteint l'âge de seize ans, et les filles l'âge de quatorze ans (l'âge varie d'un consistoire à l'autre, mais généralement ces indications sont exactes), le pasteur, après leur avoir fait subir un examen dans lequel ils ont donné des preuves suffisantes d'instruction religieuse, les autorise à participer à la communion. (Les catéchumènes doivent être instruits pendant une année, et, dans quelques consistoires, pendant deux ans.)

La cérémonie a lieu au temple en présence des fidèles. Le pasteur lit la liturgie de la réception des catéchumènes. Il fait remarquer aux communiants qu'ils s'engagent à régler toute leur vie sur les commandements de Dieu, et qu'ils confirment le vœu du baptême qui les oblige à vivre selon la justice, selon la piété.

Après cela il rompt le pain et bénit le vin, et les distribue aux catéchumènes en prononçant ces saintes paroles du Christ : « *Prenez ! ceci est mon corps, ceci est mon sang.* » (C'est la sainte Cène.)

Pendant que le plateau contenant le pain et le vin sacrés circule, le pasteur adresse des exhortations chrétiennes aux communiants, et la cérémonie se termine par le cantique de Siméon que pasteur, fidèles et catéchumènes chantent ensemble.

Cependant, dans certains consistoires, les catéchumènes et les fidèles viennent deux à deux à la table sainte et reçoivent directement du pasteur les symboles sacrés.

III

CULTE ISRAÉLITE

A douze ans environ les filles et les garçons israélites sont initiés à leurs devoirs religieux.

A treize ans ils subissent un examen en public, plus ou moins développé, selon leur intelligence. Les néophytes reconnus admissibles participent à la cérémonie religieuse qui a lieu à la synagogue, en commun pour les garçons et pour les filles, une fois par an.

Quand un garçon a atteint sa treizième année, le samedi qui suit cette date, il est appelé à lire dans le livre de la Loi un des sept chapitres dont se composent les cinquante-deux sections de ce livre (le Pentateuque de Moïse). Son père l'accompagne devant le Livre sacré. Pendant que le fils fait la lecture à haute voix, le père récite tout bas une prière en hébreu. Quand le fils a fini de lire, le père le bénit.

Tous les parents et tous les amis sont invités à assister à cette cérémonie qui a lieu durant l'office ordinaire du samedi matin.

Les filles sont dispensées de la lecture du Pentateuque : leur examen convenablement subi, elles sont proclamées filles d'Israël. Le jour de la cérémonie elles sont habillées en blanc et couvertes d'un voile comme chez les chrétiens.

Et maintenant, occupons-nous de l'éducation des enfants.

FIN DE LA DEUXIÈME PARTIE

LA CORRECTION

Il cassera tout dans la maison. (Page 183.)

TROISIÈME PARTIE

L'ÉDUCATION

I. **Principes généraux** (LA MÈRE EST SEULE CAPABLE DE BIEN ÉLEVER SES ENFANTS; BÉBÉ N'EST PAS SI ANGE QUE LES POÈTES LE DISENT). — II. **Éducation pratique** (IL FAUT ABSOLUMENT QUE LES ENFANTS SOIENT SOUMIS; ÊTRE JUSTE MAIS TRÈS SÉVÈRE ENVERS EUX). — III. **Enfants gâtés** (NE SERONT JAMAIS QUE DES MAUVAIS SUJETS). — IV. **Éducation religieuse** (« QUI CRAINT DIEU EST SAGE »). — V. **Education morale** (VERTUS A INSPIRER, VICES A COMBATTRE). — VI. **Éducation physique** (DONNE LA HARDIESSE, ASSURE LA SANTÉ). — VII. **Éducation patriotique** (INSPIRER AUX ENFANTS L'AMOUR DE LA PATRIE, LEUR PARLER SOUVENT DE LA GRANDEUR DE LA FRANCE). — VIII. **Éducation domestique** (POLITESSE EN FAMILLE). — IX. **Éducation des filles** (ÉLEVER CELLES QUI ÉLÈVERONT, C'EST TENIR EN MAIN L'AVENIR). — X. **Éducation des garçons** (COURAGE, ÉNERGIE, NOBLES SENTIMENTS).

CHAPITRE PREMIER

Principes généraux.

L'éducation est plus utile que la vie. — La mère seule est capable de bien élever ses enfants. — Ne pas obéir aux volontés des enfants. — Être ferme à leur égard. — Combattre leur égoïsme. — Leur donner de bons exemples. — Les préserver des mauvais contacts.

ENFANTS,

Sur la scène du monde où vous devez entrer,
Il n'est que trop facile, hélas! de s'égarer.
Le théâtre est trompeur et pénible à connaître.
Il faut savoir son rôle avant que d'y paraître,
Et l'*Éducation*, pour y bien débuter,
Est le maître de l'art qu'il vous faut consulter.

***

La fortune se perd en un jour de folie
Mais l'*Éducation* reste toute la vie.

RIBOUTÉ.

L'éducation est le premier bien de l'homme. Elle est le plus riche domaine que l'on puisse léguer aux enfants, et ce legs ne peut être fait que par la mère.

Si la mère ne transmet que quelquefois ses traits à ses enfants, elle leur communique toujours la physionomie de son âme.

L'éducation donnée par la mère a plus d'influence sur l'avenir des enfants que tous les autres enseignements. Cette éducation seule fait l'homme vertueux.

« Je sais une femme d'infiniment d'esprit, a dit Francisque Sarcey, qui m'a souvent étonné par la justesse de son coup d'œil. Elle me disait, après avoir causé une seule fois avec un jeune homme, quelle sorte d'éducation il avait reçue; s'il avait longtemps vécu avec sa mère, ou si c'était un produit du lycée. Elle ne se trompait jamais. « Et à quoi « reconnaissez-vous cela? lui dis-je un peu surpris. — Je ne « sais; à tout et à rien. » La réponse a l'air d'être vague; elle en dit long pourtant à qui veut l'entendre. Non, cette éducation maternelle n'a pas un résultat positif, appréciable, qu'on puisse toucher du doigt. Elle pénètre, pour ainsi dire, par tous les pores dans l'individu tout entier et se trahit par je ne sais quel parfum subtil dont on reste imprégné toute sa vie. Un professeur de mathématiques vous enseigne les mathématiques, un maître de danse vous enseigne la danse; une mère ne vous apprend rien, à proprement parler, et cependant, si vous la quittez de bonne heure, vous sentez plus tard qu'il y a dans votre éducation une *déplorable* lacune que vous ne pouvez plus combler. Vous avez passé l'âge. Le temps perdu se peut réparer quand il s'agit de sciences qui ont un objet défini. Vous avez besoin à vingt-cinq ans de savoir l'anglais; vous vous y mettez avec ardeur, vous y passez les nuits, s'il le faut, et vous finissez par savoir l'anglais. On ne réapprend point ce qu'une mère enseigne à son enfant de neuf à quinze ans... La vertu ne s'enseigne pas comme l'écriture en douze leçons, à trois francs le cachet. Il en est de même de la tendresse, de la pudeur, de tous les sentiments délicats et nobles. Ils se transmettent par influence... Il faut du temps, des soins et la bienfaisante chaleur d'une âme de femme, d'un cœur de mère... J'ai eu, — je puis le dire avec un certain orgueil, c'est un des meilleurs souvenirs que j'aie gardés de ce temps, si triste d'ailleurs, — oui, j'ai eu entre les mains des jeunes gens sur qui j'ai exercé une grande influence, et que j'ai en quelque sorte pétris à mes idées. Je suis resté en correspondance avec plusieurs d'entre eux, et ils me font l'honneur de me dire qu'ils retrouvent dans le critique d'aujourd'hui le professeur d'autrefois. Mais cependant je sentais bien qu'il y avait certains coins de leur âme où je n'atteignais pas, et qui m'étaient à jamais fermés. J'étais maladroit à leur inspirer certains sentiments que j'aurais voulu voir chez eux, parce que j'en sentais douloureusement l'absence chez moi. Il y fallait, hélas! une main plus délicate que la mienne. Il y fallait la main d'une femme. *Il n'y a que les mères qui puissent enseigner ce que l'on n'enseigne pas...* »

La mère seule est donc capable de donner à ses enfants une éducation parfaite. Nous entendons ici, par *éducation*, la culture de l'âme et non la culture de l'intelligence. On a vu souvent des érudits qui étaient de véritables coquins, et qui ont payé de leur tête le mal qu'ils avaient fait à leur prochain. Il ne faut pas confondre *éducation* avec *instruction*. La première forme le caractère, la seconde forme l'esprit. L'une parle au cœur, l'autre à la tête. L'éducation est l'apprentissage de la vertu. L'instruction est l'apprentissage de la science. L'homme bien élevé peut ne pas être un savant, le savant peut ne pas être un homme bien élevé. Tous les professeurs sont à même de faire des érudits, mais un seul professeur — *la mère* — est susceptible de faire un homme délicat et affectueux.

Le cœur et l'intelligence de l'enfant demandent à être cultivés plus tôt qu'on ne le pense. Bien avant de pouvoir parler, l'enfant juge et compare les personnes et les choses qui l'entourent, et son égoïsme sait merveilleusement tirer profit de ce jugement. Mais il est alors, heureusement, aussi malléable qu'une pâte molle à laquelle on donne la forme que l'on veut. En conséquence, les enfants ne sont criards, capricieux, entêtés, méchants, vicieux que par la faiblesse, l'ignorance et l'incurie de ceux qui les élèvent.

L'éducation commencera donc au berceau, et son premier effet sera de faire comprendre à bébé qu'on n'obéira pas à ses caprices. L'enfant commencera ainsi à s'instruire et son professeur sera sa mère.

En tout temps et en tout pays, les sages et les moralistes ont considéré l'éducation donnée par la mère comme l'école par excellence pour former des hommes.

Ceux qui n'ont pas passé par cette école se connaissent : leur cœur, n'ayant jamais battu près du cœur d'une mère, ne sentira jamais les nobles impressions. Ils resteront durs et insensibles.

Les mères ne devront jamais oublier que leurs enfants ont plus besoin de leur éducation que de leur lait. Mieux vaut mourir enfant que devenir un homme brutal et grossier. Elles porteront donc plus de soins et plus de soucis à la culture de l'âme de l'enfant qu'à la nourriture de son corps.

Inspirer de nobles sentiments à son enfant, c'est le chef-d'œuvre de la mère, car c'est faire tout ce qu'il y a de plus sublime au monde : *un honnête homme.*

Que de fois, dans les batailles de la vie, l'image bénie de la mère apparaît et sert d'égide à l'homme menacé ! Le malheureux, assailli par les mauvais sentiments, voit les lèvres qui lui ont donné le premier baiser, les yeux qui lui ont adressé le premier sourire. La mère est là avec sa tendresse, ses conseils et sa sollicitude, et ces pathétiques réminiscences ramènent l'égaré sur le droit chemin.

C'est par l'influence de la mère, c'est poussé par sa douce et forte main que l'enfant monte et que l'homme arrive à connaître cette science sublime : *le charme d'aimer, la joie de faire le bien.*

Avant d'indiquer aux mères les moyens qu'elles doivent employer pour bien élever leurs enfants, nous leur recommandons de ne jamais oublier ceci : Au milieu de la civilisation, où nous avons le bonheur de vivre, l'éducation est nécessaire à l'enfant autant que la vie. L'homme sans éducation n'obéit qu'à son égoïsme, qu'à ce qui lui est suggéré par ses appétits instinctifs. Il se moque de tout le reste. Il est en révolte permanente avec les règles de la société et avec la société elle-même. Or, la société a de puissants moyens pour se défendre. Si les parents n'ont pas osé châtier l'enfant, la société n'hésitera pas à châtier l'homme. (Elle a, pour cela, tout à sa disposition.) Quelle honte alors pour la famille ! et comme il eût été préférable que celui qui a flétri son nom mourût alors qu'il était encore au berceau.

Là où l'éducation est inconnue, là où l'enfant est laissé en proie à ses instincts, l'homme vit comme une vraie brute. Tous ses actes sont empreints de la plus vile et de la plus cruelle bestialité. La mort est préférable à une vie pareille.

Tout le monde sait qu'il y a des contrées où les hommes se mangent encore entre eux. (Les Canaques sont encore anthropophages.) Et — relativement à l'âge de l'humanité — il n'y a pas longtemps que le cannibalisme n'existe plus en Europe. (Un grand nombre de murailles construites à cette époque existent encore.) Quand les Romains envahirent les Gaules ils trouvèrent encore les Vascons (habitants de la Navarre) anthropophages et faisant manger leurs vieux parents par les chiens.

Sans les progrès de l'éducation, l'homme serait encore partout d'une dureté extrême, et certains de ses actes dépasseraient en cruauté les agissements des animaux les plus féroces. Quelle que soit son atrocité, la bête n'a jamais raffiné sa cruauté comme l'a fait l'homme. Le fauve tue et dévore brusquement son ennemi, mais il ne commence pas — comme fait l'homme sans éducation — par lui arracher les ongles et les yeux, par lui tenailler la peau, par lui scalper le crâne, et le soumettre — avant de le tuer — à tant d'autres tortures dont le nom seul fait frémir, que nous n'osons pas citer, et qui n'ont pu être inventées que par l'être le plus méchant de la création, soit : *par l'homme primitif*.

Lorsqu'on compare l'homme primitif à l'homme actuel, on pense aux merveilles que l'éducation a faites. Certes, elle ne nous a pas encore conduits à la perfection mais elle nous l'a fait entrevoir, et elle nous y achemine journellement. Le chemin déjà parcouru est encourageant.

Nous répétons aux mères que l'éducation de leurs enfants doit être leur plus fiévreuse occupation.

Les enfants bien élevés font la richesse, la joie et le bonheur des parents. Les enfants mal élevés font la ruine et la désolation des familles, et sont leur opprobre.

La mission la plus difficile de l'éducation est de combattre l'égoïsme des enfants. Lutte longue et terrible. Bataille de tous les instants pendant laquelle les assauts et les charges ne permettent ni merci ni trêve. L'éducation a dans l'égoïsme un ennemi redoutable qu'elle ne pourra vaincre que difficilement. (Nous entendons par *égoïsme* non seulement la cupidité et l'avidité des choses matérielles, mais encore, et surtout, le désir effréné de vouloir imposer toutes ses volontés et satisfaire tous ses caprices. En un mot, le règne absolu du *moi* en tout et sur tous.)

Il faut absolument que l'enfant soit soumis. S'il n'agissait que d'après les suggestions de ses penchants naturels, il serait perdu, car — il faut avoir le courage de le dire — ces penchants-là sont mauvais.

C'est un grand malheur, mais Bébé n'est un ange que lorsqu'il dort, ou quand il trotte dans l'imagination des poètes.

Ce n'est certes pas de sa faute, mais l'enfant est la cruauté et l'égoïsme personnifiés. Nous avons l'amer regret de ne pas pouvoir partager l'avis de sa douce et charmante mère, mais, nous le répétons, Bébé ne ressemble à l'enfant du Ciel qu'en fiction. En réalité, c'est un diablotin.

Plus tard, lorsque l'éducation l'aura un peu humanisé, il sera, — par crainte d'être grondé ou châtié, ou par espoir d'être récompensé, — susceptible d'un peu de générosité... *calculée* (ne jamais attendre de lui une générosité spontanée) : il pensera un peu aux autres, s'il les croit à même de lui être utiles ; mais dans les premières années de son existence — c'est-à-dire quand il n'obéit qu'à ce qui lui est suggéré par la nature — que de despotisme, que d'ingratitude, que de méchanceté l'on rencontre dans ce petit être-là !

Cet âge est sans pitié, a dit La Fontaine.

Les enfants nous savent peu de gré de nos sollicitudes, a dit Mme Necker.

Les enfants sont hautains, colères, envieux, intéressés, intempérants, menteurs, dissimulés... ils ne veulent pas souffrir du mal et *aiment à en faire*, a dit La Bruyère.

L'ingratitude leur pousse avec les dents, a dit Edmond About.

Donc, et quoi qu'il nous en coûte, nous sommes obligés de dire que l'enfant n'est pas bon. Sans l'éducation il resterait capable de faire manger ses parents par les chiens. (*Zuze un peu ce qu'il ferait de ses voisins.*)

Au berceau, il est d'un despotisme outré. Il faut — il n'y a pas à le nier — être servilement à ses ordres, et Dieu sait, et sa mère aussi, combien il en a à donner. Si on n'est pas là quand il s'éveille, gare les cris! Plus sévère que Louis XIV pour les courtisans qui négligeaient de se trouver à son lever, il ne pardonnera pas à sa mère de ne pas s'être trouvée là lorsque cessait le sommeil de Sa Majesté. Il veut — tel est son bon plaisir — que vous soyez près de son berceau — et vous y serez. Il l'exige par le commandement, sans répliques, de ses larmes et de ses emportements que seul son caprice motive. Il crie, il sanglote. Vous arrivez, il se tait. Il n'avait d'autre besoin que celui de satisfaire sa volonté. Si quelque souffrance physique avait causé ses larmes il continuerait à pleurer. Mais non, il veut, par simple satisfaction personnelle, que vous soyez là, et cette exigence se manifeste à tous moments, si on a obéi à ses premières injonctions. « Il agit inconsciemment, » dit-on. Erreur complète. Il sait que vous accourez à ses pleurs. Partant, il y a calcul de sa part.

Quand il vient à l'idée de Bébé de vouloir s'amuser en vous tapant sur le nez avec son hochet, et que vous ne vous prêtez pas assez docilement à ce divertissement, gare les grandes colères! Mais ne vous plaignez pas : si vous obéissez à ses premiers caprices, vous en verrez bien d'autres. Jusqu'ici il n'a eu pour armes que ses cris et Dieu sait, et sa mère aussi, s'il en a usé et... abusé! — mais vous allez voir bientôt, alors qu'il pourra marcher, alors qu'il pourra saisir un objet quelconque, les ravages qu'il va faire, et cela sur toute la ligne, si l'éducation ne l'arrête pas.

De trois à quatre ans, l'enfant, livré à ses penchants naturels, cassera tout dans la maison, parce que cela distrait son *moi*.

De cinq à six ans, l'enfant mal élevé arrachera les plumes et les yeux à l'oiseau de la cage et coupera la queue au chat, parce que cela amuse son *moi*.

De sept à huit ans, l'enfant privé d'éducation coupera la robe de sa mère et les cheveux de sa sœur, parce que cela est agréable à son *moi.*

De neuf à dix ans, l'enfant insoumis coupera les arbres et cassera les vitres parce que cela donne de la distraction à son *moi.* (On rira de toutes ces « espiègleries » ; on dira que l'enfant est vif, énergique, adroit, mais qu'il n'est pas méchant; que tout cela est de son âge, et que c'est la nature qui le guide. Eh bien! laissez la nature guider votre enfant et puis vous verrez où elle le conduira. Si vous n'avez pas encore remarqué que la nature amène toujours et toujours l'enfant à faire le mal et jamais jamais à faire le bien, tant pis pour vous. La nature amène-t-elle l'enfant à tendre la main à son voisin qui tombe? A partager son gâteau avec son frère qui a faim? Non. Seul l'enfant au moral cultivé est susceptible de générosité.)

De onze à seize ans, l'enfant habitué à faire ses volontés, au lieu d'apprendre ses leçons, fera des niches à ses camarades et des pieds de nez à ses professeurs.

De dix-sept à vingt-cinq ans, il jouera parce que cela l'amuse ; il perdra, il fera des dettes qu'il ne pourra payer qu'en ayant recours aux expédients ; il fera des dupes et il ruinera et déshonorera sa famille. Alors, au lieu de rire, on pleurera.

Nous ne le suivrons pas dans le reste de sa vie, — ce serait trop lugubre, — mais ce que nous avons dit suffit pour démontrer que l'enfant sans éducation est — quelle que soit son instruction — le fléau de sa famille, et il serait le fléau de la société, si la société le laissait faire, mais elle l'arrête aussi rigoureusement que promptement, et elle fait bien.

Pour éviter cette triste chute, les mères doivent combattre, avec la plus grande énergie, dès les premiers mois, l'*égoïsme* des enfants, vice qui, laissé libre, conduit à tous les méfaits.

C'est par égoïsme que Bébé veut être bercé. C'est par égoïsme qu'il veut — *s'il a mangé* — renverser la marmite où cuit le dîner des autres, parce que tout cela contente son *moi* chéri.

Écoutez parler un enfant, ce ne seront jamais que des : *mon, ma, mes, je, me, moi.* Et, — quand on n'a pas su arrêter de bonne heure cet interminable défilé de pronoms possessifs et de pronoms personnels, — on se plaint que l'enfant soit dur, cruel, ingrat et qu'il n'aime que lui! Franchement on a tort, et l'enfant a raison. Habitué à n'obéir qu'à sa volonté, qu'à son *moi,* n'est-il pas dans son droit de croire que *lui* est tout, et le reste n'est rien?

On considérera comme un très mauvais service à lui rendre l'habitude d'accourir à ses premiers cris. On considérera comme devant le perdre l'habitude de lui laisser faire ses volontés.

On ne lui donnera jamais ni jouets ni friandises sans le contraindre à les partager.

On le grondera toutes les fois qu'il donnera des signes d'insensibilité et d'ingratitude, ce qui arrivera souvent.

On réprimera, — sans brutalité mais avec la plus grande fermeté, — les premières marques de ruse, de mensonge, de perfidie, de violence et d'entêtement qu'il donnera. (Si ces vices ne sont pas combattus dès qu'ils se manifestent, l'enfant est perdu.)

En préparant de bonne heure son enfant à l'obéissance, à la générosité, à la gratitude, et en lui faisant comprendre l'odieux du vice, la mère s'assure une vieillesse calme, paisible et heureuse.

L'éducation se donne bien plus par l'exemple que par les conseils, quoique ceux-ci ne soient pas à négliger. « La voie du précepte est longue, celle de l'exemple est courte », a dit le sage.

L'enfant prend insensiblement les manières, les gestes, les poses et les idées de ceux qui l'entourent. Il imite tout ce qu'il voit, tout ce qu'il entend. Et, inutile de le dire, il ne parlera jamais d'autre langage que celui que ses parents lui tiennent. Par conséquent, on ne prononcera jamais de mots grossiers en sa présence ni... en son absence.

La puissance des premières impressions chez l'enfant est incalculable. Il faut éloigner de lui tout ce qui est vicieux, brutal, corrompu, car le contact de tout cela le maculerait à jamais.

L'enfant est un écho qui répète tout. Ne rien dire en sa présence de ce qui a trait aux voisins ni aux imperfections des personnes de la famille. Que de molestations, que de froissements, que d'indiscrétions dus au bavardage des enfants !

« Monsieur, dis-moi qui a inventé la poudre, puisque maman dit souvent que ce n'est pas toi. » Et à la dame désolée de perdre ses cheveux, Bébé dit : « Il n'y a pas de danger que maman perde les siens : elle les enferme tous les soirs dans un tiroir. » Après un bruyant éternuement de la belle-mère : « Puissiez-vous éternuer aussi fort dans cinquante ans, maman. » — « Merci, mon gendre, de la longue vie que vous me souhaitez. » A quoi Bébé s'empresse d'ajouter : « Mais n'en crois rien, grand'mère, quand tu n'es pas là, papa dit : Elle ne mourra donc jamais, cette vieille-là ! »

Oui, l'enfant est un écho! De plus, il est une glace gardant l'empreinte de tout ce qui passe devant elle.

Si l'exemple qui se produit sous les yeux de l'enfant, ou le mot qui frappe son ouïe est représenté par la médisance, l'acariâtreté, l'intolérance, la débauche, l'indélicatesse ou tout autre vice, l'enfant sera vicieux... Si cet exemple ne lui montre que la dignité, la retenue, la tempérance, la délicatesse et toutes les vertus morales, il sera vertueux. Partant, on ne dira, on ne fera, en présence de l'enfant, que ce que l'on désire lui voir imiter. Donner un bon exemple à l'enfant, c'est semer une bonne action qui en produira d'autres en passant en habitude.

L'exemple est le plus éloquent de tous les enseignements, et la mère doit bien se pénétrer qu'elle sera constamment le point de mire de ses fils et surtout de ses filles. Son langage, sa démarche, son ton, ses manières, sa conduite, tout sera fidèlement copié.

Ses enfants diront, feront, désireront tout ce qu'elle dit, fait et désire. A elle donc de s'observer, de se tenir en garde, d'être constamment en éveil.

C'est triste à dire, mais le mal déteint mille fois plus vite que le bien.

Un contact instantané suffit pour communiquer un défaut et même un vice. D'où il résulte qu'il faut éviter à l'enfant toute camaraderie dangereuse. On doit être inexorable sur ce point : ni relations de voisinage, ni relations amicales, ni même relations de parenté ne doivent fléchir cette règle. Un moment de faiblesse ferait perdre le fruit de nombreuses fatigues, et pourrait même perdre l'avenir de l'enfant et, par conséquent, le bonheur de la famille.

Ainsi, c'est entendu : On éloignera les enfants des endroits où règnent la vulgarité des manières, l'incorrection du langage, et, surtout, la bassesse des sentiments.

CHAPITRE II

Éducation pratique.

Moyens à employer pour bien élever les enfants. — Obéissance. — Habitudes. — L'enfant crie, presque toujours, par plaisir et non par nécessité. — Ne pas accourir à ses cris. — Dès qu'il comprend, punir sévèrement ses indocilités. — La fessée lui est on ne peut plus salutaire. — Faiblesse et dureté sont les fléaux de l'éducation.

N'épargnez pas la verge à l'enfant.
SALOMON.
(*Le Sage des Sages.*)

Envers les enfants il faut être aussi sévère que juste.

Pendant les premières années, on exigera d'eux une obéissance immédiate.

Ce ne sera que lorsqu'ils commenceront à avoir du discernement que l'on fera appel à leur raison et que l'on se départira, peu à peu, de la *discipline militaire* indispensable jusque-là.

Lorsqu'ils auront atteint l'âge de 16 ans on les traitera en amis s'ils sont sages, raisonnables et laborieux, mais dans la première enfance, l'obéissance passive et sans explications est une nécessité absolue, car leur intelligence ne permet pas encore l'emploi de l'obéissance raisonnée.

Pour obtenir l'obéissance passive, la mère a besoin, avant tout, de maintenir son autorité intacte.

Plus l'enfant respecte sa mère, plus il obéit facilement. Pour l'enfant respectueux, obéir est non un pénible sacrifice mais un agréable devoir.

Il faut habituer l'enfant à l'obéissance dès le berceau, et alors que sa volonté n'est pas encore assise et que son caractère n'est pas encore formé, mais c'est surtout lorsqu'il commence à comprendre qu'il faut travailler assidûment à sa soumission. C'est alors qu'il faut dompter ses fantaisies et ses caprices. C'est alors qu'il faut sévèrement punir ses indocilités. Si la mère — par faiblesse — pardonne les premières résistances, l'insoumission passe en habitude et c'en est fait de l'éducation. *L'habitude* fait l'homme mais elle s'empare surtout de l'enfant et en fait son esclave. Elle peut être le germe du bien ou du mal. Son influence et son action sont de puissants moyens dans l'éducation.

« Tous tant que nous sommes, a dit une femme d'esprit, nous succombons à l'habitude. Un bambin sent fort bien quand on fait ses fantaisies, et il en exige, avec raideur, avec impatience, l'exécution immédiate. Il parvient par là à mener toute la maison par ses pleurs, et à indisposer tous les voisins par ses cris. Si vous ne portez pas remède à cet état de choses, vous deviendrez l'esclave de votre enfant; il vous enchaînera à ses volontés et, en récompense, il vous accusera un jour de votre faiblesse.

« L'enfant crie beaucoup plus par plaisir que par nécessité. Laissez-le crier. Si vous ne lui avez jamais cédé, il ne criera pas longtemps. Il faut l'habituer, dès le premier temps, à subir votre volonté plutôt que ses instincts. Votre bonheur et son avenir dépendent de cette mesure. »

Certes, on ne doit pas inspirer aux enfants une crainte

terrible. On doit, au contraire, les amener, par la bienveillance, à aimer leurs parents, mais, en même temps, on doit les habituer au respect et à la soumission.

Les premières leçons de l'éducation consisteront à faire comprendre à Bébé qu'on l'aime bien, mais que l'on ne se prêtera pas à toutes ses volontés et que, de plus, on punira par une bonne fessée — quand il commencera à avoir du discernement — ses premières incartades et surtout ses premières insoumissions.

Dire le bien que cette fessée fera à l'enfant, compter les corrections qu'elle lui évitera à l'avenir, c'est impossible. La main ouverte frappant sur les parties charnues du corps ne peut jamais faire de mal. La rougeur que ces tapes, aussi inoffensives que salutaires, feront apparaître sur la peau des fesses de l'enfant, évitera aux joues de l'adulte d'avoir à rougir, plus tard, des corrections que la société inflige aux hommes mal élevés.

Les livres profanes et les livres sacrés reconnaissent l'utilité de la correction, et ils la recommandent. Mais la correction corporelle — la fessée dont nous venons de parler — ne doit être pratiquée que jusqu'à l'âge de cinq à six ans, c'est-à-dire jusqu'à l'âge où l'on pourra s'adresser à l'amour-propre de l'enfant. Elle disparaîtra au fur et à mesure que l'enfant grandira et deviendra raisonnable. On la remplacera alors par une équitable fermeté de laquelle il ne faut jamais se départir.

L'art de bien élever les enfants consiste à joindre la sévérité à la justice. Tout le système de l'éducation est là. La faiblesse gâte les enfants. La dureté inique lèse et déséquilibre leurs facultés intellectuelles et paralyse leur virilité; comme elle est toujours commandée par la colère, elle est, de plus, brutale, et alors elle irrite le caractère, remplit le cœur de haine et détruit tous les sentiments affectueux. En frappant les enfants injustement et mal à propos on les rend méchants et on les dispose à s'insurger. A mesure qu'ils grandissent, ils prennent en antipathie le foyer où ils se trouvent maltraités; des idées de révolte s'emparent de leur esprit, et cette maison où ils ont reçu le jour leur apparaît comme un lieu de tortures, comme un enfer. Et malheur à la famille de l'enfant qui hait le toit paternel! toutes les désolations s'abattront sur elle et tous les malheurs sur lui.

La brutalité, — qu'il ne faut pas confondre avec la fermeté, — doit être bannie de l'éducation des enfants, surtout quand ils sont sensibles et intelligents.

Les mères ne doivent jamais oublier que lorsque l'enfant est très intelligent, et qu'il possède des facultés supérieures, il est impressionnable, vif, emporté et opiniâtre; et qu'il a l'instinct de la soumission, et même de la servilité, lorsqu'il est d'une nature médiocre et qu'il est peu doué. D'où il résulte qu'il faut agir avec modération vis-à-vis les enfants turbulents, et ne jamais désespérer d'eux. Ce n'est qu'envers les récalcitrants, les menteurs et les hypocrites qu'il faut agir avec la plus grande sévérité. — Sévérité justement exercée, bien entendu.

En outre de la mutinerie due à leur âge, les enfants sont sujets à des agitations et à des effervescences passagères. A cause de la faiblesse de leur constitution physique, les variations et les rigueurs de la température les agitent. Un temps orageux, des froids vifs, des vents violents, des pluies torrentielles et enfin toutes les perturbations atmosphériques provoquent chez eux l'irritabilité.

On cherchera donc toutes les circonstances atténuantes avant de punir même les plus méchants d'entre eux.

Envers ceux qui sont dociles et francs, on agira avec douceur et on les récompensera par des manifestations affectueuses : les caresses, faisant germer les doux sentiments, sont un excellent moyen d'éducation. Plus tard, — quand les enfants grandiront, — on les encouragera dans leurs travaux, dans leurs études, dans leur attitude correcte, en leur faisant des cadeaux et en leur manifestant (ce qui leur va à l'âme, et qu'ils n'oublient que lorsqu'ils sont ingrats) une affectueuse et constante sollicitude.

La rudesse est aussi funeste à l'éducation que la faiblesse.

Nous avons connu un père de famille qui, croyant mieux faire que ses voisins, était d'une dureté outrée envers ses enfants. Ces pauvres êtres, qui étaient pourtant d'un caractère très doux, ne pouvaient ni rire, ni parler, ni même lever les yeux en présence de leur *papa*. Eh bien! aussitôt qu'ils l'ont pu, ils se sont affranchis de ce joug; ils se sont échappés du dessous de cette aile plus tyrannique que paternelle; ils ont pris leur volée; ils ont mal tourné, et père et enfants ont été malheureux. Or ces enfants auraient fait d'excellents sujets s'ils avaient été *bien élevés*, car bien élever les enfants ne veut pas dire, — ainsi que le croyait ce père maladroit, — les brusquer et les frapper à tort et à travers, mais bien ne les punir que lorsqu'ils commettent des fautes, et les récompenser quand ils ont une bonne conduite, quand ils sont laborieux, quand ils remplissent exactement leurs devoirs.

L'éducation consiste à cultiver l'âme et non à aigrir le caractère.

On perd les enfants aussi bien par la dureté que par la faiblesse.

CHAPITRE III

Enfants gâtés.

Défauts et vices intolérables dus à la faiblesse des parents. — L'enfant gâté sera mauvais fils, mauvais écolier, mauvais citoyen, mauvais patriote. — Exemples divers.

> On devient tout ou rien selon
> l'éducation que l'on reçoit.
> CLÉMENT XIV (pape).

Il ne faut pas perdre de vue que, dans les premières années, l'enfant ne cherchera qu'à se laisser aller à ses instincts naturels, et à obéir aux exigences de son égoïsme. Si on le laisse faire, il est perdu

Nous donnerons plus loin quelques exemples de lubies et de fantaisies dues à la *gâterie*.

Dans une éducation où la faiblesse de la mère domine, l'enfant contracte des défauts intolérables; il devient récalcitrant, gouailleur, insolent, menteur et méprisable; il devient *l'enfant gâté*.

Or, l'enfant gâté ne fera jamais que des sottises et des mauvaises actions. Fils, il ne respectera pas ses parents; écolier, il n'écoutera pas ses professeurs; employé, il se moquera de ses supérieurs; soldat, il n'obéira pas à ses chefs et ne défendra pas sa Patrie; citoyen, il ne se soumettra pas aux lois.

Comme il faudrait des milliers de volumes pour rapporter toutes les malices et toutes les incongruités commises par les enfants gâtés, nous nous bornerons à n'en citer que quelques-unes seulement :

— Bébé, pourquoi ne veux-tu pas dire A?

— Parce que je n'aurai pas plus tôt dit A que tu voudras me faire dire B.

Un jour, une mère et son enfant âgé de cinq ans, se trouvaient devant une cheminée où cuisait le pot-au-feu du ménage. Tout à coup l'enfant commença à lancer des coups de pied dans la direction du pot. Comme on le pense bien, la mère l'arrêta. Mais alors le galopin se mit à trépigner en criant : « Je veux renverser le pot, moi. Je le renverserai. » Et le voilà reparti à lancer des coups de pied vers le dîner de toute la famille. La mère, au lieu d'administrer la correction méritée (disons entre parenthèses que si le mioche avait su sa mère capable de le fouetter, il n'aurait jamais eu l'idée de renverser le pot), la mère murmura d'un air béat et indolent au point de faire bâiller une statue : « Voyons, mon chéri, mon Rodolphe (remarquez que tous les enfants gâtés ont des noms de roman), voyons, mon bijou, ne renverse pas le pot. Sois sage. Je te donnerai un gâteau. » (Elle était obligée de le payer pour ne pas renverser le pot.) Et le bon Rodolphe de répondre en pleurant :

— Je veux renverser le pot et je veux le gâteau, moi. Gna! gna! gna!

— Voyons, Rodolphe, veux-tu te taire?

— Non, je ne veux pas me taire, et plus tu me diras ces bêtises-là, plus je ferai le contraire.

— Ce pauvre enfant a ses nerfs, dit la mère, il a besoin d'air.

Et, le couvrant de baisers, elle le sortit et le promena pendant une heure.

La misère étant entrée par tous les côtés à la fois dans la maison, les enfants gâtés ne pourraient plus, aujourd'hui, chercher à y renverser le pot-au-feu, car il n'y a plus ni feu ni pot, et Rodolphe, devenu mauvais citoyen, est en prison.

Ceci se passe chez une rentière :

La bonne amène M. Oscar à la maman qui se trouve dans le salon avec plusieurs voisines en visite. Aussitôt après sa rentrée, M. Oscar — un frisotté de quatre ans — commence à vociférer :

— Je veux qu'on mette la pendule sur le piano, et je veux m'asseoir sur la pendule.

La mère, émerveillée de l'esprit inventif de M. Oscar, se met à rire aux éclats en s'écriant :

— Quel enfant génial ! Vite, vite, qu'on obéisse à monsieur. (*Textuel.*) Marton ! allez, courez, placez vite la pendule sur le piano.

Et quelques minutes après, M. Oscar pontifiait sur le piano, assis sur la pendule.

Il n'y a plus aujourd'hui, dans la maison, ni piano, ni pendule. Le désordre a amené la vente de tout. La rentière est morte dans la misère, et M. Oscar traîne le haillon.

Deux mères sont assises dans un jardin, ayant chacune à son côté un petit garçonnet.

Une d'elles mange du pain et du jambon, et en donne des bouchées à son fils. A un certain moment, l'enfant s'étant aperçu que les bouchées que sa mère mangeait étaient plus grosses que celles qu'elle lui offrait, se met à hurler et à crier :

— Tu manges les plus grands morceaux et tu ne me donnes que les petits.

— Mais non, mon ange, je t'assure que les plus grosses bouchées sont pour toi.

— Ce n'est pas vrai, tu mens, c'est toi qui les manges, les grosses.

Et, cramoisi de colère, se roulant dans la poussière, il finit par jeter une poignée de gravier sur la tête de la *bobonne* maman qui se contente de dire :

— Ce pauvre enfant souffre tellement qu'il ne sait plus ce qu'il fait.

L'autre mère, distraite par cette scène, ayant laissé tomber son dé, dit à son fils de le ramasser. L'enfant, prenant exemple sur son voisin, répondit :

— Je ne veux pas.

Alors la mère, déjà indignée par le méfait de l'autre enfant, saisit vivement le sien, le déshabille avec une rapidité prodigieuse, et lui administre une vigoureuse volée, oh mais! une volée, une volée!... les fesses, les hanches, les joues du galopin ressemblaient à un coquelicot.

Aujourd'hui, son fils est officier, et officier d'avenir.

Le fils de l'autre, parvenu maréchal des logis chef d'un escadron de cavalerie, a déserté en emportant les bons de tabac et le prêt de ses hommes, et il vient d'être condamné à dix ans de travaux forcés.

Ces exemples suffiraient pour faire comprendre aux mères les malheurs qu'elles attirent sur leurs familles par leur faiblesse, en gâtant leurs enfants; mais pour mieux appuyer notre démonstration, nous allons citer l'opinion d'un célèbre prélat qui fut une des plus grandes physionomies de l'épiscopat français.

Nous pourrions citer d'autres auteurs ayant autant d'autorité, mais étant données l'indulgence et la bienveillance de la doctrine enseignée par les pretres, nous préférons citer un évêque afin que l'on soit bien convaincu que ce n'est pas la voix habituée à la rudesse qui parle.

Or, voici ce que dit Mgr Dupanloup dans son grand ouvrage sur l'*Éducation* :

« Les enfants gâtés, quand ils arrivent à l'âge de dix ou douze ans....., deviennent tout à coup hardis, trompeurs, insolents au besoin, sans concience et sans honneur. Ces enfants qui semblaient si doux, si aimables, si ingénus et si gracieux, montrent tout à coup une hauteur, une impertinence, une malignité, une duplicité redoutables.

« Non, sur tout cela, il n'y a de meilleur conseil à suivre que celui des saintes Écritures :

« Soumettez votre fils de bonne heure, châtiez-le avec « sévérité, tandis qu'il est encore enfant, de peur que, deve- « nant trop indocile, il ne veuille plus vous obéir, et ne soit « pour vous un sujet de douleur. »

« Il y a des parents dont l'autorité et l'affection ne savent presque se révéler que par des gâteries.

. . . .

« Les enfants qui ont été trop servis sont tout à la fois plus ineptes et plus insolents que les autres; *ils aiment moins leurs parents* et leurs maîtres ; ils sont plus égoïstes, précisément parce que, pendant de longues années, tout le monde les a servis et s'est occupé d'eux. *Or, il ne faut jamais oublier que l'***Égoïsme** *est le grand vice, le vice naturel des enfants*, et que nul n'a plus à en souffrir.

. . . .

« Je répondais à une mère qui me disait de son fils : « Il menace de se tuer » :

« — Il ne se tuera pas; mais en tout cas, si vous n'êtes pas décidée à le voir mourir plutôt que de lui voir faire le mal, il est perdu ! *Il vaut mieux mille fois qu'il meure* que de vivre comme il le veut faire.

« Ce conseil fut écouté.

« L'enfant déclara qu'il voulait se laisser mourir de faim. Après huit heures de jeûne, il prit le pain et l'eau qu'on lui avait laissés, et après une nuit de réflexion, il écrivit à ses parents pour leur demander la grâce d'aller se jeter à leurs genoux et implorer son pardon.

« Le fait est qu'il n'y a que Blanche de Castille (mère de saint Louis) qui ait dit ici le dernier mot :

« — Mon fils, j'aimerais mieux vous voir mort que de vous voir commettre un péché mortel.

« Une mère défendait rigoureusement au précepteur de son fils de le réprimander pour une faute grave commise après dîner *parce que cela troublerait sa digestion.*

. . . .

« C'est par le défaut de fermeté que des enfants dont on pouvait faire des sujets excellents, deviennent des êtres déplorables.

. . . .

« J'ai pu rarement parler, surtout à une mère, des défauts de son enfant, sans m'apercevoir que l'amour maternel était immédiatement sur ses gardes et armé contre moi de pied en cap.

« — C'est un enfant bien violent. — Oh ! monsieur, il n'y a au monde d'enfant plus doux, il est vif, ses nerfs s'agacent facilement, mais des violences je ne lui en ai jamais vu... C'est l'enfant le plus facile, le plus caressant. — Je le crois bien, madame, jamais vous ne lui aviez demandé une heure de travail, jamais vous ne lui avez fait éprouver une contrariété sérieuse.

« — C'est un enfant bien indolent. — Oh ! non, monsieur, il serait plutôt emporté... — Il ne peut rien souffrir. — Monsieur, je ne crois pas cela, vous ne connaissez pas mon fils...

« Un jour, après une faute des plus graves commise par ce malheureux enfant, elle me dit :

« — Il n'y a pas de quoi fouetter un chat. Il y a dans le monde bien des honnêtes gens qui ont fait pire et qui sont d'honnêtes gens.

« Un autre enfant, après des injures grossières adressées aux plus aimables de ses condisciples, après des ingratitudes inouïes envers le meilleur de ses maîtres, alla un jour jusqu'à l'outrage... Lorsque je racontai le fait à la mère... elle me répondit avec l'accent le plus irrité :

« — Oui, c'est vrai, mon fils a raison, M. un tel est un

imbécile... il n'a pas su prendre mon enfant qui est un cœur d'or.

« L'ennemi mortel de l'autorité et du respect, c'est l'enfant gâté.

« Et d'autre part, gâter un enfant c'est manquer aussi tristement que possible au respect qui est dû à la dignité de sa nature, à l'intérêt que réclament sa destinée et son bonheur.

« On rit quelquefois en parlant des enfants gâtés ; je n'en ai jamais ri ; jamais la vue d'un enfant gâté n'a pu m'arracher un sourire. Rien n'est moins plaisant. C'est, pour moi, quelque chose d'effroyable ; effroyable dans le présent, effroyable dans l'avenir.....

« C'est un enfant *terrible*, dit-on quelquefois avec une agréable insouciance ou même avec une certaine satisfaction de vanité. — Oui, *terrible*, et plus qu'on ne le voudra quelque jour ! car c'est bien de l'enfant gâté que l'on peut redire la parole des saintes Écritures : *Le lionceau deviendra lion, et il apprendra un jour à dévorer les hommes.....*

« Mais les enfants sont si jeunes, dit-on, quel mal y a-t-il à les gâter un peu? Cela est sans conséquence, c'est l'affaire de quelques années.....

« Non ! c'est *pour la vie*. La vérité éternelle en a prononcé l'oracle formel : *Le jeune homme sera, dans un âge plus avancé, ce qu'on l'aura fait dans son enfance.*

« Il y a bien des manières pour gâter un enfant : on gâte son esprit par l'exagération inconsidérée des louanges.

« On gâte son caractère en lui laissant faire toutes ses volontés ; on gâte son cœur en s'occupant de lui à l'excès, en l'adorant, en l'idolâtrant.

« Toutes ces manières de gâter les enfants, cet art si triste de dépraver un âge qui est l'espérance de la vie entière, peuvent se réduire au développement des deux funestes principes, sources de toute perversité humaine : *la mollesse et l'orgueil.*

« Rien ne peut donner l'idée de ce que deviennent les enfants gâtés par la mollesse, qui sont gâtés parce qu'on leur fait trop de caresses, parce qu'on leur témoigne une tendresse trop sensible parce qu'on accorde à leurs goûts, à leur appétit, à leurs regards, à leur paresse, à leurs désirs, tout ce qu'ils veulent.

« Ce sont quelquefois de vrais petits *animaux sauvages*. Ils paraissent et ils sont ordinairement ce qu'on nomme de jolis enfants, gracieux, complaisants, flatteurs. Il n'y a pas de souplesse insinuante, de bassesse agréable dont ils n'aient le secret pour obtenir de vous ce qu'ils désirent; vous les trouvez charmants si vous n'y regardez pas de près; mais si tout à coup vous vous apercevez de leur manège et de votre faiblesse, si vous essayez une résistance, si vous exigez d'eux le moindre travail, l'application la plus légère, immédiatement l'humeur, le silence chagrin et boudeur, ou même la grossièreté brutale et violente, nous révèlent que ces enfants si aimables sont des enfants trompeurs, qu'au fond et dans le vrai, comme les animaux, apprivoisés, ils ne sont sensibles qu'à l'appât des moyens qui les apprivoisèrent; *mais qu'ils redeviennent des animaux sauvages et méchants*, qu'ils mordent et qu'ils déchirent dès qu'on refuse quelque chose à leurs appétits. »

Voilà ce que dit des enfants gâtés un prince de l'Église, un homme de génie, un homme de bien qui a fondé plusieurs établissements d'enseignement, et qui a passé la moitié de sa vie au milieu des enfants. Comme il devait bien les connaître, son autorité est incontestable. Eh bien! il en parle — comme on a pu le voir — avec une rudesse que nous n'aurions jamais osé employer. Il ne se gêne nullement pour dire que les enfants gâtés sont des *animaux sauvages*.

Mais ce ne sera jamais de vos fils, n'est-ce pas, charmante lectrice, que l'on pourra tenir un langage si désobligeant! Non, car vous ne les gâterez pas.

Les enfants gâtés font le malheur de leurs familles.

Pour éviter la gâterie, il faut parler et agir envers les enfants avec calme mais avec une grande fermeté, et surtout ne leur céder *jamais*.

Voulez-vous faire de votre fils un homme remarquable ? Oui.

Eh bien ! la première fois que vous lui commanderez de faire quoi que ce soit et qu'il répondra *Je ne veux pas*, faites comme a fait la mère dont nous avons parlé : déshabillez-le et administrez-lui une volée, — une maîtresse volée, — qui lui fasse passer à jamais le goût de l'insolence.

Laissez-le ensuite une demi-journée sans manger (il n'en mourra pas, nous vous l'assurons). Enfermez-le seul dans une pièce pendant toute la nuit (il n'en mourra pas non plus). Le lendemain, ne lui faites faire que deux repas au pain sec (il n'en mourra pas davantage).

Le surlendemain, traitez-le un peu mieux, mais faites-le manger seul. (« L'animal sauvage » ne doit pas trouver place à la table de la famille.)

Les jours suivants, privez-le de dessert, et ne l'admettez au régime ordinaire que deux semaines après son *Je ne veux pas*, et tout sera dit. Cette leçon, que l'on recommencera au besoin, assurera votre repos et fera la fortune de votre enfant.

CHAPITRE IV

Éducation religieuse.

« Qui craint Dieu est sage ». — L'enfant impie est méchant. — Les plus grands sceptiques et les plus grands philosophes ont reconnu l'utilité d'une religion. — Prières de l'enfance composées par les plus grands poètes (Lamartine, Victor Hugo).

Il est impossible de bien élever les enfants sans avoir recours à la religion.

Si — à l'instar de Minerve (déesse de la sagesse), sortie armée de pied en cap du cerveau de son père Jupiter (maître des dieux de la Fable), aussitôt après que Vulcain (dieu des volcans) eut donné à celui-ci un formidable coup de hache sur la tête — nous sortions du sein de nos mères imbus de toutes les vertus, nous n'aurions pas plus besoin de discipline morale que de gendarmes. Mais, hélas ! nous ne naissons pas vertueux. Si la religion ne nous avait pas élevés au-dessus de la brute, nous ferions encore manger nos vieux parents par les chiens.

Si l'enfant n'entend jamais parler de Dieu, son âme ne s'ouvrira jamais aux notions sublimes.

C'est la prière du soir, que la mère apprend à son enfant en le couchant et en l'embrassant, qui inspire à cet être aimé les nobles pensées qui doivent en faire un homme de bien.

La religion impose à l'enfant le sentiment du devoir, et ouvre de bonne heure son cœur à la tendresse et à la reconnaissance.

Nous n'avons certes pas la prétention de faire ici un sermon ni répéter ce qui — depuis des siècles — a été dit un milliard de fois mieux que nous pourrions le dire, mais la maison d'où la religion est expulsée ne sera jamais le centre béni des affections douces et durables : la mère n'y sera jamais écoutée avec respect, le père n'y sera jamais honoré, la Patrie n'y sera jamais aimée. Qui parlera plus fructueusement à l'enfant des devoirs, de la récompense, de l'iniquité et du châtiment, que la religion? Qui le conduira mieux qu'elle sur le chemin de l'honnêteté? L'âme sincèrement pénétrée de religion est apte à accomplir les plus nobles actions. Ah! elles s'assureront une heureuse vieillesse les mères qui développeront le sentiment religieux dans l'âme de leurs enfants!

« Qui craint Dieu est sage. » L'enfant qui prie est bon, laborieux et correct. L'enfant impie est méchant, paresseux et cruel, et la débauche l'aura souillé avant qu'il ait fini de croître. Mais, il faut le dire, ces enfants-là sont rares. On ne trouve guère de familles qui nient les bienfaits de la religion et qui ne parlent pas de Dieu à leurs enfants. Il n'y a sur terre aucune nation, aucune contrée, aucune peuplade — aussi civilisée, aussi sauvage, aussi dénaturée qu'elle soit — qui ne croie en Dieu.

« L'impossibilité où je suis de prouver que Dieu n'existe pas, a dit La Bruyère, me découvre son existence. » — « Avant de ne pas croire en Dieu, a dit Alexandre Dumas fils, attends que l'on t'ait bien prouvé qu'il n'existe pas. » Et les sceptiques les plus fameux, — après avoir vainement employé les préceptes de leur philosophie pour civiliser les hommes, — ont été forcément obligés de s'écrier : *Si Dieu n'existait pas, il faudrait l'inventer.*

Proudhon, lui-même, l'impie par excellence, après avoir dit : Dieu, c'est sottise et lâcheté; Dieu, « c'est hypocrisie et mensonge; Dieu, c'est tyranie et misère; Dieu, c'est le mal », a fini par dire : « Dieu est vraiment l'être incompréhensible, ineffable, et *pourtant nécessaire*... Dieu nous est *attesté par la conscience.* »

Et Voltaire qui — faisant allusion à la religion — a dit tant de fois : *Écrasons l'infâme,* a fini par écrire ces vers :

> On a besoin d'un Dieu qui parle au genre humain,
> . . . .
> Tout annonce d'un Dieu l'éternelle existence;
> On ne peut le comprendre, on ne peut l'ignorer.
> La voix de l'univers atteste sa puissance,
> Et la voix de nos cœurs dit qu'il faut l'adorer.

Et dans une lettre adressée, le 1er novembre 1770, au maréchal de Richelieu, il s'exprime ainsi :

« Je pense qu'il est toujours très bon de soutenir la doctrine de l'existence d'un Dieu rémunérateur et vengeur; la société a besoin de cette opinion.

« Je ne sais si vous connaissez ce vers :

> « Si Dieu n'existait pas, il faudrait l'inventer. »

Voltaire ressentait une tendre prédilection pour ce vers, un des plus beaux, du reste, qui soient tombés de sa plume si merveilleusement douée : « Je suis rarement content de mes vers, écrit-il, le 10 novembre 1770, à son ami Saurin (un poète), mais j'avoue que j'ai une tendresse de père pour celui-là. » Or voici à quelle occasion ce vers immortel a été écrit :

En 1768, on faisait grand bruit, autour de Voltaire, d'un

livre intitulé *Les trois imposteurs*, — très mauvais ouvrage plein d'un athéisme grossier, sans esprit et sans philosophie, — dirigé contre Moïse, Jésus-Christ et Mahomet, et dont il n'a jamais été possible de connaître ni la date de sa publication ni le nom de son auteur.

Voltaire, indigné, destina alors à l'athée cynique qui avait écrit ce livre anonyme sa 102e épître, de laquelle nous donnons ci-après le commencement et quelques autres vers :

A l'auteur du livre des « Trois imposteurs ».

Insipide écrivain, qui crois à tes lecteurs
Crayonner les portraits de tes *Trois imposteurs*,
D'où vient que, sans esprit, tu fais le quatrième ?
Pourquoi, pauvre ennemi de l'essence suprême,
Confonds-tu Mahomet avec le Créateur,
Et les œuvres de l'homme avec Dieu, son auteur?...

. . . .

Consulte *Zoroastre* et *Minos* et *Solon*,
Et le martyr *Socrate* et le grand *Cicéron* :
Ils ont adoré tous un maître, un juge, un père.
Ce système sublime à l'homme est nécessaire.
C'est le sacré lien de la société,
Le premier fondement de la sainte équité,
Le frein du scélérat, l'espérance du juste.
Si les cieux dépouillés de son empreinte auguste
Pouvaient cesser jamais de le manifester,
Si Dieu n'existait pas, il faudrait l'inventer.
Que le sage l'annonce, et que les rois le craignent.
Rois, si vous m'opprimez, si vos grandeurs dédaignent
Les pleurs de l'innocent que vous faites couler,
Mon vengeur est au Ciel : apprenez à trembler.
Tel est au moins le fruit d'une utile croyance.
Mais toi, raisonneur faux, dont la triste imprudence
Dans le chemin du crime ose les rassurer,
De tes beaux arguments quel fruit peux-tu tirer?
Tes enfants à ta voix seront-ils plus dociles ?
Tes amis, au besoin, plus sûrs et plus utiles?
Ta femme plus honnête? Et ton nouveau fermier,
Pour ne pas croire en Dieu, va-t-il mieux te payer ?
Ah! laissons aux humains la crainte et l'espérance.

. . . .

Zoroastre (fondateur de la religion des Mages, en Perse, 1600 ans environ avant Jésus). **Minos** (roi et législateur de l'île de Crète, 1500 ans avant Jésus). **Solon** (législateur d'Athènes et un des sept sages de la Grèce, 610 ans avant Jésus). **Socrate** (célèbre philosophe grec, « le plus sage des hommes », 470 ans avant Jésus). **Cicéron** (le plus grand des orateurs romains, 107 ans avant Jésus).

Tous les grands hommes de tous les pays et de tous les siècles ont reconnu l'utilité d'une religion ; tous ont reconnu l'existence de Dieu. Les plus impies, — comme nous venons de le démontrer par leurs propres écrits, — sont revenus de leur erreur et ont manifesté, hautement, l'utilité de la religion, seul frein des passions et des vices, seule force capable de tempérer, par la justice et la bonté, la méchanceté du cœur humain.

Les mères qui veulent faire de leurs fils des hommes sages, et de leurs filles des femmes honnêtes, devront donc attacher une grande importance à l'éducation religieuse. Elles leur enseigneront des prières simples qu'elles leur feront répéter chaque jour. Les prières les plus usitées seront apprises par cœur, les autres seront lues à haute voix. Pendant cette lecture, on exigera un profond silence et une respectueuse attitude. Du reste, comment faire pour ne pas écouter avec recueillement ces prières de l'enfance qui sont si poétiques et si touchantes ?

Mon Dieu, donne l'onde aux fontaines,
Donne la plume aux passereaux
Et la laine aux petits agneaux
Et l'ombre et la rosée aux plaines.

Donne au malade la santé,
Au mendiant le pain qu'il pleure,
A l'orphelin une demeure,
Au prisonnier la liberté.

Donne une famille nombreuse
Au père qui craint le Seigneur,
Donne à moi sagesse et bonheur
Pour que ma mère soit heureuse.

. . . .

LAMARTINE.

Éternel, mon Dieu, sois loué !
J'ai travaillé, j'ai ri, joué,

Avant de fermer ma paupière.
Merci, mon Dieu, merci, mon Père.

. . . .

Tu m'as donné mille douceurs,
Une mère, un père et des sœurs ;
Tout bien, c'est ta main qui l'envoie ;
Celui qui t'aime a toute joie.
C'est toi qui souris dans les yeux
De mes bons parents radieux ;
Dans leurs bras, c'est toi qui me presses,
Et rends si tendres leurs caresses.

. . . .

Hélas! près de moi si joyeux,
Il est, dit-on, des malheureux
Pour qui la vie est sans nuls charmes
Et qui versent beaucoup de larmes.

. . . .

Il est même des orphelins :
O mon Seigneur, que je les plains!
Sans mère!... Ah! garde-moi la mienne!
Comme un remords, qu'il me souvienne,
Si quelques jours je t'oubliais,
Qu'étant petit, je te priais,
O Dieu qui nous as tous fais naître
Pour t'aimer et pour te connaître!

RATISBONNE.

Ma fille, va prier. Vois, la nuit est venue,
Une planète d'or là-bas perce la nue.
La brume des coteaux fait trembler le contour;
A peine un char lointain glisse dans l'ombre. Écoute!
Tout rentre et se repose, et l'arbre de la route
Secoue au vent du soir la poussière du jour.

C'est l'heure où les enfants parlent avec les anges.
Tandis que nous courons à nos plaisirs étranges,
Tous les petits enfants, les yeux levés au ciel,
Mains jointes et pieds nus à genoux sur la pierre,
Disant à la même heure une même prière,
Demandent pour nous grâce au père universel.

. . . .

O sommeil du berceau! prière de l'enfance!
Voix qui toujours caresse et qui jamais n'offense!

Douce religion qui s'égaye et qui rit!
Prélude du concert de la nuit solennelle!
Ainsi que l'oiseau met sa tête sous son aile,
L'enfant dans la prière endort son jeune esprit.

. . . .

Ma fille, va prier. D'abord surtout pour celle
Qui berça tant de nuits ta couche qui chancelle,
Pour celle qui te prit jeune âme dans le ciel
Et qui te mit au monde, et depuis, tendre mère,
Faisant deux parts pour toi dans cette vie amère,
Toujours a bu l'absinthe et t'a laissé le miel.

. . . .

Prie, afin que le père, et l'oncle, et les aïeules,
Qui ne demandent plus que nos prières seules,
Tressaillent dans leur tombe en s'entendant nommer,
Sachant que sur la terre on se souvient encore,
Et comme le sillon qui sent la fleur éclore,
Sentent dans leur œil vide une larme germer!

VICTOR HUGO.

La religion console dans le malheur, et mêle une douceur céleste aux amertumes de la vie. Elle est un don précieux que le Ciel nous a fait pour soutenir notre raison chancelante et pour ouvrir notre cœur aux nobles sentiments. Mais il ne faut pas qu'elle soit défigurée par l'ignorance et la superstition, le fanatisme et les préjugés. Il ne faut rien exagérer en la pratiquant.

La mysticité est une folie. On habituera les enfants à des prières courtes et ferventes, car s'il faut leur faire aimer la religion, il faut tenir à n'en jamais faire pour eux ni un pénible travail ni un lourd fardeau.

CHAPITRE V

Éducation morale.

Bonté. — Dévouement. — Franchise. — Probité. — Exécration de l'égoïsme.

L'éducation morale — sur laquelle il est pourtant possible d'écrire plusieurs volumes — peut être résumée — sans qu'elle n'en soit pas moins fructueuse — dans l'enseignement des vertus dont il sera parlé plus loin, et surtout dans l'exécration d'un seul vice (l'égoïsme), duquel dépendent tous les autres.

Si filles et garçons se pénètrent de ces vertus, et s'ils exècrent ce vice, ils feront le bonheur de leur famille et le leur car, adolescents, ils seront généreux et dociles, et adultes, ils seront honnêtes et sincères.

L'exécration de ce vice les éloignera des bassesses.

La mise en action de ces vertus fera promptement manifester en eux le sentiment du bien et du vrai.

La première de ces vertus est la *bonté*. La bonté amène l'enfant à s'inquiéter du sort de ses petits frères, de ses petites sœurs et de ses camarades, et à s'émouvoir à la vue ou au récit de leurs souffrances. La bonté est la vertu qui, chez l'enfant, doit perfectionner toutes les autres vertus, et qui doit le conduire à faire le bien spontanément et sans calcul.

Sans bonté, l'enfant resterait ingrat, ne penserait jamais qu'à lui et, partant, ne serait pas sociable.

La bonté affaiblit l'égoïsme, le dompte et l'asservit, et fait comprendre à l'enfant qu'il doit à ses parents une affectueuse reconnaissance, à ses frères et sœurs une cordiale tendresse, à tous ses petits camarades une secourable bienveillance, et, à tout le monde, de la politesse et des égards. Et l'enfant doit tout cela parce que sa sécurité, son bien-être et son avenir dépendent des autres, et non de lui qui est la faiblesse et l'impuissance absolues. Or, s'il ne fait rien pour plaire aux autres, il perd tout droit à leur sollicitude et à leur affection dont il a tant besoin.

En respectant et en aimant tous ceux qui l'entourent, l'enfant commence à moins écouter son égoïsme. C'est un grand pas fait vers la générosité, vertu inconnue de lui jusqu'à présent, dont le germe a été jeté dans son âme par le *dévouement*, et il n'y a pas d'âme que le dévouement n'élève et n'ennoblisse.

On parlera sans cesse aux enfants du dévouement, vertu sublime qui consiste à faire du bien sans calculer et sans espérer de compensations.

Dès que l'enfant aura compris qu'il ne doit pas se borner à penser exclusivement à lui-même, dès qu'il sentira qu'il se doit un peu à ceux qui l'aiment, — parents et amis, — vous verrez quel changement se produira en lui ; il vous semblera qu'il a trouvé un autre caractère et qu'un souffle divin l'a poussé vers le bien.

N'écoutant que la voix du monstre qui le domine (l'égoïsme, et toujours l'égoïsme), l'enfant sera souvent détourné de son devoir par la convoitise, l'amusement ou l'indolence. Presque toujours il tâchera de venir à bout de toutes ses occupations en se donnant le moins de peine possible, et, lorsqu'il s'apercevra d'avoir manqué à son devoir, il aura infailliblement recours aux mensonges et aux mauvaises excuses. Si on le laissait faire il finirait par ne plus dire un mot de vrai et deviendrait un être méprisable. Le *mensonge* est odieux. Comme il participe de la bassesse et de la trahison, il n'inspire que le dégoût. Il importe extrêmement d'en étouffer le germe dès le berceau. On le combattra en professant une grande estime pour l'amour de la vérité et de la *franchise*.

Quand l'enfant avouera de bonne grâce une faute, il faut bien se garder de le punir, car ce serait vouloir le détourner de la *franchise*. Si, au contraire, il cherche à excuser cette faute par un mensonge on le punira doublement... (1° pour la faute, 2° pour le mensonge). De plus on lui fera comprendre qu'on ne le croira plus en rien et qu'il n'aura plus droit ni à l'affection des siens ni à l'estime des autres. Cette humiliation souvent répétée, contribuera infailliblement à le corriger; il se pénétrera du sentiment qui doit le porter à se respecter lui-même, et il évitera le mensonge comme l'on doit éviter une chose honteuse et basse.

Il est certain que, malgré sa facilité au mensonge, l'enfant s'en rendrait moins souvent coupable si on savait mieux le conduire.

Il faut absolument lui imposer la *franchise :* son avenir d'honnête homme en dépend.

Le charme de la franchise est tel que l'homme qui en est doué prospère, et tout le monde l'estime. On est à son aise avec l'homme franc parce que l'on voit son âme, et son âme est belle.

L'homme franc, ne trompant jamais personne, sera essentiellement honnête, et il respectera toujours les idées, les sentiments et les intérêts d'autrui. D'où il résulte qu'il faut faire connaître de bonne heure la *probité* à l'enfant. Avant qu'il contracte des liaisons avec ses petits voisins, il faut qu'il connaisse la différence qui existe entre le MIEN et le TIEN. Cela est on ne peut plus sérieux. L'enfant qui ne sait pas établir cette différence peut faire arriver de graves désagréments à sa famille.

Il faut dire à l'enfant, dès qu'il comprend, que s'il touche à ce qui n'est pas à lui le bon Dieu le fera mourir. Quand il aura grandi, on lui dira que l'improbité conduit à l'ignominie, qu'elle flétrit non seulement celui qui la pratique, mais encore son père, sa mère et tous ses parents. On lui dira que c'est contre elle que presque toutes les lois sont faites, et qu'elle conduit, pas à pas, d'une faute légère à un crime monstrueux.

Si l'enfant a entendu sa mère lui dire tout cela, il est certain que, homme fait, il appréciera la probité à sa juste valeur, et il saura qu'elle est, parmi les dispositions morales, ce que le bon sens est parmi les facultés intellectuelles, c'est-à-dire la vertu la plus utile dans toutes les positions sociales et dans toutes les circonstances de la vie.

Mais les vertus dont nous venons de parler ne trouveront place dans l'âme de l'enfant que lorsque l'éducation en y aura délogé l'égoïsme.

L'égoïsme engendre tous les autres vices. Il n'y en a pas un seul qui ne soit en droit de lui dire : « *Papa égoïsme, comment vas-tu ce matin?* »

Comme notre plume a laissé tomber souvent sur ces pages le mot *égoïsme*, et que nous avons dit que l'enfant doit l'exécrer, nous allons tâcher de faire connaître à fond ce fléau de l'humanité :

L'égoïsme est un amour excessif de soi, un désir effréné de rapporter et d'attacher tout à soi : « C'est pour moi que je vis; je ne dois rien qu'à moi, » lui fait dire Louis Racine.

L'égoïsme fait de l'homme une brute. C'est lui qui éteint dans l'âme tous les sentiments honorables et affectueux qui attachent à la famille et à la société. C'est lui qui, déchaînant toutes les passions et tous les vices, amène d'abord aux bassesses et ensuite aux crimes.

C'est lui qui inspire à l'enfant toutes ces exigences qui font de la mère une véritable esclave.

C'est l'égoïsme, — c'est-à-dire le contentement du MOI, — qui fait crier l'enfant quand on n'est pas près de lui; qui le fait trépigner de colère quand on ne lui donne pas l'objet qu'il désire, quand on ne le promène pas assez, quand on l'empêche de casser tout et de taper sur tout.

Comme il est très facile de distinguer les cris plaintifs que les douleurs physiques motivent, des cris courroucés que le caprice et la convoitise contrariés font pousser, la mère pourra facilement se rendre compte que l'enfant crie les neuf dixièmes du temps parce qu'il ne peut pas satisfaire ses fantaisies.

C'est l'égoïsme qui le guide en tout cela.

Quand il sera un peu plus grand, l'égoïsme le rendra intolérant, injuste et cruel.

La vanité, l'orgueil, la cupidité, — petites branches du

grand tronc *égoïsme*, — lui feront commettre toute espèce de mauvaises actions en attendant que, homme fait, ces vices odieux le conduisent au crime.

Qui fait l'homme cupide (je prends tout)? — L'égoïsme.

Qui fait l'homme ingrat (je garde tout)? — L'égoïsme.

Qui fait l'homme pédant, outrecuidant, poseur, vain, orgueilleux (courbez-vous, Sa Majesté *Le moi* va passer)? — L'égoïsme.

L'homme égoïste est replié sur lui-même. Son cœur desséché ne bat plus que pour le mesquin, l'étroit et l'exclusif *moi*. L'amitié et la reconnaissance n'existent pas pour lui, puisqu'il n'y a qu'un seul mot qui forme le code de sa morale, et ce mot c'est son *moi* chéri. « Sauvez un égoïste de la flamme, des flots, de la ruine, du déshonneur, a dit de Latena, il ne se souviendra que d'une chose : il a couru un grand danger. » Quant à avoir de la reconnaissance pour celui qui l'a sauvé, il ne faut pas y compter. Si l'égoïste vous écrase les pieds en passant, le seul regret qu'il éprouve, c'est celui d'avoir été dérangé dans sa marche; mais si vous voulez attendre qu'il vous plaigne du mal qu'il vous a fait, vous attendrez longtemps.

L'égoïste se place au-dessus de tout le monde. Par sa vanité, par son vif désir de briller, il cherchera à effacer tous ceux qui l'entourent sans avoir, bien entendu, aucun droit à cette suprématie, car moins l'homme vaut, plus il est amoureux de lui. Par la présomption, par la confiance aveugle qu'il a en sa propre force, — qui en réalité n'est qu'une infime faiblesse, — il cherchera à tout dominer.

L'égoïste ne connaît ni droit, ni devoirs, ni camarades, ni voisins, ni frères, ni sœurs, ni père, ni mère; il ne connaît que lui, n'aime que son petit *moi*. «Tout pour moi, rien pour les autres, » voilà la devise de cet être hideux, qui n'aime personne, voilà le code de ce monstre repoussant et ignoble.

L'égoïste est un monstre, et la mort salutaire
N'enlève, en le frappant, qu'une charge à la terre.

VOLTAIRE.

Les passions matérielles de l'égoïste sont encore plus répugnantes que ses passions morales.

Si on laissait l'enfant en proie à sa cupidité, à son insatiable convoitise, il resterait gourmand. Or la gourmandise est comme une voiture qui descend une montagne : si on n'a pas commencé, dès le faite, à serrer la mécanique, impossible de l'enrayer au milieu de la côte. Ce qui veut dire que si l'on n'arrête pas sa gourmandise dès le berceau, l'enfant peut détruire sa santé, et peut même perdre la vie (les cas sont nombreux) par suite des excès de son intempérance. Mais alors même qu'il conserverait sa santé, il n'en resterait pas moins un homme gourmand, ce qui en ferait un être ignoble, capable, — lors d'un dîner où il occuperait une place marquante, — de choisir dans le plat (après s'être servi) les meilleurs morceaux, et les fourrer dans sa poche. (*Ce qui s'est vu.*)

« Il est un défaut qui, dans ses excès, dit de Latena, fait descendre la raison humaine *au-dessous de l'instinct de la brute;* qui étouffe les qualités morales; qui détruit la sensibilité du cœur et la délicatesse des sentiments; qui rabaisse l'intelligence... ; qui constitue enfin tout un caractère composé d'égoïsme et de grossière sensualité, et ce défaut c'est la *gourmandise.* »

Mères! si vous ne voulez pas que vos enfants descendent « *au-dessous de la brute* », combattez énergiquement leur égoïsme moral et leur égoïsme matériel. L'éducation se résume dans cette mesure.

CHAPITRE VI

Éducation physique.

Les exercices du corps augmentent la santé quand on la possède, et la rétablissent quand on l'a perdue. — Course, natation, gymnastique, danse, équitation, escrime, boxe. — L'éducation physique donne aux filles l'élégance, aux garçons la virilité.

L'éducation physique fait l'homme sain, agile et courageux. Il faut la commencer de bonne heure afin d'endurcir l'enfant, dès son jeune âge, et d'habituer son corps à la souplesse et à la fatigue.

La santé, la vigueur, — et on peut ajouter la fortune, — dépendent de l'éducation physique.

On commencera cette éducation par un travail attrayant et peu fatigant. Jouer à la course, jouer au volant, sauter à la corde, sont des exercices à la portée de tout le monde, qui amusent beaucoup et qui peuvent servir, avantageusement, de premières leçons aux enfants des deux sexes.

Il faut, — si on peut, — apprendre aux garçons la danse, la natation, la gymnastique, l'équitation, l'escrime et la boxe, ou du moins quelques-uns de ces arts : eux seuls font l'homme robuste et viril.

Tous les exercices du corps, quels qu'ils soient, augmentent la santé quand on la possède et la rétablissent quand on l'a perdue.

Ils disposent l'enfant à tirer le plus de profits possibles de ses facultés physiques, lui donnent du courage, de l'assurance, et lui fournissent les moyens d'échapper à la plupart des dangers.

L'éducation physique est nécessaire aux enfants des deux sexes. Elle donne la hardiesse aux garçons et l'élégance aux filles.

Rien de plus grotesque qu'une demoiselle raide comme un bâton. Rien de plus laid qu'un garçon lourd et pusillanime.

Les soins physiques doivent être même plus surveillés

chez les filles que chez les garçons. C'est par la distinction et le charme de son physique, — il ne faut pas l'oublier, — que la femme exerce son plus puissant empire. Partant, on ne saurait jamais assez donner d'aisance, de souplesse et de noble maintien à son beau corps.

Mais, malheureusement, l'éducation physique des jeunes filles est en général très négligée.

« Les petites filles, dit Herbert Spencer (célèbre philosophe anglais contemporain), sont presque entièrement privées de ces vigoureux et agréables exercices corporels... De là vient que si peu d'entre elles deviennent robustes et bien faites. Dans ces jeunes personnes pâles, anguleuses, à poitrine aplatie, qui peuplent les salons, nous voyons les effets de cette application rigoureuse que ne viennent point interrompre les jeux de la jeunesse; et cette dégénérescence physique nuit plus à leur succès que leurs talents ne peuvent y aider. Les mères, préoccupées du soin de rendre leurs filles agréables, ne pourraient en choisir plus mal les moyens qu'en sacrifiant ainsi le corps à l'esprit. Ou elles ne tiennent point compte des goûts des hommes, ou elles se méprennent étrangement sur ces goûts. Les hommes *ont peu de souci de trouver de l'érudition chez les femmes;* ce qu'ils prisent beaucoup, c'est la *beauté, le bon caractère et le sens droit.* Quelles sont les conquêtes qu'a jamais faites un bas-bleu par sa vaste connaissance de l'histoire? Quel homme est jamais devenu amoureux d'une femme parce qu'elle savait l'italien? Où est l'Edwin qui est tombé au pied d'Angélina parce qu'elle savait l'allemand? Mais des joues roses et des yeux brillants, ce sont de grands attraits... La gaieté et la bonne humeur que produit la bonne santé ont formé bien des attachements, conduisant au mariage. Tout le monde a connu des cas dans lesquels la perfection des formes a fait naître, en l'absence de toute autre recommandation, une passion irrésistible; mais bien peu de gens ont vu l'*instruction* d'une jeune personne exciter, en dehors de ses *mérites physiques et moraux*, un pareil sentiment. La vérité est que, de tous les éléments qui se combinent dans le cœur de l'homme pour produire l'émotion complexe qu'on appelle amour, les plus puissants sont ceux qui naissent des *avantages extérieurs;* en seconde ligne viennent ceux que fournissent les qualités morales; les plus faibles sont ceux qui sont produits par les attraits intellectuels. »

Et dans une autre page il s'exprime ainsi : « Ceux qui, dans leur préoccupation exclusive de développer l'esprit, négligent les *intérêts du corps,* ne se souviennent pas que le succès dans ce monde dépend plus de l'énergie que des connaissances acquises, et que c'est aller au-devant de sa propre défaite que de ruiner sa constitution par l'excès de travail intellectuel. La volonté forte, l'infatigable activité, dues à la vigueur physique, compensent, dans une grande mesure, même des lacunes importantes de l'instruction; et quand on les réunit à cette *culture suffisante* qu'il est possible d'obtenir sans sacrifier la santé, elles assurent à celui qui les possède une victoire aisée sur des concurrents affaiblis par un excès d'étude, fussent-ils des prodiges de science. »

Afin de produire la fatigue et de créer la force de la supporter, on fera faire à la jeune fillette de fréquentes courses, et les plus longues possibles. On la laissera sauter à la corde autant qu'elle voudra, et, pour lui faire prendre en goût cet exercice aussi facile que salutaire, mieux elle sautera, plus on la récompensera par des caresses et des cadeaux.

La force s'acquiert par l'exercice du corps comme l'esprit s'acquiert par l'exercice de la mémoire.

Il n'est certes pas à la portée de toutes les mères de pouvoir faire exercer leurs enfants à la gymnastique, à l'équitation, à l'escrime et à la natation, mais toutes peuvent les exercer à la marche et, — en proportion de leur force, — à soulever des fardeaux.

Inutile de recommander qu'il ne faut jamais rien exagérer afin d'éviter les accidents (entorses, efforts, hernies, etc.).

Courir fortifie les jambes. Soulever des fardeaux fortifie les bras.

On répétera plusieurs fois par jour ces deux exercices qui sont à la portée de tous.

Et que les mères n'aient rien à craindre : sagement pratiqués, les exercices du corps, — étant donnée l'avantageuse constitution physique de l'homme, — ne sont nullement dangereux.

L'espèce humaine est autant privilégiée au physique qu'elle l'est au moral. Ils sont très rares les animaux dont le corps ait plus d'articulations et de ressources variées pour le mouvement et l'élasticité que celui de l'homme.

Toutes les personnes qui ont assisté aux représentations des cirques ont pu se rendre compte de la souplesse que peut acquérir le corps humain.

Par conséquent, il ne faut pas craindre d'exposer l'enfant à n'importe quel exercice physique, et bien se garder de le dorloter, ce qui l'affaiblirait, alors qu'il a tant besoin de se fortifier.

Le corps de l'enfant est disposé à prendre toutes les habitudes, et surtout celles qui, à un autre âge, présenteraient quelque danger.

Les exercices du corps endurcissent l'enfant et lui créent, pour ainsi dire, une cuirasse naturelle contre les dangers accidentels, et font disparaître, pour lui, la plupart des causes ordinaires des maladies.

Si l'on ne veut pas avoir des enfants chétifs, indolents, engourdis, paresseux et poltrons, il faut les habituer de bonne heure à toutes les fatigues du corps et aux intempéries des saisons.

En forçant l'enfant à sortir de la maison tous les jours, — quelque temps qu'il fasse, — son corps se fera aussi bien à la chaleur qu'au froid, parce que ce sera progressivement, et non tout à coup, qu'il les aura éprouvés. Alors, jamais de rhumes, jamais de maladies. Le grand air est le meilleur des médecins. (Il va sans dire que c'est des enfants un peu grands dont il s'agit.)

Si, de ces exercices du corps (courses, sauts, pesées, équitation, etc.), l'enfant revient quelquefois meurtri, ne vous apitoyez, ne vous épouvantez point. Faites-en de même lorsque vos garçons reviendront plus ou moins égratignés et meurtris d'une *bataille*. Leurs éraflures seront l'indice d'une action d'éclat : plutôt que de fléchir ils se sont exposés à la lutte ; ils ont accepté une rencontre ; ils sont allés au-devant du danger. Cela prouve qu'ils ne sont pas pusillanimes. Cela prouve qu'ils ne seront point des lâches et qu'ils défendront énergiquement et courageusement leur Patrie.

CHAPITRE VII

Éducation patriotique.

Faire prononcer le mot « Patrie » aux enfants aussi souvent que les mots « Papa » et « maman ». — Définition du mot « Patrie ». — Grandeur et richesse de la France. — Faire aimer la France par les enfants. — Notions d'obéissance.

Le dernier mot du chapitre précédent est *Patrie*.

Mères ! ce mot-là sera un des trois premiers que vous apprendrez à vos enfants. Vous le leur ferez répéter aussi souvent que les mots *Papa* et *Maman*. Père, mère, parents sont chers, mais tous ces amours se réunissent dans l'amour de la Patrie, parce que la Patrie c'est l'être qui nous nourrit de son sang et qui nous conserve l'honneur et la vie.

La Patrie, c'est notre belle langue, nos beaux livres, nos beaux tableaux, nos beaux monuments.

La Patrie, c'est notre impérissable gloire militaire, c'est notre importante initiative dans la civilisation du globe et dans la liberté.

La Patrie, ce sont tous les chefs-d'œuvre dus à nos hommes de génie qui ont fait monter le flot de la grandeur de la France au-dessus de la grandeur de toutes les autres nations.

La Patrie, c'est l'air que nous respirons, c'est le soleil qui nous éclaire, c'est la maison où nous sommes nés.

La Patrie, c'est l'église où vont prier pour nous ceux qui

nous aiment ; c'est l'enclos où reposent ceux qui nous ont aimés.

PATRIE! Oh! comme ce mot-là fait battre le cœur!

Et dire pourtant que l'égoïste, sceptique et gouailleur, ridiculise ces battements de cœur, et lance, — en raillant, — à celui qui les sent, le qualificatif absurde de *chauvin!*

Ainsi, d'après l'égoïste, celui qui aime son pays, au point de se faire tuer pour lui, est un fanatique qu'il faut railler.

Mais cette appréciation faite par un tel personnage se conçoit : l'égoïste ressent les grossiers appétits mais il ne comprend pas les sublimes sentiments ; il a du ventre, mais il n'a pas de cœur.

Mères! Vous parlerez souvent à vos enfants de la Patrie. Vous leur direz que c'est à la France que sont dus — en grande partie — la civilisation et le progrès. Que c'est à la France que les peuples civilisés doivent la plus précieuse et la plus sainte des choses humaines : LA LIBERTÉ.

Vous leur direz que pas une nation du globe n'a eu de plus grands généraux, de plus grands savants, de plus grands poètes, de plus grands artistes, de plus dignes magistrats, de plus vertueux citoyens que la France.

Vous leur direz aussi qu'il n'y a pas de pays sur la terre où le sol soit plus fertile, le climat plus doux, l'air plus sain. Qu'il n'y a pas de contrées au monde où l'on trouve de plus beaux animaux domestiques, de plus beaux fruits, de plus belles fleurs.

Ah! c'est que la France est, — comme l'ont justement dit les plus grands géographes de toutes les nations, — « le pays le plus favorisé de la nature », — « le plus beau pays, après celui du ciel ».

Aux richesses dues à son commerce et à son industrie, la France joint les richesses dues à la fertilité prodigieuse de son sol.

« Vous y rencontrez toutes les cultures, a dit Aimé Martin. Au Midi, l'olivier, le citronnier, l'oranger ; au Nord, le mélèze et le sapin... Les arbres de la Perse et des deux

Amériques viennent s'y mêler à l'orme féodal et aux chênes de la vieille Gaule; les fruits parfumés de l'Asie, au pommier indigène; la flore entière de l'Orient, à l'humble violette, à nos couronnes de bluets, aux bouquets champêtres de la pâquerette et de la mystérieuse verveine. Ainsi la France se couvre des productions du nouveau monde et des trésors de l'ancien. Du haut de ses coteaux chargés de vignes, des fleuves de vin coulent éternellement dans la coupe de tous les peuples, tandis que sur ses larges plaines les moissons ondoient, comme les flots de la mer, sous le vent qui les courbe, sous le soleil qui les mûrit. A la vue de tant de biens, mon cœur bondissait de joie. Je m'écriais :

« — Chère Patrie! terre fortunée! tu possèdes tout : richesse, intelligence, liberté! »

France! ô belle contrée! ô terre généreuse
Que les dieux complaisants formaient pour être heureuse!
Tu ne sens point du Nord les glaçantes horreurs;
Le Midi de ses feux t'épargne les fureurs;
Tes arbres innocents n'ont point d'ombres mortelles;
Ni de poisons épars, dans tes herbes nouvelles,
Ne trompent une main crédule; ni tes bois,
Des tigres frémissants, ne redoutent la voix.
. . . .
Sur tes rochers touffus la chèvre se hérisse.
Tes prés enflent de lait la féconde génisse,
Et tu vois tes brebis sur le jeune gazon
Épaissir le tissu de leur blanche toison.
. . . .
Ton peuple industrieux est né pour les combats,
Le glaive, le mousquet n'accablent point ses bras.
. . . .

André Chénier,
Célèbre poète français, mort en 1794.

Mères, vous direz à vos enfants que la joie, le bonheur, la fortune de nos familles dépendent de la prospérité de la France. La France atteinte, tous, autant que nous sommes, nous en souffrons. Une défaite n'est pas seulement un affront infligé à notre amour-propre, c'est, de plus, un désastre matériel dont nous supportons tous, pendant longtemps, les conséquences.

Quand vos garçons sauront tout cela, ils aimeront la France au point de tout lui sacrifier; ils l'aimeront avec toute la puissance de leur âme, et ils la défendront avec toute la force de leurs bras.

En faisant aimer la France par vos garçons, c'est vous faire aimer vous-mêmes davantage. Le patriotisme dispose le cœur aux sentiments nobles et affectueux. L'homme qui n'aime pas sa Patrie n'aime pas sa famille.

Ainsi, — sans parler de votre devoir, — vos intérêts matériels vous obligent à faire aimer la Patrie par vos enfants, et à la leur faire aimer par la sincérité de leurs sentiments, par leur complète abnégation, et non par des magnifiques théories.

Le vrai patriotisme ne consiste pas à crier bien haut, à tout propos, contre les vices plus ou moins réels de l'organisation du pays, mais bien dans un dévouement absolu, seule vertu qui fait les grands citoyens.

Celui qui ne sait pas faire de sacrifices n'aime pas.

La France dit à ses enfants : « Si vous voulez partager ma grandeur, ma gloire et ma richesse, si vous voulez que je sois votre mère toute dévouée, il faut que vous acceptiez — pour me défendre — toutes les fatigues, que vous affrontiez tous les périls, que vous supportiez tous les sacrifices. »

Les nations sont comme les hommes : quelles que soient leur grandeur, leur force et leur richesse, l'infortune peut les atteindre. Nul n'est au-dessus des coups du sort : ni gens ni États.

Notre France, — comme, du reste, tous les grands pays, — a éprouvé des tourmentes et des revers.

Plus un pays est en vue, plus il est exposé. C'est sur le chêne aux branches vigoureuses et touffues que la tempête fait le plus de ravages ; elle n'en fait pas sur le roseau.

Mais la France a eu la force de supporter ces coups de griffe du destin. Elle les évitera à l'avenir par sa sagesse et sa clairvoyance, en n'écoutant pas les voix irréfléchies et utopiques. Sa grandeur dépend de notre prudence à tous. Nous nous tiendrons donc en garde contre les tentations de la vanité humaine, et nous nous prescrirons une grande défiance de nos propres mérites. Cela faisant, nous ne nous illusionnerons plus. L'orgueil ne nous aveuglera pas.

Nous nous dirons souvent que des ennemis redoutables — aux exigences excessives — nous guettent.

Ces ennemis, — sachant qu'avant tout il faut songer à la défense et à la sécurité du pays, — portent toutes leurs pensées, toute leur sollicitude sur leurs armées. Chez eux, le sentiment militaire domine tous les autres sentiments, et ils ne négligent rien pour l'inspirer à leurs enfants.

Faisons comme eux.

A vous donc, mères, de préparer vos enfants à la défense de la Patrie. A vous de leur dire de ne pas écouter les rêveries humanitaires des philosophes utopiques. C'est bien navrant à dire, mais les hommes se sont toujours fait la guerre et ils se la feront ..... longtemps encore. Ils cesseront de se la faire quand ils ne seront plus ni vaniteux ni égoïstes, mais, malheureusement, ils n'en sont pas encore là, et ils n'y seront pas de sitôt.

La nation qui ne pense pas à cela se fait battre, perd ses richesses et quelque chose encore de bien plus sacré : sa liberté.

C'est à la honte de l'humanité, mais étant donné que, — même dans les pays les plus civilisés, — l'intérêt fait souvent battre les frères les uns contre les autres, comment admettre qu'il ne fasse pas battre les nations entre elles?

Puisque la concorde n'existe pas entre frères, comment existerait-elle entre nations?

On aura donc encore, — et pour longtemps, — besoin de l'armée. En conséquence, il faut dire souvent aux garçons qu'ils seront soldats (tout le monde l'est de nos jours), et les préparer à l'obéissance.

Savoir obéir n'est pas une faiblesse, mais bien une force.

Dans toutes les circonstances de la vie de soldat, se soumettre est un devoir sacré et une grandeur d'âme.

Que les garçons se disent que lorsqu'ils seront soldats, ils doivent accepter — sans murmures — toutes les observations de leurs chefs; qu'ils doivent exécuter les ordres sans discussions; qu'ils doivent renoncer absolument à tout esprit de critique; qu'ils doivent éviter d'examiner et d'apprécier les actes de ceux qui les commandent.

Dans les exigences de la discipline militaire il n'y a ni abaissement ni servilité : tout est dévouement à la Patrie. Ce n'est ni le caporal X, ni le lieutenant Z qui donne des ordres : c'est la France. Que les garçons pensent souvent à cela quand ils seront au régiment, et ni exercices ni corvées ne seront pénibles pour eux. Ils seront d'excellents soldats. Et, rendus à la vie civile, ils pourront dire avec fierté qu'ils ont contribué à la grandeur et à la gloire de leur Patrie.

CHAPITRE VIII

Éducation domestique.

I. **Devoirs des enfants envers leurs parents** (politesse, respect, égards, soins). — II. **Devoirs des parents envers leurs enfants** (bienveillance, justice, impartialité, sollicitude).

I

DEVOIRS DES ENFANTS ENVERS LEURS PARENTS

C'est dans la maison paternelle, c'est dans sa famille que l'enfant doit commencer à mettre en pratique la politesse et le savoir-vivre dans toutes les circonstances de la vie. (Savoir-vivre que nous traiterons en détail plus loin.)

L'enfant qui est poli envers les siens l'est aussi envers les autres.

Mais l'enfant ne peut donner des marques de bienséance et de courtoisie qu'après avoir été préparé, moralement, au respect et aux convenances.

La première voix qui arrivera à son cœur lui dira d'honorer son père, sa mère, ses frères, ses sœurs et ses grands-parents, et d'avoir pour eux tous de la tendresse et de l'affection. Elle lui dira aussi qu'il doit suivre avec docilité toutes leurs instructions, mettre à profit leurs conseils, et qu'il doit leur conserver une éternelle reconnaissance de tout ce qu'ils ont fait, font et feront pour lui.

L'enfant doit chercher continuellement à plaire à ceux qui l'entourent. Il s'efforcera d'entrer dans les goûts de ses parents, et il ne les contrariera jamais.

Ses grands-parents doivent être l'objet de sa vénération. Il aura pour eux toutes les complaisances possibles; cherchera continuellement à les distraire des amertumes et des maladies que l'âge amène et augmente journellement; il supportera, sans répugnance, leurs infirmités, et il leur évitera toute espèce d'inquiétude.

Les enfants doivent non seulement honorer leurs parents, mais ils doivent encore, au besoin, se dévouer pour eux. Si le malheur les frappe, c'est à eux de les secourir. Si le chagrin les accable, c'est à eux de les consoler.

« Vous qui n'avez pas atteint l'âge de la puberté, dit le marquis de Saint-Lambert (écrivain et philosophe français, mort en 1803), c'est à vous que je parle : Vous n'avez pas encore oublié avec quelle bonté votre mère a supporté les infirmités, les dégoûts, l'imbécillité de votre enfance. Vous voyez avec quels soins et quel zèle votre père et votre mère s'occupent de former votre raison, de vous donner des connaissances, de prévenir, en vous, les passions vicieuses et d'y faire naître les passions vertueuses; montrez-leur l'amour le plus tendre, le respect le plus profond, la reconnaissance la plus active. Que vos regards, vos caresses et vos actions expriment ces sentiments. Cherchez à deviner ce que votre mère désire de vous; que votre volonté suive la sienne quand elle ne l'a pas devancée... Votre père est le chef de la famille; son autorité est sacrée, puisqu'il ne l'emploie que pour le bonheur de ceux qui dépendent de lui. Soyez tendres et dociles, voilà les véritables vertus de l'enfance; celles-ci la conduisent aux autres.

« Jeune homme, c'est à vous que je vais parler :

« Respectez aujourd'hui cette inflexibilité de votre père et de votre mère, qui contrarie vos penchants, car vous la respecterez un jour. Ce n'est pas par leur facilité qu'ils vous prouveront leur tendresse, c'est par une sévérité raisonnée. Ils ont été vos maîtres il faut qu'ils restent vos guides. Votre raison est obscurcie par vos passions; leur raison est éclairée par leur tendresse. Leur autorité fut nécessaire à l'imbécillité de votre enfance; elle est nécessaire à l'impétuosité de votre jeunesse. Craignez l'esprit d'indépendance, il fait les fils ingrats. Vos parents n'ont pas le droit de vous commander l'injustice; ils ne peuvent en avoir la volonté, ils vous aiment. Ils ont été, dans votre enfance, la source de toutes vos joies; ne les affligez pas en restant sans vertus. Ils ont travaillé pour votre subsistance ou pour votre fortune; il est temps de travailler pour eux... Si vous ne vous acquittez pas de la dette immense que votre enfance a contractée avec votre père et votre mère, vous encourrez l'aversion de tous ceux qui sont honnêtes parmi les pères, les mères et les enfants.

« Vous qui êtes parvenus à l'âge mûr, et qui avez le bonheur de conserver un père et une mère, je vais vous parler :

« La nature a marqué deux moments dans la vie où l'homme n'existe que par les autres : l'enfance et la vieillesse. Dans la vieillesse de vos parents, souvenez-vous de votre enfance. Devinez leurs besoins; n'ont-ils pas deviné les vôtres? Sachez, s'il le faut, vous priver de vos plaisirs pour leur procurer l'aisance. L'expérience du passé leur apprit à deviner l'avenir; confiez-leur vos projets. Respectez leur opinion, lors même qu'elle n'est pas conforme à la vôtre. Ils ont des défauts, oubliez-les; ils ont de l'humeur, attendez le retour de leur tendresse; ils vous parlent avec sécheresse, pardonnez-le à leur âge. Le contentement prolonge la vie, rendez-les contents. Est-il pour un fils un spectacle plus doux que le sourire de la reconnaissance sur les lèvres d'un père ou d'une mère? »

Ce n'est seulement pas par reconnaissance mais encore

par amour-propre, — et aussi par intérêt, — que l'enfant doit avoir du respect, des égards et des soins pour ses parents. L'enfant qui n'a aucun soin de ses parents peut les perdre de bonne heure, et cela est doublement malheureux pour lui : Malheureux matériellement parce que ses parents seront morts à un âge où ils pouvaient encore, — par leur travail, — augmenter son patrimoine. Malheureux moralement parce qu'ils seront morts avant qu'ils aient pu compléter son éducation (éducation du cœur que seule la famille peut donner).

L'enfant qui n'a ni égards ni respect pour ses parents est repoussé par tout le monde, et le mépris public est son escorte ordinaire. Comme il sera ingrat envers eux, et capable de rougir soit de leur manque d'usage, ou de leur simplicité, soit de leur ignorance ou de leur pauvreté, tous ceux qui le connaissent le traiteront, — avec raison, — de misérable, et ce qualificatif-là sera encore trop flatteur pour lui.

II

DEVOIRS DES PARENTS ENVERS LEURS ENFANTS

De leur côté, les parents doivent traiter leurs enfants avec bienveillance. Ils doivent surtout être justes envers eux. Si l'on punit injustement les enfants, on les démoralise, et ils finissent par prendre en haine la famille et la société, ce qui les perd.

Les parents doivent bien se garder de manifester des sentiments de préférence à l'égard d'un quelconque de leurs enfants, afin d'éviter de faire naître chez eux le vice horrible de la jalousie qui engendre la haine.

S'ils veulent tout obtenir de leurs enfants, les parents doivent être pour eux fermes mais bienveillants, et les diriger avec autant de douceur que de fermeté. La débonnaireté étouffe le respect, la rudesse étouffe l'affection.

On doit tutoyer ses enfants et se laisser tutoyer par eux. Il faut habituer les enfants à ne jamais se taquiner ni se quereller et surtout à ne jamais se dénoncer les uns les autres, ce qui pourrait faire naître dans leur esprit le vice ignoble de la délation. (Punir sévèrement le dénonciateur alors même que la révélation serait profitable à l'intérêt général.) Ne jamais négliger de former leur cœur à l'indulgence, à la bienveillance et à la politesse envers tout le monde. Les reprendre avec sévérité toutes les fois qu'ils n'auront pas remercié, avec grâce, les personnes qui auront eu pour eux de la générosité et des égards. Le mot *merci* n'est ni long ni difficile à prononcer. Leur faire bien comprendre que ce mot est la seule monnaie avec laquelle ils doivent payer toutes les amabilités et tous les dons qu'on leur fait, soit en famille, soit en public. Quand ils seront habitués à dire : « *Merci, maman ; merci, papa* », ils n'éprouveront aucune hésitation à dire : « *Merci, monsieur ; merci, madame* ». Quand ils seront grands, ce mot *merci*, prononcé à propos, avec un agréable sourire, leur attirera bien des sympathies.

Le jour de leur fête, le jour anniversaire de leur naissance, le jour du premier janvier, les parents leur doivent un petit *cadeau*. Les cadeaux qui sont la marque de l'affection font plaisir à tout âge. Contrairement au vieux proverbe, « les cadeaux viennent de l'amitié » et non « l'amitié des cadeaux ».

CHAPITRE IX

Éducation des filles.

Les filles doivent être élevées par leurs mères. — Le bonheur de la vie de famille dépend de l'éducation des femmes. — Apprendre aux filles tout ce que les ménagères doivent savoir. — Occupations manuelles. — Habitudes d'ordre. — Fille désordonnée (trouve ses bottines là où elle cherche son chapeau). — Fille soigneuse (emblème de la fleur printanière). — Ordre et économie. — La jeune fille bien élevée sait tout faire. — Bas-bleus. — Précieuses ridicules. — Préceptes de Fénelon et de MMmes Campan et de Maintenon. — Coquetterie. — Désir de plaire. — L'éducation donne aux filles l'intelligence, la grâce et la beauté. — Éclairer la jeune fille sur sa destinée. — Danse. — Le cœur fait « tic tac ». — Le travail empêche la jeune fille de se livrer aux rêveries. — Conclusions.

« Élever celles qui élèveront, c'est tenir en main l'avenir. »

L'éducation générale et le savoir-vivre, dans toutes les circonstances de la vie, étant traités dans les différents chapitres de ce livre, nous ne parlerons ici que de l'éducation particulière aux jeunes filles; nous ne ferons qu'indiquer la voie dans laquelle leurs mères doivent les engager, les habitudes qu'elles doivent leur faire prendre, les goûts qu'elles doivent leur donner, les sentiments qu'elles doivent leur inspirer.

La fille, — encore bien plus que le garçon, — est l'ouvrage de sa mère. « Il n'y a pas de pension, quoique bien tenue qu'elle soit, a dit Mme Campan (célèbre directrice de l'École d'éducation de jeunes filles d'Écouen), il n'y a pas de grand établissement national, quelque bien organisé qu'il puisse être, il n'y a pas de couvent, quelle que soit sa pieuse règle, qui puisse donner une éducation comparable à celle qu'une fille reçoit de sa mère. »

Et, avant Mme Campan, Fénelon, dans son excellent traité d'*Éducation des filles*, avait dit : « J'estime fort l'éducation des bons couvents, mais je compte encore bien plus sur celle d'une bonne mère. »

Il faut donc que la mère fasse l'éducation de sa fille, ou si, par des empêchements graves, elle ne peut la faire elle-même, il faut au moins qu'elle la surveille et la dirige.

La mère qui, pouvant la garder près d'elle, envoie sa fille dans un pensionnat est bien coupable.

C'est, la plupart du temps, par coquetterie qu'une mère (nous allions dire une marâtre) fait infiltrer, — par l'allaitement d'une nourrice qui peut appartenir à une famille dont la malhonnêteté est un vice héréditaire, — du sang étranger dans les veines de son enfant.

C'est presque toujours par vanité qu'une mère fait admettre sa fille dans un pensionnat où des étrangères lui inspirent des sentiments et des goûts tout différents de ceux de sa famille.

Il ne faut pas perdre de vue que la femme est naturellement constituée pour vivre par les sentiments et par le cœur, et non par les sciences et par l'esprit. Généralement, on s'attache trop à former l'intelligence des filles dont on veut absolument faire des *savantasses* (on verra plus loin ce que les grands moralistes disent à ce sujet), et on ne s'attache pas assez à former leur cœur par lequel elles doivent vivre aussi bien comme filles et comme sœurs, que comme épouses et comme mères. Or, on ne parle au cœur qu'en famille. Nulle part, mieux qu'au paternel foyer, l'âme de la jeune fille ne peut être disposée aux tendres sentiments, aux douces expansions.

La fille imite naturellement sa mère, suit son exemple, s'identifie avec elle. C'est ainsi qu'elle se pénètre des habitudes, des vertus et des sentiments de la famille dès le début de sa vie, et alors que l'âme reçoit les impressions qui ne s'effacent jamais.

La mère, — c'est entendu, — fera l'éducation de sa fille. Et, en se disant que le bonheur de la vie de famille dépend bien plus de l'éducation morale et des goûts d'ordre et de travail de la femme que de l'instruction et de l'habileté professionnelle de l'homme, elle apportera le plus grand soin dans l'accomplissement de ce devoir qui est, pour elle, aussi pressant et aussi impérieux que celui de l'allaitement.

En lui formant le cœur et le caractère, la mère apprendra, peu à peu, à sa fille tout ce qu'une ménagère doit savoir.

Tout en lui parlant souvent de la bonté, de l'affection, de la piété et de toutes les vertus dont une femme doit être douée, elle l'habituera aux différentes occupations intérieures. N'aurait-elle que la force de porter une serviette, il faut la faire participer à tout ce qui se fait dans le ménage. Ainsi dirigée, la fille parviendra vite à pouvoir suppléer sa mère dans tout ce qui concerne la tenue et la direction de la maison.

C'est surtout dans ses premières années, et alors que ses facultés intellectuelles ne sont pas encore assez développées pour pouvoir bien saisir la haute portée de l'enseignement moral, que l'on doit faire prendre en goût, à la jeune fille, les occupations manuelles, tout en faisant retentir souvent à son oreille les mots de religion et de dignité.

Ce qui attire le plus l'attention des enfants, — comme chaçun sait, — ce sont les choses matérielles et surtout celles qui offrent une satisfaction quelconque à leur égoïsme. Partant, on habituera, — pour commencer, — la petite fille à avoir souci de ce qui l'intéresse : soin de ses robes et de tout son habillement, propreté de sa personne, règlement de son petit budget, car il est utile, — malgré l'*opposition* de l'avarice, — de lui en *voter* un.

Quand la petite fille aura été bien laborieuse, on lui donnera quelques pièces de cinq ou dix centimes en lui recommandant de les enfermer dans son petit porte-monnaie. (Il faut donner un porte-monnaie aux jeunes filles. Le porte-monnaie étant la caisse particulière à laquelle l'égoïsme humain intéresse par-dessus tout, sera, par excellence, le professeur d'économie domestique des futures ménagères.)

L'obtention, ainsi méritée, de ces quelques centimes, fera comprendre à la jeune fille que seul le travail procure l'argent honnêtement gagné, et elle connaîtra, alors, la valeur de ce métal traité de vil par ceux qui l'aiment le plus, et elle réfléchira avant de le dépenser.

C'est là le seul moyen de lui apprendre comment une femme doit administrer les finances de la maison, — ce qui doit marcher avant tout.

Comme nous ne pouvons développer dans ce chapitre

les nombreux détails de l'économie domestique, nous n'y parlerons que d'une seule occupation intérieure qui pourra servir d'exemple pour toutes les autres occupations auxquelles il faut, dès les premières années de sa vie, accoutumer la jeune fille afin de lui apprendre tout ce qu'une femme doit savoir pour bien tenir son ménage :

Étant donné qu'une mère de famille, soigneuse et ordonnée, vérifie, — avant de le serrer dans l'armoire, — le linge qu'elle a elle-même lavé ou que la blanchisseuse lui a apporté, la mère se fera aider, dans cette opération, par la petite fille qui, aussi frêle et chétive qu'elle soit, aura toujours la force de placer les mouchoirs et de ranger les serviettes pendant qu'elle-même se chargera des draps et des autres grosses pièces. Ce placement du linge est une excellente leçon à donner à la jeune fille qu'il est utile d'employer sans cesse à toutes les occupations domestiques.

« Geneviève, il me faut cela, il me faut ceci; apporte-moi ta petite sœur Josette, remporte-la dans son berceau; ... va me chercher mon bas; ramasse mon peloton; va couper une salade au jardin; va au poulailler chercher des œufs; hache des choux pour faire la soupe à ton père; bats le beurre; mets du bois au feu; écume la marmite qui bout, jettes-y le sel; étends la nappe; rince les verres; va à la cave, ouvre le robinet, remplis au tonneau la bouteille de vin. Et maintenant que tu as bien travaillé, apporte-moi ta robe, que je te pare, et tes beaux cheveux que je te les peigne... »

(LAMARTINE.)

Après le travail, qui doit marcher avant tout, passons à l'*ordre*, sans lequel le travail ne servirait à rien :

On habituera la jeune fille à avoir de l'ordre. L'absence de l'ordre appauvrit et ruine la maison. Sans ordre tout se perd, tout se brise, tout se détériore : il faut sans cesse acheter, réparer, renouveler. On fera comprendre à la jeune fille, — par des expériences personnelles, — tous les avantages que l'on tire de l'ordre. On lui citera souvent l'exemple offert par deux sœurs, dont une, — désordonnée, mal coiffée, mal débarbouillée, mal vêtue, perdant ses bas, et trouvant ses bottines où elle cherchait son chapeau, — offre l'aspect du désordre et de la répugnance, tandis que l'autre, — éveillée, proprette, pimpante, à la chevelure peignée et relevée avec art, ordonnée en toute chose, — est l'emblème de la fleur pure, printanière et parfumée.

Pour juger une femme on n'a qu'à voir comment elle tient son intérieur; si tout y est rangé avec ordre, c'est qu'elle a reçu une excellente éducation. Si tout est sens dessus dessous, c'est que sa mère l'a mal élevée, c'est qu'elle a été gâtée. L'ordre, — étant le compagnon inséparable et le principal agent du travail et de l'économie, — est indispensable à la femme. On devra donc habituer la jeune fille à ranger avec ordre les effets de sa poupée, — pour commencer, — et au fur et à mesure qu'elle grandit, tous les objets qui lui appartiennent personnellement.

On la réprimandera toutes les fois qu'elle laissera traîner quelque chose sur les meubles ou ailleurs. On lui répétera que, pour pouvoir trouver aisément tout ce dont on a besoin, il faut que tout dans la maison soit méthodiquement placé, et qu'une place soit assignée à chaque objet.

On parviendra vite à rendre une jeune fille ordonnée, si on l'occupe à ces classements méthodiques et si on lui fait répéter souvent ce proverbe vieux comme le monde : *Une place pour chaque chose et chaque chose à sa place.*

Quand la jeune fille commencera à grandir, on lui parlera *économie* (ce qui ne veut pas dire avarice). On lui dira qu'une femme économe est *un trésor*, et qu'une femme dépensière est *une ruine*. La femme économe, aussi modestes que soient les ressources du ménage, entretiendra toujours chez elle une aisance relative. La femme dépensière, — quelles que soient ses richesses, — amènera tôt ou tard la gène dans la maison.

On habituera la jeune fille à penser aux maladies, aux accidents et aux malheurs imprévus, afin que les dépenses qu'entraîneraient ces fâcheuses circonstances ne la prennent jamais au dépourvu.

On lui dira qu'une femme économe fait ses provisions

en temps opportun, et alors que les denrées sont au plus bas prix, et qu'elle paye tout au comptant, sachant que le crédit est une tentation nuisible de laquelle il faut se méfier; que la femme économe ne perd ni étoffes en loques, ni linge usé, trouvant à les utiliser dans la maison.

La jeune fille doit prendre l'habitude de se coiffer seule. Nous disons *jeune* et non *petite* fille avec intention, car jusqu'à l'âge de dix ans environ (cela dépendra de la précocité du développement physique) on lui coupera souvent les cheveux. On évitera ainsi l'épuisement des racines capillaires dont il faut réserver la force pour l'âge adulte, étant donné que la chevelure est, — pendant toute la durée de sa vie, — une des plus brillantes parures de la femme. Quel que soit son âge, la femme se montre toujours tête nue, et sa coiffure, — quelle qu'en soit la mode, — fait toujours ressortir ses cheveux. Couper souvent les arbres, c'est donner de la force à leurs racines, c'est multiplier leurs pousses. Les cheveux sont la végétation de la tête; les couper souvent, dans le jeune âge, c'est augmenter leur force, c'est assurer leur durée.

Enfin, le peu qu'il nous a été permis de dire ici relativement aux choses matérielles, suffira pour faire comprendre qu'il faut habituer les jeunes filles à tout faire. On les élèvera de façon à ce qu'elles soient un peu modistes, couturières, coiffeuses, blanchisseuses, cuisinières, etc... Sachant tout faire, — ou tout comme, — elles éviteront bien des journées d'ouvrières, bien des journées d'ennui.

Les jeunes filles apprendront donc à être manuellement laborieuses, alors même qu'elles se destineraient à des professions scientifiques ou artistiques. Quant aux jeunes filles qui ne veulent ou ne peuvent être ni institutrices, ni employées, ni artistes, le grand savoir est pour elles plus nuisible qu'utile. En général, l'éducation des filles ne doit pas viser à l'érudition. Mais il faut, bien entendu, leur faire apprendre ce qui leur est indispensable pour devenir des femmes aimables : il faut cultiver rationnellement leur esprit et les initier aux convenances et à tout ce qui se dit journellement, tout en évitant d'en faire des bas-bleus, susceptibles de négliger, — sans aucun profit pour la famille et pour la société, — les soins du ménage et les devoirs de la femme, pour passer leur temps à lire des romans, à écrire de la prose et des vers, et à médire de toute personne qui ne parle pas avec emphase et afféterie.

Tous les grands esprits conviennent que l'affectation du savoir est on ne peut plus nuisible à la considération des femmes. Molière a peint (comme lui seul savait le faire) le pédantisme des *précieuses ridicules* :

MAROTTE (femme de chambre).

Voilà un laquais qui demande si vous êtes visibles.....

MADELON (femme savante).

Apprenez, sotte, à vous énoncer moins vulgairement. Dites : « Voilà un nécessaire qui demande si vous êtes en commodité d'être visibles. »

MAROTTE.

Dame! je n'entends point le latin, et je n'ai pas appris comme vous la *filophie*.....

MADELON.

L'impertinente! Le moyen de souffrir cela!... Vite, venez nous tendre ici dedans le conseiller des grâces. (Le miroir.)

MAROTTE.

Par ma foi! je ne sais point quelle bête c'est là; il faut parler chrétien si vous voulez que je vous entende.

. . . .

CHRYSALE (bon bourgeois, parlant à ses sœurs, femmes savantes).

Voulez-vous que je dise? Il faut qu'enfin j'éclate,
Que je lève le masque, et décharge ma rate.
De folles on vous traite.....

. . . .

Vos livres éternels ne me contentent pas;
Vous devriez brûler tout ce monde inutile,
Et laisser la science aux docteurs de la ville;

. . . .

Et vous mêler un peu de ce qu'on fait chez vous,
Où nous voyons aller tout sens dessus dessous.
Il n'est pas bien honnête, et pour beaucoup de causes,
Qu'une femme étudie et sache tant de choses.

Former aux bonnes mœurs l'esprit de ses enfants,
Faire aller son ménage, avoir l'œil sur ses gens,
Et régler la dépense avec économie,
Doit être son étude et sa philosophie.
Nos pères, sur ce point, étaient gens bien sensés,
Qui disaient qu'une femme en sait toujours assez,
Quand la capacité de son esprit se hausse
A connaître un pourpoint d'avec un haut-de-chausse.
Les leurs ne lisaient point, mais elles vivaient bien;
Leurs ménages étaient tout leur docte entretien;
Et leurs livres, un dé, du fil et des aiguilles,
Dont elles travaillaient au trousseau de leurs filles.
Les femmes d'à présent sont bien loin de ces mœurs;
Elles veulent écrire et devenir auteurs.
Nulle science n'est pour elles trop profonde,
Et céans beaucoup plus qu'en aucun lieu du monde;
Les secrets les plus hauts s'y laissent concevoir,
Et l'on sait tout chez moi, hors ce qu'il faut savoir.
On y sait comme vont lune, étoile polaire,
Vénus, Saturne et Mars, dont je n'ai point affaire;
Et dans ce vain savoir, qu'on va chercher si loin,
On ne sait comme va mon pot, dont j'ai besoin.

La première de toutes les sciences pour une femme, c'est de connaître tout ce qui est relatif à la bonne tenue et à l'ordre de la maison. Son premier talent doit consister à avoir toutes les qualités de la bonne ménagère. Tout le reste ne doit venir chez elle qu'après, que bien après.

Donner des goûts de luxe aux jeunes filles, les bercer de vaines espérances, leur faire entrevoir la vie sous de séduisantes couleurs, c'est les perdre. Il faut les élever en vue de la modeste condition qui les attend presque toutes, les préparer à une destinée laborieuse, ne jamais parer leur corps ni leur esprit de vains ornements. Voilà ce qui, pour elles, est une véritable fortune.

Une femme d'une grande intelligence, qu'un grand roi — Louis XIV — a épousée (décembre 1684), une des femmes qui se soient le plus occupées de l'éducation des filles (elle avait fondé la maison de Saint-Cyr, où se trouve maintenant l'École militaire, pour y faire élever les filles nobles sans fortune), Mme de Maintenon dit ceci :

« Vous passerez souvent vos journées à travailler dans un grenier... Il y en aura d'autres, et ce seront les plus heureuses, qui se trouveront dans le fond d'une campagne avec quelques dindons, quelques poules et une vache... Ces dindonnières-là seront les plus heureuses. » Et elle recommande sans cesse de les élever rudement : « Qu'on les fasse travailler à tout ce qui se présente, dit-elle, qu'elles mangent de tout, qu'elles soient couchées et assises durement, qu'elles ne s'appuient jamais, qu'elles ne se chauffent que dans le grand besoin, qu'elles balayent et fassent les lits. Elles en seront plus fortes, plus adroites et plus humbles. »

Et ce n'était pas par dureté qu'elle disait cela, car elle les aimait beaucoup, mais elle ne voulait pas les gâter. S'étant aperçue, un jour, que la taille de quelques-unes se déformait, elle dit à la maîtresse des classes : « Il faut avoir soin de donner, autant qu'il en est besoin, des corps (corsets) pour conserver leur taille. Songez au tort que vous faites à une jeune fille qui devient bossue par votre faute, et, par là, hors d'état de trouver un mari... n'ayant pas de fortune qui fasse passer la difformité ». Il faut songer, en élevant les jeunes filles, à orner moins leur esprit, qu'à former leur raison.

« Les demoiselles, dit encore Mme de Maintenon, ont infiniment plus besoin d'apprendre à bien gouverner la famille avec sagesse que de faire les savantes et les héroïnes. Les femmes ne savent jamais qu'à demi, et ce qu'elles savent les rend fières, dédaigneuses, causeuses et dégoûtées des choses solides. »

» Il faut craindre d'en faire des savantes ridicules, » dit le célèbre archevêque Fénelon.

L'apprentissage des choses pratiques doit donc avoir la priorité dans l'éducation des filles, et leur éducation morale doit exiger plus de soins que la culture de leur esprit. Cependant, il ne faut rien exagérer, et si une jeune fille (alors même qu'elle ne se destinerait ni à l'enseignement ni aux emplois administratifs ou industriels) peut, — sans nuire à sa santé et à son éducation morale, pratique et sociale, —

acquérir une bonne instruction littéraire et scientifique elle fera bien. Ne doit-elle pas être la première institutrice de ses enfants ?

Ce qu'il faut combattre énergiquement chez la jeune fille c'est la coquetterie, c'est le violent désir de plaire qui naît avec elle. Il faut lui dire souvent que plus elle oubliera sa beauté, plus elle sera charmante. La beauté se voit, on n'a pas besoin de la montrer. Mais, malheureusement, la *plupart* des jeunes filles (encore un peu et nous disions *toutes*), dès qu'elles se sont aperçues qu'elles sont belles, — et c'est la première chose qu'elles aperçoivent sur terre, — deviennent vaines, coquettes et orgueilleuses. Nous ne saurions trop recommander de les rappeler souvent à la modestie et à l'humilité. On leur fera comprendre que la beauté sans modestie est une tyrannique autocratie, et que les hommes de nos jours sont disposés à s'insurger contre les empires absolus. La beauté hautaine n'a pas beaucoup de courtisans; elle ne subjugue que les hommes frivoles au caractère servile et plat. La beauté humble, au contraire, attire et retient les hommes aux fiers et nobles sentiments, soit : les seuls hommes qui comptent réellement. Et ceux-là, à défaut de beauté humble, disent :

Je préfère
Laideur affable à beauté rude et fière.

Que Mesdemoiselles les Belles se le tiennent donc pour dit : la laideur a souvent la priorité sur leur beauté.

Est-ce que l'on ne finit pas, par suite de l'habitude, par regarder, sans aucune admiration, un beau tableau que l'on a chez soi ? Est-ce que l'on ne finirait pas par le regarder même de travers, s'il se détachait de temps en temps, — faute d'être *bien tenu*, — et mettait le désordre parmi les objets de l'étagère sur laquelle il tomberait ?

Il en est de même d'une belle femme qui n'aurait pas d'autres qualités : En l'ayant toujours sous les yeux on finit par la regarder avec indifférence, et si elle est dans la maison une cause de désordre et de trouble, si elle ne se *tient pas bien*, on arrive vite à lui faire autre chose que les yeux doux.

Il faut aussi faire comprendre à la jeune fille qu'elle doit avoir horreur de l'égoïsme, de la médisance et de tout ce qui rétrécit l'esprit et dessèche l'âme.

Bien plus que la fleur délicate et tendre que la moindre brise flétrit, la jeune fille exige des soins. Le plus léger souffle la ternit et empêche à jamais son éclat primitif de reparaître. Si le garçon peut arriver à la sagesse en passant par l'étourderie, cela est complètement impossible à la jeune fille. L'apparence même d'une légèreté peut détruire le bonheur de toute sa vie, et vouer les cheveux blancs de sa mère à de cruels chagrins.

Mères! ayez soin de vos filles. A vous d'en faire les anges ou les démons du foyer.

L'éducation donne absolument tout aux filles. Elle leur donne

> Ce don du Ciel, — triple puissance
> Qui subjugue l'humanité, —
> Le charme de l'intelligence,
> De la grâce et de la beauté.

Oui, l'éducation donne aux filles la beauté elle-même, car la fille bien élevée n'est jamais laide. Son élocution de bon goût, son maintien correct, ses manières délicates donneront toujours à sa personne du charme et de la distinction.

Pour que la jeune fille ne passe pas brusquement et sans transition de l'enfance au terrible désenchantement amené par les amertumes de la vie d'épouse et de mère, il est prudent de l'éclairer petit à petit, pas à pas, en évitant soigneusement, bien entendu, d'effleurer sa pudeur.

Vouloir tout cacher à une jeune fille est une grande erreur.

A moins qu'elle ne soit une grande niaise, croyez-vous qu'une jeune fille ne sache pas, — sans que personne ait besoin de le lui dire, — pourquoi la nature l'a faite si belle?

Mieux vaut donc prendre les devants et lui dire qu'elle est destinée à plaire aux jeunes gens (ce qui doit toujours tenir en éveil sa prudence). Mieux vaut lui parler souvent de la part qu'elle est destinée à prendre dans le mouvement de la vie, que de la laisser exposée à des recherches souvent mal réglées qui peuvent l'égarer.

Une contrainte à tenir les yeux baissés, un silence constamment imposé, compriment tous les mouvements naturels qui, plus tard, n'en éclatent que plus violemment.

Voyons! qui peut croire qu'une jeune fille ait des yeux pour ne rien voir, des oreilles pour ne rien entendre et une sensibilité pour ne rien sentir?

L'élever dans l'ignorance complète des dangers auxquels elle peut être exposée, — et comme demoiselle et comme femme, — c'est une énorme faute.

Il est donc essentiel que la mère fasse adroitement comprendre à sa fille toutes les obligations de sa destinée, et évite d'en faire une sophie et une prude.

« Plus tôt qu'une autre une prude est séduite, » a dit, avec raison, Florian.

On ne doit donc pas craindre, — tout en étant très clairvoyant, — de faire produire chez les jeunes filles, avant leur mariage, les premières impressions des plaisirs innocents. Comme il faut absolument que ces impressions se produisent, il est plus prudent que cela ait lieu pendant leur adolescence que lorsque commencent pour elles les grands devoirs d'épouses et de mères, et alors que les parents ne sont plus là pour les guider. Ces plaisirs, qui donnent satisfaction à l'imagination poétique des jeunes filles, sont très salutaires. Ils dissipent l'ennui, ils empêchent l'âme de se comprimer. Les jeunes filles bien élevés vont tout naturellement à eux comme les abeilles vont instinctivement aux fleurs : elles en respirent avidement le parfum, mais elles en laissent dédaigneusement l'amertume et le poison.

On doit donc permettre à la jeune demoiselle tous les amusements que le bon goût permet:

Toutes les jeunes filles aiment danser. On leur permettra

cette agréable et juvénile distraction qui est un des plus utiles exercices gymnastiques. La danse, tout en amusant, donne de la force et de la souplesse aux membres, de la grâce aux mouvements, de l'élégance à la démarche; elle fortifie la santé, remédie souvent aux attitudes vicieuses du corps et, — quoi qu'en disent les lourdauds, les rigoristes et les vieux qui ne peuvent plus se mouvoir, — si elle fait lever tous les pieds, elle ne fait pas tourner toutes les têtes. Mais, comme il y a fagots et fagots, il y a danses et danses. Les demoiselles et les jeunes dames doivent s'en interdire quelques-unes et principalement la valse. « Quand, d'un bras, on entoure une taille fine et souple qui, soumise à la cadence, obéit et s'approche chaque fois qu'on l'invite par une douce étreinte; qu'on tient de l'autre main une main complaisante qui ne quitte point la vôtre, ou que l'on n'abandonne que pour s'enlacer davantage; quand, si près l'un de l'autre, on se dispute le même air et qu'on le reçoit tour à tour des lèvres qui l'ont respiré, les deux regards, qui n'en font qu'un, se confondent, portent et rapportent la même pensée d'amour et le même trouble; quand on est jeune, aimant, aimable, beau et qu'on valse, il est facile de prévoir ce qui peut arriver. Mères, qui laissez valser vos filles; maris, qui possédez des femmes jeunes, jolies et impressionnables, et les laissez valser, avez-vous donc perdu la mémoire, ou plutôt la tête? »

Dirigée par une mère sensée et prévoyante, la jeune fille n'a rien à redouter.

La mère connaît à fond le caractère et le cœur de sa fille. Elle sait, elle devine tout ce qui se passe en elle. Aussi, dès qu'elle s'apercevra qu'il naît dans son âme le seul sentiment que la raison ne peut paralyser, elle ne manquera pas de lui dire : « Inutile de le nier, je sais, ma fille, que ton cœur fait *tic tac* pour quelqu'un. Nomme-le-moi. Tu as eu certainement le droit de le choisir, mais c'est à moi de juger si tu ne t'es pas trompée. »

Et maintenant, finissons ce chapitre en recommandant encore à la jeune fille le goût du travail, du travail utile.

L'oisiveté est la perdition de la jeune fille. Elle est la cause de sa maladresse et de sa coquetterie. Elle est la source de sa langueur d'âme et de la faiblesse de son corps.

Quand on voit une jeune fille gauche, pâle, langoureuse, chétive, amollie, lourde, embarrassée, curieuse, exaltée, on peut dire, avec assurance, que sa mère ne lui apprend qu'une seule chose : la PARESSE.

Les occupations rendent la jeune fille intelligente, adroite, robuste, gaie et, de plus, charmante, car la fille laborieuse fascine tous ceux qui l'entourent. Ne permettant jamais à son imagination d'entrevoir l'idéal irréalisable, la fille occupée sera sérieuse et sensée; elle rira des héros de roman, et dira aux demi-dieux qui viennent lui conter fleurette qu'elle n'a pas le temps de les écouter.

Le travail, occupant l'esprit à des actions précises, empêche la jeune fille de se livrer aux rêveries funestes, et il la rend active et ordonnée, ce qui plus tard lui sera de première nécessité.

En effet, si une femme n'était pas laborieuse et méthodique, comment ferait-elle pour remplir les nombreux et difficiles devoirs que lui imposent ces deux titres sacrés : ÉPOUSE et MÈRE?

CHAPITRE X

Éducation des garçons.

Grandeur d'âme. — Force de caractère. — Virilité. — Amour de la Patrie. — Courage. — Ne jamais parler de la peur aux garçons. — La peur les rend stupides, lâches, hébétés. — Le courage est pour les hommes ce que la pudeur est pour les femmes, soit : la première vertu. — Travail. — Émulation. — Horreur des dettes. — Liaisons. — Plaisirs. — Sollicitudes. — Affection des garçons pour leurs sœurs. — Choix d'un état. — Faut il se marier?

Jusqu'à l'âge de six ans environ, l'éducation morale des enfants — garçons et filles — est la même. Avant cet âge, leur discernement ne s'étant pas encore formé, ils ne comprendraient rien à ce que l'on pourrait leur dire relativement à leur mission distincte.

Ce ne sera donc que lorsque les garçons auront un peu de jugement que l'on commencera à diriger leurs pensées et leurs goûts vers le rôle qu'ils doivent remplir dans la vie.

L'homme étant destiné à lutter moralement et physiquement pendant toute sa vie, l'éducation des garçons aura pour objectif tout ce qui a trait à la grandeur d'âme, à la force de caractère, à la virilité du tempérament, à l'agilité du corps.

On commencera, dès le jeune âge, à inspirer aux garçons l'amour de la Patrie et des devoirs civiques.

La première qualité de l'homme doit être le courage. Et l'on entend par courage aussi bien la bravoure qui amène le soldat à ne redouter aucun ennemi, que la force de caractère qui, chez tout homme, vainc les difficultés et les chagrins.

Le courage c'est l'énergie du corps et de l'âme, qui soutient l'homme dans les périls matériels et dans les vicissitudes morales.

On habituera les garçons à supporter, sans gémir, toutes les souffrances.

On ne négligera rien de tout ce qui peut développer leur force et leur adresse. Cela les rendra sûrs d'eux-mêmes, et en fera des *hommes*.

C'est surtout quand ils sont d'un naturel pusillanime qu'il faut soigner leur éducation virile.

On commencera par ne pas les plaindre quand — tout petits — ils viendront en pleurant montrer leurs moindres égratignures, montrer leurs insignifiants bobos. On leur dira que cela n'est rien du tout et qu'ils en verront bien d'autres quand ils seront grands. On ne s'apitoiera jamais en leur présence, sur leurs petites infortunes, et on ne leur parlera jamais de la peur dont le mot et la chose doivent leur être inconnus.

On a partout la condamnable habitude de faire croire aux enfants qu'il y a dans l'espace des êtres fantastiques qui en veulent à leurs personnes. On leur fait des contes absurdes de revenants, de croquemitaines, de diables, etc...

C'est on ne peut plus maladroit. Les enfants, par ce procédé coupable de vieille commère, deviennent pusillanimes, lâches, hébétés, quelquefois idiots et toujours stupides. Il se produit, chez l'enfant peureux, des désordres d'idées qui peuvent lui créer de grands dangers. S'il est levé, et s'il se trouve dans l'obscurité, il fuira au moindre bruit — même à un bruit imaginaire — se fendra la tête contre les murs ou les meubles, tombera du haut de l'escalier, se jettera n'importe où. S'il est au lit, il sera oppressé, effrayé et épouvanté au point d'agiter son sang, ses nerfs et son cerveau, ce qui est terrible, car il en résulte souvent l'épilepsie. les convulsions ou la folie. Et tout cela parce qu'on lui aura donné bêtement l'idée de la peur.

Si par malheur on a commis la maladresse de faire naître ce vil sentiment chez l'enfant, on doit s'occuper très sérieusement de le faire disparaître. On doit chercher énergiquement à détruire les extravagances absurdes que l'on a, criminellement, glissées dans son esprit, en lui disant que l'on a voulu se moquer de lui. On ira avec lui dans les endroits où il s'imagine qu'il existe des êtres redoutables, et on lui démontrera ainsi qu'il s'effraie d'un rien. On lui répétera souvent que les revenants, les croquemitaines et les diables n'existent que dans l'imagination malade des imbéciles, mais que lui, garçon intelligent, ne doit attacher aucune importance à ces niaiseries. En lui parlant de la sorte, l'enfant n'aura plus de craintes. Il ira seul n'importe où, restera dans l'obscurité sans compagnie, et il ne se faussera plus l'esprit par des faiblesses, des couardises et des poltronneries indignes d'un homme.

« Je ne donnerai jamais une leçon de timidité à mes garçons, a dit une Romaine. Il faut, avant tout, qu'ils soient des hommes. A la pensée d'une faiblesse, d'une lâcheté de leur part, mon cœur maternel se révolterait. »

Rien de plus estimable que la hardiesse; rien de plus méprisable que la pusillanimité.

Le courage est pour les hommes ce que la pudeur est pour les femmes.

Songez en me parlant que je suis une femme,
Seigneur. — N'espérez pas vous couvrir de ce nom.
Vous une femme? Un lâche est-il un homme? Non...
Eh bien! je vous le dis : On doit le même outrage
Aux femmes sans pudeur qu'aux hommes sans courage,
Car le droit au respect, la première grandeur,
Pour nous c'est le courage et pour vous la pudeur.

E. Augier.

Le courage est donc la première vertu de l'homme. Lui seul le rend apte à protéger la famille, lui seul le rend apte à défendre la Patrie.

Comme rien au monde n'inspire autant d'horreur que l'hypocrisie, on inspirera aux garçons les sentiments de franchise et de loyauté.

On leur parlera souvent du travail en leur disant que ce n'est que par lui que l'homme peut éviter la gêne et peut s'assurer une existence honorable.

On leur conseillera d'être patients et prudents en leur disant qu'ils rencontreront bien des épines et des écueils pendant leur vie, et que les parents ne seront plus là pour les guider et les préserver des chutes.

On leur inspirera l'émulation en leur disant qu'ils ne doivent jamais être les derniers en habileté.

Afin de les mettre en garde de l'idée de contracter des dettes, on leur dira qu'au sortir de l'enfance — et alors que les irréflexions de la jeunesse peuvent les conduire à être dupés — les jeunes gens sont souvent attirés par des créanciers cupides.

On leur fera comprendre qu'ils ne possèdent rien; qu'ils n'ont aucun droit de disposer de quoi que ce soit; qu'ils ne peuvent pas plus prendre ce qui se trouve dans la maison que ce qui se trouve chez le voisin. Et que s'ils s'emparaient de ce qui appartient à la famille ils commettraient un vol, un vol d'autant plus horrible que le bien dépensé en folies par les garçons, étant prélevé sur les besoins de la famille, met souvent les parents dans la gêne, diminue la petite dot à faire à la sœur, et supprime parfois le pain à assurer aux vieux parents. Ce vol s'étend même sur la nouvelle famille. Plus d'un garçon prodigue a prélevé sur la dot de son épouse de quoi payer ses dettes, ce qui fait qu'après avoir spolié ses parents, il dévalise sa femme et ses enfants.

On recommandera aux garçons de ne pas prodiguer l'amitié, en leur disant qu'entre l'affection vraie, profonde et sérieuse, et la camaraderie banale et facile, il y a une grande distance. La première est chose rare, la seconde, chose commune. Le choix des liaisons doit leur être sérieusement recommandé. On leur conseillera d'être aimables, serviables et bons avec leurs voisins, mais de n'être intimes qu'avec les personnes que les parents auront reconnues dignes de leur serrer la main. Il ne faut pas profaner les poignées de main. Il ne faut pas prodiguer cette marque de sympathie. Si, dans la vie, des circonstances amènent à serrer la main à des hommes que l'on n'aime pas, rien oblige à la serrer aux hommes qu'on méprise. (Relire le chapitre *Le frère* pour savoir à quoi s'en tenir sur les amis.)

Un des plus grands défauts du jeune homme est le désir effréné des plaisirs. N'ayant pas encore éprouvé de déceptions, il se laisse emporter par sa nature ardente et vive.

C'est de son âge, dira-t-on. Soit. Et nous sommes loin de condamner l'enjouement sincère, les réunions correctes où la franche gaieté ouvre le cœur à l'amitié, pas plus que nous ne condamnons les plaisirs vifs et sains qui ne lèsent ni le corps, ni l'âme, ni la bourse des jeunes gens. Ce que nous flétrissons ce sont ces amusements que le jeune homme va chercher dans des lieux de débauche, par ces belles journées et ces heures précieuses dues au travail, dues aux études. Heures et journées qui passent si vite, qu'on ne retrouve plus, et que, à l'âge de raison, on regrette tant. Les plaisirs que nous condamnons ce sont ces occasions cherchées par le jeune homme pour éparpiller au hasard ses affections; pour contracter de vulgaires et intimes liaisons qui usent le cœur, et qui, par suite, le rendent insensible au bonheur divin de la famille. Les plaisirs que nous stigmatisons ce sont ces commerces d'un jour; ces oublis d'une heure; ces relations faciles qui altèrent la dignité, qui ternissent la pureté de caractère, qui font toucher la honte et qui mettent en contact avec la souillure; ces plaisirs qui jettent le cœur — que la mère a eu tant de peines à former — en proie à la débauche.

Mères! si vous n'y prenez garde, vos fils peuvent être entraînés par ces plaisirs-là.

Si vous les laissez sans guide et sans conseils, ils seront vite lancés dans l'abîme. Il faut les retenir, et pour cela il n'y a de plus fortes attaches que les liens de la famille. Entourez vos garçons de sollicitude afin que votre ascendant affectueux les lie toujours à vous, et leur fasse conserver l'amour du foyer paternel. Le garçon qui est dominé par l'esprit de famille, ne se trouvera jamais sur la pente d'une mauvaise action; l'idée d'affliger ses parents, la pensée des larmes de sa mère le feront éloigner de l'abîme, et — soyez-en convaincues — il ne fera jamais rien qui puisse vous faire rougir ou pleurer.

Les garçons doivent aimer leurs sœurs. Le sexe de celles-ci est doué de charmes et de grâces dont elles se servent souvent pour rendre le calme à toute la maison, pour bannir les humeurs chagrines, et pour tempérer les reproches. La nature les ayant faites plus sensibles et plus faibles que les garçons, ceux-ci doivent être attentifs à les consoler si elles sont affligées, et ils doivent constamment leur montrer du respect et de l'affection.

Les garçons qui contractent envers leurs sœurs des habitudes de rudesse deviennent grossiers et méchants. Les garçons habitués aux doux procédés de l'amour fraternel apporteront dans leurs relations sociales la tendance à l'estime et aux vraies sympathies.

Le choix d'un état pour les garçons sera de la plus haute importance, car leur bien-être en dépend. Une fois la carrière choisie, il faut qu'ils l'entreprennent avec une volonté ardente et ferme, et s'y engagent avec l'idée de dévouement et de vertu qu'elle exige. Tout état pour lequel on a du penchant est excellent, et offre des chances de succès.

Tous les états, depuis le plus élevé jusqu'au plus humble, ont leur douceur et leur dignité. Mais il faut y apporter du goût et de la vocation, autrement on ne tarde pas à se décourager.

Toutes les routes de la vie humaine ont des épines. Lorsque les garçons auront fait le premier pas dans une de ces routes, lorsqu'ils auront prudemment choisi une carrière il faut qu'ils persistent. Ils ne se laisseront pas agiter par de vains regrets, par d'éternelles lamentations, par le désir du changement. Qu'ils n'oublient jamais que ceux-là seuls qui savent persévérer dans leurs entreprises peuvent espérer de devenir des hommes distingués. La persévérance est la moitié du génie.

Ils persisteront donc dans l'état qu'ils ont choisi sans s'irriter en voyant qu'un autre état conduit à de plus grands honneurs, à une plus grande fortune que le leur. Ils persisteront dans leur carrière sans se plaindre de n'être pas assez estimés ou rétribués et sans s'indigner que les autres hommes ne consentent pas à rester au-dessous d'eux.

Celui qui se laisse dominer par la jalousie et l'orgueil perd sa part de bonheur sur la terre.

L'homme vain, jaloux et ambitieux, est la victime martyrisée de ses passions. Il peut dire : « adieu calme, adieu joie ».

Il est certain que les mérites ne sont pas toujours récompensés dans une juste proportion. L'homme qui a du talent est naturellement modeste; il travaille sans bruit, ce qui fait qu'il est presque toujours éclipsé et dénigré par les hommes médiocres, ambitieux, vantards et malhonnêtes qui n'arrivent que par intrigues et indélicatesses. Mais l'humanité en est encore là, et ce ne seront pas les emportements — aussi justifiés qu'ils soient — d'un homme qui changeront immédiatement la marche des choses. Afin qu'ils puissent continuer à travailler avec goût et courage à leur prospérité, on recommandera donc aux garçons de ne pas prendre trop à cœur les iniquités qu'ils auront essuyées.

Pour empêcher les jeunes gens de s'unir à des compagnes indignes d'eux, on leur parlera souvent des tourments qui attendent l'homme qui soumet son cœur au pouvoir d'une femme sans vertu.

Avant de lier son sort au sort d'une femme digne d'estime et de bonheur, le jeune homme doit se demander s'il est bien au-dessus de la colère, de la jalousie et de la cruauté, et s'il est assez sérieux pour résister aux entraînements et aux passions. S'il doute de ses qualités d'époux affectueux, et s'il doute de sa conduite et de son caractère, il faut absolument qu'il ajourne son mariage, et même ne jamais se marier. Le célibataire hargneux et insociable ne fait de mal qu'à lui-même, et il peut, impunément, s'en faire autant qu'il veut : nul ne le blâmera. Mais le mari cruel et désordonné qui fait du mal à tous ceux qui l'entourent est un criminel que tout le monde condamne et flétrit.

FIN DE LA TROISIÈME PARTIE

QUATRIÈME PARTIE

LE SAVOIR-VIVRE

DANS TOUTES LES CIRCONSTANCES DE LA VIE

(ÉDUCATION SOCIALE)

I. Considérations générales. — II. Savoir-vivre à l'église (DIFFÉRENTS CULTES). — **III. Savoir-vivre en société** (LES VISITES). — **IV. Savoir-vivre à table** (MAITRES DE MAISON ET INVITÉS). — **V. Savoir-vivre au dehors** (LES PROMENADES ET LES VOYAGES). — **VI. Savoir-vivre en parlant** (LA CONVERSATION).

CHAPITRE PREMIER

Considérations générales.

Les lois du savoir-vivre, bien qu'elles n'aient jamais été promulguées, bien qu'elles ne figurent sur aucun code officiel, n'en régissent pas moins la société; les transgresser, c'est encourir des peines qui, sans être aussi flétrissantes que les peines prononcées par les tribunaux, n'en mettent pas moins celui qui les enfreint au ban de l'opinion publique.

Bien se conduire dans toutes les circonstances est chose indispensable à l'homme civilisé. C'est ce que l'on appelle le *savoir-vivre* qui fait distinguer les personnes bien élevées, qui plaisent, des gens grossiers, qui répugnent.

Le savoir-vivre est aussi utile que le savoir-lire.

La civilisation assujettit à certains usages dont il est impossible de s'affranchir, et que — par conséquent — il faut absolument connaître. Du reste, ces usages sont salutaires : ils prédisposent à la délicatesse et à la distinction.

La grossièreté des manières annonce toujours la dureté du cœur. L'homme mal élevé est, après le malfaiteur, l'être le plus répugnant de la terre.

Donc, apprendre aux enfants les usages de la société est une impérieuse obligation.

Les mères trouveront dans cette quatrième partie du *Livre de la Famille* tout ce qui est relatif au savoir-vivre dans toutes les circonstances de la vie.

CHAPITRE II

Savoir-vivre à l'église.

DIFFÉRENTS CULTES.

Mise. — Recueillement. — Se conformer aux usages des fidèles.

On sait que l'homme est avide de libertés (nous mettons ce mot au pluriel, car il y a plusieurs libertés, et il ne saurait jamais assez y en avoir), mais la liberté qu'il revendique avec le plus d'énergie — et il a raison -- c'est la liberté de conscience. Il veut adorer le dieu qui lui plaît, ou il ne veut rien adorer du tout. Cette liberté, toute naturelle, qu'il a souvent payée de son sang (que de bûchers, que d'échafauds le fanatisme dominant et cruel n'a-t-il pas dressés — à la honte de l'humanité — pour martyriser les croyants et les hérétiques!), cette liberté, disons-nous, l'homme l'aime passionnément.

N'est-ce pas atroce autant qu'absurde de vouloir forcer quelqu'un à aimer, à adorer ce que nous aimons et ce que nous adorons? On ne peut pas plus unifier les croyances et les aspirations des hommes, que l'on ne peut niveler leur taille, et égaliser leur intelligence.

Donc toute religion est respectable.

L'homme bien élevé et délicat se conduira avec respect et décence, aussi bien dans une synagogue que dans une église, aussi bien dans une mosquée que dans un temple. En agissant ainsi, il honorera Dieu et il respectera les hommes.

Celui qui entre dans un sanctuaire pour se moquer des croyants qui s'y trouvent et pour railler le dieu qu'ils adorent est un grand imbécile; et si ses bravades lui attirent quelques mésaventures, il n'a pas un mot à dire. Il n'a que ce qu'il mérite, nul ne l'a contraint à venir là.

Quand la foi ou la conscience détourne d'un culte quelconque, on n'entre pas dans le temple où ce culte est professé. Si l'on y entre, il faut absolument se tenir avec le même recueillement que celui des adeptes.

Avant de pénétrer dans un établissement religieux, il est prudent de s'informer comment on doit s'y présenter. Car il faut scrupuleusement se conformer aux usages des fidèles, sous peine de graves inconvénients : certains fanatiques seraient capables de faire un mauvais parti à celui qui, même inconsciemment, se serait montré irrévérencieux envers la divinité que l'on y prie.

De même que l'on ôte son chapeau en entrant dans une église, on le garde en entrant dans une synagogue, et on retire sa chaussure en entrant dans une mosquée. L'entrée dans d'autres sanctuaires exige des épreuves encore bien plus excentriques. Les sectateurs de Brahma (dieu des Indiens), — qui sont au nombre de 189 millions — ayant une vénération particulière pour la vache, qu'ils nomment *gôghna*, et qui est, à leurs yeux, l'emblème et le symbole de l'abondance — se frottent les bras avec de la fiente de vache avant d'entrer dans leurs pagodes. (Leurs églises.)

Si l'on ne veut pas se soumettre à ces usages, il ne faut pas entrer dans les temples de n'importe quelle religion, d'autant plus que rien n'oblige à y entrer.

Les cérémonies religieuses sont choses graves et sacrées. Quand on y assiste, il ne faut jamais donner aucun signe de légèreté, ni d'extravagance, soit par geste, soit par parole. Si l'on est embarrassé sur la manière d'agir, il faut faire absolument ce que l'on voit faire aux fidèles : s'agenouiller quand ils s'agenouillent, s'asseoir quand ils s'asseyent, se lever quand ils se lèvent. Agir autrement, afficher du cynisme et de l'impiété, ce serait on ne peut plus absurde, grossier et, nous le répétons, dangereux.

Toutes les fois que l'on va à l'église, on doit être proprement habillé. Les personnes polies offrent l'eau bénite avec l'index de la main droite, en entrant dans une église catholique. (On doit ôter les gants pour prendre l'eau bénite.)

C'est un manque complet de savoir-vivre que d'arriver

en retard à l'église. De plus, on dérange tous ceux qui se trouvent sur le passage, et on gêne tout le monde par le bruit que l'on fait en marchant et en remuant les chaises.

Du reste, il n'y a que les femmes *coquettes* qui se permettent cette inconvenance. Et elles se la permettent à seule fin qu'on les regarde, à seule fin que l'on entende le *frou-frou* de la robe neuve qu'elles mettent pour la première fois; que l'on remarque le sourire étudié qu'elles adressent aux amies; que l'on remarque le petit salut hypocrite qu'elles font aux personnes qu'elles connaissent; que l'on admire les simagrées qu'elles font pour se faire admirer, seule chose, du reste, qu'elles viennent chercher, sans aucun respect pour la sainteté du lieu.

Comme en tout l'exagération est un grand défaut, il ne faut pas non plus afficher un rigorisme outré, qui dénote souvent plus d'hypocrisie que de piété; faire de grands signes de croix en allongeant les bras et en se désarticulant les épaules; se prosterner jusqu'à terre; marmotter — de façon à se faire entendre — d'un ton sépulcral, des oraisons et des prières souvent écorchées, c'est tout ce qu'il y a de plus inconvenant, de plus gênant et de plus ridicule.

Il faut arriver aux églises un peu à l'avance, comme on le fait pour les invitations mondaines; se glisser doucement et sans ostentation à sa place; ne faire aucun geste, ne parler à personne. Ne pas prier, si l'on veut, mais ne pas troubler ceux qui prient.

Les femmes de la religion catholique, qui savent vivre, ne vont à l'église, la semaine sainte, qu'en costume sombre. Beaucoup d'entre elles se mettent même en deuil le vendredi saint.

Pour toutes les autres cérémonies religieuses — les enterrements et les anniversaires exceptés — on doit aller aux églises — surtout les jours de grandes fêtes — en toilette élégante.

Lorsqu'on entre dans un temple religieux dans le seul but de le visiter, on doit marcher le plus doucement possible, parler très bas et se conduire avec décence, afin de ne pas troubler le recueillement des personnes pieuses qui font leurs prières.

On ne donne jamais le bras aux femmes dans les églises de n'importe quelle religion, à l'exception des cérémonies de mariage.

CHAPITRE III

Savoir-vivre en société.

LES VISITES EN TOUTE OCCASION.

I. **Considérations générales** (Les visites sont utiles; leurs catégories). — II. **Mise** (doit être correcte). — III. **Arrivée** (précautions avant d'entrer). — IV. **Entrée** (manière de se présenter). — V. **Attitude pendant la visite** (manière de s'asseoir, conversation). — VI. **Durée de la visite** (doit être courte). — VII. **Départ** (se retirer à propos, sortir convenablement). — VIII. **Visites de charité** (laissent le plus de satisfaction). — IX. **Visites d'amitié** (n'ont pas de règles). — X. **Visites de politesse** (sont dues pour chaque invitation reçue). — XI. **Visites de félicitations** (se font aux amis heureux). — XII. **Visites de condoléance** (se font aux amis malheureux). — XIII. **Visites du 1er janvier** (sont obligatoires dans les familles et entre amis; sont de rigueur dans les administrations). — XIV. **Visites de reconnaissance** (on les doit aux bienfaiteurs). — XV. **Visites de cérémonie** (sont obligatoires pour les fonctionnaires). — XVI. **Devoirs des personnes qui reçoivent** (politesse, prévenance, amabilité). — XVII. **Cartes de visite** (apportent le bonjour de l'ami absent; sont très utiles).

I

CONSIDÉRATIONS GÉNÉRALES

Les visites sont utiles. — Différentes catégories. — Heure à laquelle on doit les faire. — Délai pour les rendre.

Les visites établissent et maintiennent des relations sympathiques — et quelquefois intimes — entre les hommes. Elles sont utiles. Leur usage est recommandé souvent par le cœur, et toujours par la civilité. Dans tous les cas elles créent des rapprochements bien plus courtois que les relations d'affaires où l'intérêt — à l'exception complète de tout autre sentiment — absorbe l'homme en entier.

On les divise en visites de *charité*, d'*amitié*, de *politesse*, de *félicitations*, de *condoléance*, du 1er *de l'an*, de *reconnaissance*, de *cérémonie*.

Toutes se font de 2 à 5 heures du soir.

On les fait en semaine, et jamais le dimanche ni les jours de fêtes, à moins que la localité où l'on se trouve ait des usages spéciaux.

Une jeune dame — à plus forte raison une demoiselle — ne doit jamais aller seule en visite; elle doit toujours se faire accompagner par sa mère ou par une parente, à moins qu'elle n'aille chez une amie intime.

Si on ne vous a pas rendu la visite que vous avez faite, à n'importe quelle occasion, abstenez-vous d'en faire d'autres dans la crainte d'être importun, à moins que cette visite n'ait été faite à un supérieur qui, lui, n'est pas tenu de la rendre.

Vous avez un délai d'un mois pour rendre la visite qui vous a été faite.

On ne doit jamais faire de visite dans les moments inopportuns comme à l'heure des repas ou d'une occupation sérieuse.

II

MISE

Habit. — Redingote. — Gants. — Éviter d'arriver crotté.

Une mise correcte et décente est de rigueur pour les visites, excepté pour les visites d'amitié qui ne sont soumises à aucune règle. Les visites de cérémonie, surtout, doivent être faites en habit ou en costume officiel. Les autres peuvent être faites en redingote noire. Il faut éviter d'arriver crotté, et il faut toujours être soigneusement ganté.

Les militaires ont leurs épées ou leurs sabres, qu'ils ne doivent jamais quitter. (Ils ne les quittent que pour danser ou pour se mettre à table.)

Quand on va rendre visite aux gens pauvres, il ne faut pas les éblouir par l'éclat des bijoux ni par la richesse des habits. Il est du plus mauvais goût d'étaler, sur la proéminence de son abdomen, une *chaîne de montre*, surtout quand elle est ornée, parée, agrémentée et considérablement augmontée de breloques, de pendeloques et autres berloques, qui sentent le parvenu et le pédant de cent lieues. Tout cela est pose pour le riche, bêtise pour le pauvre.

III

ARRIVÉE

S'essuyer les pieds. — Secouer la poussière. — Manière de sonner.

En arrivant à la porte de la personne que l'on va visiter, il faut s'essuyer les pieds, secouer la poussière de ses vêtements, et prendre toutes les précautions possibles pour n'avoir pas à se moucher ni à cracher lorsque l'on sera dans le salon.

Cela fait on sonne, ou, s'il n'y a pas de sonnette, on frappe doucement de façon à être seulement entendu. Il n'y a que les malotrus qui agitent vigoureusement la sonnette, ou qui heurtent violemment la porte.

Si personne ne vient ouvrir on sonne de nouveau une ou deux fois, puis on se retire en laissant une carte de visite dont on écorne un coin.

Il faut sonner ou frapper alors même que l'on trouverait la porte ouverte — surtout si l'on trouve la porte ouverte.

IV

ENTRÉE

Pardessus et parapluie. — Salut. — Place du chapeau.

Les hommes, en entrant, laissent dans l'antichambre ou dans le corridor leur pardessus et leur parapluie, mais ils conservent leur chapeau à la main, car il va sans dire qu'ils doivent se découvrir immédiatement.

Si, au lieu de parapluie, ils portent une canne, ils doivent la garder et la tenir, avec le chapeau, dans la main gauche, afin de laisser libre la main droite, qui, quelquefois, peut être serrée.

Les femmes ne quittent ni leur manteau ni leur chapeau, mais elles quittent leur parapluie ou leur ombrelle.

Sitôt entré dans le salon, ou dans la pièce où la réception a lieu, on fait un salut général en inclinant légèrement la tête sans plier le corps, puis on s'avance et l'on salue personnellement les maîtres de la maison, toutes les personnes de la famille et, enfin, tous les visiteurs que l'on connaît, mais on ne tend la main qu'aux amis.

Si la personne que l'on visite est occupée ou cause avec quelqu'un, attendre qu'elle ait fini et bien se garder de l'interrompre.

Quant les maîtres de la maison se tiennent à leurs places (la maîtresse, à la droite de la cheminée ; le maître, à la gauche), la politesse et la galanterie veulent que l'on salue *Madame* avant *Monsieur*.

Si le maître et la maîtresse de la maison sont des gens bien élevés, ils doivent tendre et *serrer la main* à tous les visiteurs qu'ils connaissent (c'est le signe du savoir-vivre et de la généreuse hospitalité) ; s'ils ne la tendent pas, le visiteur se gardera bien de tendre la sienne.

Si après vous avoir reçu, les maîtres de la maison s'asseyent, faites comme eux. S'ils restent debout, gardez-vous bien de vous asseoir, et, alors, ne prolongez pas trop votre visite.

Si on vous invite à déposer votre *chapeau*, mettez-le sur une chaise, l'ouverture en haut, mais ne le placez jamais ni sur le parquet, ni sur un guéridon, ni — à plus forte raison — sur une table.

V

ATTITUDE PENDANT LA VISITE

Choix du siège. — Manière de s'asseoir. — Conversation. — Ni curiosité ni timidité.

Si on vous prie de vous asseoir, prenez le siège que l'on vous offre. Si on ne vous indique pas de siège, prenez-en un entre la porte d'entrée et la personne qui vous reçoit, mais n'allez jamais vous placer ni au fond de la pièce, ni près de la cheminée, ni trop près des maîtres de la maison.

Asseyez-vous bien au fond du fauteuil et appuyez-vous au dossier sans trop pourtant vous renverser. Il faut être assis aisément et sans raideur, autrement on a l'air ridicule.

Les hommes peuvent même mettre un genou sur l'autre, mais les femmes ne doivent croiser que les pieds.

La conversation, en pareil cas — à moins d'être entre amis — ne doit rouler que sur des banalités. Il faut surtout bien se garder de parler politique ou religion afin d'éviter les froissements. Autant d'hommes autant d'idées, et autant de croyances. Donc, pour n'en blesser aucune, ne jamais en parler. Les lettrés parlent du dernier livre paru, ou de la dernière pièce jouée; les autres, du dernier événement important, et tout le monde parle de la pluie et du beau temps : « *Quel soleil brûlant il a fait hier; quel affreux temps il fait aujourd'hui; voyez comme on est arrangé.* »

Ne pas gesticuler; parler à son tour et doucement, et ne jamais couper la parole à personne. (Voir Ch. VI. — Conversation.)

Lorsqu'une visite arrive ou part, il faut se lever et rester debout jusqu'à ce que les maîtres de la maison reviennent à leur place.

Ne jamais ôter ses gants pendant la visite; ne jamais regarder les meubles avec curiosité, à moins que la maîtresse de la maison ne vous désigne, avec fierté, un objet quelconque que vous devez alors trouver magnifique. Vous entendez? magnifique, et même archimagnifique, et la complimenter sur son bon goût, sur son goût exquis.

Quand on est chez les autres — n'importe l'occasion — il faut faire en sorte de n'avoir besoin ni de se moucher ni de cracher. Si on n'y est forcé, le faire dans son mouchoir, et en se détournant.

Dans toutes les visites, il faut être poli; mais, fût-on en présence d'un roi, il ne faut pas être timide. L'homme timide est absurde et énormément orgueilleux, car il ne faut pas l'oublier, la timidité cache plus de prétentions que de modestie.

Le visiteur doit régler son humeur sur celle de ses hôtes. Il sera donc triste avec les tristes, gai avec les gais. Cette physionomie de circonstance est indispensable.

Il parlera toujours de la personne chez qui il se trouve, ou de ce qui la concerne et l'intéresse, mais il se gardera bien de parler de lui ou de ses affaires.

VI

DURÉE DES VISITES.

Un quart d'heure suffit. — Les hôtes ne sont pas toujours polis. — Chez un directeur. — Laissez, en partant, des regrets, et non du soulagement.

Les visites, — quelle que soit la circonstance qui les motive, — ne doivent jamais durer plus de dix ou quinze minutes. (Ne pas confondre les visites avec les rendez-vous d'affaires : la durée de ces derniers ne peut être limitée.)

Si les visites ont lieu dans un bureau ou chez un homme de lettres, elles ne doivent jamais durer plus de huit minutes (moitié plus courtes que chez un désœuvré), car les visites ennuient souvent, et dérangent toujours l'homme qui travaille.

Si à votre arrivée la personne qui vous reçoit se préparait à sortir, quelque instance qu'elle vous fasse, ne vous asseyez pas et allez-vous-en le plus tôt possible.

Si un second visiteur arrive, restez encore quelques minutes, puis retirez-vous en saluant, et ne vous laissez pas accompagner.

S'il y a beaucoup de monde, il faut choisir le moment où la conversation est le plus engagée pour saluer les maîtres de la maison, puis s'éclipser sans déranger personne, et toujours le plus tôt possible sans, cependant, rien exagérer.

Pourtant, quand le maître de la maison insiste réellement (on distingue toujours le langage franc, ouvert et sincère de la sympathie, du langage hypocritement mielleux, de l'afféterie), on peut dépasser de quelques minutes la durée habituelle des visites.

Mais lorsque vous verrez le maître de la maison prendre

les pincettes pour attiser le feu qui n'en a pas besoin; regarder par la fenêtre ce qui se passe dans la rue où il n'y a pas un chat; tambouriner sur les bras de son fauteuil; faire tourner ses pouces l'un autour de l'autre; regarder la pendule ou sa montre; chercher quelque chose sur son bureau; battre la mesure sur le parquet avec ses pieds ou... bâiller, levez-vous doucement; prenez vos cliques et vos claques sans précipitation, pour qu'il ne s'aperçoive pas que son impolitesse ne vous a pas échappé; saluez très courtoisement, puis — n'y eût-il qu'une minute que vous fussiez là — déguerpissez, pas trop vite, dès les premiers pas, mais, après, avec toute la rapidité du chat qui vient d'avoir la queue prise entre la porte et son chambranle. Et, puisque chat il y a, et que chat mutilé craint la porte encore bien plus que chat échaudé ne craint l'eau froide, n'y revenez plus, car vous avez reçu un *congé en due forme.*

Être plus ou moins aimable avec le premier passant que l'on rencontre dans la rue, se comprend jusqu'à un certain point, mais être inconvenant chez soi envers son hôte, c'est le comble de la grossièreté. Il faut être le dernier des malotrus et des lâches — car c'est une lâcheté — pour molester, humilier et offenser, par des marques non équivoques d'impatience et d'autorité, les personnes que l'on a chez soi, et qu'il eût été si facile de ne pas recevoir en faisant dire : « Monsieur est sorti. » Les excuses plausibles ne manquent pas quand on veut fermer sa porte, mais quand on l'a ouverte il ne faut pas se conduire comme le personnage dont nous allons parler :

Un pauvre hère — qui, au préalable, avait demandé et obtenu par écrit la faveur d'être entendu par le chef d'une direction d'un ministère — s'étant présenté au jour et à l'heure fixés par le Directeur lui-même, fut reçu de la façon indiquée ci-après. (Disons, entre parenthèse, que le pauvre hère n'était pas un quémandeur; il venait tout bonnement demander, non des faveurs, mais ce qu'on lui avait promis relativement au fonctionnement d'une œuvre de bienfaisance qu'il avait fondée avec le produit de son travail.)

Une minute après son entrée dans le cabinet de Monsieur le Directeur, M. le Directeur sonna. Son huissier, à qui la leçon avait été faite à l'avance, ne se fit point attendre; il entra précipitamment et dit : « MM. le général W, le sénateur X, le député Y et l'ambassadeur Z demandent à parler à Monsieur le Directeur. »

A cette annonce, — qui avait une grande similitude avec celle du chambellan d'un de nos derniers rois, annonçant la visite *du grand* d'Espagne Don Inégos-de-los-Trémontès-y-Castillejos-d'Esproncedos-y-Cuidad-Saavédras, et à laquelle le roi répondit : « Il m'est impossible de recevoir tant de monde que cela à la fois », — à cette annonce, disons-nous, faite à brûle-pourpoint, le pauvre hère, auquel on n'avait pas offert un siège, salua Monsieur le Directeur et lui dit bonnement sans aucune arrière-pensée : « Je vais me retirer dans la salle d'attente, monsieur le Directeur, et je reviendrai quand ces messieurs seront partis et que vous m'aurez fait l'honneur de me rappeler. — Mais ces messieurs resteront longtemps ici, très longtemps, répondit d'un ton courroucé Monsieur le Directeur. — Pourtant, reprit le pauvre hère, je viens de loin, je n'habite pas Paris; le voyage que j'ai fait pour me rendre ici m'a occasionné des dépenses que je ne suis pas en état de supporter une deuxième fois, et je ne serais pas venu si vous ne m'aviez pas dit de venir. Voici votre lettre; vous me dites de me présenter aujourd'hui. Je vous en prie, monsieur le Directeur, accordez-moi l'audience de quelques minutes que vous m'avez promise. — Mais, sacré N... de D..., reprit brutalement Monsieur le Directeur, vous voyez bien que je n'ai pas le temps de vous écouter! »

Sur ce, le pauvre hère consterné, stupéfait, ahuri, abasourdi, ne demanda pas son reste; il se décida à s'en aller, mais impossible de trouver son chapeau que Monsieur le Directeur, en gesticulant, comme une poissarde ivre, avait fait rouler sous un meuble.

Il partit donc tête nue. Mais il n'avait pas passé la porte du cabinet que Monsieur le Directeur en éclatant de rire lui dit : « Tenez! voilà votre chapeau qui se promène sous cette chaise ». C'était complet : Manque absolu de savoir-vivre, brutalité, ironie, moquerie, tout y était. Et pourtant MONSIEUR LE DIRECTEUR avait convoqué le pauvre hère. *Zu-e un peu, mon bon*, de quelle façon il l'aurait reçu s'il ne l'avait pas convoqué.

Et, comme s'il avait fait un chef-d'œuvre, un exploit, une action d'éclat, le lendemain et les jours suivants, MONSIEUR LE DIRECTEUR racontait à ses amis, en se tenant les côtes de rire, la réception qu'il avait faite au malheureux visiteur. « Je te l'ai *flanqué* à la porte d'une telle façon, disait-il, qu'il n'en trouvait plus son chapeau. Ha! ha! ha! hi! hi! hi! »

Doù il résulte, une fois de plus, qu'il y a des gens mal élevés partout, et que l'on peut être chef d'une direction dans un ministère et avoir les manières d'un goujat.

Quand il arrive un nouveau visiteur qui paraît être intime avec vos hôtes, ne restez pas trop longtemps là. Et plus on voudra vous retenir, plus vous insisterez à vouloir vous retirer en disant que vous êtes très pressé. Il peut se faire, en pareil cas, que votre présence ne déplaise pas, mais vous pouvez être certain que votre absence plaira davantage. Du reste, dans toutes les visites, il vaut beaucoup mieux exciter le regret que l'impatience.

VII

DÉPART.

Se retirer à propos. — Manière de saluer en partant. — Sortir convenablement. — Louis XIV et lord Stair. — Pour que l'on soit content de vous.

La grande adresse, lors des visites, consiste aussi bien à savoir se retirer à propos qu'à sortir convenablement. On doit donc partir avant d'avoir importuné.

A moins d'être avec l'hôte dans une parfaite intimité, on doit s'interdire, en partant, les formules vulgaires de : *adieu, au revoir, bonjour, bonsoir*, qui sont autant banales qu'inconvenantes. Tout au plus si l'on peut se permettre un timide :

« au plaisir... » Mais le mieux est de saluer légèrement de la tête, puis s'en aller sans rien dire.

Ne pas déplacer la chaise sur laquelle vous étiez assis, à moins qu'elle n'obstrue le passage d'autres personnes qui se retireraient en même temps que vous. Dans ce cas, laissez passer les dames avant vous et ensuite les hommes les plus âgés et les plus considérés. Mais si quelqu'un de *ces messieurs* vous dit de passer avant lui n'insistez pas et passez immédiatement. A cet effet, rappelez-vous la courte anecdote ci-après :

Jamais les règles de la politesse n'ont été mieux suivies que sous le règne de Louis XIV. Le grand roi était le premier à les respecter, et il en connaissait tous les détails. Il disait souvent qu'il n'avait jamais rencontré un homme chez lequel il n'eût observé un manquement à l'étiquette. Un jour, un de ses courtisans lui dit qu'il connaissait pourtant un Anglais (lord Staïr), incapable de commettre la moindre impolitesse : « Cela n'est pas possible, dit le roi. Je mettrai votre Anglais à l'épreuve. » Et il invita lord Staïr à une chasse. Au jour indiqué, tous les invités étaient réunis dans la cour du château de Versailles. Lord Staïr devait voyager avec le monarque. Les équipages étaient prêts ; les portières étaient ouvertes. En s'approchant du carrosse, Louis XIV dit à l'Anglais : « Milord, montez. » Lord Staïr, sans mot dire, entra le premier. « En effet, dit le roi en rentrant le soir, on ne peut se tromper sur le savoir-vivre de lord Staïr. Tout autre que lui eût fait des simagrées, et m'eût impoliment refusé par cérémonie. »

Donc, quand quelqu'un, — serait-il un prince, — vous dit de passer une porte avant lui, passez-la sans cérémonie et sans faire de manière. Obéissez-lui aussi vite quand il vous dit de vous asseoir.

Il faut faire en sorte que, en sortant de n'importe quelle visite, on soit content de vous. Pour cela, vous n'avez que peu de chose à faire : Ne pas chercher à produire de l'effet et, afin d'éviter les maladresses, ne pas être timide.

VIII

VISITES DE CHARITÉ.

Sont celles qui laissent le plus de satisfaction.

Les *égoïstes* seuls — trop occupés de leurs mirifiques personnes — ne s'inquiètent pas de leurs voisins malheureux, mais les gens de cœur ne les oublient pas.

La visite de charité est celle qui laisse le plus de satisfaction, car elle est la plus estimable de toutes.

En effet, porter l'aumône qui fait vivre; donner les soins qui allègent; proférer les paroles qui consolent, est bien plus précieux que de montrer des gants frais à la mondaine lors de la visite de digestion, ou de congratuler l'autorité quelconque. On ne doit donc pas oublier les visites de charité. Les femmes surtout — étant donné que, généralement, leur présence est d'une grande et habile utilité au chevet du souffrant et du malheureux — doivent en faire le plus souvent qu'elles peuvent.

Lors des *visites aux malades* on doit parler bas et ne rien dire qui puisse les contrarier. On doit écouter leurs plaintes avec une tendre compassion.

On portera quelques fruits au malheureux, ou quelques mets fins et légers, et on le quittera, en lui faisant entrevoir cette douce espérance : *le retour de la santé.*

IX

VISITES D'AMITIÉ.

Ne sont soumises à aucune règle.

Dire bonjour aux amis (si toutefois on a le rare bonheur d'en posséder) étant une des plus douces jouissances de la vie, il ne faut pas négliger les visites d'amitié. Ces visites ne sont soumises à aucune règle. On ne rend pas de visites à un ami à la suite d'un dîner. On va chez lui comme on va chez un parent, c'est-à-dire n'importe quel jour, n'importe à quelle heure, et sans avoir à choisir l'habit qu'on prendra. Se voir entre amis est un plaisir réciproque, et non une marque de civilité. Le cœur seul doit être satisfait, et le cœur ne se soucie pas de la coupe de l'habit, ni de la couleur des gants, ni du jour de la visite, ni de la rudesse du coup de sonnette. On ne se gêne pas entre amis (où il y a de la gêne il n'y a pas d'amitié). Pourtant, on ne doit pas s'importuner.

A tout événement heureux ou malheureux on va serrer la main de son ami. Dans un cas propice, il sera heureux de voir que vous prenez part à son plaisir. Dans une circonstance funeste, il trouvera un grand soulagement à vous ouvrir son cœur, à s'épancher avec vous. S'empresser de porter le tribut de ses consolations à un ami éprouvé, est un devoir sacré que tout homme de cœur doit remplir. En cas de malheur, l'ami doit être le premier à arriver.

X

VISITES DE POLITESSE.

Sont dues pour chaque invitation reçue.

Les visites que motive la politesse sont les plus nombreuses.

On doit une visite dans les huit jours aux personnes chez lesquelles on a dîné. C'est la visite vulgairement dite de *digestion*, mais on doit bien se garder de prononcer ce mot.

On doit une visite à la personne qui a invité à une soirée, à un concert, à un mariage, à un baptême, et enfin, à n'importe quelle réjouissance. Que l'on profite ou non de toutes ces invitations, la visite n'en est pas moins due. On va remercier quelques jours après. Envoyer une carte serait impoli. Aussi bien quand on part en voyage que lorsqu'on en revient, il est d'usage de faire une visite aux personnes avec lesquelles on a des relations suivies.

On ne doit de visites aux jeunes mariés qu'après avoir

reçu la leur. Aux personnes qui ne reçoivent qu'à jour fixe, on ne leur fait visite que ce jour-là : agir autrement serait une grande impolitesse. Il n'y a d'exception que pour les nouveaux arrivants dans la localité.

En arrivant dans une ville où l'on compte se fixer, on doit faire, dans les quinze jours — quand on est simple particulier — une visite aux personnes avec lesquelles on désire établir des relations ; n'envoyer que sa carte ce serait dire : « *Vous ne valez pas la peine que je me dérange pour vous.* »

Lorsque l'on quitte une résidence sans espoir de retour, on fait une visite d'adieu. Si on ne trouve pas la personne, on laisse une carte cornée, au bas de laquelle on a écrit « P. P. C. », ce qui veut dire : « Pour prendre congé. »

XI

VISITES DE FÉLICITATIONS.

Se font aux amis heureux. — Pour ne pas passer pour un solliciteur, s'ils sont nommés ministres, attendre qu'ils soient renversés avant de les visiter.

On fait des visites de félicitations toutes les fois qu'il arrive quelque chose d'heureux aux personnes avec lesquelles on a des relations suivies. Mais si l'*heureux mortel* vient d'être nommé préfet, général, sénateur ou député, écrivez-lui, mais ne lui faites pas de visite : il vous prendrait de suite pour un solliciteur. S'il est nommé ministre attendez, pour lui faire visite qu'il soit *renversé ;* vous n'attendrez pas longtemps, soyez-en convaincu.

Par contre, une visite prompte est indispensable si quelqu'un de votre connaissance tombe en disgrâce.

XII

VISITES DE CONDOLÉANCE.

Se font aux amis malheureux. — En faire souvent aux personnes aimées frappées par le malheur.

Dans les moments d'affliction, la visite d'une personne sympathique est un grand soulagement.

A moins d'être intimes, la tenue doit être sévère. (Redingote noire et gants sombres.)

On ne doit pas parler du défunt à moins que les maîtres de la maison vous en parlent, et alors, en dire tout le bien possible, et avec le ton de la plus sincère conviction.

On fait des visites de condoléance à toutes les familles avec lesquelles on a des relations sociales sans, pour cela, avoir besoin d'être lié.

On doit aussi une visite de condoléance aux personnes qui ont fait part du décès et qui ont convié au service funèbre.

On aborde en silence la personne visitée. Si c'est une femme, les hommes lui serrent la main, et les femmes l'embrassent. Si c'est un homme tout le monde lui serre la main. Pourtant, les intimes s'embrassent.

On s'abstient, pendant la visite de condoléance, de parler de choses gaies et on ne parle jamais ni de soi ni des siens, à moins que l'on soit interrogé.

Quand on est en grand deuil soi-même, on ne fait pas de visites de condoléance. On se borne à écrire une lettre d'affectueux et douloureux regrets. Si on habite la localité, cette lettre est portée à domicile et non envoyée par la poste.

Entre amis, ces visites sont faites le jour même de l'enterrement. Entre personnes moins intimes, on attend quinze jours.

Si on remarque que la visite fait plaisir on la prolonge un peu, afin de consoler la personne éprouvée, mais ordinairement les visites de condoléance sont très courtes.

XIII

VISITES DU 1er JANVIER.

Se font la veille aux supérieurs et aux grands-parents. — Sont, pour la sympathie, un aliment pour la société, un besoin. — Sont de rigueur dans les administrations, et obligatoires dans les familles.

Au renouvellement de l'année, on doit faire des visites à ses supérieurs, à ses parents, à ses amis, aux personnes chez lesquelles on est reçu, aux gens auxquels on doit du respect et de la déférence et à tous ceux avec qui on veut conserver des relations.

Les visites du premier de l'an ne sont pas, comme certains insouciants le prétendent, des insipides banalités. Elles sont pour la sympathie un aliment et pour la société un besoin. Se dispenser de les faire c'est vivre en égoïste, c'est vivre en sauvage. Du reste, elles sont de rigueur dans les administrations, et obligatoires dans les familles. Les négliger, c'est s'exposer à des ennuis, voire à des disgrâces.

Les plus respectueuses se font la veille. C'est-à-dire que c'est le 31 décembre que, d'habitude, on va présenter ses respects à ses supérieurs et son affectueuse déférence à ses grands-parents.

Le 1er janvier est réservé aux père, mère, frères, sœurs, oncles et tantes, et, si on le peut, on visite aussi ses autres parents et ses amis les plus chers.

On a toute la première semaine pour faire visite à ses cousins, cousines, et autres parents ou alliés.

On a les quinze premiers jours pour faire visite à ses amis, et tout le mois de janvier pour faire visite aux simples connaissances.

Si les personnes auxquelles on doit du respect et de la déférence ne se trouvent pas chez elles, il faut bien se garder de laisser des cartes, — ce qui ne se fait que chez ses égaux. — On revient faire sa visite un autre jour.

XIV

VISITES DE RECONNAISSANCE.

On les doit aux bienfaiteurs. — Une anecdote.

On doit une visite à toute personne à qui l'on est reconnaissant d'un bienfait. Manquer de reconnaissance est la plus impardonnable des ingratitudes. Sur ce une anecdote de quatre lignes :

Un homme rempli d'honnêteté en connaissait un autre

également honnête, auquel il pouvait être utile par son crédit. Il lui écrivit : « J'ai l'occasion de vous rendre un service essentiel et de faire votre fortune. Mais j'y mets une condition : c'est que vous ne direz jamais que vous tenez ce bienfait de moi. » La réponse fut : « Je suis on ne peut plus sensible au bien que vous voulez me faire ; mais je ne puis me soumettre à la condition que vous m'imposez, et j'aime mieux renoncer aux avantages qui me sont offerts, que de ne pouvoir publier ma reconnaissance. »

Il faut donc aller remercier, mais se contenter de dire tout bonnement : « Je viens vous remercier de ce que vous avez fait pour moi, » et puis parler ensuite d'autres choses, car beaucoup de reconnaissance dans les paroles annonce une prochaine ingratitude dans les actes. La reconnaissance quand elle est véritable on s'en aperçoit bien, quand elle ne l'est pas, les grands mots ne sont rien.

XV

VISITES DE CÉRÉMONIE.

Sont faites par les fonctionnaires nouvellement arrivés. — Ne peuvent être remplacées par l'envoi des cartes.

Ces visites sont faites par toute personne nouvellement nommée à une fonction quelconque (civile, administrative, judiciaire, militaire, etc.).

Tout fonctionnaire promu sur place ou arrivant dans une ville, ou même dans un village, doit une visite, dans les vingt-quatre heures, à ses supérieurs et à toutes les personnes auxquelles il doit de la déférence. Il fait aussi, dans les quinze premiers jours, une visite à toutes les personnes qui composent la bonne société du pays, et à celles avec qui son emploi peut le mettre en relations de camaraderie ou de courtoisie.

Envoyer des cartes en pareil cas, c'est un manque absolu de savoir-vivre et presque une insolence. Si on ne veut pas faire de visite, mieux vaut s'abstenir de toute autre manifestation de bienséance.

Cela est relatif seulement aux relations à établir avec les gens notables du pays, car en ce qui concerne les supérieurs et les autorités, la visite est de rigueur pour les fonctionnaires.

Les simples particuliers qui viennent se fixer dans une localité font aussi des visites de cérémonie aux gens du monde auquel ils appartiennent et avec lesquels leur rang social ou leur situation de fortune peut leur permettre d'établir des relations.

Les visites de cérémonie ne doivent durer que cinq minutes environ.

XVI

DEVOIRS DES PERSONNES QUI REÇOIVENT.

Politesse, prévenance. — Le visiteur doit être comme s'il était chez lui. — Conversation. — Le panier percé. — « Vous parlez déjà. » — Celui qui ne s'en va plus. — Le mal élevé et le Marseillais.

Le premier devoir des maîtres de maison est d'être très polis, très aimables et très prévenants envers les gens qui leur font visite.

Ils doivent aller au-devant de la personne pour laquelle leur porte s'est ouverte. Et, que cette personne soit célèbre ou ignorée, distinguée ou vulgaire, belle ou laide, riche ou pauvre, ils doivent user à son égard de toutes les attentions possibles. S'il fait froid, la faire approcher du feu, lui offrir le meilleur siège, lui donner la place d'honneur, en un mot, faire en sorte — à force d'aménité — que cette personne ne se trouve pas plus gênée que si elle entrait dans son propre logis.

Quand on reçoit une visite il faut quitter toute espèce d'occupation et ne la reprendre sous aucun prétexte, à moins que le visiteur ne soit un ami intime qui invite à continuer.

Cependant si l'on est forcé de terminer un travail quelconque (lecture ou écriture d'une lettre, etc.), on peut le faire mais en en demandant à l'avance la permission au visiteur.

Il en est de même si le visiteur a été assez inconvenant pour arriver au moment du repas : on se lève de table, on sourit à l'importun, puis on lui demande la permission d'achever de dîner. Quels que soient les désagréments, quels que soient les dérangements qu'une visite puisse causer il faut bien se garder de faire comprendre que l'on est contrarié : il faut toujours prendre l'air le plus gracieux que l'on peut prendre.

Sous quelque prétexte que ce soit, il ne faut jamais laisser seul le visiteur ; si on y est obligé, revenir le plus vite possible, s'excuser de ce contretemps.

Si on reçoit une lettre pendant la visite on ne doit la lire que dans le cas de nécessité absolue, et après en avoir demandé la permission en disant « vous permettez », puis se mettre un peu à l'écart. Le visiteur s'incline et, par son plus gracieux sourire, accorde son consentement, et, aussi longue que soit la lecture, il se garde bien de donner des marques d'impatience.

Ceux qui n'ont pas de salon reçoivent dans leur salle à manger ou même dans leur chambre à coucher, mais ils ne *reçoivent que des amis.*

Au moment du départ, quand on n'a qu'un seul visiteur on l'accompagne jusqu'à la porte de l'escalier ; on le salue, on le suit des yeux et au moment où il disparaît on lui donne encore un dernier et gracieux sourire. Lorsque l'on a d'autres visiteurs on ne l'accompagne que jusqu'à la porte de la pièce de réception.

Le maître de la maison doit rendre, dans les trente jours, toutes les visites qu'il a reçues.

Les règles de la politesse n'exigent pas qu'un protecteur rende les visites que ses protégés lui ont faites, mais la délicatesse et la grandeur d'âme ne l'en dispensent pas.

Étant donné qu'entre parents et entre amis on ne compte pas les visites on ne les rend que lorsque l'on veut : l'intimité n'est pas la subordonnée de l'étiquette.

Les maîtres de la maison doivent rendre la conversation générale entre tous les visiteurs et ne doivent jamais faire

L'IMPORTUN

... Puisque vous restez, ça vous déranzerait-il que ze m'en aille?

d'aparté sans en demander l'autorisation. Si une discussion s'engage et s'anime, ils doivent, courtoisement, la détourner, et ils doivent surtout éloigner toute conversation politique ou religieuse, ou désobligeante pour le visiteur qui viendrait de partir.

Lorsque l'on reçoit la *visite d'un homme mal élevé*, on doit bien se garder de lui faire voir qu'on l'apprécie défavorablement, mais il faut trouver un prétexte adroit pour s'en débarrasser au plus tôt.

(Lorsque vous recevrez la *visite d'un panier percé*, soyez on ne peut plus aimable avec lui. Prenez votre air le plus gracieux ; offrez-lui immédiatement un cigare; approchez-lui vous-même votre meilleur fauteuil; priez-le de s'asseoir, et, dès qu'il est assis, demandez-lui s'il peut vous prêter *vingt-cinq louis*... ou même davantage.)

Quand un visiteur se lève pour s'en aller on lui fait sentir par un « *déjà* » que sa visite a semblé bien courte, mais il ne faut pas chercher à le retenir. Et si, par contre, un mal élevé prolonge outre mesure sa visite, il faut éviter de lui faire voir la contrariété que son manque de savoir-vivre fait éprouver. — Mais s'il ne s'en va pas, direz-vous, que faut-il faire? — Dame ! alors, il ne reste plus qu'un parti à prendre : C'est d'employer le moyen du Marseillais qui, en pareil cas, prit son air le plus gracieux et dit à l'importun : « *Monsieur, puisque vous restez, ça vous déranzerait-il que ze m'en aille?* »

Ne pas trop faire chauffer la pièce où l'on reçoit.

Ne pas garder les enfants près de soi : ils ne peuvent que gêner.

Il n'est permis d'offrir quelque chose que pendant les visites du premier de l'an; lors des autres visites on n'offre rien.

XVII

CARTES DE VISITE.

Apportent le bonjour de l'ami absent. — Sont très utiles. — Doivent être simples. — Pas de floritures. — Pas d'enfilade de titres ni de décorations.

L'envoi des cartes — lorsque l'on ne peut pas faire de visites — n'est pas une chose aussi banale que certains sceptiques blasés veulent le faire croire. Ce carré de papier rappelle le nom d'une personne que souvent on a été heureux de rencontrer dans la vie; il apporte le bonjour du camarade d'enfance et les souhaits du parent absent avec lequel on a grandi. Ce morceau de carton qui — un beau matin, sans que l'on y pense — entre tout doucement chez nous, nous rappelle des amitiés et des sympathies quelquefois attiédies — sans que l'on sache pourquoi — et que l'on est heureux de raviver. Il peut aussi nous faire ressouvenir d'une promesse non tenue. En un mot il représente une personne qui, ne pouvant nous tendre affectueusement la main, nous dit de loin : « Bonjour, ami! »

Les cartes de visite doivent être très simples, imprimées en caractères nets et assez saillants, et en papier convenable. (Pas de floritures, pas de dorures ni aucun ornement.) Le bon ton veut qu'elles ne contiennent que le nom et l'adresse, sans autre chose. Pourtant, il est d'usage d'y indiquer le grade ou l'emploi, mais ce serait les transformer en affiche-réclame que d'y mentionner une profession commerciale ou industrielle. « *Jacques, marchand de vins. Pierre, fabricant de pots* », voudrait dire « Accordez-moi votre clientèle. » On a, pour cela, des prospectus sur lesquels on peut faire autant de réclame que l'on veut, mais on doit s'abstenir d'en faire sur sa carte de visite.

Le nom de l'homme ne doit jamais être précédé du mot « Monsieur », tandis que celui de la femme doit l'être de celui de « Madame ».

Le mari et la femme seuls peuvent avoir des cartes collectives. On met alors : « M. et Mme ... »

Ceux qui possèdent plusieurs titres peuvent mentionner le plus important, afin que la personne qui reçoit la carte sache à qui elle a affaire. Mais y disposer en enfilade la longue énumération de toutes les fonctions, distinctions et décorations, c'est de l'aberration. Si vous placiez cette enfilade (mais vous ne la placerez pas), ce serait dire que vous êtes un sot vaniteux, un pédant absurde et un outrecuidant ridicule.

Les cartes doivent être blanches (n'employer jamais d'autres nuances) et on ne doit jamais les border de noir (ce qui ne se fait que pour les lettres de faire-part). Le deuil se porte au cœur. La carte presque noire c'est de la pose et prête à la plaisanterie.

Établir autour d'une glace les cartes que l'on a reçues, c'est de la pure vanité.

Savoir envoyer à propos sa carte est chose indispensable.

On l'envoie après la réception d'une lettre de faire-part quelconque (mariage, naissance, décès, etc.). Si on ne peut leur rendre visite, on envoie sa carte, — lors d'un événement heureux — (décorations, avancement, succès, réussites, etc.), aux personnes avec lesquelles on a eu, on a et on aura des relations.

Une jeune femme ne doit jamais adresser sa carte à un homme, à moins que ce ne soit à un ami âgé et occupant une haute situation. Et, même dans ce cas, il est plus convenable d'écrire. Une jeune femme ne doit jamais faire imprimer son adresse sur une carte de visite. Cela n'est permis qu'à celle qui a un emploi ou qui enseigne un art quelconque (professeur de chant, de musique, de peinture, etc.). Mais si elle est jeune, il est de meilleur goût qu'elle ne mette son adresse qu'au fur et à mesure (lorsqu'elle ne peut pas faire autrement) et toujours au crayon.

Les cartes de visite doivent être envoyées sous enveloppe non cachetée. Il va sans dire que l'on ne doit corner que celles que l'on laisse lors d'une visite, quand on n'a pas été reçu, mais jamais corner celles qui sont mises sous enveloppe.

Dans les grandes villes, et entre gens qui ont peu de

relations ensemble, les cartes évitent et remplacent les visites, et satisfont ainsi à l'étiquette. Mais, entre amis, remplacer une visite par l'envoi d'une carte, c'est ridicule.

CHAPITRE IV

Savoir offrir à dîner et savoir-vivre à table.

I. **Invitations** (se font huit jours à l'avance). — II. **Mettre le couvert** (nappe assiettes, etc.). — III. **Place des invités** (préséance, « Madame est servie »). — IV. **Attitude à table** (chaise, serviette, voisins). — V. **Savoir servir** (attention, prévenance, propreté). — VI. **Manière de placer les mets** (viande, poisson, gibier). — VII. **Manière de découper** (précautions). — VIII. **Servir les mets** (se placer à la gauche du convive). — IX. **Servir les vins** (se placer à droite). — X. **Devoir des maîtres** (ne pas lésiner; on donne un dîner ou on ne le donne pas, amabilité, conversation). — XI. **Les meilleurs morceaux** (désignation, les offrir aux dames). — XII. **Desserts** (doivent être variés). — XIII. **Savoir manger** (le potage est trop chaud, manière de tenir la fourchette et le couteau, soigner ses voisins). — XIV. **Savoir boire** (petites gorgées, toast). — XV. **Sortir de table** (attendre, madame, offrir le bras à sa voisine). — XVI. **Prendre le café** (sucre, soucoupe). — XVII. **Recommandation** (ni timidité ni arrogance, ménager l'amour-propre des voisins). — XVIII. **Les gourmands et ceux qui ne savent pas manger** (*anecdotes :* Le diplomate à la table du Grand Frédéric, le capitaine à la table du général Montecuculli, l'abbé Cosson et l'abbé Delille).

Avant de nous mettre à table, nous allons nous occuper des invitations, de la mise du couvert et des places à assigner à nos invités. Cela fait, il ne nous restera plus qu'à entendre annoncer que « *Madame est servie* », et qu'à offrir notre bras à notre charmante voisine pour entrer dans la salle à manger.

(Comme les fils de nos intelligentes lectrices parviendront aux plus hautes situations sociales, — grâce à l'éducation soignée qu'ils auront reçue de leurs mères, — nous allons parler aussi bien des dîners entre intimes que des dîners officiels ou de cérémonie.)

I

INVITATIONS.

Se font à l'avance et par écrit.

Avant d'inviter un supérieur à dîner il faut bien se demander s'il acceptera. Si on n'a pas de relations sympathiques avec lui on fera bien de s'abstenir. Un refus en pareil cas est très désagréable. Il dénote d'un côté le dédain, sinon le mépris, et de l'autre l'obséquiosité. Si l'on est sûr qu'il accepte, l'invitation doit être faite verbalement chez lui, lors d'une visite spéciale. Quelques jours avant le dîner on lui rappelle cette invitation dans une lettre très respectueuse.

Aux égaux et aux inférieurs l'invitation à dîner se fait par écrit et, au moins, huit jours à l'avance.

On doit répondre à une lettre d'invitation aussitôt après l'avoir reçue.

A moins de cas de force majeure ou d'empêchements indépendants de la volonté (cas que l'on est tenu d'expliquer dans la réponse), on doit toujours accepter une invitation à dîner; la refuser, sans de puissants motifs, c'est une grossièreté. Si, malgré la meilleure volonté, on ne peut accepter l'invitation, il faut en informer immédiatement celui qui l'a faite par une lettre de remerciements très polie et faisant connaître la malencontreuse circonstance qui empêche de se rendre au dîner.

Il est de très mauvais goût de se faire prier. On accepte ou on refuse franchement, et le plus gracieusement qu'on le peut.

Si, après avoir accepté, on ne peut se rendre au dîner, il faut s'excuser sans perdre une minute, et exprimer de vifs regrets. Nous répétons que l'excuse doit toujours être basée sur une circonstance sérieuse, et jamais sur un prétexte banal ou frivole.

Généralement l'invitation à dîner est écrite sur une carte-lettre, et ainsi libellée :

« Monsieur et Madame A... prient Monsieur B... (ou Madame C...) (ou Monsieur et Madame D...) de leur faire l'honneur de venir dîner (ou déjeuner) chez eux le..... à . . . . . heures. »

(Signature.)
« *Réponse. S. V. P.* »

Lorsque l'invitation est ainsi formulée (c'est-à-dire au

nom du maître et de la maîtresse de la maison), c'est *au maître* que l'on adresse la réponse.

Il faut arriver chez la personne qui offre à dîner, huit ou dix minutes environ avant le repas; plus tôt, on peut gêner les maîtres de la maison dans leurs préparatifs de table ou de toilette; plus tard, on ferait attendre, ce qui est une grande impolitesse.

A moins que plusieurs membres de la famille aient été compris dans la lettre d'invitation, et désignés nominativement, il faut se rendre seul au dîner. Dans tous les cas il faut bien se garder (à moins que l'on ait affaire à des personnes très intimes) d'amener avec soi des enfants ou, — inutile de le dire, — des chiens.

Les invitations entre intimes ne sont soumises à aucune règle ; on les fait quand et comme l'on veut.

II

MANIÈRE DE METTRE LE COUVERT.

Manière de placer la nappe, les assiettes, la fourchette, le couteau, le pain, les verres, les carafes, les salières, etc.

La table doit présenter un coup d'œil agréable. Elle doit être placée de façon que l'on puisse circuler librement tout à l'entour. (Nous parlons ici à la personne chargée de mettre le couvert.)

Avant de mettre la nappe on doit garnir la table d'une couverture épaisse en laine ou en coton, en ayant soin d'en attacher les bouts par-dessous la table, afin qu'ils ne viennent pas flotter contre les jambes des convives. La nappe doit être bien tendue, ne doit faire aucun pli et doit arriver, de tous côtés, à environ quarante centimètres du plancher. Si elle est damassée à fleurs, tourner la pointe des fleurs vers le bout de la table opposé à la porte d'entrée. Les assiettes doivent être placées aux bords de la table en nombre égal à celui des convives, et doivent être à environ quarante centimètres l'une de l'autre. Placer le couteau et la cuillère à droite, la fourchette à gauche. La pointe du couteau doit porter sur le petit chevalet en cristal ou en métal mis à la droite de l'assiette. La serviette pliée avec goût, mais sans recherche, se place dans l'assiette : le pain peut y être enfermé ou bien déposé à la gauche de l'assiette. On place devant chaque assiette et sur la même ligne autant de verres que l'on a de vins à offrir. Le plus grand verre destiné au vin ordinaire est placé à gauche, puis un petit verre pour le madère, deux verres moyens pour les vins de Bordeaux et de Bourgogne, et enfin la coupe au vin de Champagne, qui tient la droite de la rangée des verres. (Si au lieu de coupe le champagne doit être servi dans le verre à flûte, ancien modèle, ce verre, qui est long et peut se renverser au moindre heurt, peut être couché). Dans le dîner sans apparat, le verre à champagne n'est placé sur la table que lorsque l'on doit s'en servir. Chaque convive doit avoir une carafe de vin ordinaire d'un côté, et une carafe d'eau de l'autre. Cette disposition permet à chacun de se servir sans avoir besoin de déranger son voisin, et fait qu'il y a une carafe de vin et une carafe d'eau pour deux convives.

Les salières se placent en avant des carafes de vin, de manière qu'il y en ait une pour deux convives.

A l'exception des fromages, tous les desserts doivent figurer sur la table. On les aligne dans la longueur et au milieu de la table. Les fruits, disposés en pyramides, sont placés dans des assiettes hautes, garnies de feuilles de vigne ou de mûrier. On met une feuille entre chaque rangée de fruits. Les desserts secs (biscuits, petits-fours, mendiants, macarons, etc...) se placent dans des assiettes plates. On place alternativement une assiette de fruits et une assiette de desserts secs, mais de manière que la rangée se termine aux deux bouts par une assiette de fruits frais : l'œil est plus satisfait.

Les hors-d'œuvre froids tels que beurre, sardines, olives, anchois, etc..., se placent de façon que tous les convives puissent les avoir à leur portée.

La pile d'assiettes à potage doit être placée devant le maître de la maison, et un peu à sa gauche.

Placer la cuillère à potage, deux fourchettes et deux cuillères ordinaires, le couteau et la fourchette à découper, entre la soupière et l'assiette de la personne qui sert.

Les moutardiers se placent à la droite et à la gauche de la soupière et à quelques décimètres de distance.

Avoir toujours en réserve, dans la salle à manger et sur un meuble à ce destiné (buffet ou table de dessert), une pile d'assiettes, une carafe remplie d'eau, deux couverts, deux couteaux et deux serviettes propres, en supplément, de manière à pouvoir les offrir en cas de besoin.

Préparer à l'avance les couverts, les assiettes et les couteaux à dessert, afin de pouvoir vite les placer au moment voulu.

Enfin, placer avec ordre tous les objets qui doivent servir pendant le dîner, et de manière que les premières choses à mettre sur la table, entre un service et l'autre, soient le plus rapprochées possible de la main de la personne qui sert à table.

Donner un coup d'œil du haut en bas de la table, et, quand tout est bien, entrer posément dans le salon, avancer de deux ou trois pas et dire, d'une voix distincte et d'un ton gracieux : « Madame est servie » ; puis, entrer dans la salle à manger, se tenir près de la porte ouverte. Lorsque tous les convives sont entrés, fermer la porte, et commencer le service.

III

PLACE DES INVITÉS A TABLE.

Préséance. — « Madame est servie ». — Place d'honneur. — Place des vieillards, des dames, des hommes, des jeunes gens et des enfants.

Si le dîner est offert à l'occasion d'un événement quelconque, la place d'honneur est due au personnage qui a présidé.

Lors de tous les autres dîners, la préséance est ainsi hiérarchisée :

1° L'archevêque, 2° le premier président de la Cour d'appel, 3° le général commandant le corps d'armée, 4° le préfet, 5° le maire, 6° le commandant de la garnison.

Dans les villes où ne résident pas les trois premiers personnages précités, la place d'honneur est offerte 1° à l'évêque, 2° au préfet ou sous-préfet, 3° au président du tribunal, 4° au maire, 5° au commandant d'arme.

Il va sans dire que si un grand dignitaire de l'État (ministre, ambassadeur, etc...) assiste au dîner, il doit — dans tous les cas — occuper la place d'honneur.

Dans les petites villes, l'âge des fonctionnaires peut et doit, — en dehors des dîners officiels, — modifier la préséance. Il est certain qu'un préfet, dînant chez un de ses administrés, cédera la place d'honneur à un vieux magistrat, et, un jeune magistrat à un vieux général, et ainsi de suite.

Quand on a annoncé que *Madame est servie*, la maîtresse de la maison offre son bras au *Monsieur* qui, d'après l'ordre des préséances indiqué ci-dessus, doit occuper la *place d'honneur* à table.

Lors d'un dîner d'amis, la place d'honneur est offerte à la personne la plus en vue ou la plus âgée. Et, entre gens qui se fréquentent, la maîtresse de la maison alterne souvent dans cette offre.

Mais il ne faut pas se le dissimuler : la question des places est difficile à résoudre; satisfaire toutes les vanités, contenter tous les amours-propres, glorifier tous les orgueils de la pauvre espèce humaine, n'est pas une petite affaire. Les maîtres de la maison, aussi adroits qu'ils soient, ne réussiront que très rarement à donner satisfaction aux outrecuidants et aux bégueules. Comme il leur est impossible d'offrir les premières places à tout le monde, il se trouvera toujours quelque imbécile qui se croira humilié.

Quand la femme de celui qui doit occuper la place d'honneur assiste au dîner, c'est le maître de la maison, — ayant cette femme au bras, — qui entre le premier dans la salle à manger. Dans *tous* les autres cas, c'est la maîtresse de la maison; et c'est toujours la maîtresse de la maison qui passe la première en sortant de table.

Les femmes des fonctionnaires ont les mêmes privilèges

de préséance que leurs maris. La place d'honneur est alors à la droite du maître de la maison.

Si la question d'âge a modifié l'étiquette, la femme du fonctionnaire qui a cédé la place d'honneur au vieux, est placée à la droite du maître de la maison.

Il va sans dire que celui qui cède la première place doit occuper la deuxième qui est à la gauche de la maîtresse de la maison.

Les places doivent donc être ainsi distribuées :

Pour les hommes : 1re, à droite de la maîtresse de la maison; 2e, à sa gauche; 3e, à sa droite; 4e, à sa gauche, et ainsi de suite.

Pour les femmes : 1re, à la droite du maître de la maison; 2e, à sa gauche; 3e, à sa droite; 4e, à sa gauche, etc...

Pour passer dans la salle à manger, la maîtresse de la maison offre elle-même le bras au convive qui doit occuper la place d'honneur. (*L'homme qui se permettrait d'offrir spontanément le bras à la maîtresse de la maison commettrait une grande inconvenance : il se désignerait lui-même pour la place d'honneur.*) Les autres dames attendent que les invités viennent leur offrir le bras. La main droite devant rester libre pour ouvrir les portes et, au besoin, déplacer les fauteuils afin que les dames ne soient gênées en rien dans leur marche, c'est toujours le bras gauche que les hommes offrent aux femmes, et ils marchent les premiers pour faire face aux obstacles. (Dans toute autre circonstance, passer avant une dame est une grossièreté impardonnable.)

Les hommes qui n'ont personne au bras passent les derniers, mais avant le maître ou — rarement — la maîtresse de la maison, qui doit toujours fermer la marche.

Dans un dîner d'hommes, auquel il n'assiste d'autres femmes que la maîtresse de la maison, on doit laisser entrer devant soi les supérieurs les plus avancés en âge et, en général, toutes les personnes qui occupent un rang plus élevé. Dans ce cas c'est toujours le maître de la maison qui entre le dernier.

Si au passage de la porte quelqu'un vous dit d'entrer le

premier, rendez-lui sa politesse et, s'il insiste, passer franchement en le saluant et sans vous livrer à des simagrées ridicules.

En arrivant dans la salle à manger, les dames quittent le bras et remercient en inclinant légèrement la tête mais sans rien dire.

Il n'est permis à personne de choisir sa place à table. Généralement, cette place est marquée par une carte nominative. Chaque convive cherche la sienne et met une grande obligeance à aider les autres à trouver la leur. Mais le plus souvent ce sont les maîtres de la maison qui placent leur monde, en rapprochant — dans les dîners qui n'ont rien d'officiel — les personnes qui, soit par goût, soit par profession, soit par âge, soit par caractère se conviennent le mieux.

Les enfants et les jeunes gens sont placés aux bouts de la table, et surtout au bout le plus rapproché de la porte par laquelle on fait le service.

Les vieillards sont placés près du feu en hiver, et aux endroits les moins exposés aux courants d'air en été.

Le maître et la maîtresse de la maison occupent le milieu de la table, et bien en face l'un de l'autre.

Lorsque chacun est en face de sa place, il faut se tenir debout, derrière le dossier de sa chaise, et ne s'asseoir que lorsque la maîtresse de la maison en a donné l'exemple. De plus, les hommes, avant de prendre possession de leurs chaises, doivent attendre que les dames, et surtout leurs voisines, soient assises.

IV

ATTITUDE A TABLE.

Chaise. — Serviette. — Ne pas se dandiner.

Ne se placer ni trop loin ni trop près de la table.

Les hommes ne doivent déployer leurs serviettes que lorsque les dames ont déployé les leurs.

La *serviette* doit être dépliée à moitié seulement, tenu

sur les genoux et *jamais* attachée à la boutonnière de l'habit. Cette recommandation ne concerne que les hommes. Étant donné le relief d'un des plus beaux ornements dont la nature les ait dotées, les dames peuvent, — afin de garantir le *plastron de leur belle toilette*, — attacher leur serviette comme elles veulent. Les enfants doivent toujours avoir leur serviette nouée ou épinglée derrière le cou.

Il faut, pendant toute la durée du dîner, ne jamais mettre les coudes sur la table; il n'est permis que d'y appuyer les poignets, sans y apporter le poids du corps. Il faut aussi éviter de gêner ses voisins, et surtout ses voisines. Donc ne pas se dandiner, et ne pas promener les pieds sous la table. Ne pas se renverser contre le dossier de sa chaise. Ne pas laisser tomber ni son couteau ni sa fourchette. Ne jamais placer celle-ci sur le dos, ni le couteau le tranchant en l'air. Ne pas faire passer au voisin l'*assiette* que le maître, ou la maîtresse de la maison vous aura servie, — la garder pour vous. — Ne jamais manifester sa préférence pour n'importe quel morceau, ni tendre son assiette pour être servi le premier.

V

SAVOIR SERVIR A TABLE.

Propreté. — Attention. — Prévenance. — Avoir l'œil sur les maîtres. — Ne laisser manquer de rien les convives.

Les personnes qui servent à table doivent être très proprement habillées. Alors même qu'elles commettraient les plus grosses maladresses, les maîtres de la maison ne doivent rien dire, autrement ce serait faire penser aux invités qu'il y a du désordre dans la maison. On doit — au contraire — être très bienveillant pour les domestiques et ne leur adresser la parole qu'en cas d'absolue nécessité.

Savoir servir à table n'est pas aussi facile qu'on se l'imagine. Pourtant, cela ne demande que de l'attention et de la prévenance. Une personne clairvoyante aura donc bientôt appris tout ce qui est nécessaire à ce sujet, et nous allons l'aider en lui indiquant ce qu'il faut faire :

Avant tout, — comme nous l'avons déjà dit, — la personne qui sert à table doit être proprement et décemment vêtue; ses cheveux doivent être bien peignés, ses mains et surtout ses ongles doivent être dans un état de parfaite propreté. Afin de ne pas faire de bruit en marchant, sa chaussure doit être légère. Elle doit regarder souvent les maîtres de la maison et les convives, accourir au moindre signe, veiller à ce que rien ne manque (surtout le pain). Ne pas mettre de précipitation dans les mouvements; être alerte mais calme, et ne pas faire plus d'allées et venues qu'il n'est nécessaire. Afin d'empêcher les maladresses qui, toutes, tireraient à conséquence (la moindre gaucherie en servant à table est toujours chose grave, car une goutte de sauce répandue perd une robe ou un habit), la personne qui sert doit éviter les distractions et doit avoir l'œil et l'oreille à tout. Mais si sa vue et son ouïe doivent être constamment occupées, sa langue, par contre, doit être au repos le plus absolu. Elle doit être comme sourde à la conversation, ne parler que lorsque le service l'exige, et toujours à voix basse.

Retourner promptement le couvercle, toutes les fois que l'on découvre un plat, pour ne pas laisser tomber sur la table les gouttes d'eau formées par la vapeur.

Remplir les carafes avant qu'elles soient entièrement vides. Dès qu'un convive ne mange plus du plat servi, lui changer immédiatement son assiette. (Rien de plus laid que des restes de sauce dans l'assiette sur la table, quand le convive a fini.)

Sitôt le poisson mangé, changer les fourchettes et les couteaux. Remplacer le couvert qui a servi au fromage.

Tout ce que les convives demandent (verres, fourchettes, etc.) doit être présenté dans une assiette.

Le pain se sert dans une petite corbeille, et les morceaux ne doivent être ni trop gros ni trop petits. Comme, en France, on mange généralement beaucoup de pain, il n'y a rien de plus ridicule que l'absurde habitude que la *pose* a fait adopter en coupant le pain par petites tranches du volume d'une seule bouchée. Nous avons même connu des convives dont la dimension du palais à la langue permettait de loger à la fois leurs portions et celles de leurs voisines, et qui à chaque *bouchée* étaient obligés de demander comme des mendiants : « Un morceau de pain s'il vous plaît! »

Il vaut mieux ramasser des restes de pain à la fin du repas que d'exposer à chaque minute les convives à la mendicité.

Servir des assiettes chaudes pour tous les mets à sauce, et pour tous les rôtis.

Ne pas laisser manquer de cuillères la personne qui sert.

Enlever vite tout ce qui ne sert plus.

VI

MANIÈRE DE PLACER LES METS SUR LA TABLE.

Place des viandes, de la volaille, du gibier, du poisson.

L'*aloyau* se pose sur le côté, la partie tendre en dessus, le gros os tourné vers la droite du maître de la maison.

Le *gigot* doit être placé le manche tourné vers la gauche de la personne qui doit découper, et la partie charnue du côté de cette personne.

Le *quartier d'agneau* se sert le manche à gauche, et la partie mince vers le milieu de la table.

Le *poulet*, le *canard*, la *dinde* (ou toute autre volaille) se placent la poitrine en dessus et la tête tournée vers la droite.

Les *perdreaux* ou autres oiseaux sont placés dans un plat, l'un contre l'autre, l'estomac en dessus, la tête du côté de la maîtresse ou du maître de la maison, les pattes vers le milieu de la table.

Les *lièvres*, ou les *lapins rôtis en entier*, se servent le dos en dessus, la tête vers la droite.

Quand on ne fait rôtir qu'une moitié, c'est toujours le train de derrière, et alors on le sert le dos en dessus, la queue tournée vers la droite.

Les *poissons*, quels qu'ils soient, se servent la tête à droite et le dos vers la personne qui doit les découper. Les saumons et les brochets, quand ils sont assez gros, on les sert entourés de quelque verdure sur une planchette couverte d'un linge blanc.

Chez les gens riches c'est le maître d'hôtel qui est chargée de la dissection des viandes, mais partout ailleurs ce sont les maîtres de la maison qui découpent. Pourtant si les maîtres de la maison connaissent, parmi leurs conviés, quelqu'un d'apte à le faire aussi adroitement qu'eux, ils peuvent — afin de se reposer un peu, car offrir un dîner donne bien des occupations — le charger de découper. Le convive désigné doit s'empresser d'accepter, et, en opérant, il doit éviter de tacher la nappe, et surtout de tacher les robes des charmantes dames placées près de lui.

VII

MANIÈRE DE DÉCOUPER.

Bœuf. — Gigot. — Gibier. — Volaille. — Poissons.

Le *bœuf* bouilli se découpe en travers les fibres musculaires, et par tranches ni trop minces ni trop épaisses.

Le *gigot* ne se découpe plus en travers les fibres, c'est-à-dire comme font les cuisinières pour couper les pattes aux lapins. On prend le manche du gigot avec la main gauche et on coupe longitudinalement (à plat et non de haut en bas comme pour scier un morceau de bois) sur le côté extérieur de la cuisse, des tranches plutôt minces qu'épaisses.

Agneau et *chevreau* : Les couper en deux, séparer les cuisses dont on coupe les petits gigots par tranches, et diviser chaque partie en côtelettes.

Lièvre et *lapin rôtis* : Enlever le râble longitudinalement depuis l'épaule jusqu'à la naissance de la cuisse.

La *dinde* se découpe de trois manières :

1° (Méthode qui se pratique le plus) : Couper les deux ailes, briser le corps au milieu du dos, et former, avec les cuisses et le croupion la *mitre d'évêque* (Les convives polis défendent d'attaquer la *mitre* en disant que le devant de la dinde suffit) ;

2° Enlever les cuisses, les ailes, les blancs, le sot-l'y-laisse, et briser la carcasse;

3° N'enlever aucun des membres et couper les blancs en filets et à plat sur la largeur (cette méthode ne peut être pratiquée que sur une grosse dinde bien grasse).

Poulet, poularde, chapon : Comme ils sont servis l'estomac en dessus, les coucher sur le côté gauche, le dos vers le milieu de la table, la tête restant à droite; enlever d'abord la cuisse droite puis l'aile de ce côté; retourner la pièce et opérer de même pour le côté gauche; remettre la pièce sur le dos, puis enlever les blancs en filets et séparer la carcasse du croupion, que l'on divise en plusieurs parties. Les cuisses et les ailes, après avoir été détachées du tronc, doivent être coupées en deux morceaux, ou même en trois, suivant la grosseur de la volaille. Mais on découpe *poulets, poulardes* et *chapons* bien plus facilement en les tenant en l'air au bout de la fourchette solidement plantée sur la poitrine : La pièce, faisant face au découpeur, étant tenue au-dessus du plat, les ailes en haut, les pieds en bas, introduire successivement le couteau dans le haut des cuisses qui, entraînées par leur propre poids, se détachent d'elles-mêmes sitôt les premières fibres coupées, et même sitôt la peau entamée. Les cuisses enlevées, (avec une facilité inouïe) chercher la jointure de chaque aile en tâtonnant avec le tranchant du couteau qui trouve son chemin plus facilement qu'on ne le croit. Les ailes, à leur tour, se séparent d'elles-mêmes en emportant leur blanc qu'il ne faut pas déchirer. (Avant de planter la fourchette il faut couper le cou.)

Les membres ainsi enlevés, coucher le tronc dans le plat, séparer l'os de la poitrine où tient la fourchette, puis le sot-l'y-laisse et la carcasse, en plantant le couteau dans les articulations des vertèbres qui sont faciles à trouver.

Oie : On enlève d'abord les filets et les blancs longitudinalement, et en ayant soin d'éviter les déchirures, puis, les membres, en commençant par les cuisses. La carcasse se découpe comme celle du poulet.

Canards et autres oiseaux d'eau : Enlever longitudinalement les blancs par aiguillettes, puis les ailes et les cuisses. Dissection de la carcasse comme pour l'oie.

Perdreau : Détacher d'abord les ailes et les cuisses, puis couper le tronc en long, en deux parties. (La cuisse a plus de fumet que l'aile, mais l'aile est plus délicate.)

Pigeon : Quand il est gros, on le coupe en quatre parts (le croupion est le meilleur morceau); mais, généralement, on le coupe en deux et en long pour que chaque morceau se compose de l'aile et de la cuisse.

Bécasse : Se découpe comme le perdreau. (L'aile est le morceau le plus délicat.)

Les *merles*, les *grives*, les *cailles* et les *bécassines* se servent presque toujours tout entières, mais on peut les couper longitudinalement en deux.

Les petits oiseaux (ortolans, mauviettes, etc.) ne se découpent pas.

Truite : Se sert entière quand elle est petite; autrement, comme le dos est la partie la plus délicate, on l'enlève en partant du bas des ouïes et en suivant la ligne médiane qui est presque toujours distinctement marquée sur le corps de tous les poissons longs. En suivant cette ligne, la truelle — avec laquelle il faut toujours dépecer les poissons — ne rencontrera pas d'arêtes.

Saumon : On fait une entaille profonde sur le dos en allant de la tête à la queue, puis on le coupe de manière que les morceaux se composent chacun d'une partie du dos et d'une partie du ventre.

Brochet : On commence par séparer la tête du tronc (la tête du brochet est un morceau exquis), puis on opère comme pour le saumon.

Barbeau : Se dépèce comme le brochet, mais il faut avoir soin d'écarter les œufs.

La *carpe :* Couper la tête, qui est le morceau le plus délicat (la langue est exquise), enlever et mettre de côté les écailles et la peau, puis opérer comme pour le saumon, car le dos est meilleur que le ventre. (Chaque morceau doit contenir une partie des deux.)

Turbot : Si le ventre, chez la carpe, est inférieur au dos, c'est tout le contraire chez le turbot. On doit donc trancher ce poisson en tirant des lignes transversales depuis la ligne médiane jusqu'aux nageoires, et servir ainsi, à chaque convive, un morceau du ventre. Quand on veut servir le dos, on enlève l'arête.

Saucisson : Il doit être servi en tranches très minces. Pour bien réussir ces tranches, il faut couper le saucisson en biais (entaille diagonale), sans quoi les petits morceaux peuvent se détacher et faire des trous, ce qui n'est pas beau à l'œil.

Le découpeur doit éviter de salir ses voisins.

VIII

MANIÈRE DE SERVIR LES METS.

Se placer à la gauche du convive.

La personne qui sert à table doit *toujours se placer à la gauche* du convive qu'elle est chargée de servir. Elle doit se baisser le plus qu'elle peut et nommer doucement les mets qu'elle offre. Le plat doit être tourné de manière que la cuillère et la fourchette se trouvent du côté du convive. Si c'est un plat long, présenter l'un des bouts et non le milieu du plat. Pour une saucière, présenter le bec avec une cuillère du côté du convive. Le saladier doit être tenu par l'assiette qui est dessous, et la cuillère et la fourchette tournées vers le convive.

IX

MANIÈRE DE SERVIR LES VINS.

Se placer à la droite du convive.

Chaque convive devant élever à hauteur de son épaule *droite*, ses verres de vins fins, la personne chargée de verser doit se présenter à la *droite* du convive (*tous les mets se servent à gauche, tous les vins se servent à droite*) et prononcer à demi-voix les noms des vins : « Château-Margaux »,

« Hermitage », « Pomard ». Ou bien : « Monsieur, lequel préférez-vous ? « Romanée », « Volnay ou Côte-Rôtie ? »

(Un grand philosophe, dont le nom nous échappe, qui aimait beaucoup ce dernier vin, se trouvant à un grand dîner, en redemanda plusieurs fois. Un de ses voisins ayant remarqué ces revenez-y, se pencha et lui dit d'un air goguenard : « Monsieur, je ne savais pas que les savants aimassent tant les vins exquis. — Alors, répondit le philosophe, vous vous imaginez que Dieu n'a fait les bonnes choses que pour les imbéciles. »)

Nous recommandons aux personnes qui servent à table d'être clairvoyantes, calmes, lestes et adroites.

X

DEVOIRS DES MAITRES DE LA MAISON PENDANT LE DINER.

Largesse. — Amabilité. — Conversation. — Manière de placer les convives lors d'un dîner d'amis. — Talleyrand et la leçon du *bœuf*.

Lors d'un dîner d'amis, on offre aux intimes les mets qu'ils aiment ; c'est-à-dire qu'avec eux on n'a pas à faire de cérémonie. Mais avec les autres personnes c'est différent. On donne un dîner ou on ne le donne pas. Comme nul ne force à convier les gens, on ne le fait que lorsqu'on peut le faire. Lésiner en pareil cas c'est du dernier ridicule. Il faut donc que le repas soit le plus copieux possible. Si la position de fortune ne permet pas de faire convenablement les choses, on n'invite jamais personne. Cela vaut beaucoup mieux que d'offrir des repas mesquins qui excitent l'appétit au lieu de le calmer.

Donc, — et cela avant tout, — rien ne doit manquer.

N'inviter qu'autant de personnes que la table peut aisément en tenir. Il faut que les convives soient commodément assis et qu'ils n'aient pas à se coudoyer mutuellement.

Faire en sorte que l'on ne soit pas treize à table : il y a encore des superstitieux qui pourraient s'en plaindre.

Lorsque l'on n'a que peu d'invités on indique verbalement la place de chacun. Quand les convives sont nombreux il faut indiquer les places par écrit en plaçant devant chaque couvert un petit carré de papier portant le nom de l'invité.

Placer les convives par ordre de préséance lors des dîners officiels, et par ordre de sympathie lors des dîners intimes. Les maîtres de la maison ne doivent céder leur place (milieu de la table) qu'à leurs *grands-parents ;* rougir d'eux serait une honte ; l'ingratitude envers les vieillards ravale au niveau de la brute ; seuls les imbéciles se laissent aller à cette monstruosité. La première marque du savoir-vivre c'est l'affection. La première distinction de l'élégance c'est le bon cœur..

Mettre tout le monde à son aise.

Ne jamais faire comprendre que l'on s'est aperçu d'une inconvenance échappée.

Couper, — plaisamment, — la parole, en changeant immédiatement de conversation, à celui qui commettrait l'inconvenance de médire de quelqu'un, ou de tenir des propos légers.

Ne jamais laisser établir de conversation ni sur la politique, ni sur la religion, ni sur n'importe quelle question pouvant diviser les convives. Du reste, c'est aux maîtres de la maison à diriger la conversation de leur table.

Les maîtres de la maison doivent être, pendant tout le dîner, très souriants et très gracieux ; ils doivent surveiller attentivement tout ce qui se fait et se dit, mais sans peine, sans fatigue et sans paraître ni soucieux ni inquiets.

Si c'est une veuve qui offre le dîner elle doit placer en face d'elle son parent le plus rapproché (père, oncle, etc.) ; mais à moins que ce soit son fils, elle ne peut donner cette place à un jeune homme. A défaut de parents elle doit offrir cette place à un vieil ami ou au vieillard le plus en vue de la société.

Si c'est un veuf, il place en face de lui sa mère, sa tante, une vieille parente ou une vieille amie.

Les maîtres de la maison ne doivent montrer aucune préférence ; tous les convives doivent être égaux à leurs yeux. A cet effet nous trouvons que la *leçon du bœuf* de Talleyrand (ministre de Napoléon Ier et de Louis XVIII) est plutôt un acte obséquieux de diplomate qu'un modèle de délicate courtoisie. Voici cette leçon, telle qu'elle est rapportée par plusieurs écrivains :

« Un jour, Talleyrand avait une douzaine de personnes à dîner. Le potage enlevé, il offre du bœuf à tous ses convives.

« — Monsieur le duc, dit-il, avec un air de déférence, et en choisissant le meilleur morceau, aurai-je *l'honneur* de vous offrir du bœuf ?

« Monsieur le marquis, dit-il, avec un sourire plein de grâce, aurai-je le *plaisir* de vous offrir du bœuf ? »

« Et à un troisième, avec un signe d'affabilité familière : « Cher comte, vous *offrirai-je* du bœuf ? »

« A un quatrième, avec bienveillance : « Baron, *acceptez-vous* du bœuf ? »

« A un cinquième, non titré : « Monsieur le conseiller, *voulez-vous* du bœuf ? »

Enfin à un monsieur placé au bout de la table, Talleyrand, montrant le plat de son couteau, cria, avec un mouvement de tête et un sourire bienveillant : « Un peu de bœuf ?... »

C'est la maîtresse de la maison qui sert. La pile d'assiettes étant devant elle, elle prend le morceau qu'elle destine à chaque convive en commençant par celui qui est à sa droite, continuant par celui qui est à sa gauche, et ainsi de suite. (Ne pas remplir les assiettes.) Le convive servi doit bien se garder de passer à son voisin l'assiette que la maîtresse de la maison lui a destinée : ce serait une grande impolitesse de ne pas vouloir la garder pour soi.

La maîtresse de la maison peut, — si elle veut, — faire circuler le plat. Alors chaque convive se sert à la ronde et à son tour.

La maîtresse de la maison ne doit jamais charger le convive qui a découpé de servir les autres ; si elle ne veut pas servir, elle doit faire circuler le plat.

Quand le dîner n'a rien d'officiel et surtout, lorsque c'est le maître de la maison qui sert, les dames doivent être servies les premières, et on doit leur offrir les meilleurs morceaux.

XI

LES MEILLEURS MORCEAUX.

Leur nomenclature; les offrir aux dames.

Bœuf : Un morceau entrelardé et autant que possible tenant à un os. (C'est la partie la plus délicate.)

Veau : Une côte ou un rognon.

Tête de veau : Les yeux qui sont exquis, ou un morceau de bajoue, de tempe, d'oreille ou de langue.

Gigot : Les tranches coupées le plus près des os.

Agneau : Les côtelettes.

Chevreau : Les tranches des gigots.

Dinde : Le sot-l'y-laisse (croupion) ou un morceau de blanc en filet.

Oie : Les filets.

Canards : Les aiguillettes (tranches du dos).

Poulet : Les ailes et les blancs.

Poule au pot : Les cuisses.

Lièvre : Le râble (morceau qui s'étend des épaules à la queue).

Perdreau : Les ailes et les cuisses.

Pigeon : Le croupion.

Bécasse : Les ailes.

Les petits oiseaux (ortolans, mauviettes, becfigues, etc.) se servent entiers.

Truite, Saumon, Brochet : Les portions du milieu du corps, surtout les parties du dos.

Carpe : La tête.

Turbot : Le ventre.

Les maîtres de la maison ne doivent jamais vanter les plats qu'ils servent, ni chercher, — ce qui serait absurde, — à s'excuser du « mauvais dîner » qu'ils donnent (il y a là-dessous de la vanité). Ils ne doivent, — non plus, — ni surcharger les assiettes, ni presser leurs invités.

Il faut être prévenant sans importuner.

XII

DESSERTS.

Doivent être variés.

Avant de servir les desserts on brosse la nappe. On se sert pour les desserts, de petites assiettes et de petits couteaux.

Les desserts doivent être très variés. On commence par servir les fromages, puis les fruits. (On sert les meilleurs les derniers.) Ensuite, les compotes, les confitures, les fruits glacés, les bonbons, les petits fours, etc.

Il va sans dire qu'en hiver la salle à manger doit être chauffée, et, en tout temps, bien éclairée. En outre de la lampe suspendue au milieu, on peut mettre des candélabres et des bougeoirs à chaque bout de la table.

XIII

SAVOIR MANGER.

Potage trop chaud. — Manière de tenir la fourchette et le couteau. — Soigner sa voisine. — Manière de couper les fruits.

Ne pas s'aider de la fourchette pour manger la soupe ; la cuillère doit suffire. Attendre que le potage soit refroidi et bien se garder de le souffler. Quand il est trop chaud, le prendre sur le bord de l'assiette. Ne pas verser de vin dans le bouillon. Le potage mangé, laisser la cuillère dans l'assiette à soupe. A moins que la maîtresse de la maison ne la fasse enlever après chaque mets, ce qui a lieu rarement, garder toujours la même *fourchette*. (Généralement on ne change de fourchette qu'après avoir mangé du poisson.)

Placer toujours le *pain* à gauche; le rompre avec les doigts au fur et à mesure et de manière que les cassures tombent dans l'assiette, mais ne jamais le couper par morceaux avec le couteau.

La *viande* doit être coupée à chaque bouchée, et non à l'avance.

Ne jamais étendre ni beurre ni confitures sur des tranches de pain.

Ne jamais remplir la *bouche*. Manger avec modération, et jamais avec avidité. Ne pas ouvrir la bouche à l'avance comme un four, alors que la cuillère ou la fourchette est encore dans l'assiette.

Le *sel* et le *poivre* doivent être pris avec les petites cuillères à ce destinées ; et, à défaut, avec la pointe du couteau, mais bien se garder de les prendre avec le manche de la fourchette, et encore moins avec les doigts, ce qui serait une grossièreté impardonnable.

Les *os* doivent être déposés sur les bords de l'assiette. Il faut éviter de les *laisser tomber*. Il doit en être de même des arêtes et de tout ce qu'on ne mange pas.

Ne jamais faire d'observations sur les mets. Si on est trop copieusement servi ou si le mets ne convient pas, en manger peu et laisser le reste, sans rien dire.

Ne manger ni trop vite ni trop lentement.

S'habituer à tenir la fourchette avec la main gauche et le couteau avec la main droite, et ne pas gesticuler quand on les tient. Les déposer aussitôt après s'en être servi.

Ne jamais essuyer la sauce avec son pain, ni trop ronger les os. Si on trouve quelque chose de malpropre dans son assiette, ne pas le faire remarquer.

Ne jamais faire de comparaison avec les mets servis et ceux que l'on aurait mangés ailleurs.

Ne pas parler losque l'on a la bouche pleine, et causer toujours assez haut pour être entendu de tous. Il est très inconvenant de parler bas avec son voisin. Si on parle de quelqu'un, le nommer et bien se garder de le désigner avec le doigt.

Les tables étant généralement très chargées, être très clairvoyant afin de ne jamais rien renverser. (Votre voisine, soyez-en sûr, ne vous ferait pas les yeux doux si vous lui jetiez le contenu de votre verre sur sa belle robe.)

Manger très proprement. A cet effet, ne jamais laisser de sauce sur les lèvres, ni faire du bruit avec les mâchoires.

S'essuyer les doigts et les lèvres avec sa serviette, et jamais avec la nappe qu'il faut éviter de tacher.

On peut porter avec les doigts un os à la bouche, mais le reste de la viande doit y être porté avec la fourchette.

Un *œuf à la coque* doit être cassé par le bout rond et non par le bout pointu. En briser doucement la coquille avec le couteau quand il est mangé. (La coquille non brisée roule et tombe facilement.)

Il est permis de revenir à un plat (ce qui fait toujours plaisir à la maîtresse de la maison, car cela prouve que chez elle on prépare des mets exquis), mais on ne doit jamais remplir son assiette.

Employer toujours la fourchette qui est dans le plat qui circule, pour se servir, et jamais sa propre fourchette. Celle-ci ne doit jamais toucher le pain du voisin.

N'essuyer ni son verre ni son couvert avec sa serviette; cela n'est permis qu'au restaurant où tout peut être sale, ce qui ne *peut* avoir lieu chez la personne qui a invité.

Prévenir jusqu'au moindre désir de ses *voisines de table;* s'occuper d'elles, ne les laisser manquer de rien, leur verser à boire quand on voit leurs verres presque vides, et peu à la fois. Tout cela doit être fait avec courtoisie et sans aucune affectation. Les dames ne doivent jamais verser à boire aux hommes placés à côté d'elles. Si on a quelque chose à demander, on ne doit pas appeler la personne qui sert. Profitez du moment qu'elle regarde de votre côté pour lui faire un petit signe, et ne pas lui dire MERCI, car c'est son maître qu'elle sert et non pas vous.

On ne peut prendre avec les mains que les asperges, les artichauts, les radis, la pâtisserie, et, enfin, les mets qui ne sont pas susceptibles de salir.

Nous avons déjà dit de ne faire aucun bruit avec l'assiette, le couteau et la fourchette.

En offrant quoi que ce soit à sa voisine on doit lui dire : « *Me permettez-vous, Madame, de vous offrir...? (telle chose)*, et ne pas employer le « *Madame, voulez-vous telle chose?* » qui n'est permis qu'aux domestiques.

Quand on ne s'en sert pas, poser son couteau et sa fourchette sur le petit chevalet placé à sa droite, afin de préserver la nappe.

Lorque l'on a fini de manger on place son couteau et sa fourchette dans son assiette.

Les *fruits* doivent être coupés avec le petit couteau à dessert. Ne pas les peler en spirale.

On coupe les gros fruits en long et en quatre quartiers, en allant, de la tête à la queue, et on ne les pèle qu'après les avoir coupés, et à mesure qu'on les mange. On doit les couper par tranches et non les mordre.

Il est de très mauvais goût de partager un fruit avec ses voisins : il vaut mieux laisser dans son assiette ce qui ne peut être mangé.

Pourtant si une circonstance quelconque motive le partage, il faut avoir le soin d'offrir au voisin le plus gros morceau auquel on laisse la queue du fruit. Placer les noyaux et les pelures dans son assiette.

Afin d'éviter de salir ses voisins, se couvrir la bouche avec la serviette, en éternuant, et, lorsqu'on se mouche, remettre le mouchoir immédiatement dans la poche, en le serrant. Ne déposer sur la table ni tabatières ni mouchoirs.

S'éclipser un moment si on saigne du nez ou si on a le hoquet. Et, s'il arrive aux voisins un de ces malencontreux accidents inhérents à l'imperfection humaine, faire semblant de ne pas s'apercevoir.

Ne jamais indiquer les mets ou les morceaux que l'on préfère.

Jeter les yeux sur l'assiette de son voisin est un signe de gourmandise qui fait paraître avide des morceaux qu'on lui a servis.

Il faut être très affable avec ses *voisins de table* et leur offrir avec amabilité toutes les choses dont ils peuvent avoir besoin (pain, sel, moutarde, etc...), et surtout quand ce sont des vieillards. Dans ce cas, le jeune homme ou la jeune femme doit s'occuper avec sollicitude de la personne âgée, prévenir ses désirs, ne la laisser manquer de rien et être pour elle très empressé et très complaisant.

Éviter jusqu'à la moindre apparence de gourmandise ; la modération en aliments et en boissons est imposée à toute personne bien élevée.

Ne jamais se curer les dents en présence des convives.

XIV

SAVOIR BOIRE.

Petites gorgées. — Toasts.

Boire par petites gorgées, et très doucement.

Ne pas avoir l'air de déguster les *vins*. S'essuyer toujours la bouche avant de boire, car graisser les bords du verre avec ses lèvres c'est répugnant. Bien se garder de boire dans le verre de son voisin, ni dans le verre de sa voisine, alors même que l'on aurait intérêt à *savoir ce qu'elle pense*. Si malgré toute l'attention on se trompe, s'excuser le plus courtoisement possible, et s'empresser de faire changer le verre.

Ne pas boire à tout moment, et s'essuyer avant et après. A moins d'avoir l'occasion de porter un toast aux maîtres de la maison, ne jamais trinquer avant que ceux-ci en aient donné l'exemple. Le *toast* est porté par celui qui occupe la place d'honneur. Répondre simplement au toast par des paroles sincères et éviter les phrases ronflantes qui sont toujours de la pose, de l'absurdité et de l'hypocrisie.

Il faut toujours vider entièrement son verre après avoir porté un toast. Ne jamais prendre le verre de son voisin ou de sa voisine pour y verser du vin.

Quelles que soient les insistances que l'on puisse faire, ne laisser plus rien verser dans son verre quand on sent que l'on a assez bu. Refuser avec fermeté, mais ne pas renverser son verre vide sur la table, ce qui est grossier et qui salit la nappe.

On ne sert plus, — chez les gens qui savent vivre, — de bol d'eau tiède pour rincer la bouche et laver les mains, et on a raison : cela était répugnant. Celui qui sait manger ne se salit pas les doigts, et il a soin de se rincer la bouche avec les dernières gorgées de vin sans que personne ne s'aperçoive de cette opération.

Ne rien laisser dans son verre en se levant de table.

XV

SORTIR DE TABLE.

Attendre Madame. — Offrir le bras à sa voisine. — Passer au salon.

On ne doit se lever de table que lorsque la maîtresse de la maison en a donné le signal. En se levant on dépose négligemment sa serviette sur la table, sans la plier.

En sortant de table on doit offrir le bras à la dame à qui on l'avait offert en entrant dans la salle à manger. Mais si des circonstances amènent un changement, ce qui arrive souvent, personne ne doit s'en formaliser.

Le maître de la maison ne doit jamais se permettre de rester dans la salle à manger sous le prétexte de fumer. Il doit, avant tout, offrir le bras à la dame qui est à sa droite pour la conduire au salon. Chaque convive agit de même et ne va fumer qu'après.

Habituellement on passe la soirée chez les amphitryons. Dans tous les cas, — à moins de faits graves qu'il faut exposer aux maîtres de la maison en s'excusant, — on ne doit pas se retirer aussitôt après la sortie de table (on donnerait à penser que l'on n'est venu que pour manger); on doit rester au salon une heure et demie environ. (Lors d'un déjeuner on reste moins.)

XVI

MANIÈRE DE PRENDRE LE CAFÉ.

Sucre. — Soucoupe.

C'est au salon que l'on prend le café. Ce sont les demoiselles de la maison (ou à défaut, la maîtresse) qui le servent en commençant par les dames qui peuvent s'asseoir, mais les hommes doivent le prendre debout.

Entre gens qui savent avoir les mains propres, il est de meilleur goût de faire prendre le sucre avec les doigts qu'avec les pincettes.

Si le café est trop chaud, le laisser refroidir dans la tasse, sans le souffler, et bien se garder de le verser dans la soucoupe, ce qui sentirait le cabaret.

RECOMMANDATIONS.

Ni timidité, ni arrogance. — Ménager l'amour-propre des voisins. — Avoir des égards pour tous les invités.

En mettant en pratique ce qui vient d'être dit, on saura manger dans tous les pays et l'on saura bien se tenir à toutes les tables, quels que soient les usages particuliers et les modifications apportées par la mode. Car ni la mode ni les usages ne peuvent rien modifier à ce qui est relatif à la propreté et aux égards dus aux amphitryons et aux voisins.

Donc si l'on ne veut pas être gêné, si l'on veut être à son aise, même en dînant chez un prince, il faut observer les prescriptions que nous venons d'énumérer.

Il nous reste maintenant à recommander à l'invité de n'être ni timide ni arrogant. Eût-il plus d'esprit que feu M. de Voltaire, il ne doit pas en faire parade. Il faut absolument, — s'il ne veut pas passer pour un imbécile, — qu'il se mette au ton des voisins, et surtout des maîtres de la maison. Il doit ménager l'amour-propre de tout le monde et avoir, pour tous, de la bonté, de l'indulgence et des égards. Cela faisant, tous les convives garderont de lui un sympathique souvenir et se diront :

« Voilà un *homme bien élevé.* »

Quoi qu'il nous en coûte, nous sommes obligés de dire qu'il ne faut rien mettre dans sa poche, pas même le plus petit bonbon. Nous avons entendu dire qu'il peut se trouver des gens assez mal élevés et assez inconvenants pour s'emparer de ce qui reste dans les plats. Les personnes qui sont assez grossières pour se livrer à cette dégradante incongruité peuvent s'exposer à des suites fort désagréables. Le ridicule et la déconsidération s'attachent à leurs pas. A ce sujet il nous vient à la mémoire quelques anecdotes que nous allons raconter :

LES GOURMANDS ET CEUX QUI NE SAVENT PAS MANGER.

Le diplomate à la table du Grand Frédéric. — Le capitaine à la table du général Montecuculli. — L'abbé Cosson et l'abbé Delille.

Le Grand Frédéric (roi de Prusse), un jour d'hiver, avait invité à une chasse un grand nombre de courtisans. Le rendez-vous devait avoir lieu dans la matinée, et on devait déjeuner avant de partir. Parmi les invités se trouvait un diplomate; gros mangeur et gourmand. Frédéric II mangeait vite. Pourtant à ce déjeuner, sachant que l'on devait courir toute la journée, il resta à table un peu plus que de coutume, mais pas assez pourtant pour que le gourmand susénoncé eût assouvi son gargantualesque appétit. Au moment où tout le monde se leva, notre diplomate qui aimait beaucoup le poulet venait de se servir deux succulentes cuisses. Comment faire? Obligé de se lever et de partir comme tout le monde. Mais un diplomate ne doit jamais être embarrassé, quitte à trancher maladroitement la question. Aussi notre homme, croyant n'être pas aperçu par les convives qui suivaient de l'œil le grand roi, s'empressa d'envelopper les deux cuisses de poulet dans un morceau de papier et glissa le tout dans sa poche. Un général, — homme peu obséquieux qui appelait chat un chat et qui tutoyait le roi, — ayant vu le coup, en amusa Sa Majesté pendant toute la chasse.

A la curée, — comme il faisait grand froid, — on avait allumé un grand feu dans le pavillon de chasse. Frédéric appela près de lui le diplomate et lui fit toutes les amabilités qui peuvent flatter la vanité d'un ambitieux. Plus l'homme aux cuisses de poulet était fier de cette marque de familiarité, plus le roi l'acculait contre la cheminée, véritable brasier. Tout d'abord le diplomate, enivré par cette insigne faveur que Sa Majesté lui faisait aux yeux jaloux des grands dignitaires, en le tenant amicalement par la boutonnière de son habit, ne sentit pas les effets de la chaleur, mais quelques moments après, ses fesses se grillant, il commença à se démener en levant tantôt une jambe, tantôt l'autre. Saint Laurent sur son gril ne subit pas plus douloureusement le martyre du feu. Une odeur de graisse fondue se répandit dans le pavillon, mais le pauvre diplomate, crainte de manquer de respect au maître, n'osait se retirer. Tout à coup le roi en reculant, lui dit : « Par saint Hubert ! je crois, Monsieur, que vous brûlez. Retirez-vous vite, sans quoi vous allez être rôti. — Pardon, Sire, j'ai un peu chaud, c'est vrai, mais je ne brûle pas. — Allons donc! reprit le roi, mais vous fondez. Ne voyez-vous pas votre graisse qui coule sur votre pantalon! » Le honteux gourmand, pensant alors à ses cuisses de poulet, porta la main à la basque de son habit, devenue une véritable saucière, rougit et se mit à balbutier des mots que nul n'entendit étant donné l'hilarité générale. Le vieux général qui avait mis le *feu* à la mèche et aux cuisses de poulet, se tordait. L'histoire rapporte que le malheureux diplomate ne fut jamais nommé ministre des Affaires étrangères.

Mais la gloutonne habitude de faire comme ce diplomate, — c'est-à-dire de mettre des cuisses de poulet dans sa poche, — peut avoir des suites bien plus fâcheuses et bien plus compromettantes que celles de l'anecdote ci-dessus. Le fait que nous allons raconter et dont un officier en fut le triste héros le prouve. (Nous nous empressons de dire que ce fait s'est passé dans une armée étrangère. — Les officiers français sont trop bien élevés pour se livrer à une pareille incongruité.)

Le général Montecuculli, — l'antagoniste de Turenne, — avait invité un jour à dîner plusieurs généraux de son armée et leurs aides de camp. Un capitaine, — grand gaillard, mangeant comme quatre, — croyant n'être pas vu, fourra dans sa poche la moitié d'un poulet. Un général l'ayant aperçu se mit à crier que l'on venait de voler un couvert en argent, et proposa de faire fouiller tout le monde. Le capitaine au poulet déclara net qu'il ne consentait pas à cette opération, la jugeant déshonorante et, « ajouta-t-il, pour autre chose que je ne dirai pas ». Tous les convives se mirent à crier : « Cette autre chose se devine » ! Le pauvre capitaine essaya de faire remarquer que l'on ne devait pas soupçonner sa probité, mais bientôt de grosses larmes mouillèrent ses joues et il supplia le général en chef de lui accorder un entretien particulier de quelques minutes. Sitôt arrivé dans le cabinet, il se jeta à genoux et dit en pleurant à Montecuculli :

— Mon général, je ne suis pas un voleur, mais je suis obligé d'avouer que je suis gourmand. Dans les marches que vous nous faites faire on ne trouve pas toujours à manger. Voyant tout ce qui restait à votre table j'ai eu la faiblesse de prendre ces deux cuisses de poulet, mais je vous jure que je n'ai pas pris le couvert. Du reste, voilà mes poches. » (Et il retourna toutes les poches de son habillement.) « — Soit, lui répondit Montecuculli, vous n'êtes pas un voleur, mais vous êtes un goinfre et un homme tellement mal élevé que vous êtes indigne de rester davantage dans l'armée, et surtout indigne de porter un jour de plus l'épaulette que j'ai attachée sur votre épaule. En rentrant dans la salle je vais dire à ces messieurs que vous êtes un très honnête homme, — je vous donnerai même le bras, — mais, une demi-heure après votre départ d'ici, je veux recevoir votre démission. Allons, relevez-vous de cette position humiliante de l'homme à genoux demandant pardon, à laquelle l'officier doit préférer la mort, et venez! »

Et l'indigne capitaine fut ainsi expulsé de l'armée de Montecuculli.

En terminant ce chapitre, nous croyons devoir raconter encore une autre anecdote bien vieille et bien connue, mais toujours intéressante. L'originalité de cette anecdote qui résume tout ce que nous venons de dire, fera paraître moins arides les lois établies sur l'art de bien se conduire à table. Les personnages qui l'ont motivée sont deux prêtres célèbres. (L'abbé Cosson, professeur de belles-lettres, et l'abbé Delille, un grand poète.)

Un beau soir d'hiver de l'année 1782, les deux abbés susnommés avaient été invités à dîner par leur ami commun, l'abbé de Radonvillers, membre de l'Académie française. A ce dîner se trouvaient des gens de la plus haute société. L'abbé Cosson, saturé de latin, de grec et de littérature, se croyait un puits de science, s'imaginait qu'un savant comme lui ne commettait jamais de balourdises, et il avait la faiblesse de se vanter de connaître à fond le bon ton. En sortant de ce dîner il signala à son ami Delille les quelques accrocs qu'il avait vu faire à l'étiquette de table par ses voisins.

— C'est vrai, répondit Delille, mais vous me permettrez de vous appliquer le vieux proverbe que vous avez, comme moi, souvent lu dans l'Évangile : « On voit une paille dans l'œil de son prochain et on ne voit pas une poutre dans le sien. »

— Qu'est-ce à dire? s'écria l'abbé Cosson.

— C'est dire, mon cher ami, que, pendant le dîner, vous avez fait plus de cent incongruités.

— Cela n'est pas possible.

— Je vais vous le prouver.

— Eh bien! prouvez-le.

— Je le prouve. D'abord que fîtes-vous de votre serviette en vous mettant à table?

— De ma serviette? mais je la déployai, l'étendit sur moi et l'attachai par un coin à ma boutonnière.

— Première incongruité. On doit se borner à mettre sa serviette à moitié déployée, sur ses genoux. Maintenant, passons à la soupe. Comment fîtes-vous pour la manger?

— Comme tous les autres convives, je pense. Je pris ma cuillère d'une main, ma fourchette de l'autre, et je la soufflai, car elle était bien chaude.

— Prendre une fourchette pour manger la soupe, c'est ridicule. Souffler dans sa cuillère c'est dégoûtant et c'est éclabousser ses voisins. Mais continuons. Que fîtes-vous de la coquille de l'œuf frais que l'on vous servit?

— Je ne la mis certainement pas dans ma poche : je la laissai tout entière dans mon assiette.

— Pour qu'elle roulât facilement. Vous saurez que l'on ne mange jamais un œuf à la coque sans en briser la coquille. Et après votre œuf?

— Après mon œuf? mais je demandai du bouilli.

— Du bouilli? Miséricorde! personne ne se sert de cette expression; on demande du bœuf. Ensuite?

— Je demandai de la volaille.

— De la volaille? Mais malheureux! C'est là le vocabulaire du cordon bleu qui fait sauter l'anse du panier, et auquel je suis sûr vous infligez une sévère pénitence après sa confession. On demande du poulet, de la poularde, de la dinde, du chapon et non de la volaille qui est un terme, de basse-cour. Et pour demander à boire, comment vous y prîtes-vous?

— Mais, comme tout le monde: je demandai du *bordeaux* et du *champagne*.

— Décidément, pour un savant, vous n'êtes pas heureux dans le choix de vos expressions. On dit du vin de Bordeaux, du vin de Champagne et non du *bordeaux* et du *champagne*. Et votre pain, comment l'avez-vous mangé?

— Eh! Sainte Vierge Marie! je n'aurai pas même su manger mon pain!!! Mais, je le coupai très proprement, morceau par morceau avec mon couteau.

— *Dominus vobiscum!* Il ne vous manquait plus que celle-là. Sachez donc, mon cher abbé, que l'on rompt son pain avec ses doigts mais on ne le coupe pas avec son couteau. Mais avançons? Le café, vous le prîtes?...

— Oh, pour le coup! comme tout le monde. Il était brûlant, je le versai petit à petit dans ma soucoupe.

— On boit son café dans sa tasse, on ne le verse jamais dans la soucoupe. Ah! cher ami, cher ami! je vois que, décidément, vous ne savez pas du tout vous tenir à table ce qui, aussi bien pour un érudit comme vous que pour n'importe qui, est très laid. Tenez! en plus des incongruités dont vous venez de convenir, vous avez encore commis celles-ci:

« Vous avez soufflé dans votre verre et vous l'avez ensuite essuyé avec votre serviette. On ne fait cela qu'à la gargote où tout peut être sale; le faire ailleurs c'est prouver que l'on se méfie de la propreté. C'est dire aux maîtres de la maison que leurs verres sont comme ceux remarqués par Boileau :

> Et les doigts des laquais, par la crasse tracés,
> Annonçaient par écrit qu'on les avait rincés.

« Vous avez pris les verres de vos voisins pour leur faire verser à boire. Qui vous disait que vos voisins avaient encore soif?

« Sous prétexte que vous êtes enrhumé, vous avez placé votre mouchoir sur le dos de votre chaise après vous être mouché, ce qui est dégoûtant.

« Vous avez mangé tellement lentement que vous avez obligé, à chaque plat, tout le monde à vous attendre.

« En vous levant, vous avez plié votre serviette comme si vous deviez revenir vous mettre à table demain matin.

« Et enfin, vous avez fini par une infamie : vous avez mis des restes de dessert dans votre poche. »

Le pauvre abbé Cosson ne demanda pas son reste, et il comprit que le grec et le latin, la théologie et l'érudition ne suffisent pas pour faire un homme bien élevé, et que l'on peut être savant et être un malotru.

Nous recommandons aux mères de famille d'apprendre les prescriptions ci-dessus à leurs enfants, dès qu'ils peuvent se tenir à table, et les leur faire pratiquer à chaque repas.

(Quand on s'habitue à mal se tenir à table chez soi, on s'y tient très mal chez les autres.)

CHAPITRE V

Savoir-vivre au dehors.

(BIENSÉANCE ET BIEN-ÊTRE)

I. **Attitude du corps et savoir marcher** (éviter la démarche nonchalante, soutenir le haut du corps, tendre le jarret). — II. **Promenade à pied** (place d'honneur, bras à donner aux dames, céder le pas et le haut du pavé, salut). — III. **Promenade à cheval** (place d'honneur, égards dus aux amazones et aux supérieurs). — IV. **Promenade en voiture** (place d'honneur, égards dus aux femmes et aux vieillards). — V. **Voyage en chemin de fer** (convenances, question pratique). — VI. **Traversée en bateau** (places, le mal de mer, les lazaroni du port).

I

ATTITUDE DU CORPS ET SAVOIR MARCHER.

Éviter la démarche nonchalante, soutenir le haut du corps et tendre le jarret.

On habituera, de bonne heure, les enfants à l'attitude correcte du corps. Afin de leur éviter pendant toute leur vie la démarche nonchalante, on leur recommandera de tenir toujours la tête droite, de soutenir le haut du corps et de tendre le jarret en marchant. Mais il va sans dire que tout cela doit être fait sans gravité et sans affectation. La raideur est aussi ridicule que le laisser-aller. La nonchalance crée les préventions défavorables autant que la pose guindée.

On juge souvent une personne par son maintien, et cette première impression prévaut presque toujours.

Tourner fréquemment la tête de tous les côtés, rouler les yeux en parlant, rire aux éclats dans la rue, pencher le cou et laisser aller les jambes avec indolence en marchant, annoncent la vulgarité des manières. Si l'on contracte toutes ces mauvaises habitudes étant enfant, on ne peut plus s'en défaire à l'âge adulte.

Une attitude négligée, un air gauche, des gestes disgracieux attirent la déconsidération.

La démarche ne doit être ni trop lente ni trop précipitée,

ni guindée ni nonchalante. Il faut éviter les mouvements brusques et saccadés du corps aussi bien que le balancement.

Gesticuler, crier, déclamer sur les places ou dans les rues est le fait d'un extravagant.

II

PROMENADE A PIED.

Place d'honneur. — Bras à offrir aux femmes. — Céder le pas. — Parapluie. — Manière de saluer. — Poignée de main. — Règlement du pas. — Pipe et cigare. — Attitude à l'égard des passants.

La place d'honneur est à droite. Toutes les fois que l'on marche avec un supérieur, un vieillard, une femme ou toute autre personne à laquelle on doit du respect et de la déférence, on doit donc se placer à gauche. Toutefois, lorsque l'on suit le trottoir d'une rue, à main gauche, il faut se placer à droite afin de céder au supérieur le haut du pavé (côté des maisons).

On n'offre guère plus le *bras* aux femmes en se promenant, à moins qu'elles ne soient infirmes ou vieilles. Dans le cas où on l'offrirait, il faut se rappeler qu'une femme marche plus aisément quand elle donne le bras droit. C'est donc le bras gauche que l'homme doit offrir, à moins qu'il ne soit militaire et porteur de son épée ou de son sabre, ce qui l'oblige à offrir le bras droit.

Si on rencontre un ruisseau ou un obstacle quelconque, on *donne la main* aux enfants, aux femmes et aux vieillards pour les aider à le franchir.

Toutes les fois que l'on rencontre un vieillard, une femme ou quelqu'un portant un fardeau, il faut céder le pas en obliquant du côté libre.

Quand on est bien élevé, on facilite le passage à tout le monde en s'effaçant poliment à droite. Du reste cette mesure évite souvent de se frotter à des personnes sales, et dispense de ces *en avant-deux* qui obligent à des *vis-à-vis*, et à des *nez-à-nez* desquels on se passerait fort bien.

Lorsque l'on porte un *parapluie* ouvert, il faut éviter d'en planter la pointe des baleines dans les yeux ou les narines des passants.

Il est permis à un homme d'offrir, pendant une averse, la moitié de son parapluie à une femme qu'il ne connaît pas (s'il la connaît, il n'y a pas de doute), mais la réciprocité n'est pas permise à la femme.

La femme qui n'a pas de parapluie peut accepter l'abri momentané que l'homme lui offre, mais alors l'*hôte* doit être on ne peut plus respectueux envers son *hôtesse;* il ne lui est permis de l'entretenir que de *la pluie et du..... mauvais temps.*

Salut : Les amis que l'on rencontre dehors on les *salue* d'un geste de la main. Les égaux on les salue en soulevant légèrement son chapeau. Les supérieurs, les vieillards et les femmes on les salue en se découvrant, et, si l'on s'arrête pour causer avec eux, on reste nu-tête jusqu'à ce que l'on ait obtenu la permission de se couvrir, permission qui *doit être donnée* avant de commencer la conversation.

Les personnes que l'on connaît on les salue partout où on les rencontre, quelle que soit leur position sociale.

Celui qui, par fierté, ne rend pas le salut qu'il reçoit est un parfait imbécile. Les gens d'esprit et de dignité préviennent, à cet égard, toutes les personnes qu'ils connaissent. L'homme ou la femme aux nobles sentiments se fait remarquer, en toute circonstance, par son amabilité et son savoir-vivre.

Dans les lieux isolés, l'homme bien élevé salue tous les inconnus qu'il rencontre.

Le salut doit se faire sans précipitation, sans embarras et en donnant un coup d'œil bienveillant à la personne qui le reçoit.

Lorsqu'on rencontre une femme, que l'on connaît, au bras ou en compagnie d'un homme que l'on ne connaît pas, on attend que la femme donne — par un regard ou par un geste — la permission de la saluer.

Dans la rue, les femmes saluent en inclinant légèrement

la tête. Elles ne tendent la main qu'aux vieillards et aux personnes intimes.

Ce n'est qu'entre égaux, ou de supérieur à inférieur, que l'on se serre *la main*, et ce n'est qu'entre intimes que l'on peut se permettre de la secouer.

Les supérieurs et les égaux peuvent seuls se permettre d'appeler par son nom la personne rencontrée.

Dans toute rencontre on doit éviter des manières familières qui exposent parfois à de rudes leçons.

Il faut toujours attendre que la dame ou le supérieur tende la main.

Une femme ne tend la main dans la rue qu'à ses proches parents et aux vieillards.

Les femmes entre elles peuvent s'embrasser.

On doit toujours régler son *pas* sur celui de la personne que l'on accompagne. Si cette personne est vieille ou infirme on doit lui épargner toute fatigue sans lui faire remarquer cette bienveillante attention.

Il est de très mauvais goût de fumer la *pipe* dans les rues; c'est tout au plus si l'on peut se permettre le cigare. Toutefois, lorsque l'on a une femme au bras il faut absolument s'interdire de *fumer*, serait-on le mari de cette femme.

Il faut bien se garder de tenir le *cigare* à la bouche toutes les fois que l'on salue quelqu'un, et surtout lorsqu'on lui parle.

Autant que faire se peut, il ne faut pas laisser aller seule une *jeune demoiselle* dans les rues des grandes villes : des jeunes gens mal élevés et des vieillards dépravés peuvent l'accoster et lui tenir des propos qui la scandalisent et l'effrayent. De plus, une jeune fille, c'est si..... faible! Il faut prévenir les accidents.

Il ne faut jamais causer d'affaires sérieuses dans les rues : les pavés ont des oreilles.

A moins d'être dans l'intimité, il ne faut jamais devancer la personne avec laquelle on marche, et l'attendre si elle a besoin de s'arrêter.

Il n'est toléré qu'aux enfants de manger dans les rues

Il faut éviter de fixer les *passants* que l'on ne connaît pas.

Une femme, et surtout une demoiselle, ne doit jamais s'arrêter la première pour causer avec un homme qu'elle connaît, à moins que cet homme ne soit un parent ou un vieillard. Dans le cas où elle aurait besoin de lui parler elle doit le prier d'excuser la liberté qu'elle prend.

Excepté le cas d'intimité, on ne doit jamais demander à la personne que l'on rencontre d'où elle vient ni où elle va. Du reste, dans toutes les circonstances de la vie, il faut éviter avec soin les questions qui peuvent avoir un air d'*indiscrétion*.

Si l'on est prié d'indiquer une *rue* ou un *chemin*, ou si l'on est forcé de demander soi-même ce renseignement, il faut agir avec la plus grande politesse et la plus grande bienveillance, quelle que soit la condition de la personne à laquelle on a affaire.

Il va sans dire qu'il n'y a que les malotrus qui raillent — après les avoir dépassées — les personnes qu'ils rencontrent.

Il faut attendre patiemment son tour quand on est appelé à franchir des passages étroits.

Ne jamais se mêler aux *grandes foules*, surtout lorsque l'on a des enfants avec soi.

Éviter d'éclabousser les personnes que l'on accompagne, aussi bien que celles qu'on rencontre.

Une femme ne doit jamais relever sa *robe* plus haut que la cheville du pied.

L'homme qui regarde une femme inconnue *sous le nez*, dans la rue, est un impertinent; s'il lui adresse là des propos galants, c'est un fat; s'il la suit, c'est un sot; s'il établit ainsi avec elle des relations, c'est un idiot. S'il se lie avec elle, c'est un imbécile : plus tard, il s'en arrachera les cheveux... s'il lui en reste.

La femme qui, sans le connaître, sourit et parle à un homme dans la rue, est une..... *malheureuse*.

La conversation dans la rue doit être très courte. C'est

la personne la plus âgée ou la plus considérée qui doit la rompre en continuant son chemin.

Dans la rue, — aussi bien que n'importe où, — l'inférieur salue le premier; mais c'est le supérieur qui doit commencer la conversation.

La femme qui s'arrête dans la rue pour regarder la devanture des magasins, ou pour s'extasier devant un spectacle quelconque, s'expose à entendre des mots qui ne devraient jamais parvenir à l'oreille d'une personne honnête. La femme sérieuse a hâte de rentrer au plus vite et de passer inaperçue.

On ne doit jamais — de la fenêtre — adresser la parole à la personne qui passe dans la rue.

III

PROMENADE A CHEVAL.

Place d'honneur. — Attitude à l'égard des amazones et des supérieurs.

Lorsqu'on voyage à cheval avec un supérieur, on doit se tenir à sa gauche et un peu en arrière.

Avec un ami on marche comme l'on veut.

Quand on doit faire une promenade à cheval avec une dame, on ne met le pied à l'étrier que lorsqu'elle est en selle et qu'elle est prête à partir.

On doit se mettre en marche en même temps qu'elle pour être prêt à lui éviter tout accident. Il faut marcher à la hauteur de son amazone tout en laissant au cheval de celle-ci une avance d'un pas ou deux.

Quelques cavaliers ont emprunté aux Anglais l'habitude de se placer à la droite des amazones, sans se rendre compte de ce qu'ils font. En Angleterre les voitures prennent le côté gauche des routes ; en France, comme chacun sait, elles prennent le côté droit. Donc, en se plaçant à droite on laisse l'*amazone* exposée aux heurts des voitures et à la poussière des chariots, ce qui est la dernière des inconvenances. De plus, la main droite (la seule libre, puisque la gauche tient les rênes) avec laquelle le cavalier doit protéger l'amazone, se trouvant à l'opposé de celle-ci, il ne peut lui offrir aucune aide ni aucun appui. Il faut donc se placer toujours à la gauche de l'amazone afin d'être à même de la protéger. Du reste la place d'honneur est à droite, et — inutile de le dire — c'est la femme qui doit l'occuper.

Il faut éviter d'éclabousser son voisin quand il y a de la boue.

Quand plusieurs cavaliers accompagnent un homme important, ils laissent marcher près de lui les personnes les plus distinguées ou celles avec lesquelles il peut avoir le plus de plaisir à s'entretenir.

Lorsqu'on accompagne un supérieur, on doit marcher tout à fait derrière lui, à moins qu'il n'invite à marcher à son côté. Dans ce cas, se placer à gauche.

Si on n'est pas le subordonné du personnage que l'on accompagne, il suffit de laisser devancer le cheval de celui-ci de quelques pas seulement.

IV

PROMENADE EN VOITURE.

Place d'honneur. — Attitude envers les supérieurs.

La place d'honneur, dans une voiture, est au fond et à droite.

On cède aux supérieurs, aux femmes et aux vieillards, les places de derrière et on prend celles qui obligent à tourner le dos au cocher.

Alors même que l'on ne serait que deux, on doit, par politesse, se placer en face de la personne à qui l'on doit du respect, à moins qu'elle n'invite à se placer à son côté.

On doit soutenir par le bras les femmes , les enfants et les vieillards qui montent en voiture, et on ne doit prendre place que le dernier. Pourtant, si la personne avec laquelle on voyage insiste, il faut monter le premier, fût-ce dans la voiture d'un prince.

Les femmes doivent s'asseoir dans la voiture sans prétention et en évitant de s'étaler, avec nonchalance sur les coussins.

En descendant de voiture on soutient, par le bras, les femmes, les vieillards et les enfants.

V

VOYAGE EN CHEMIN DE FER.

Convenances. — Question pratique. — Le tour du monde en quatre-vingts jours.

Toutes les fois que l'on voyage avec des personnes auxquelles on doit du respect et des égards (vieillards, femmes, etc.), on les aide à monter en wagon, et, quand on est dans le compartiment, on leur laisse choisir leur place avant de s'asseoir soi-même.

Étant donné que les uns préfèrent être assis en tournant le dos à la locomotive, et les autres en lui faisant face, la place d'honneur, en chemin de fer, ne peut être désignée à l'avance. Toutefois, les places des coins étant les meilleures, on doit les laisser au choix des personnes à honorer.

On doit être très prévenant envers les vieillards et les femmes. On s'empressera de placer leurs sacs de voyage, leurs cannes et leurs parapluies dans le filet. Pendant le trajet on leur évitera d'avoir le soleil dans les yeux en tirant les stores des portières. On les abritera des courants d'air en fermant les panneaux. Aux stations où le train s'arrêtera un certain temps, on leur demandera de quoi ils ont besoin; on les accompagnera s'ils ont à descendre, et on leur offrira le bras s'ils ont à traverser la voie. Quand l'arrêt n'est pas assez long et qu'ils n'ont pas le temps de descendre, on va, en une enjambée, au buffet ou à la buvette, leur chercher des rafraîchissements.

Au point de vue pratique, savoir voyager en chemin de fer n'est pas chose aussi facile qu'on le croit. Que de choses l'on oublie, que d'embarras l'on se crée quand on est inexpérimenté! Lorsque l'on a un *voyage* à faire, il faut préparer ses colis bien à l'avance. Les malles doivent être solides et peu lourdes afin que l'on puisse facilement les manier; leurs serrures doivent être en très bon état; on doit les étiqueter et — aussi neuves qu'elles soient — les entourer avec une grande courroie ou avec une corde assez forte. — Avoir soin de ne pas perdre les clefs.

Lorsque l'on voyage avec des enfants, il faut se munir — entre autres choses indispensables à leurs fréquents repas — d'une incassable gourde chasseur en peau de bouc, que l'on peut, sans aucun danger, loger et placer n'importe où. Le bouchon de cet ustensile permet de se rafraîchir ou de se désaltérer très facilement.

Ne rien oublier, lorsque l'on voyage en famille, de ce qui peut servir à coudre un bouton, à réparer un accroc, à rattacher une jupe, etc. En conséquence, se munir d'aiguilles, de fil de toutes nuances, de dés, de ciseaux et surtout d'*épingles* ordinaires.

Les couvertures de voyage sont indispensables. Quand les enfants ont envie de dormir, on les enveloppe dedans en en laissant dépasser un bout qui sert d'oreiller. Quand ils ont froid on les leur jette sur les épaules et sur les genoux.

Afin d'éviter les poussées, les cris, les heurts, les bousculades, les disputes et les suées des retardataires brouillons et désordonnés, on fera bien d'arriver à la gare au moins une demi-heure à l'avance, surtout quand on a des enfants.

Lorsque l'on emploie des voitures de place ou de louage, la première des choses à faire, en arrivant à la gare, et avant de toucher aux bagages, c'est de régler le cocher. Il y a, aux abords des gares de grandes villes, une foule de gens sans feu ni lieu qui, se faisant passer pour des commissionnaires, se précipitent sur les voitures qui arrivent, et demandent à porter les bagages au bureau de l'enregistrement, mais qui — profitant du temps où l'on règle le cocher — se faufilent dans la foule et disparaissent à jamais en emportant ce que l'on a eu la faiblesse de leur confier. On ne doit laisser toucher à ses bagages que par les employés de la gare — très reconnaissables à leur uniforme, à leur casquette et à leur plaque, — et les suivre jusqu'à ce qu'ils aient déposé tous les colis en lieu sûr. Cela fait on se rend au guichet, on prend ses billets et on va les présenter à l'employé chargé de l'enregistrement des bagages, qui établit un petit inventaire de tous les colis qu'il fait peser et étiqueter. Alors on peut être sûr que les bagages suivront et qu'on les trouvera en arrivant à destination.

Il vous reste maintenant à entrer dans la salle d'attente et à y attendre le cri de : « Les voyageurs *pour Sceaux* en voiture! »

Vous voilà en wagon. Si vous ne voulez pas avoir, avant peu, les yeux remplis de fumée et de charbon, asseyez-vous et voyagez en tournant le dos à la locomotive.

Et maintenant, une recommandation plus importante que toutes les autres : ne perdez pas votre ticket; roulez-le dans votre billet à bagages et mettez-le dans votre porte-monnaie, s'il n'est pas trop plein (nous souhaitons qu'il soit trop plein), ou dans une petite poche sûre où vous puissiez le prendre facilement et vite pour le montrer aux contrôleurs qui — avant de partir et pendant le trajet — vous le demanderont souvent.

Dans les gares où le train se forme, et où on laisse les voyageurs monter en wagon longtemps avant le départ (ce que l'on autorise presque partout), on fera bien d'arriver le plus en avance possible afin de pouvoir choisir *son coin, son côté* (nous recommandons le côté où le bras droit peut s'appuyer dans l'angle) et *le sens* dans lequel on préfère voyager, — dos ou face à la locomotive (nous recommandons la première position afin de pouvoir ouvrir la vitre, et respirer l'air pur des collines sans avoir la fumée dans le nez, et pouvoir jouir du pittoresque des sites sans avoir le charbon dans les yeux).

Pour ne pas mettre les enfants trop en contact avec des étrangers, on les place en face ou à côté de soi.

Toutes les fois que l'on descend sur le quai, pendant le voyage, il faut prendre le numéro de son wagon et de son compartiment afin de pouvoir vite les retrouver. Si on a l'habitude de porter son argent, ses valeurs et ses bijoux dans un petit sac, il ne faut jamais s'en séparer.

On fera bien de porter avec soi de quoi manger et boire en wagon. Un ou deux poulets rôtis et quelques bouteilles de vin emportés de chez soi ne coûtent pas trop cher, et évitent de se faire empoisonner et *écorcher* dans les buffets.

Une femme qui voyage seule doit-elle se placer dans un compartiment commun, ou doit-elle monter dans le compartiment réservé aux *dames seules?*

Réponses (au pluriel) :

Si elle est malade ou si elle allaite un petit bébé criard et mutin, *oui*.

Si elle est âgée et intelligente, *non*, car elle se plaira mieux dans le compartiment commun où l'on rencontre souvent des voyageurs gais et spirituels qui font trouver court le plus long des chemins. (Le compartiment aux dames seules est si monotone !)

Si elle est jeune et belle, *non*, — dix fois *non* — parce que dans le compartiment aux dames seules elles ne rencontrerait que des sophies laides et hargneuses qui — si elles pouvaient — l'étrangleraient par jalousie, et qui, à défaut d'étranglement, lui feront, tout le long du chemin, une mine de furie et un nez long comme ça. D'où , pour elle , un voyage ennuyeux et assommant. Nous lui conseillons donc de prendre place parmi le commun des mortels. Là, sa beauté rayonnera sur ses voisins ravis, comme le soleil rayonne sur l'univers. Elle sera reine pendant tout le trajet, et, imitant César dans la bourgade des Alpes, elle pourra dire : « Je préfère être la première dans ce compartiment, que la seconde dans Rome. » L'attitude correcte, le maintien irréprochable et le coup d'œil imposant de la femme sérieuse et sensée la feront respecter. Qui rencontre-t-on en chemin de fer? Eh, mon Dieu! les quatre types de gens que l'on rencontre en tout lieu : 1° les grossiers et les égoïstes qui ne dérangent pas même la pointe de leur pied pour vous laisser passer; ceux-là on les écrase de son mépris. 2° Les indifférents lourdauds dont rien ne trouble ni la somnolence, ni les ronflements; avec ceux-là on fait ce que Virgile et Dante firent en fiction dans l'Enfer, avec les gens sans caractère : on ne leur parle pas, on les regarde et on passe. 3° Les obséquieux trop aimables et *trop polis;* ceux-là on ne les regarde pas du tout. 4° Les courtois bienveillants et bien élevés avec lesquels il est très doux de se trouver et dont le tact et la correction sont des garanties et non des inquiétudes : avec ceux-là on peut, tranquillement et agréablement, faire le tour du monde alors même qu'il durerait plus de *quatre-vingts jours.*

VI

VOYAGE EN BATEAU.

Arrêter ses places la veille. — Le mal de mer. — Une *bordée* de recommandations hygiéniques. — Les lazaroni du port.

La veille de l'embarquement on se rend au bureau de la compagnie de navigation à laquelle appartient le bateau que l'on doit prendre, et on arrête ses places. En revenant on achète tout ce qui peut être de première nécessité, pendant la traversée, aux enfants, aux femmes et aux vieillards. Mais on n'a pas besoin d'acheter grand'chose, car on trouve à bord tout le confortable voulu.

Le jour du départ on porte — deux ou trois heures à l'avance — ses bagages au bateau et on prend possession de sa place ou de sa cabine en y déposant ses sacs et ses couvertures de voyage, et puis (si le départ n'a pas lieu de grand matin) on va faire — sans plénitude ni vacuité — un déjeuner substantiel afin d'armer de pied en cap l'estomac contre le *mal de mer.* Ici une *bordée* de recommandations hygiéniques : Se serrer l'abdomen avec une bonne ceinture de flanelle ou toute autre étoffe; emporter de la limonade pour en boire dès que l'on sentira du malaise; à défaut de limonade prendre du thé ou du café; aller à *la selle* car le mal de mer cause des pertes involontaires; emporter avec soi quelques agréables parfums pour combattre les odeurs nauséabondes qui s'exhalent de la cale et des câbles goudronnés. En arrivant à bord, se distraire, agir et se donner du mouvement; ne pas regarder le sillage (longue traînée d'eau houleuse que le bateau laisse derrière lui); dès que l'on sent venir le mal, se coucher — si c'est possible — à l'endroit le plus central du bateau, aux environs du grand mât, et surtout ne pas s'effrayer : le mal de mer n'est pas dangereux; il s'accompagne de plus de souffrances que de périls. Donc, se raisonner pour que l'imagination n'amène pas la promptitude de l'attaque. Les personnes nerveuses, à la constitution sèche, résistent plus que les personnes au tempérament lymphatique.

Chez les personnes atteintes de certaines maladies du cerveau, de l'estomac et de l'intestin, le mal de mer exerce même une heureuse influence, et il disparaît chez toutes dès qu'elles ont mis le pied sur le quai du port de débarquement.

Là, aimable lectrice, vous serez débarrassée du mal de mer si — malgré nos prières — il vous a atteinte, mais vous serez assaillie par des nuées de *lazaroni* cosmopolites (Chinois, Génois, Crétois, Lucquois, Yprois, Berlinois. Babel est sur le quai) qui, puant le haillon et le goudron, vont vous importuner et vous émotionner en se battant entre eux, à vos côtés, pour porter vos bagages. Vous aurez donc la précaution de les éloigner en disant que c'est le voiturier de l'hôtel qui est chargé du transport de vos colis. Mais dans le cas où vous voudriez employer un de ces encombrants et répugnants commissionnaires de circonstance, faites à l'avance votre prix, et puis ne perdez pas de vue votre portefaix, sans quoi, en arrivant à destination, vous n'auriez plus de quoi vous changer, et les inquiétudes que vous ferait éprouver ce contretemps vous empêcheraient de goûter au repos dont vous aurez tant besoin, quelque douce qu'ait été la traversée.

CHAPITRE VI

Savoir-vivre en parlant.

LA CONVERSATION

I. **Définitions et considérations générales** (la conversation est le lien de la société, les mots grossiers corrompent le cœur). — II. **Attitude pendant la conversation** (vieillards, jeunes filles, un mot aimable pour tout le monde). — III. **Ton de la voix, choix des mots** (ne parler ni trop haut ni trop bas; l'énervant *moi*). — IV. **Ni politique, ni religion** (qui n'a pas su gouverner sa femme veut gouverner les nations, le croyant de Çakia-Mouni). — V. **Plaisanterie, Calembour, Médisance** (ne jamais se moquer des estropiés; savez-vous pourquoi vous aimez la chicorée? « Quel est ce monstre? — C'est ma fille. ») — VI. **Parler à propos** (le Chinois en bois sculpté, le plat en terre cuite). — VII. **Puristes et latinistes** (cuirs et velours, ma belle-mère est détestable, fallait-il que je vous aimasse). — VIII. **Locutions à employer ou à rejeter** (cher monsieur Ratillon, mon général, vous et moi, poule mouillée, Mme de *Mauvaisehumeur*).

I

DÉFINITIONS ET CONSIDÉRATIONS GÉNÉRALES.

La conversation est le lien de la société. — Les mots grossiers corrompent le cœur. — Habituer les enfants à parler un langage correct.

La conversation est le lien de la société, et l'un des principaux moyens de se faire apprécier.

On n'a pas tous les jours l'occasion de montrer son savoir-vivre dans un salon, ou son attitude correcte lors d'un dîner officiel, mais on a — à tout moment et à toute minute — l'occasion de prouver, en parlant, que l'on est bien élevé.

L'enfant ne reçoit de la nature que la voix : la parole c'est sa mère qui la lui donne. Homme fait, il aura le langage que l'on parlait autour de son berceau. Or, il est aussi certain qu'il ne parlera pas français s'il a toujours entendu parler chinois, comme il est certain qu'il parlera grossièrement s'il n'a jamais entendu parler autrement.

Il n'y a rien de plus choquant et de plus répugnant qu'un langage brutal.

Proférer des mots inconvenants en présence d'un enfant, lui inculquer dans la mémoire des expressions indécentes, c'est un crime. C'est comme si on versait dans son sang un poison qui rongerait insensiblement son corps. Les mots grossiers corrompent le cœur.

On ne saurait donc trop s'attacher à habituer les enfants à un langage décent et correct, car il n'y a pas d'indice aussi sûr et aussi facile que le langage pour faire connaître instantanément de quelle manière l'homme a été élevé, et, par conséquent, de le faire avantageusement ou désavantageusement apprécier.

Et nous ne faisons pas ici allusion au langage grammatical qui, lui, tient à l'instruction et non à l'éducation.

Nous avons dit déjà que l'on peut être très instruit et ne pas être bien élevé. Nous répétons que l'on peut connaître à fond les règles de la grammaire et ne pas connaître les règles de la bienséance. La grammaire apprend à prononcer aussi bien les mots grossiers que les mots courtois. La bienséance n'admet que ces derniers.

Savoir écrire et prononcer les mots, n'est pas savoir les choisir et les placer.

II

ATTITUDE PENDANT LA CONVERSATION.

Vieillards. — Jeunes femmes et jeunes filles. — Un mot aimable pour tout le monde.

On ne doit jamais parler bas à son voisin. Lorsque l'on est forcé d'avoir un entretien particulier avec quelqu'un on doit — avant de lui adresser la parole — en demander la permission à l'auditoire, et puis se mettre à l'écart.

Il faut laisser parler les autres, et surtout ceux qui cherchent l'occasion de briller. Il faut avoir de la douceur dans la voix et de la politesse dans les paroles, non seulement envers les supérieurs et les égaux, mais encore envers les inférieurs et surtout envers les malheureux. Il ne faut jamais interrompre celui qui parle, soit pour le contredire, soit pour lui souffler le mot qu'il cherche, soit pour relever une erreur de dates ou de faits. Bâiller, se curer les dents, chuchoter, fredonner, tambouriner, lire, regarder de tout côté quand quelqu'un parle, c'est on ne peut plus impoli. S'en aller ou chercher à mieux finir l'histoire commencée est une grossièreté.

Il faut s'éloigner sans affectation des personnes qui causent en particulier. Chercher à saisir ce qui se dit en *aparté* serait de la malhonnêteté. Il faut être très bref dans ses récits.

Les *vieillards* aiment à causer longuement : les écouter sans impatience, et surtout les approuver.

Les jeunes femmes, et surtout les *jeunes filles*, doivent avoir dans la conversation une attitude très modeste et très respectueuse, et une prudente réserve.

Elles doivent écouter sans distraction, et, à moins de cas sérieux, elles ne doivent se permettre aucune question.

Si on les interroge, elles doivent répondre brièvement, modestement, et, leur réponse achevée, elles doivent faire une légère inclination de tête en signe de respectueux remerciement pour celui qui leur a adressé la parole.

Les timides qui rougissent ne doivent pas chercher à cacher leur visage ingénu derrière l'éventail, car il n'y a rien de plus séduisant que les joues en feu

De la charmante fille à l'air intéressant,
Qui rougit fort de plaire et plaît en rougissant.

La jeune fille doit parler lentement et intelligiblement. Elle doit éviter d'élever la voix, de gesticuler, de rire aux éclats, de prendre un ton tranchant, de se dandiner, de fixer cavalièrement la personne à qui elle parle sans, pourtant, baisser les yeux au point de ressembler à une sophie empruntée et ridicule. Elle doit surveiller son organe, car rien n'est plus disgracieux, chez une jeune fille, qu'une voix aiguë, glapissante, aigre ou rauque. L'organe révèle le caractère : une voix douce indique l'affabilité, une voix tendre l'affection, une voix rude la dureté.

Si quelque malotru — on en rencontre partout — donnait à la conversation un tour inconvenant, la jeune fille doit s'éloigner sans affectation.

L'usage ne permet pas aux jeunes filles ni aux jeunes femmes de s'entretenir des nouvelles d'un homme, à moins qu'il ne soit leur parent ou l'ami intime de leurs familles, et de beaucoup plus âgé qu'elles.

L'homme poli donne à la conversation un ton doux, conciliant et simple. Son langage se tient très éloigné de la médisance, de la malignité, de l'érudition et de la personnalité. Il a un mot aimable pour tout le monde. Comme le dit Delille dans ces beaux vers :

> A tous les arts il rend hommage,
> Parle à chacun de son métier :
> A l'écrivain, de son ouvrage;
> Au peintre, de dessin; de manœuvres, au guerrier;
> Au négociateur, d'intérêts politiques;
> Au savant, des siècles antiques;
> Au juge, de procès; d'argent, au financier.
> Son érudition ne bat point nos oreilles,
> Il ne se vante pas d'avoir fait des merveilles.
> Il ne nous fait jamais de récits éternels
> Sur son propre intérêt, sur ses soins paternels.
> Il ne nous poursuit pas des droits de sa famille,
> Du rang de ses garçons, de la dot de sa fille.

Avant de parler il faut réfléchir, et il ne faut jamais dire que des choses aimables.

III

TON DE LA VOIX. — CHOIX DES MOTS.

Savoir écouter. — Ne parler ni trop haut ni trop bas. — L'énervant *mot*.

Parler très haut sent la salle d'auberge : parler trop bas, la confessionnal.

La voix de celui qui parle ne doit être ni glapissante ni monotone, ni faible ni forte.

Les stentors des salons sont pour nous un supplice;
Il faut, en conversant, qu'un heureux artifice,
De l'échelle vocale étudiant les tons,
Adoucisse à propos ou renforce les sons.

L'organe humain ne veut ni roideur ni mollesse :
Trop faible il nous échappe, et trop fort il nous blesse;
Le doux parler nous plaît; et toujours redouté,
L'homme le plus bruyant est le moins écouté.

DELILLE.

Le ton doit être naturel et jamais emphatique. Les mots ne doivent viser ni à l'élégance ni à la vulgarité.

Pour que chacun puisse placer son mot, la conversation doit être comme le jeu où chaque joueur jette la carte à son tour.

Pour que la conversation amuse, instruise et soit agréable, il faut être bienveillant pour celui qui parle, ou du moins en avoir l'air. Savoir écouter est aussi digne d'éloge que savoir parler. On reconnait l'homme bien élevé dans l'auditeur qui ne donne aucune marque d'impatience quand un membre quelconque de la société a la parole.

Le langage de la conversation doit toujours être honnête, doux, aimable et exempt d'afféterie. Il ne faut jamais attaquer avec opiniâtreté l'avis d'autrui ni trop chercher à faire prévaloir le sien. Ne jamais s'écouter soi-même avec complaisance. Se mettre à la portée de son auditoire et ne lui tenir que le langage qu'il comprend, sans jamais étaler ni prétentions déplacées ni connaissances qui paraissent étendues et qui, souvent, ne le sont à aucun degré.

Ne jamais parler de son propre talent, de ses occupations particulières, de ses aptitudes personnelles. En un mot, ne jamais parler de soi sans y être forcé par les auditeurs ou les circonstances. car le MOI est le mot le plus énervant de la conversation. Il n'y a rien de plus assommant que d'être condamné à écouter les *moi* par-ci, les *moi* par-là du pédant, puant à chaque mot l'égoïsme et la vanité.

Devant lui sans cesse en extase :
A tout propos, dans chaque phrase,

Le *moi* régnant, le *moi* vainqueur,
Est dans sa bouche et dans son cœur.

. . . .

Le *moi* chez lui tient plus d'une syllabe;
Le *moi* superbe est l'astrolabe
Dont il mesure et les autres et lui;
Le *moi* partout rencontre un point d'appui;
Le *moi* le suit sur la terre et sur l'onde;
Le *moi* de lui fait le centre du monde;
Mais il en fait le tourment et l'ennui.

DELILLE.

Après nous avoir parlé de son répugnant *moi*, l'égoïste pédant nous parlera de ses richesses et de ses aïeux, mais comme il nous impatiente joliment, nous lui disons : « Sois riche comme Crésus et descends des Croisés si tu *peux*, mais laisse-nous la paix. »

Une des premières règles de la conversation est un silence absolu sur soi-même. Si vous voulez que ceux qui vous écoutent se moquent de vous quand vous êtes parti, et qu'ils bâillent quand vous êtes encore là, vous n'avez qu'à les entretenir de vos richesses et de vos succès, de vos mérites et de vos talents, de vos plaisirs et de vos affaires.

IV

NI POLITIQUE NI RELIGION.

Qui n'a pas su gouverner sa femme veut gouverner les nations. — Le croyant de Çakia-Mouni. — Le croyant de Mahomet.

Ne jamais parler politique ni religion, pendant la conversation, à moins d'être entre intimes.

De nos jours, — non seulement en France, mais dans l'Europe entière, — on peut dire qu'il y a presque autant d'opinions politiques qu'il y a d'habitants. Les circonstances changent les opinions. On brûle le lendemain, avec une fiévreuse ardeur, ce que l'on a adoré la veille. On n'a plus confiance dans les aptitudes gouvernementales de personne pour la raison infatuée que chacun est persuadé — sans esprit de se laisser convaincre — qu'il est meilleur homme d'État que son voisin. On n'aura su gouverner ni ses passions, ni ses penchants, ni ses défauts, ni ses intérêts, ni son ménage, ni ses enfants, ni — *surtout* — sa femme, mais on aura la stupidité de se croire apte à gouverner les nations. C'est une maladie autant endémique et contagieuse qu'elle est violente et incurable ; chercher à la calmer ou à l'arrêter serait peine perdue. Si donc vous avez le malheur de vous trouver malgré vous dans une réunion politique où les coups de poing cherchent souvent à être plus persuasifs que les arguments, prenez, le plus prestement possible, votre chapeau, avant qu'il soit défoncé, et mettez le plus d'espace que vous pouvez entre les énergumènes et vous, et, soyez-en bien persuadé, vous vous en trouverez mieux que d'être resté là. Agissez de même toutes les fois qu'un fanatique quelconque soulèvera une discussion religieuse, — question bien plus brûlante encore que la question politique.

Soyez bien persuadé que vous avez tout à perdre en discutant sous ce rapport, car un croyant de ÇAKIA-MOUNI ou de MAHOMET vous arracherait plutôt les yeux que de se laisser convaincre que vous irez en Paradis plus sûrement que lui.

V

PLAISANTERIE, MOQUERIE, JUREMENTS, SERMENTS, CALEMBOURS, MÉDISANCE.

Savez-vous pourquoi vous aimez la chicorée? — « Quel est ce monstre? — C'est ma fille. »

La plaisanterie mal employée peut faire naître le dépit et la colère. Étant donné qu'elle n'est permise que lorsqu'elle est fine, sensée et délicate, elle n'est pas à la portée de tout le monde. Il faut être bien adroit et bien spirituel pour pouvoir s'en servir. Mal lancée, elle fait des blessures souvent incurables, car elle devient sarcasme, raillerie, moquerie ou même grossièreté. Que de querelles, que de haines elle a causées ! Que d'amis elle a brouillés ! S'en abstenir, c'est agir sagement quand on ne se sent pas l'habileté voulue pour la lancer adroitement. Lorsqu'elle est inoffensive et employée à propos, elle est parfois la bienvenue.

« J'aime un homme d'esprit qui, par plaisanterie,
Hasardant quelquefois une badinerie,
Sait rompre adroitement un trop long entretien,
Où, faute de matière, on ne dirait plus rien.
En badinant il pense, en riant il éclaire.
De sa plaisanterie il tire l'art de plaire. »

La *moquerie* doit être bannie de la conversation des gens honnêtes. Le moqueur n'a ni esprit, ni délicatesse, ni bon cœur, et — ce qui est plus étonnant — c'est lui qui prend le plus à mal la plaisanterie. La moquerie annonce toujours la méchanceté, et elle est, de plus, une lâcheté quand elle vise les personnes disgraciées de la nature.

Celui qui cherche à ridiculiser un bancal, un boiteux, un bossu, un bègue, un borgne, un manchot ou tout autre infirme est un lâche.

Au lieu d'humilier ces malheureux, l'homme de cœur — l'homme bien élevé — a, au contraire, pour eux tous les égards que les âmes nobles et généreuses ont pour les faibles et pour les infortunés.

L'homme sensé, généreux et sensible ne rit pas des infirmités.

Tous ces défauts d'un corps ou difforme ou grossier
De la nature ouvrage irrégulier;
Le pied tordu, la jambe circonflexe,
D'un dos voûté l'éminence convexe,
La langue qui, dans le palais,
Cherchant des mots qui n'arrivent jamais,
Semble, en balbutiant la plus belle pensée,
Du filet de l'enfance encore embarrassée.

L'œil isolé qui, seul chargé de voir,
Somme en vain son second de remplir son devoir;

Le bras manchot qui resté sans office
Laisse au survivancier tout le poids du service,
Ne le trouvent jamais ni malin, ni moqueur :
Pour lui, les seuls défauts sont les défauts du cœur.

DELILLE.

Il ne faut jamais se moquer des imperfections d'autrui. Tout le monde a besoin d'indulgence. Il n'y a que les imbéciles que se croient parfaits. Se moquer des estropiés n'est le fait que d'une brute.

Il n'y a que ceux qui sont habitués à vivre à l'écurie qui se permettent de jurer en société et qui appuient leurs assertions par des serments : « Je jure que ce que je vous dis est vrai » est on ne peut plus malséant.

Faire des compliments à tout propos sent la flagornerie.

On ne peut se permettre le *calembour* qu'entre amis intimes; et, alors, plus il est absurde plus il est beau. En dehors de l'intimité il n'y a que les niais qui soient capables de l'employer.

« Le calembour, enfant gâté
Du mauvais goût et de l'oisiveté,
Qui va guettant dans ses discours baroques
De nos jargons nouveaux les termes équivoques,
En se jouant des phrases et des mots
D'un terme obscur fait tout l'esprit des sots. »

Un calembour que tout le monde connaît est celui-ci : « Sais-tu pourquoi tu aimes la chicorée? — Non. — C'est parce qu'elle est *amère* (ta mère). » Or, un niais se trouvant avec des personnes qu'il voyait pour la première fois et qu'il n'osait pas tutoyer, — croyant être spirituel, — voulut faire ce calembour, et, s'adressant à sa voisine, il lui dit à brûle-pourpoint : « Madame, savez-vous pourquoi vous aimez la chicorée? — Non. — C'est parce qu'elle est *votre* mère. » Jugez de l'effet produit. Mais cela ne le découragea point; quelques minutes après, sa voisine lui ayant demandé s'il aimait mieux le canard ou l'oie, il répondit : « Pardon, Madame, je ne vous ai pas entendue : mon esprit faisait des culottes. — Plait-il? — Oui, Madame, mon esprit était tailleur (était ailleurs). »

La *médisance*, encore bien plus que le calembour, doit être bannie de la conversation. Si l'on ne veut pas être qualifié de cancanier, d'imposteur, de vil délateur, il faut bien se garder de parler désobligeamment des absents.

Dans la société, le personnage le plus affreux est

Le médisant qui, semant le scandale,
Distille le poison de sa langue infernale.
Son oreille attentive et ses yeux indiscrets,
Pour les trahir, ont surpris nos secrets.
De son odieuse bouche
Il salit tous ceux qu'il touche.
Ainsi que ses ennemis,
Il éreinte ses amis.
A chacun de ses mots il faut une victime,
Mais la punition se trouve près du crime.
On sait bien que toujours, à lui seul, il a nui,
Et n'a, par ses noirceurs, déshonoré que lui.

DELILLE.

Le plus prudent est de ne jamais dire ni de bien ni de mal de personne. En disant trop de bien de quelqu'un on a l'air de le placer au-dessus de ceux qui écoutent. En en disant du mal on s'expose — en plus du ridicule — à ce qu'un ami de l'absent relève les mots blessants et s'en fâche.

S'abstenir scrupuleusement de porter un jugement quelconque sur les personnes présentes, si on ne veut pas s'exposer à des bévues pareilles à celle-ci :

C'était pendant un bal. Deux dames couvertes de bijoux se trouvaient, par hasard, assises l'une à côté de l'autre. Tout à coup une d'elles, en montrant, au milieu de la danse, une pauvre fille lourde et bossue, courte et grosse, grasse et joufflue, dit bruyamment à sa voisine : « Ah !

Madame, voyez donc quel phénomène! Mais mon Dieu! Qu'est-ce donc que ce monstre-là?

— C'est ma fille, répondit l'autre.

— Votre fi... fi... fi... fifille! je... je... je, pa... pa... pa... papar... papa... pardon, je ne... je ni... je nu... je na... je no...

— Vous êtes une imbécile.

— Oui... pa... pa... pardon. » Et elle continua à balbutier et à faire les plus plates excuses.

VI

PARLER A PROPOS.

Le Chinois en bois sculpté. — Le plat en terre cuite.

Il est certain — ainsi que le dit un vieil adage — que l'on se repent souvent d'avoir trop parlé, et rarement d'avoir gardé le silence; mais il ne faut pourtant pas conclure de là que l'on doive — en société — rester constamment bouche close : autant vaut alors se considérer comme un chat en porcelaine, un chien en faïence ou un Chinois en bois sculpté composant la garniture de la cheminée du salon, ou comme un plat en terre cuite cloué contre les parois de la salle à manger. Le mutisme, en société, annonce l'homme nul,

> Privé d'esprit et de savoir,
> Qui ne vient là que pour s'asseoir,
> Et qui, pas plus qu'une statue,
> Ne rit, ne parle et ne remue,

ou l'homme à la circonspection vaniteuse qui

> Doute de tout ce qu'il apprit
> Et meurt sans avoir eu l'esprit
> (Ce qui, certe, est encor sottise)
> De se permettre une bêtise.

En société il faut parler. Tout le monde ne peut parler

éloquemment, mais peut parler à propos, ce qui ne veut pas dire parler à tout propos. « Il y a parler bien, — a dit La Bruyère, — parler aisément, parler juste, parler à propos : c'est pécher contre ce dernier genre que de s'étendre sur un repas magnifique que l'on vient de faire, devant des gens qui sont réduits à épargner leur pain ; de dire merveilles de sa santé devant des infirmes ; d'entretenir de ses richesses, de ses revenus et de ses ameublements un homme qui n'a ni rente, ni domicile ; en un mot de parler de son bonheur devant des misérables. Cette conversation est trop forte pour eux, et la comparaison qu'ils font alors de leur état au vôtre, est odieuse. »

On ne doit jamais oublier que, dans tout entretien, le grand art consiste à s'exprimer avec simplicité. On doit se laisser aller à sa propre nature et à l'entrain de son esprit. La franche spontanéité, la naïveté naturelle attirent toujours la sympathie.

VII

PURISTES ET LATINISTES.

Cuirs et velours. — Ma belle-mère est détestable. — Fallait-il que je vous aimasse, adorasse et adolâtrasse.

L'homme le plus spirituel devient absurde s'il fait parade d'érudition, et s'il veut toujours parler en société.

« Jamais un grand parleur ne fut homme de sens.
Ses discours vagabonds, ses propos discordants,
Découvrent tôt ou tard par des lourdes méprises,
Que qui parle beaucoup dit beaucoup de bêtises. »

L'emploi des expressions techniques, les citations en langues étrangères ou en langues mortes, comme le latin, ne sont admissibles que dans des conférences littéraires ou scientifiques ; ceux qui se les permettent dans la conversation habituelle sont de répugnants et insupportables pédants. A cet effet, il nous revient à la mémoire la réflexion ci-après, faite par un petit garçon espiègle et intelligent, en sortant d'un salon où de nombreuses citations latines avaient été lancées par un poseur : « Papa, ce monsieur qui dit tant de bêtises que l'on ne comprend pas, ne sait donc pas parler français comme nous? »

Mais les plus grotesques sont encore ceux qui font des citations latines sans comprendre un seul mot de ce qu'ils disent, comme l'outrecuidant qui à chaque instant répétait : *Bella matribus detestata* (la guerre est en horreur aux mères), et qui répondit au voisin qui lui demandait ce que ces mots voulaient dire : « Comment vous ne comprenez pas? Mais c'est pourtant simple comme bonjour. Ça veut dire : « Ma « belle-mère est détestable. »

En société, plus le langage est simple et à la portée de tout le monde, et mieux il est goûté. Dans la conversation, il n'est pas rigoureusement prescrit de parler comme un livre. Il y a même des mots que l'Académie a longtemps rejetés et que l'usage et le public — deux forces irrésistibles — lui ont imposés. C'est l'usage qui crée les nouveaux mots; l'Académie — si elle ne veut pas se faire siffler — n'a qu'à les enregistrer et à les définir.

Les mots les plus usités sont donc ceux qui plaisent le mieux. La phrase la plus juste perd toujours son effet si celui qui la prononce emploie des mots recherchés, et en fait apercevoir le brillant. Pourtant il ne faut pas induire de là que le langage doive dégénérer en trivialité. Non. La trivialité décente fait bien quelquefois (c'est le grain de sel dans le pot-au-feu, car, en société, un langage à la Bossuet serait monotone et endormant), mais il ne faut pas en abuser. Il y a dans la conversation — comme en tout — un juste milieu dans lequel les personnes bien élevées savent se tenir.

Ce qu'il y a de certain, c'est que la trivialité est quelquefois goûtée, tandis que l'afféterie, l'emphase et la phrase compassée et maniérée donnent toujours sur les nerfs.

Se relâcher des strictes rigueurs de la syntaxe n'est pas un crime. Il y a même beaucoup de phrases qui, bien que grammaticales, sont grotesques. Quel est le cavalier qui ne rirait pas si le brigadier, voyant que la chaîne de l'écurie n'est pas encore tendue, disait : *Qu'attend-on donc tant, que ne la tend-on donc tôt?*

Mais si les coups de canif dans la grammaire sont tolérés pour les phrases, il n'en est pas de même pour les mots : *J'ai z'ôté mon chapeau. Comment z'allez-vous*, sont des velours impardonnables. *Tu vas t'à la maison?* Nous *chantons t'ensemble,* sont des cuirs énervants. (Les liaisons incorrectes s'appellent *velours* quand elles sont douces — *j'ai z'été* — et *cuirs* quand elles sont rudes, — *nous sommes t'allés.*) Il vaut beaucoup mieux ne pas faire de liaisons que d'en faire d'incorrectes. Mais ferait-on quelques *couacs* qu'il n'y aurait pas là de quoi se pendre : Il n'a jamais existé d'orateur — paraît-il — qui n'ait eu son *velours* ou son *cuir*, son *moi s' aussi* ou son *peu-t-à peu* sur la conscience.

Il y a des liaisons qui, quoique grammaticalement permises, ne se font pas. Ce serait se vouer au ridicule que de dire : *Comment t'entend-t-on l'affaire ?*

Il faut aussi éviter les temps des verbes en *asse* et en *isse* qui sentent trop le pédantisme. Du reste, l'imparfait du subjonctif de la plupart des verbes ne s'emploie même plus en écrivant, car il donne aux phrases un air d'affectation qui prête au ridicule. Ne serait-il pas grotesque, l'amoureux qui dirait à sa Dulcinée : « Fallait-il que je vous *aimasse*, que je vous *adorasse* et que je vous *idolâtrasse* pour que vous m'*assassinassiez* ainsi sans que je *m'en aperçusse.* »

VIII

LOCUTIONS A EMPLOYER OU A REJETER EN PARLANT.

Cher Monsieur Ratillon. — Mon général. — Vous et moi. — Poule mouillée. — M. Pantouflin. Mme de Mauvaisehumeur.

Exception faite des parents, dans la vie on se trouve en contact avec trois sortes de gens : 1° les intimes (ils sont très rares); 2° les soi-disant amis (ils sont très nombreux); 3° les indifférents (ils forment la masse de toutes les personnes que l'on connaît). Avec les premiers on peut employer tous les mots que l'on veut : c'est le sans-façon le plus complet. A chacun des membres qui composent la deuxième catégorie on lui dit : *Mon cher ami*, sans prononcer son nom. A l'indifférent, si on est un peu lié avec lui, on lui dit : *Cher Monsieur Ratillon*, en prononçant bien son nom, et seulement *Monsieur* si on n'a avec lui que des rapports de civilité. *Cher* tout court est devenu presque une insulte. *Mon cher Monsieur* est incorrect et impoli. *Cher Monsieur* sent à dix pas le : *vous m'ennuyez*. Donc, un homme bien élevé ne se servira jamais de ces expressions.

Lorsque l'on ne connaît pas assez la personne à qui l'on parle pour pouvoir joindre son nom de famille au mot monsieur, on dit tout bonnement MONSIEUR. Il est entendu que ce que nous disons pour les hommes s'applique également aux dames. *Chère Dame* est une inconvenance, *Chère Madame* est absurde. On doit se borner à dire tout bonnement : *Madame*.

Lorsque l'on parle à une autorité quelconque on doit ajouter le titre au mot monsieur : *Monsieur le Ministre*, *Monsieur le Préfet*, *Monsieur le Maire*, *Monsieur le Juge*, etc...

Les catholiques, en parlant à leur archevêque ou évêque, ou en s'entretenant de lui, disent : *Monseigneur*. Ils disent : *Monsieur le Curé*, *Monsieur l'Abbé*.

Les protestants et les juifs font précéder du mot *monsieur* le nom de leur ministre ou de leur rabbin : *Monsieur Coligny*, *Monsieur Isaac*. Mais ils ne disent pas : *Monsieur le Ministre*, *Monsieur le Rabbin*.

Militaires et civils, en parlant à un officier, quel que soit son grade, disent : *Mon Général*, *Mon Capitaine* (l'officier sera toujours content de cette appellation). Dire : *Monsieur le Colonel*, *Monsieur le Lieutenant*, c'est fade et flagorneur, et c'est déplaire à l'officier. Plutôt que de dire *Monsieur le Commandant*, on dit : *Commandant* tout court. Ce n'est qu'aux officiers de l'intendance que l'on dit monsieur : *Monsieur l'Intendant*.

En parlant aux avocats, aux avoués et aux notaires en vogue, on peut faire précéder leur nom de famille par le mot *maître* : *Maître Chicanard*, *Maître Retors*, *Maître Griffard*.

Mais, habituellement, c'est le mot *monsieur* et non le mot *maître* qui précède le nom. On dit : *Monsieur de l'Argutie*, mais on ne dit pas : *Monsieur l'Avocat*.

Il serait puéril de répéter souvent le mot *monsieur* en parlant. Il ne faut le répéter qu'après les mots *oui* ou *non* : *Oui, Monsieur; non, Monsieur. Oui, Mon Général; non, Mon Lieutenant.* On ne doit jamais dire : *oui* ou *non*, tout court.

Il est très impoli, lorsque l'on parle d'un absent, de le citer par les prénoms *il* ou *elle*. On dit : *M. un tel*, ou *Mme une telle*, en citant son nom.

Quand on demande à un mari des nouvelles de sa femme, on dit : *Comment se porte Madame?* sans rien ajouter; à moins que le monsieur ne soit titré, alors on dit : *Comment se porte Mme la Marquise?* Mais il faut être intime pour se permettre cette question.

En entretenant un fils ou une fille de ses parents, on dit : *M. votre père, Mme votre mère.*

En parlant, on doit toujours se citer le dernier : *Vous et moi; Vous, M. Paul et moi.* C'est la personne à qui l'on parle que l'on cite la première, puis les autres, et enfin soi-même.

Les questions : *Que dites-vous? Qu'est-ce?* sont très inconvenantes. Quant aux *Hein? Quoi? Comment?* ils sont de la dernière grossièreté. Lorsque l'on n'a pas compris on doit dire : *Pardonnez-moi, je n'ai pas entendu.* Le *plaît-il?* que, pourtant, presque tout le monde emploie, est d'une politesse douteuse.

Dire : *chose*, *machin*, lorsque l'on parle d'une personne quelconque, est on ne peut plus grossier.

N'est-il pas ridicule le mari qui, parlant de sa femme, dit : *ma biche, mon ange, ma poule* (un auditeur plaisant pourrait ajouter *mouillée*), *mon chou, ma mignonne, ma moitié* ou même *mon épouse?* Quand il est seul avec elle il peut l'appeler comme il veut, même : *Ma cha-cha-chatte.* Mais lorsqu'il lui parle en société il doit tout bonnement l'appeler *ma femme.* — Serait-il prince, il ne doit pas l'appeler autrement.

Aussi bien qu'un homme franc appelle chat un chat, une femme appelle son mari : *mon mari*. Dire, en parlant de lui : *M. Pantouflin* ou *M. Engraisse*, gros comme le bras, c'est faire la précieuse.

Quand on n'est encore que promis et promise, — quand on n'est encore que tout qualités et nullement défauts, — on dit, en parlant aux autres de l'être aimé et parfait : *Ma fiancée* ou *Mon fiancé*. Dire : *Ma future* ou *Mon futur*, c'est rococo.

Le gendre, en parlant en société de sa belle-mère, dit : *Mme de Mauvaisehumeur*. En lui parlant, il dit : *Mère*. Son beau-père, il le désigne toujours par son nom : *M. Serreléséeus*.

La bru, en parlant à un tiers de ses beaux-parents, cite leur nom. En leur parlant, elle dit : *Père* ou *Mère*.

Le petit-fils dit : *Mon grand-père* ou *Ma grand'mère*, en parlant de l'un ou de l'autre, et quand il parle d'eux à la fois il dit : *Mes grands parents* et non : *Mes aïeuls*. (Le mot « aïeux » ne s'applique qu'aux ancêtres de la famille d'une époque très reculée.)

L'usage ayant attaché une acception ambiguë au mot « fille », une dame doit dire : *Quand j'étais demoiselle* et non : *Quand j'étais fille*. Toutefois un père et une mère doivent dire *Ma fille* et non *Ma demoiselle* (ce qui serait d'un pédantisme ridicule), quand ils parlent de celle-ci ou qu'ils s'entretiennent d'elle avec d'autres personnes. Mais ces personnes doivent bien se garder de dire : *Votre fille*. Lorsque l'on est l'intime de la famille on peut dire : *Votre demoiselle* ou même : *Mlle Juliette*. Mais en dehors de ce cas on doit dire : *Mlle votre fille*. (Il n'est permis de prononcer le nom de la demoiselle que lorsqu'on est l'ami de la famille.)

Jusqu'à quinze ans, un jeune homme peut dire : *Papa* et *Maman*; passé cet âge il doit dire : *Mon père* et *Ma mère*.

La demoiselle ou même la femme mariée, peut dire *Papa* et *Maman* jusqu'à l'âge de vingt-six ans. Après, elle doit dire : *Mon père* et *Ma mère*.

Ni le jeune homme ni la demoiselle ne doivent dire : *Monsieur mon père*, *Madame ma mère*.

Un père, quel que soit le titre ou le grade de son fils, dit tout simplement : *Mon fils*. (*Mon fils le sous-préfet* ou *Mon fils le commandant* serait du pédantisme.)

Ce n'est que dans l'intimité la plus absolue que l'on peut employer les expressions familières et les trivialités. Et encore il ne faut se les permettre que très rarement, sans quoi on s'y habituerait.

Enfin, le langage doit être poli sans mièvrerie, gai sans tumulte et correct sans pédantisme.

FIN DE LA QUATRIÈME PARTIE

CINQUIÈME PARTIE

SAVOIR-VIVRE EN ÉCRIVANT

ART ÉPISTOLAIRE

(SAVOIR ÉCRIRE UNE LETTRE)

I. **Historique de l'écriture** (INVENTEURS, PLUMES, PONCTUATION). — II. **Papier** (COULEUR, FORMAT, QUALITÉ). — III. **Écriture** (PATTES DE MOUCHE, UN N MAL FORMÉ A CAUSÉ UNE GUERRE CIVILE). — IV. **Orthographe** (FAUSSE IDOLE, LES HOMMES DE GÉNIE LA DÉDAIGNENT, LES PÉDANTS L'ADORENT). — V. **Style** (DOIT ÊTRE CLAIR, UNE ANECDOTE). — VI. **Recommandations** (PLACE DE LA DATE, FORMULE). — VII. **Salutations et finale** (PLUSIEURS EXEMPLES). — VIII. **Signature et adresse** (LES ÉCRIRE LISIBLEMENT). — IX **Un paquet de lettres** (MODÈLES. LETTRES RÉELLEMENT ÉCRITES, DANS LES PRINCIPALES CIRCONSTANCES DE LA VIE, PAR LES PLUS GRANDS ÉCRIVAINS EN ART ÉPISTOLAIRE).

CHAPITRE PREMIER

Historique de l'Écriture.

Inventeurs. — *Papyrus* et *liber*.
Plumes. — Ponctuation. — Écriture perpendiculaire. — Écriture horizontale.

— Qui a inventé l'écriture?

— Étant donné que tous les anciens peuples se sont, tour à tour, attribué cette précieuse invention, personne n'a jamais pu le savoir.

Les Phéniciens la rapportent au roi Cadmus; les Chinois à leur empereur Fou-hi; les Hébreux à leur patriarche Enoch; les Égyptiens à leur dieu Thoth; les Scandinaves à leur dieu Odin; etc...

Mais quel qu'ait été son inventeur, l'écriture existe depuis plusieurs siècles avant Jésus.

Les premiers manuscrits ont été faits sur des feuilles d'arbre, sur des feuilles de *papyrus* (espèce de roseau croissant sur les bords du Nil), d'où vient le nom de *papier*, et surtout sur le *liber* de certains arbres (couche d'écorce qui touche le bois), d'où est venu le nom de *livre*. On écrivit ensuite sur des planches enduites de cire, sur des peaux tannées (parchemin), sur de la toile et, enfin, — vers l'an 1240 de notre ère, — sur du papier à chiffon, inventé par les Arabes.

Les instruments employés pour tracer les lettres ont été : 1° le style (poinçon dont le bout du manche était aplati et tranchant, et servait à effacer l'écriture que l'on voulait corriger ou supprimer); 2° le pinceau dont les Chinois se servent encore; 3° le roseau dont on s'est toujours servi en Orient; 4° les plumes d'oiseaux (oies, canards, corbeaux, etc.) dont l'usage, qui dure encore, commença vers la fin du VIe siècle; 5° et enfin la plume métallique actuelle inventée au siècle dernier par un mécanicien français nommé Arnoux. L'usage de cette plume ne s'est réellement vulgarisé en France qu'à partir de 1830, mais les Anglais, qui savent tirer profit de toutes les inventions, s'en servirent dès le début, la perfectionnèrent, et leur manufacture de Birmingham, qui en eut, pour ainsi dire, longtemps le monopole industriel, en fabriqua des quantités prodigieuses qu'elle répandit à profusion dans tout l'univers.

L'écriture est l'invention qui a fait le plus de bien à l'humanité, et est l'art le plus utile. Sans elle, l'homme ne peut absolument rien; l'industrie, le commerce, les administrations, les relations n'existeraient pas. L'écriture est donc la messagère de l'intelligence, la lumière du présent, le tableau du passé, la règle de l'avenir.

Ce sont les anciens Grecs qui ont su, les premiers, tirer le plus de profit de l'écriture. Ils n'écrivaient qu'en *majuscules* et ils ornaient souvent leurs manuscrits.

Les Romains continuèrent ce genre d'écriture en majuscules.

La petite écriture courante ne fut employée qu'au VIIIe siècle.

Charlemagne contribua puissamment à améliorer l'écriture; il encouragea les calligraphes qui parvinrent à créer une très belle écriture appelée *carlovingienne*, qui fut employée par tout le nord de l'Europe pendant trois cents ans.

Avant la *carlovingienne*, il n'y avait pas de solution de continuité dans les lignes; tous les mots se tenaient, aucune séparation n'existait entre eux. Ce fut donc vers la fin du VIIIe siècle que l'on commença réellement à séparer les mots.

La ponctuation, bien qu'attribuée au grammairien grec Aristophane, — qui vivait deux siècles avant Jésus, — n'a commencé à être mise en usage qu'au IXe siècle. Les anciens plaçaient bien des points, mais ces points signifiaient des mots écrits par erreur ou toute autre chose complètement étrangère au repos et à la syntaxe.

Le premier signe de la ponctuation, logiquement employé, a été le *point* que l'on plaçait en haut de la lettre finale de la phrase. (Il n'a été placé sur la ligne que longtemps après.)

Deux points et deux espèces de guillemets furent employés, quelque temps après, comme signe d'interrogation.

Le *point-virgule* — ou plutôt la *virgule-point*, car le point était en bas et la virgule en haut — vint après le *point*.

Le *petit tiret*, employé pour séparer les mots, fut mis en usage au XIIIe siècle, mais il était incliné ; ce n'est que bien plus tard qu'il a pris le forme horizontale.

Notre ponctuation actuelle, — sur laquelle, cependant, on n'est pas encore d'accord aujourd'hui, et sur laquelle on ne le sera probablement jamais, — date de la fin du XIVe siècle, à l'exception, toutefois, du *point d'interrogation*, du *point d'exclamation* et des *parenthèses* qui ne sont en usage que depuis la fin du XVe siècle.

L'écriture varie considérablement, d'un peuple à l'autre, dans la forme de l'exécution, mais les deux principales manières de disposer les lignes sont l'écriture perpendiculaire et l'écriture horizontale, qui — toutes deux, — sont en usage de nos jours.

L'écriture perpendiculaire (lignes allant du haut en bas de la page) est pratiquée par les Chinois et les Japonais, avec cette différence que les Chinois commencent leurs lignes à l'angle supérieur droit de la page et continuent ainsi de droite à gauche, tandis que les Japonais tracent leurs lignes perpendiculaires en allant de gauche à droite.

Les Mexicains emploient aussi l'écriture perpendiculaire mais ils dirigent leurs lignes de bas en haut.

Toutes les autres nations se servent de l'écriture horizontale différemment pratiquée. Tous les Syriens, Turcs, Persans, Arabes, Tartares, etc., écrivent de droite à gauche. Tous les Européens écrivent de gauche à droite. Les anciens Grecs écrivaient de droite à gauche pour la première ligne, et de gauche à droite pour la deuxième, et ainsi de suite.

Cet historique de l'écriture brièvement fait, occupons-nous de ce qui est relatif aux *lettres :* qualité et format du papier, écriture, orthographe (rassurez-vous, nous ne parlerons pas des règles des participes, style (rassurez-vous, nous ne ferons pas un cours de littérature), disposition *de la lettre*, termes à employer, salutations, adresse, etc., et nous finirons par donner des modèles de lettres en tous genres, effectivement écrites, dans les circonstances les plus sérieuses de la vie, par les plus grands écrivains.

CHAPITRE II

Le papier.

Couleur. — Format. — Qualité.

Le papier à lettre doit être blanc et exempt de toute espèce de dessin et d'ornement.

Il n'est permis qu'au *pioupiou* écrivant à la *bobonne* d'employer des feuilles enguirlandées, et en haut desquelles se prélasse le traditionnel cœur percé par les flèches de Cupidon (dieu de l'amour).

Le choix du format du papier doit être fait avec goût et déférence. Lorsque l'on écrit aux ministres ou aux chefs supérieurs des administrations, on fait usage du papier Tellière, appelé *papier ministre*, qui a environ 32 centimètres de haut sur 22 centimètres de large.

Quand on écrit à des fonctionnaires d'un ordre moins élevé, on peut se servir de papier ayant environ 21 centimètres de haut sur 13 centimètres de large.

Voilà les deux formats dont on se sert d'habitude pour les lettres administratives.

Les lettres personnelles ont aussi leur format désigné par le savoir-vivre.

Lorsque l'on écrit à une personne à laquelle on doit du respect, le papier à lettre doit être de premier choix et de dimensions à peu près égales à celles que nous avons indiquées ci-dessus en parlant du format à employer pour écrire aux fonctionnaires. (21 centimètres de haut sur 13 centimètres de large.)

Les lettres à des égaux ou à des indifférents s'écrivent sur du papier à lettre ordinaire, mais de bonne qualité.

La correspondance avec les siens, avec les amis intimes peut être faite sur n'importe quel papier, à condition qu'il soit toujours présentable, car on ne doit jamais faire dégénérer la familiarité en inconvenance.

Quand on est en deuil, on peut se servir de papier bordé de noir pour écrire à ses parents et à ses amis, mais le papier de ce genre ne devra jamais être employé pour correspondre avec les supérieurs et les indifférents que rien n'appelle à partager le deuil que ce papier annonce.

Il n'est permis à personne d'écrire des lettres sur du papier d'écolier.

CHAPITRE III

L'écriture.

Les pattes de mouche. — On jette au panier les lettres indéchiffrables. — « Vous écrivez comme un chat. » — Écrire illisiblement est une grande impolitesse. — La forme douteuse d'un n a causé, en France, une guerre civile.

On écrit pour être lu, comme l'on parle pour être compris.

Si l'on bredouille en parlant personne ne comprend. Si l'on griffonne en écrivant personne ne peut lire.

La personne à qui l'on inflige la torture de déchiffrer les mystères des pattes de mouche enverra le papier se promener.

Tout l'esprit du monde mis dans une lettre que nul ne peut lire, c'est du diamant enfoui.

> « La belle écriture est le don ingénieux
> De peindre la parole et de parler aux yeux,
> Et, par des traits divers de figures tracées,
> Donner de la couleur et du corps aux pensées. »

Dans les bureaux des administrations on jette au panier les lettres mal écrites.

La première de toutes les conditions d'une lettre c'est donc celle d'être lisible.

« Je vous supplie — disait Voltaire en écrivant à un conseiller d'État — de pardonner à mes yeux s'ils ne peuvent pas lire votre écriture. Ayez la bonté, monsieur, de me donner vos ordres par un secrétaire, car, révérence parler, vous écrivez comme un chat. »

Et, en répondant à une comtesse, il commence sa lettre ainsi : « Vos lettres, madame, sont bien aimables, mais ce n'est pas sans peine qu'on jouit du plaisir de les lire : il n'y a pas de chat qui n'avoue que vous le surpassez beaucoup. »

Il n'épargne pas davantage son protecteur le duc de Richelieu auquel il écrit : « Vous écrivez comme un chat, bientôt je ne pourrai plus vous déchiffrer. »

Un autre homme d'esprit, — Jacquemont, un grand naturaliste, — dit à un de ses amis : « Mais barrez donc soigneusement vos *t*, et mettez des points sur vos *i*, vos hiéroglyphes m'ont fait enrager une bonne heure... »

L'écriture est la parole portée par le papier. Si on ne saisit pas cette parole, elle devient nulle. Écrire illisiblement c'est une grande impolitesse.

Quand on écrit aux supérieurs il faut soigner l'écriture comme on soignerait sa mise si on allait leur parler. Si l'écriture leur impose une corvée ils recevront mal la missive.

Le propre intérêt — sans parler de la politesse et du savoir-vivre — commande donc d'écrire lisiblement.

Du reste, la netteté de l'écriture et sa régularité sont l'image de l'ordre dans les idées.

Les pâtés, les barbouillages, les griffonnages, les pattes de mouche annoncent le désordre, le sans-gêne, l'impolitesse et la malpropreté de celui qui écrit.

Certains pédants s'imaginent, dans leur absurde vanité, que soigner leur écriture est au-dessous de leur bel esprit. Ils oublient que cela est l'indice de l'orgueil, et, partant, de la médiocrité.

Les hommes les plus spirituels, et de la valeur desquels la France s'enorgueillit, Fontenelle, Voltaire, Diderot, Lamartine, Alexandre Dumas, Victor Hugo, etc., écrivaient très lisiblement, soignaient leur écriture et auraient pu, en calligraphie, en montrer à des maîtres de profession.

L'écriture est la messagère de la pensée. Or, quelle réception ferait-on à une personne qui, chargée d'une mission verbale, bredouillerait au lieu de parler clairement? — Mauvaise. Eh bien! il en est de même de la réception que l'on fait à une lettre que l'on ne peut lire qu'avec peine.

Du reste une écriture mal formée peut occasionner de graves désagréments, car souvent elle fait prendre un mot pour un autre.

On ne devrait jamais oublier que la forme douteuse d'un *n* a causé en France une guerre civile : En 1614, le courrier porteur des propositions de la régente (Marie de Médicis) au prince de Condé, lut — sur l'adresse de la missive à lui remise — *Angerville* au lieu d'*Augerville*, et il alla à Angerville (Normandie) où Condé n'était pas, au lieu d'aller à Augerville (Orléanais) où il se trouvait.

Résumé : Écrire toujours lisiblement.

CHAPITRE IV

L'orthographe.

Fautes d'orthographe des académiciens contemporains. — Fautes d'orthographe de Fénelon, La Fontaine, Racine, Bossuet, Boileau, Voltaire et Napoléon Ier. — Tout le monde fait des fautes. — Ne pas se décourager.

Si la mauvaise écriture peut faire prendre un *n* pour un *u*, la mauvaise orthographe peut faire prendre un mot pour un autre, et même une lettre tout entière pour ce qu'elle n'est pas, comme la lettre ci-après écrite par un grand personnage à sa femme. Oui! par un grand personnage, car, en orthographe, comme nous le prouverons plus loin,

> « Tous les grands ne sont pas ce qu'un vain peuple pense.
> Notre crédulité fait seule leur science. »

Ce grand personnage écrivit donc ainsi à sa chère épouse :

« Mon ra, mon heure est arrivée, il fot en finire avez que la vie, que je mais prise tant.

« Ton bonnet pou. — D. »

Cette lugubre lettre faillit faire mourir la dame de chagrin. Elle lui occasionna des attaques de nerfs qui ne cessèrent que lorsque le secrétaire du grand personnage, qui connaissait l'orthographe de son maître, eut ainsi traduit l'épouvantable missive :

« Mon ramoneur est arrivé; il faut en finir avec l'avis que Jeumais (un ami) prise tant. Ton bon époux. — D. »

Voici encore un spécimen de l'orthographe d'un grand homme.

Le maréchal de Saxe, ayant été proposé pour l'Académie française, écrivit à son ami le maréchal de Noailles la lettre ci-après :

« Je ai répondut que se la malet comme une bage à un cha. Pourcoy nan aites vous pas? Je crain les ridiqules et se luy si man paret un. »

Ces exemples prouvent donc, que, en fait d'orthographe, les *grands* n'en savent pas plus que les *petits*. Tout le monde est peccable à ce sujet. Par conséquent, il ne faut pas se décourager. Si la crainte de faire des fautes empêchait d'écrire il n'y aurait plus de correspondance possible, car il n'existe pas un seul homme en France chez qui cette crainte ne soit justifiée. Il n'y a pas d'homme qui ait écrit toutes ses lettres — (même quand ses études étaient terminées — surtout quand ses études étaient terminées) — sans faire de fautes d'orthographe.

Feu Émile de Girardin possédait une collection d'autographes de tous les académiciens de ce siècle. Cette collection, qui existe encore, a une très grande valeur justement par le nombre de fautes d'orthographe que l'on y remarque. Victor Hugo — entre autres fautes — écrit *apperçu* avec deux *p*. Émile Augier écrit *tu aime* sans *s* à la fin. Charles Nodier et Alfred de Musset font *deux* grosses fautes. Sainte-Beuve et Saint-Marc Girardin, *trois*. Mérimée et Alfred de Vigny, *quatre*. Lebrun et Ponsard, *cinq*. Ancelot, *huit*. Chateaubriand, *neuf*. Scribe, *treize*, et enfin un autre membre de l'Académie, que l'on n'a pas voulu nommer, *vingt-cinq*.

Voilà pour les contemporains.

Passons maintenant aux grands écrivains des autres siècles, passons aux génies qui ont produit tant de chefs-d'œuvre immortels.

Fénelon persista à écrire les *avantures* de Télémaque. Mme de Sévigné a écrit *tandresse*.

La Fontaine (élégie sur Fouquet) a écrit : vous n'*avés* pas *chés* vous... *lons* flots de soleil. Racine a écrit : les *massons* sont venus.

La Bruyère a écrit : un homme *pratic*, une femme *fidelle*. Bossuet, dans un de ses sermons, a écrit : Mes frères, le *iour* décline ; le soleil est sur son *panchant* ; *l'apostre* ne nous donne guère de loisir... *asseurons*-nous *leternelle* miséricorde. Dans un autre sermon il a écrit : *aprandre, atantif, tandre* affection.

Récemment un collectionneur a payé *trois mille francs* un billet de quelques lignes de Boileau, où le cruel satirique, qui prenait tant de plaisir à se moquer des autres, et qui passait son temps à chercher la *petite bête* qu'il savait, du reste, si bien trouver, a fait trois énormes fautes d'orthographe.

Les œuvres sublimes de Corneille et de Molière fourmillent de fautes d'orthographe.

Voltaire — un des hommes les mieux doués que la nature ait produits -- a avoué qu'il ne pouvait pas écrire une seule page sans être obligé d'ouvrir trois ou quatre fois son dictionnaire, il a écrit : *chatau*, *tonnau*, *fardau*, *sotise*, *stile*, *hipotèse*, *reconu*, *nourir*, *aprécier*, *apel*, *afaire sifler*, *mistère*, *flame*, *exemte*, *flater*, *raport*, *cazanier*, etc.

Il écorchait même le nom de ses meilleurs amis ; ainsi au lieu d'écrire Diderot, il écrivait *Didrot*. Au lieu d'écrire Thiériot, il écrivait *Thiriot*.

Napoléon Ier a écrit : « *formulles*, *certificas* et autres choses *esencielles* relatives à mon état *actuell*... *Miagière* de demander un congé... cinq mois et *demie*... votre *senté*... *Allors*. »

Eh bien ! qu'est-ce que cela prouve?

Est-ce que, — par hasard, — ceux qui ont relevé toutes ces fautes veulent faire admettre que Napoléon Ier, Voltaire,

Bossuet et Corneille étaient trop bêtes pour apprendre l'orthographe?

Et, en effet, de deux choses l'une : ou Corneille, Molière, La Fontaine, Racine, Boileau, Voltaire, Napoléon et Victor Hugo — ces immortels génies dont l'humanité tout entière s'honore — étaient des idiots, ou l'orthographe est une absurdité. Or, comme il est matériellement impossible de faire passer pour des nullités les génies susnommés, on est obligé — bon gré mal gré — de convenir que l'orthographe est une radoteuse et une insensée. « L'usage seul en fait supporter l'incongruité », dit Voltaire, dans son *Dictionnaire philosophique*. « L'orthographe de la langue française, dit Casimir Henricy, secrétaire général de la Société de linguistique, est dénoncée à la France et au monde comme vicieuse, illogique, absurde au plus haut degré. On l'a attaquée au nom de la raison, du bon sens et de la logique, au nom de la véritable science dont elle méconnaît les lois, au nom de la civilisation, comme contraire à la diffusion des lumières et à l'émancipation du peuple... Il est de toute évidence que notre orthographe est irrégulière, illogique, barbare, grotesque, en contradiction manifeste et presque continuelle avec la langue parlée; qu'elle est hérissée de difficultés innombrables qui semblent n'avoir été maintenues que pour garrotter l'intelligence, écraser la mémoire, torturer la raison, immobiliser l'esprit... La conséquence de cet état de choses est que pas un homme ne peut, à bon droit, se flatter de connaître parfaitement l'orthographe. Les gens qui la connaissent le mieux ne rougissent pas de l'avouer. En fît-on la seule étude de sa vie on ne parviendrait pas à l'apprendre, même à l'aide d'une intelligence exceptionnelle. On ne parviendrait qu'à *s'abrutir*. » Destut Tracy, — un académicien, — en a parlé ainsi : « La mémoire seule peut servir à cette étude; aucun raisonnement ne peut guider; au contraire, il faut à tout moment faire le *sacrifice de son bon sens*, renoncer à toute analogie, pour suivre aveuglément l'usage établi qui vous surprend continuellement par *son inconséquence*... Et j'en appelle à tous ceux qui ont un peu médité sur nos facultés intellectuelles. Y a-t-il rien au monde de plus *funeste* qu'un ordre de chose qui fait que la première et la plus longue étude de l'enfance *est incompatible avec l'exercice du jugement.* Et peut-on calculer le nombre prodigieux *d'esprits faux* que peut produire une si *pernicieuse habitude* qui devance toutes les autres ! »

Nous pourrions continuer à citer d'autres auteurs, mais à quoi bon? l'insanité de l'orthographe est parfaitement démontrée par ceux que nous avons nommés.

Donc, encore une fois, il ne faut pas se décourager. Il ne faut pas que l'idée que l'on a de faire des fautes empêche d'écrire à ses parents et à ses amis. En se disant que tout le monde fait des fautes — jusques et y compris les plus grands génies — on n'hésitera pas à écrire ses lettres soi-même. Du reste, en écorchant l'orthographe (qui, soit dit entre parenthèses, n'a que ce qu'elle mérite) on pourra se dire que l'on se trouve en bonne compagnie. On peut faire des fautes d'orthographe en écrivant une lettre, sans que cela ruine en réputation.

Mais il va sans dire que l'on portera une grande attention à écrire le plus correctement possible. On se relira plusieurs fois. On se censurera soi-même très sévèrement. (Ces recommandations s'adressent aussi bien à ceux qui sont instruits qu'à ceux qui ne le sont pas.)

CHAPITRE V

Le style.

Prudence. — Clarté. — Les fautes de style des grands écrivains du siècle de Louis XIV. Ne pas se décourager.

Les paroles s'envolent et les écrits restent, dit le vieux proverbe. Et l'on croirait que c'est pour donner plus de force à ce proverbe qu'un grand ministre (Richelieu) a dit : « Que l'on me donne trois lignes de l'écriture d'un homme, et je me charge de le faire pendre. »

Il faut donc être prudent en écrivant. La sagesse — qui a déjà recommandé, à celui qui veut parler, de tourner d'abord sept fois sa langue dans sa bouche — recommande à celui qui veut écrire de tourner quatorze fois sa plume dans sa main. Les intentions les plus innocentes et les plus pures sont si facilement incriminées! et surtout, lorsque l'on n'est pas là pour les défendre.

Le style, après avoir été prudent, sera clair, concis, simple, sans phrases à effet et sans prétention, car « l'esprit qu'on veut avoir gâte celui qu'on a ». On doit écrire comme l'on parle, mais éviter, bien entendu, de tomber dans la trivialité, qu'il ne faut jamais confondre avec la simplicité.

Le style simple et naturel, qui ravit, est l'apanage des grandes âmes. Le style trivial et grossier, qui répugne, est l'apanage des âmes vulgaires.

Une lettre sera toujours belle si l'on pense, en l'écrivant, que son style doit être le miroir où se reflètent fidèlement le cœur et la pensée.

On peut faire écrire aux administrations par un tiers dont on connaît l'aptitude. Mais, aussi peu habile que l'on soit, il faut écrire soi-même toutes ses lettres de famille, d'intérêts et de relations.

Aussi bien en orthographe qu'en style, tout homme — quel que soit son génie — est sujet à erreur.

Quand l'Académie française eut terminé son premier Dictionnaire, elle le dédia au roi Louis XIV. On choisit les meilleurs écrivains pour rédiger l'épître dédicatoire. Or, un critique (Régnier Desmarais) *prouva* que ce document (qui n'a pourtant qu'une page et demie) ne contenait pas une *seule phrase correcte*. Il signale toutes les fautes et en parlant — entre autres — d'une phrase, il dit : « Ces mots sont mis au pluriel et se rapportent à expressions, tandis qu'ils doivent être au singulier et se rapporter à « souveraine raison ».

Et pourtant, l'Académie française comptait comme membres, lors de la rédaction de cette dédicace, les plus grands écrivains que la France ait possédés.

Donc, pas de découragement.

Écrivez vous-même vos lettres, et puis laissez penser ce que l'on voudra, et de votre orthographe et de votre style. Celui qui vous critiquera n'en saura peut-être pas autant que vous, et il peut se faire qu'il soit ce que Desmarais était à Corneille et à Racine, c'est-à-dire : ce que la médiocrité est au génie. Les Zoïles sont toujours des imbéciles.

CHAPITRE VI

Recommandations.

Place de la date. — Expressions à employer. — L'homme n'est pas né serf. — Abréviations. — Marge. — Recto et verso.

Il faut mettre la date en haut de la première page. La placer à la fin de la lettre, c'est de la *pose* et de l'incommodité. Si, plus tard, on a besoin de cette date, — ce qui arrive souvent, — il faut tourner et retourner le papier pour la chercher. Le timbre de la poste étant apposé sur l'enveloppe qui peut se perdre, oublier de dater une lettre peut amener de graves désagréments.

Après la date, on laissera quelques centimètres en blanc, puis on écrira, au milieu de ce blanc, le mot *Monsieur* ou *Mon cher Ami*, etc.

Après ces mots, placés en vedette, on laissera encore quelques centimètres en blanc, puis on commencera la lettre.

Lorsque l'on écrit à un homme d'un rang élevé et que l'on emploie le papier *ministre*, le blanc, entre la date et la vedette, et celui entre la vedette et la première ligne de la lettre, doivent être d'autant plus larges que la personne est élevée en dignité.

Quand on écrit à une personne titrée, la vedette doit être ainsi libellée : *Madame la Marquise*, *Monsieur le Duc*. Pourtant, lorsqu'on s'adresse à une *dame* ou à une *demoiselle*, — serait-elle reine ou princesse, — le mot : *Madame* ou *Mademoiselle* peut suffire.

En écrivant à ses parents, on dit : *Ma Mère bien-aimée*, *Ma bonne Mère*, *Mon bon Père*, *Mon cher Père* (au choix). Mais il faut bien se garder de dire : *Mon Père honoré*, *Ma Mère vénérée*. *Cher Papa*, *Chère Maman* ne sont permis que jusqu'à l'âge de seize ans pour les garçons et jusqu'à l'âgé de vingt ans pour les filles. Continuer ces appellations, ces âges passés, serait enfantin. Pour une personne que l'on connaît à peine, on écrit : *Monsieur*. Lorsqu'il y a plus d'intimité, on écrit : *Monsieur et Ami*, et, enfin, *Mon cher Ami*.

Dans une administration, entre collègues, on s'écrit : *Monsieur et cher Collègue* ou *Mon cher Collègue*.

A un camarade de classe ou de régiment, on écrit : *Mon cher Camarade*.

Lorsque dans la lettre on parle d'un tiers comme, par exemple, de la mère, du père, ou de l'oncle de celui à qui cette lettre est adressée, on doit dire : *Madame* votre mère, *Monsieur* votre oncle, en écrivant en toutes lettres les mots *Madame* ou *Monsieur*. Mais si la personne de qui l'on vient à parler dans la lettre n'est pas de la famille de celui à qui la lettre est adressée, on abrège les mots *Madame* et *Monsieur* en écrivant seulement : *M.* ou *M*me (*M. Pierre est malade, M*me *Paul se porte bien, M*lle *Louise est fiancée.*)

Lorsque l'on tutoie celui à qui l'on écrit, il serait du dernier ridicule d'écrire : *Monsieur ton père*, *Madame ta tante*. On doit se borner à dire : *ton père, ta tante*.

En écrivant aux autorités ou aux fonctionnaires, — quels qu'ils soient, — on leur dit : *Monsieur le Ministre*, *Monsieur le Préfet*, *Monsieur le Président*, *Monsieur le Sous-Préfet*, *Monsieur le Procureur de la République*, *Monsieur le Maire*, etc., en indiquant toujours le titre après le mot *Monsieur*.

On répète la même appellation dans le courant de la lettre, si besoin est, et on leur parle à la deuxième personne du pluriel. On leur dit *vous*.

Il n'y a plus que *quelques* domestiques guidés par l'esprit de la flagornerie, et non par l'esprit de la *sincérité*, qui parlent encore à la troisième personne à leurs maîtres. Et il faut que ces maîtres soient bien *poseurs*, bien *arriérés* et bien *naïfs* pour prendre au sérieux cette plate et hypocrite condescendance. Le domestique dira bien obséquieusement : « Plairait-IL *à Monsieur... Monsieur voudrait-*IL », mais dans son for intérieur il tutoiera ce maître *autoritaire* en lui disant : « *As-tu fini!!!* » Et même — si *Monsieur* a l'oreille dure — le domestique, après avoir dit dans le haut de la voix : « *Monsieur est si bon qu'*IL *voudra bien augmenter mes gages* », ajoutera, sur le ton ordinaire de la voix, comme Boniface dans la comédie des *Deux Sourds* : « *Tu es trop avare pour cela, vieille ganache!* » Et pourtant, Boniface était *couché* sur le testament de son maître. Qu'aurait-il dit s'il n'avait pas eu affaire à un maître *généreux?* Ceux qui croient à la sincérité de la soumission se trompent énormément. La servilité est une corde jetée par la misère au cou de l'homme. C'est le joug exécré. Il n'y a pas d'homme sur terre — aussi dégradé qu'il *paraisse* — qui serve sans avoir la mort dans l'âme; qui se soumette sans avoir la torture au cœur; qui aime son semblable *parce que* son semblable est son maître. Les liens de la sympathie naturelle peuvent attacher un homme à un autre, mais les liens de la domesticité jamais, au *grand jamais*. L'homme n'est pas né serf. Les besoins matériels de la vie le forcent à soumettre son corps à la servilité, mais son âme reste indépendante et fière. Et cela parce que — comme l'a dit si éloquemment et si justement Lamartine —

Borné dans sa nature, infini dans ses vœux,
L'homme est un dieu tombé qui se souvient des cieux.

Mais pardonnez-nous cette diversion philosophique et revenons aux expressions à employer dans les lettres :

Quand on écrit à un général ou à tout autre officier, on lui dit : *Mon Général*, *Mon Colonel*, *Mon Lieutenant*, et on se garde bien de lui parler à la troisième personne parce que, si on rencontre encore quelques *chevau-légers* qui aiment ce langage de laquais, tous les officiers le détestent.

A l'exception des dates et des numéros de rues, — que l'on peut écrire en chiffres, — tous les nombres doivent être écrits en toutes lettres, surtout le montant des sommes d'argent. Il ne faut jamais faire d'abréviations dans une lettre : elles indiqueraient le sans-gêne qui est cousin germain de l'inconvenance. Les seules abréviations permises sont, — ordinairement : — 7bre, 8bre, etc., pour les noms des mois. M., Me, Mme, Melle pour les mots *monsieur*, *maître*, *madame*, *mademoiselle*, lorsque l'on emploie ces mots en parlant d'un tiers, mais non quand on s'adresse directement au *Monsieur*, au *Maître*, etc., car alors il faut écrire ces mots en toutes lettres comme nous l'avons déjà dit.

On écrit aussi en abrégé *P.-S.* (*Post-scriptum*) pour désigner ce que l'on ajoute à la lettre après la signature.

Quand on charge quelqu'un de porter une lettre à une adresse indiquée, la politesse veut qu'on la donne décachetée, mais celui qui la prend doit la cacheter immédiatement, et, bien entendu, sans en lire une seule ligne.

Une lettre de recommandation se donne toujours ouverte à l'intéressé, afin qu'il la lise avant de la remettre au destinataire.

Violer le secret des lettres est une vilenie que seul un misérable peut se permettre.

Il faut toujours commencer par une lettre majuscule le titre de la personne à qui l'on écrit : *Monsieur le Préfet*, *Monsieur le Maire*, *Madame la Comtesse*.

Laisser sécher l'écriture ou, au besoin, l'essuyer avec du papier buvard, mais ne jamais y jeter ni sable, ni sciure, ni tabac, ni poivre : il en reste toujours sur le papier, ce qui n'est pas propre du tout.

Quand on a besoin d'écrire à un supérieur — si on n'est pas bien sûr de s'en tirer convenablement — on se fait faire un brouillon par quelqu'un d'habile, et on écrit l'original soi-même, car il faut, autant que possible, que la lettre soit de l'écriture de celui qui la signe.

On peut — en affaires — agir tout autrement envers un chef d'administration (Préfet ou autre), c'est-à-dire qu'il est permis de rédiger soi-même la lettre, et, si on a une mauvaise écriture, la faire recopier par quelqu'un qui écrit bien.

Une lettre contenant des renvois, des ratures, des pâtés, ne doit jamais être envoyée. On s'en sert de brouillon après l'avoir soigneusement corrigée, puis, sans écouter la paresse, on la recopie.

Toutes les fois que l'on écrit aux autorités et que l'on emploie du *papier ministre*, il faut laisser une grande marge. (Le tiers de la feuille, et même un peu plus.)

A moins que l'on écrive à des parents ou à des intimes, il faut laisser au moins trois ou quatre centimètres en blanc au bas et en haut des pages.

Depuis quelque temps un usage nouveau s'est établi : au lieu de commencer la lettre au recto du premier feuillet on la commence au verso. Si la lettre ne doit avoir que deux pages, ce système évite la peine de tourner le feuillet; on lit comme sur les deux pages que présente un livre ouvert. Mais si la lettre a trois pages ce système offre plus d'inconvénients que de commodités. Nous conseillons donc l'ancien système qui permet de commencer à lire la lettre dès qu'elle est dépliée, et si la lettre n'a que trois pages, de la plier toujours à la page restée en blanc. Du reste, cet ancien système est de rigueur pour toutes les lettres administratives.

Lorsque l'on écrit à des grands dignitaires, le verso doit rester en blanc. Ces lettres devant être toujours courtes, peuvent, du reste, se terminer sur la première page.

CHAPITRE VII

Formules finales.

Finale des lettres d'amitié (doit être simple). Modèles d'après Voltaire, Mme de Sévigné, Fénelon, etc. — Finale des lettres d'affaires. — Finale des lettres officielles.

Tout ce qu'il y a de plus difficile dans une lettre, c'est la façon de la terminer. Les derniers mots doivent résumer, pour ainsi dire, tout le ton de la lettre en accentuant sur l'humilité quand on écrit aux supérieurs, en accentuant sur la politesse quand on écrit aux indifférents, et en accentuant sur l'affection quand on écrit aux intimes.

Nous allons donner ci-après plusieurs modèles en commençant par les finales des lettres que, journellement, tout le monde écrit, soit : les lettres d'amitié.

Les modèles de ces finales nous sont, en grande partie, fournis par les deux grands écrivains qui, en art épistolaire, n'ont jamais été surpassés ni même égalés : Voltaire et Mme de Sévigné. La valeur de ces finales est due surtout à leur grande simplicité.

Nous commençons par les formules finales de Voltaire. Personne n'a jamais écrit autant de belles lettres que Voltaire (il en écrivait parfois trente par jour). Presque toujours exhilé, ou retenu par le travail dans la solitude, il était obligé, par ce genre de vie, d'écrire une lettre pour la plus petite affaire, ce qui fait que ses actes ont été, pour ainsi dire, enregistrés jour par jour, et ses lettres, toutes positives, ne sont ni des rêveries ni des bavardages; aussi sont-elles la lecture la plus fortifiante à laquelle on puisse se livrer. Si J.-J. Rousseau, tout débordant d'orgueil et de rancune, a patiemment et artistement composé ses fameuses *Confessions* en disant : « Je veux montrer à mes semblables un homme dans toute la vérité de la nature, et cet homme c'est moi, » Voltaire, qui n'a jamais songé à se confesser, est mort en laissant des lettres qui montrent un homme autrement positif que l'auteur du *Contrat social*.

Nous insérerons quelques-unes de ces lettres dans le dernier chapitre de cette partie. Ici, nous ne donnons que la finale de quelques-unes des nombreuses lettres qu'il a écrites à ses amis d'Argental, Thieriot, Moussinot, etc...

« Adieu, je suis un peu malade, mais je vous aime comme si je me portais bien. »

« Adieu, je vous serai attaché tout le temps de ma courte et chienne de vie. »

« Adieu, je vous aime trop pour vous écrire avec cérémonie. »

« Adieu, je vous aime comme vous méritez d'être aimé. »

« Adieu, aimez-moi un peu, vous me l'avez promis et j'y compte, car je vous aime de tout mon cœur. »

« Adieu, je vous embrasse tendrement. Le temps ne détruira jamais mon amitié pour vous. »

« Adieu, secouez votre paresse et écrivez à votre ami. »

« Adieu, je travaille comme un diable à vous plaire. »

« Adieu, conservez-moi votre amitié dont je fais plus de cas que d'une pension et de ceux qui la donnent. Je vous aime tendrement et je vous embrasse mille fois. »

« Adieu, je vous embrasse avec toute la tendresse d'un homme qui ne trouve rien au monde de si doux que de vous aimer. »

« Adieu, je vous aime en vers et en prose de tout mon cœur et vous serai attaché toute ma vie. »

« Adieu, je vous aime autant que je vous écris peu. »

« Adieu, je vous aime de tout mon cœur et cela sans effort. »

« Adieu, quand vous serez las de toute autre chose, souvenez-vous que Voltaire est à vous toute sa vie avec le dévouement le plus tendre et le plus inviolable. »

« Bonsoir, vous avez en moi un ami pour la vie. »

« Adieu, je vous estime trop pour ne pas vous aimer toujours. »

« Adieu, soyez un peu sensible à la tendre amitié que j'aurai pour vous toute ma vie. »

« J'ai un procès, un poème épique, une tragédie et une comédie sur les bras. Si j'ai de la santé, je soutiendrai tous ces fardeaux gaiement, si je n'en ait point, que tout aille au diable. Bonsoir. »

« Adieu, je vous pardonne de ne point songer à moi au milieu des plaisirs de Paris. »

« Bonsoir, je vous aime, vous estime trop pour faire ici les plats compliments de la fin des lettres. »

Mme de Sévigné en écrivant à sa fille :

« Adieu, ma chère enfant, l'unique passion de mon cœur, le plaisir et la douleur de ma vie; aimez-moi, c'est la seule chose qui peut me donner de la consolation. »

« Adieu, ma bonne; je ne vous dis ni la moitié ni le quart de l'amitié que j'ai pour vous. »

« Adieu, ma chère enfant; je vous aime si passionnément, que j'en cache une partie afin de ne vous point accabler. »

De Maistre terminait souvent ainsi ses lettres d'amitié :

« Je vous serre dans mes bras, comme un vieil ami. »

Fénelon en écrivant à son ami Destouches :

« Je vous aime sans compliments, si vous ne voulez pas le croire, venez le voir. »

Et nous terminons les finales des lettres d'amitié par ces mots si touchants écrits par Mlle Aïssé (une jeune et belle Circassienne, vendue à l'âge de quatre ans au comte de Ferréol, ambassadeur de France à Constantinople, qui l'amena à Paris, et lui fit donner une excellente éducation) :

« Mais je ne vous ai pas encore rendu compte de l'état de mon cœur pour vous. Je vous aime parfaitement. Cette amitié fait le bonheur de ma vie, et souvent la peine, car j'ai le cœur serré quand je pense qu'une personne que j'aime si tendrement, je ne la vois point. Aimez-moi, Madame, comme je vous aime. » (*Elle écrivait à une de ses amies, Mme Calendrini.*)

Passons maintenant aux finales des lettres d'affaires ou autres lettres écrites aux indifférents, finales qui varient selon le degré des relations.

Si les relations sont peu suivies, on peut finir la lettre ainsi :

Veuillez agréer, Monsieur, l'assurance de mes sentiments distingués.

A une dame on peut lui dire : *Veuillez agréer, Madame, l'assurance de mes plus respectueux hommages.*

Si la dame est vieille, on doit lui dire : *Veuillez agréer, Madame, l'assurance de mon profond respect.*

Si la personne qui écrit est dans une situation plus directement subordonnée, elle dira :

Je suis avec le plus profond respect, Madame (indiquer le titre si elle en a un), *votre très humble et très dévoué serviteur.*

Lorsque l'on écrit à quelqu'un avec qui l'on est en relations assez suivies, on peut dire :

Veuillez agréer, Monsieur Pierre (on cite son nom), *l'assurance de ma sincère sympathie.*

Quand on écrit à une personne qui, dans la hiérarchie

sociale, a la moindre supériorité sur celui qui écrit, ou lorsque la lettre est adressée par un homme à une dame ou à un vieillard, il faut bien se garder de dire (ce que pourtant, on dit à tort très souvent) : *Veuillez agréer l'assurance de mon estime* ou *de ma parfaite considération*, car les rôles seraient renversés. Dans ce cas, ce sont les dames, les personnes âgées et les supérieurs qui peuvent avoir de l'*estime* ou de la *considération* pour celui qui écrit et non lui pour eux. Il n'y a donc que les supérieurs écrivant aux subordonnés, et les dames et les personnes âgées écrivant à ceux qui leur doivent du respect, qui peuvent employer les mots *estime* ou *considération*, mais s'ils ont de la délicatesse ils remplaceront *estime* et *considération* par « *sentiments affectueux* ».

Une dame en écrivant à un fonctionnaire peut dire : *Votre dévouée servante*. En écrivant pour affaires à un simple particulier elle peut dire :

Veuillez agréer, Monsieur, l'assurance de mes sentiments distingués.

Aux dames avec qui elle est en relations, sans être dans l'intimité, elle peut dire :

Veuillez agréer, Madame (ou Mademoiselle), *l'assurance de ma sincère sympathie.*

Les finales des lettres officielles se rédigent ainsi.

Au Président de la République on lui dit :

Je suis, avec le plus profond respect,
Monsieur le Président,
Votre très humble et très dévoué serviteur.

Au ministre, ambassadeur, préfet (ou toute autre autorité administrative), premier président (ou toute autre autorité judiciaire), consul (ou tout autre haut fonctionnaire), on lui dit :

Je suis avec le plus profond respect,
Monsieur (indiquer le titre), *Votre très humble et très dévoué serviteur.*

Au petit fonctionnaire on lui dit :

Veuillez agréer, Monsieur (indiquer l'emploi), *l'assurance de mes sentiments distingués.*

Quand un civil écrit à un officier pour des affaires privées il lui dit :

Je suis avec le plus profond respect, Mon Général (ou tout autre grade), *votre très humble et très dévoué serviteur.*

Quand il lui écrit pour des affaires *militaires,* il met immédiatement au-dessous de la date :

Le nommé Jacques, propriétaire à Bieuville, à Monsieur le Général (ou *Colonel*) *commandant le...*

Mon Général,

Et il finit sa lettre par une phrase respectueuse, mais sans mettre de salutations ni de formule finale.

(Les militaires, en écrivant à leurs supérieurs, n'emploient plus — et c'est un progrès — de salutation ni de formule finale.)

A toutes les autorités et à tous les officiers dont nous venons de parler on leur dit *vous,* et on ne leur parle jamais à la troisième personne.

Lorsqu'un employé écrit à son supérieur il lui dit :

Je suis avec le plus profond respect, Monsieur (indiquer le titre), *votre très humble et très dévoué serviteur.*

Mais quand cet employé écrit au chef d'une tout autre administration que la sienne, il peut dire :

Veuillez agréer, Monsieur (indiquer le titre), *l'assurance de mon profond respect.*

Comme nos lectrices n'auront pas souvent l'occasion d'écrire aux Grands, aux très Grands de la terre, ce n'est qu'à titre de curiosité que nous donnons les formules finales ci-après :

Au souverain (roi ou empereur de n'importe quelle nation), on lui dit :

Je suis avec le plus profond respect, Sire, *de Votre Majesté, le très humble et très dévoué serviteur, et fidèle sujet.*

Au Pape :

Je suis avec le plus profond respect, Très Saint-Père, *de Votre Sainteté* (ou de *Votre Béatitude*), *le dévoué fils.*

Au commencement de la lettre on lui dit : *Très Saint-Père.* Dans le corps de la lettre on lui parle à la troisième personne, et on lui dit : *Votre Sainteté* (ou *Votre Béatitude*).

Au souverain on lui dit : Sire, au début de la lettre. On lui parle à la troisième personne, et on lui dit : *Votre Majesté.* La lettre adressée à une reine ou à une impératrice commence par *Madame.* Dans le corps de la lettre on lui dit : *Votre Majesté.*

Au cardinal ou à l'archevêque ou évêque, on lui dit :

Je suis avec le plus profond respect, Monseigneur, de Votre Éminence (pour le cardinal), *de Votre Grandeur* (pour l'archevêque ou évêque), *le très humble et très dévoué serviteur.*

Au commencement de la lettre on lui dit : *Monseigneur.* On lui parle à la troisième personne dans le corps de la lettre, et on dit au cardinal : *Votre Éminence,* et à l'archevêque ou évêque : *Votre Grandeur.*

Je suis avec le plus profond respect est plus poli que : *J'ai l'honneur d'être avec le plus profond respect.*

Recevez l'assurance des sentiments distingués avec lesquels j'ai l'honneur d'être ne se dit plus.

Lorsque l'on écrit aux personnes à qui l'on doit de la déférence, il ne faut jamais remplacer *respect* ou *profond respect* par *dévouement* ou *parfait dévouement.*

En écrivant à un égal, avec lequel on n'est pas en relations suivies, on se gardera bien de lui dire : *Recevez mes salutations* ou *Je vous salue*, car ces expressions sont devenues des impolitesses. On peut se borner à lui dire : *J'ai l'honneur, Monsieur, de vous souhaiter sincèrement le bonjour.*

Toutes les finales *cérémonieuses* sont insipides et vaines, étant donné qu'elles ne sont jamais dictées par le cœur, mais l'usage veut encore (ce ne durera pas) qu'on les emploie. Les hommes d'esprit n'ont jamais pu les sentir. Boileau les raillait en disant : « *Je suis avec toute sorte de respect... Permettez que je me hâte de vous dire que je suis plus violemment que jamais votre très humble serviteur.* » Voltaire disait souvent : « *Je vous estime trop pour employer ici les formules ordinaires qui n'ont certainement pas été inventées par l'amitié... qui n'ont jamais été dictées par le cœur.* » Grimm (célèbre littérateur), en parlant de ces formules, disait que celui qui les lisait ne les prenait jamais au pied de la lettre. Espérons donc que l'esprit démocratique — qui, du reste, les a déjà simplifiées — finira par en avoir raison. Ainsi soit-il.

CHAPITRE VIII

Signature et adresse.

I

SIGNATURE.

Doit être simple. Entre amis on peut signer par le prénom.

Il est de très mauvais goût d'orner sa signature d'un paraphe aux millions d'entortillades, de torsades et d'arcades qui, déroulées, iraient de Paris aux Orcades.

On peut adopter, certainement, un trait de plume comme addition à sa signature, mais ce trait doit être simple, et bien à soi.

(Ne pas imiter celui d'une autre personne.)

Ne pas oublier surtout de signer lisiblement. Les signatures illisibles ne peuvent causer que du désagrément, et même du préjudice.

La signature par le nom de baptême seulement, n'est permise qu'entre intimes. Pour les jeunes filles, et pour les jeunes femmes, — en écrivant à leurs amies, — cette façon de signer a même quelque chose de gracieux, et est une marque d'affection pour la destinataire; c'est presque lui dire : « Ta Louise, ou ta Jenny, te donne encore un gros baiser. » Mais quand la lettre est adressée à un homme, le prénom doit être suivi du nom de famille, et ce dernier seul peut suffire.

Pour une lettre d'amis on peut signer n'importe dans quel petit coin, mais pour les autres lettres il faut que la signature soit à une certaine distance de la dernière ligne de la lettre.

II

ADRESSE.

Doit être très lisible. — Sa disposition. — Deux modèles.

La première des choses que les employés de la poste font en voyant une lettre, c'est de savoir sur quel département ils doivent la diriger.

Il faut donc que le mot le plus lisiblement écrit et le plus apparent de l'adresse soit le nom du département. On l'écrira à l'angle gauche de l'enveloppe en regard du timbre-poste qui doit toujours être apposé tout à fait à l'angle droit. Après le nom du département, le mot le plus visible doit être le nom du bureau de poste chargé de faire porter la lettre à destination. Puis, le nom de la commune où la lettre doit être distribuée (quand c'est une ville, indiquer clairement la rue et le numéro), et enfin, le nom. Les prénoms ne se mettent pas quand le destinataire habite une ville, car il ne peut pas y avoir confusion : il ne se trouvera jamais deux personnes habitant la même ville, la même rue, la même maison, et ayant le même nom et la même profession. Mais quand le destinataire habite un village, où les rues ne sont ni indiquées ni numérotées, et où il se trouve très souvent des habitants portant le même nom et ayant la même profession, les prénoms doivent être indiqués sans faute.

Chacun de ces renseignements doit occuper une ligne spéciale : 1re ligne, le département ; 2e ligne le nom du destinataire précédé du mot *Monsieur* ou *Madame* (on ne met plus la préposition *A*) ; 3e ligne, la profession ; 4e ligne, le nom du village (ou le nom et le numéro de la rue) ; 5e ligne, le bureau de poste qui fait porter la lettre à domicile. (Pour les lettres adressées dans une localité où il y a plusieurs bureaux de poste, ce bureau n'est pas indiqué, et la 5e ligne contient le nom de cette localité.)

Du reste, voici deux modèles. Un pour les lettres à adresser dans les villes, un pour les lettres à adresser dans les villages :

(Mettre ici le timbre-poste.)

(*Vaucluse*)

Monsieur SÉGUIN,

Imprimeur-Éditeur,

13, rue Bouquerie,

AVIGNON.

(Mettre ici le timbre-poste.)

(*Nord*)

Monsieur WATTEAU (Antoine),

Peintre,

à Marpent,

par Jeumont.

Lorsque l'on écrit à une personne titrée, l'adresse est ainsi rédigée :

Monsieur le Comte de Bret de Liron,
au Château des Lilas,
par Versailles.

(Ne pas oublier d'indiquer le département.)

Lorsque l'on écrit des lettres de service ou des lettres administratives aux fonctionnaires, on ne met jamais les noms.

On adresse la lettre à : *Monsieur le Préfet, Monsieur le Juge, Monsieur le Substitut,* etc., à... (indiquer la ville).

Il ne faut jamais faire d'abréviations sur les adresses. Tout les mots doivent y être écrits en toutes lettres. (Il n'y a de permis que E. V.) (*En Ville.*)

Quand la personne à qui la lettre est adressée a plusieurs titres, on n'indique que le plus considérable, ou, mieux encore, on n'indique que le titre auquel la lettre fait appel.

Ainsi, par exemple, M. Cumulard est ministre, sénateur, conseiller général et maire. Si on a quelque chose à demander au ministre on adressera la lettre à :

Monsieur Cumulard, *Ministre de...*

Si on a quelque chose à demander au sénateur on adressera la lettre à :

Monsieur Cumulard, *Sénateur...*

et ainsi de suite.

En résumé, il faut que l'adresse soit très claire.

Excepté pour les lettres de faire part (mariage, naissance, enterrement, et même invitation à des fêtes ou soirées) qui peuvent être adressées à *Monsieur* et *Madame* Sémanbien, l'adresse doit être toujours unipersonnelle.

CHAPITRE IX

Un paquet de lettres.

(MODÈLES DIVERS)

I. Lettres d'affaires (Voltaire). — II. Lettres de bonne année (Mme Simiane, le général Lamarque). — III. Lettres de fêtes (Favart). — IV. Lettres d'amitié (Mme de Sévigné, Joséphine). — V. Lettres de conseils et de reproches (Voltaire). — VI. Lettres de demandes (Florian). — VII. Lettres de remerciements (Charles Nodier, P.-L. Courier). — VIII. Lettres de félicitations (le marquis de Lassay, le général Hoche). — IX. Lettre de justification (Napoléon Ier). — X. Lettre de cartel (général La Fayette). — XI. Lettres de condoléance (Fléchier). — XII. Lettres de consolations (l'abbé Langeron, le général Lamarque). — XIII. Lettres d'adieu (le général Lamarque, l'empereur Joseph II, le roi Murat). — XIV. Lettres de force de caractère (le maréchal Moncey).

I

LETTRES D'AFFAIRES.

Voltaire à l'abbé Moussinot.

Le style des lettres d'affaires doit être simple et précis. Le fond doit l'emporter sur la forme; on ne doit pas craindre de se répéter, et il faut consacrer un alinéa à chaque affaire.

Voltaire à l'abbé Moussinot, son homme d'affaires :

2 août 1738.

Mon cher abbé..... Voici un papier qui vous fera voir les dimensions de ma table de marbre, et celle de la jolie commode. Prenez le tout comme il vous plaira.

J'ai reçu la montre.

Je ne sais ce qu'est devenue une caisse que Prault doit avoir envoyée.

Voulez-vous bien m'envoyer un bâton d'ébène, long de deux pieds ou environ, pour servir de manche à une bassinoire d'argent? Je suis un philosophe très voluptueux.

Si de Mouhi veut 200 livres par an, à condition d'être mon correspondant littéraire, et d'être infiniment secret, volontiers. J'aurais mieux aimé mon d'Arnaud, mais il n'a pas voulu apprendre à former ses lettres.

Je vous embrasse de tout mon cœur.

Connaîtriez-vous quelqu'un qui veuille servir de valet de chambre, et qui sache bien écrire? Il y a 200 livres de fixe, beaucoup de présents en habits et un honnête ordinaire...

Dans une autre lettre, il lui dit :

... Dorénavant je veux faire des marchés pour tout, fût-ce pour des allumettes, car les hommes abusent toujours du peu de précautions qu'on a prises avec eux.

Du même au même :

A Cirey, le 2 janvier 1739.

... Je vous recommande *toujours, toujours* les Lézeau, les d'Auneuil, Villars, d'Estaing, Clément, Arouet (*c'était son frère aîné*) et autres; il est bon de les accoutumer à un paiement exact, et de ne pas leur laisser contracter de mauvaises habitudes.....

Au chevalier de Mouhi, encore 100 francs et mille excuses; encore deux cents et deux mille excuses à Prault fils. Un louis d'or à d'Arnaud sur-le-champ.

J'ai pardonné à Demoulin, je pardonne encore à Jore (*auteurs de libelles contre Voltaire*), le premier est repentant, le second a donné son désistement à M. Hérault, il a avoué ce que j'avais deviné. Il est pauvre, je ferai quelque chose pour lui. Je suis un peu malade, mais je vous aime comme si je me portais bien.

II

LETTRES DE BONNE ANNÉE.

Mme Simiane à M. d'Héricourt. — Le général Lamarque à ses sœurs.

Les compliments de bonne année sont chose tellement rebattue que pas un écrivain connu n'a jamais osé entreprendre d'écrire une lettre qui leur serait entièrement consacrée.

Entre adultes, les compliments de bonne année sont, le plus adroitement possible, placés au commencement d'une lettre qui, presque toujours, fait allusion à autre chose. Dans le cas où l'on n'aurait pas d'autres sujets à traiter, la lettre doit être courte, car il ne faut pas perdre de vue que les congratulations du *premier de l'an* courent souvent le risque d'être ridicules quand elles n'ont — ce qui arrive souvent — aucune sincérité, et qu'elles ne sont dictées que par le calcul et la flagornerie.

On ne doit pas négliger, entre amis vivant éloignés, de

s'adresser, le 1er janvier, un mot de souhaits. Ce mot est l'aliment de l'amitié.

Les lettres de bonne année sont obligatoires pour les enfants qui habitent loin de leurs parents. Et nul mieux qu'eux ne sait les rédiger. Ne connaissant pas encore les subtilités du style, les enfants se laissent aller à leurs naïves expansions, et ils écrivent ainsi, sans s'en douter, des lettres bien plus sublimes que celles de certains raffinés, parce que, chez eux, c'est le cœur qui parle et non l'esprit. Craignant donc que des modèles de lettres empêchent les enfants de se laisser aller à leur naturel, nous n'en donnerons pas. Mieux que n'importe qui l'enfant séparé de ses parents saura dire : « Ah ! comme j'envie aujourd'hui le sort des enfants qui, se trouvant dans leurs familles, peuvent sauter au cou de leurs pères et de leurs mères, et leur souhaiter la bonne année de vive voix, en leur disant : « Puissiez-vous toujours avoir « ce que vous désirez, et moi le bonheur de vous posséder « longtemps, très longtemps, sans jamais vous déplaire, « sans jamais vous causer de chagrin ! »

Aux adultes, nous leur donnons comme modèle la lettre ci-après :

Mme Simiane (petite-fille de Mme de Sévigné) à M. d'Héricourt, intendant de la marine à Toulon.

29 décembre 1732.

J'ai si peur que vous ne me souhaitiez la bonne année le premier que je me dépêche de faire mon compliment; le voici : Bon jour et bon an, Monsieur, et tout ce qui s'ensuit; voilà mon affaire faite et très bien faite, je le soutiens; car trois mots qui viennent d'un cœur bien sincère et bien à vous valent un trésor. Divertissez-vous à présent à tourner joliment votre réponse et vos souhaits; cela ne m'embarrasse point, et me fera grand plaisir. Je vous pillerai et ferai mon profit de ce que vous me direz...

Adieu, Monsieur, que je vous plains ces jours-ci !

Et, — dans un autre ordre d'idée, — cette sublime lettre écrite, de l'exil, par le général Lamarque à ses sœurs :

Amsterdam, le 6 janvier 1817.

J'ai laissé passer les premiers jours de l'année sans écrire à aucune de mes sœurs, et aujourd'hui je leur souhaite à toutes deux un bonheur qu'elles n'ont jamais eu et qu'elles n'auront jamais. La nature les fit trop parfaites pour qu'elles soient heureuses ici-bas. Elles sont comme les harpes éoliennes : le souffle qui agite à peine le feuillage suffit pour les faire résonner. Comment pourraient-elles résister aux efforts de la tempête qui brise tout ce qui ne ploie pas? Il faut pourtant que je forme des vœux pour ce que je connais de meilleur et de plus aimable sur la terre : je leur désire donc un cœur moins sensible, un esprit moins clairvoyant, moins de fidélité au malheur, moins d'amour pour la patrie; un peu d'égoïsme et beaucoup de santé.

III

LETTRES DE FÊTE.

Favart à sa femme.

Il n'y a rien qui offre aux cœurs généreux une plus favorable occasion que le jour de la fête d'une personne aimée, pour témoigner de l'amitié et de l'attention. La lettre de fête est la lettre cordiale par excellence. Elle est un devoir entre parents. Elle est une convenance entre intimes. En ce jour anniversaire, quelques lignes de souvenir touchent toujours profondément celui qui les reçoit, et marquent la délicatesse et l'affection de celui qui les écrit.

Le ton et le style de ces lettres doivent viser aux souhaits de santé et de bonheur.

Ci-après un modèle :

***Favart** (poète dramatique), à sa femme (née Justine Duronceray, célèbre artiste).*

Strasbourg, 28 septembre 1747.

Je te souhaite une bonne fête, ma chère Justine. Sois heureuse autant que je me trouve malheureux d'être séparé de toi, et rien n'égalera ma félicité. Jouis de mon cœur, jouis de mon âme, je te les ai donnés; il ne me reste que la vie que je suis prêt à te sacrifier de même. Si je pouvais disposer de l'univers, l'univers serait à toi. Reçois cette fleur fanée, arrachée de sa tige; c'est le symbole d'un cœur flétri par une absence rigoureuse. Adieu, vis contente : que tous tes jours soient des jours de fête...

IV

LETTRES D'AMITIÉ.

Mme de Sévigné à sa fille. — Joséphine à Napoléon.

Une grande artiste, Mlle Adrienne Lecouvreur, a dit : « Quand il est question d'écrire à mes amis, je ne songe jamais qu'il faille de l'esprit pour leur répondre; mon cœur me suffit à tout; je l'écoute et puis j'agis. Je m'en suis toujours bien trouvée. »

En effet, il n'y a que le cœur qui parle dans les lettres d'amitié. Tout l'esprit du monde ne vaut pas le mot affectueux que l'amitié véritable et cordiale dicte simplement.

Dans les lettres d'amitié il ne faut parler que très sobrement de soi-même. Il n'y a rien de plus ennuyeux que la personnalité.

En tout cas il faut les commencer en parlant des personnes à qui elles sont adressées et, ensuite, se laisser aller aux épanchements les plus sincères, et, du commencement à la fin, parler avec simplicité.

Lettre de Mme de Sévigné à sa fille, Mme de Grignan.

A Montélimar, jeudi 5 octobre 1673.

... J'ai le cœur et l'imagination tout remplis de vous; je n'y puis penser sans pleurer, et j'y pense toujours, de sorte que l'état où je suis n'est pas une chose soutenable... Je vous cherche toujours et je trouve que tout me manque parce que vous me manquez. Mes yeux qui vous ont tant rencontrée depuis quatorze mois ne vous trouvent plus. Le temps agréable qui est passé rend celui-ci douloureux, jusqu'à ce que j'y sois un peu accoutumée; mais ce ne sera jamais assez pour ne pas souhaiter ardemment de vous revoir et de vous embrasser. Je ne dois espérer mieux de l'avenir que du passé; je sais ce que votre absence m'a fait souffrir. Je serai encore bien plus à plaindre parce que je me suis fait imprudemment une habitude nécessaire de vous voir. Il me semble que je ne vous ai pas assez embrassée en partant : qu'avais-je à ménager? Je ne vous ai point assez dit combien j'étais contente de votre tendresse... Je n'espère de consolation que de vos lettres qui me feront encore bien soupirer.

Adieu, ma chère enfant, aimez-moi toujours...

Lettre de l'Impératrice Joséphine à Napoléon, un mois environ après leur divorce.

Navarre, avril 1810.

Mille, mille tendres remerciements de ne m'avoir pas oubliée.

Mon fils vient de m'apporter ta lettre. Avec quelle ardeur je l'ai lue! et cependant j'y ai mis bien du temps, car il n'y a pas un mot qui ne m'ait fait pleurer, mais ces larmes étaient bien douces! J'ai retrouvé mon cœur tout entier, et tel qu'il sera toujours; il y a des sentiments qui sont la vie même, et qui ne peuvent finir qu'avec elle.

Je serais au désespoir que ma lettre du 9 t'eût déplu! je ne m'en rappelle pas entièrement les expressions, mais je sais quel sentiment bien pénible l'avait dictée: c'était le chagrin de n'avoir pas de tes nouvelles.

Je t'avais écrit à mon départ de la Malmaison, et depuis, combien de fois j'aurais voulu t'écrire, mais je sentais les raisons de ton silence, et je craignais d'être importune par une lettre. La tienne a été un baume pour moi. Sois heureux, sois-le autant que tu le mérites; c'est mon cœur tout entier qui te parle. Tu viens aussi de me donner ma part de bonheur, et une part bien vivement sentie: rien ne peut valoir pour moi une marque de ton souvenir.

Adieu, mon ami, je te remercie aussi tendrement que je t'aimerai toujours.

Lettre vraiment touchante où la bonté et l'affection se reflètent à chaque mot.

V

LETTRES DE CONSEILS ET DE REPROCHES.

Voltaire à Thiériot.

La politesse exige la plus grande réserve relativement aux conseils. Il n'y a que les oncles avares (*je lègue à mon neveu le... conseil de se créer une position*) qui soient toujours disposés à conseiller parce que cela ne leur coûte rien. Pourtant, entre intimes, on ne doit pas se gêner :

Lettre de Voltaire à son ami Thiériot (qui pourtant fut très ingrat envers le célèbre philosophe).

Lunéville, le 12 juin 1735.

Oui, je vous injurierai jusqu'à ce que je vous aie guéri de votre paresse. Je ne vous reproche pas de souper tous les soirs avec M. de la Popelinière, je vous reproche de borner là toutes vos pensées et toutes vos espérances. Vous vivez comme si l'homme avait été créé uniquement pour souper, et vous n'avez d'existence que depuis dix heures du soir jusqu'à deux heures après minuit. Il n'y a soupeur qui se couche ni bégueule qui se lève plus tard que vous. Vous restez dans votre trou jusqu'à l'heure des spectacles, à dissiper les fumées du souper de la veille; ainsi vous n'avez pas un moment pour penser à vous et à vos amis. Cela fait qu'une lettre à écrire devient un fardeau pour vous. Vous êtes un mois entier à répondre ; et vous avez encore la bonté de vous faire illusion au point d'imaginer que vous serez capable d'un emploi, et de faire quelque fortune. Vous qui n'êtes pas capable seulement de vous faire dans votre cabinet une occupation suivie, et qui n'avez jamais pu prendre sur vous d'écrire régulièrement à vos amis, même pour les affaires intéressantes pour vous et pour eux, vous me rabâchez *de seigneurs et de dames les plus titrés :* qu'est-ce que cela veut dire ? Vous avez passé votre jeunesse, vous deviendrez bientôt vieux et infirme.

Voilà à quoi il faut que vous songiez. Il faut vous préparer une arrière-saison tranquille, heureuse, indépendante. Que deviendrez-vous quand vous serez malade et abandonné ? Sera-ce une consolation pour vous de vous dire : J'ai bu du vin de Champagne autrefois en bonne compagnie ? Songez qu'une bouteille qui a été fêtée, quand elle était pleine d'eau des Barbades, est jetée dans un coin dès qu'elle est cassée, et qu'elle reste en morceaux dans la poussière; que voilà ce qui arrive à tous ceux qui n'ont songé qu'à être admis à quelques soupers; que la fin d'un vieil inutile, infirme, est une chose bien pitoyable. Si cela ne vous excite pas à secouer l'engourdissement dans lequel vous laissez votre âme, rien ne vous guérira. Si je vous aimais moins, je vous plaisanterais sur votre paresse; mais je vous aime, et je vous gronde beaucoup.

Cela posé, songez donc à vous et puis à vos amis; buvez du vin de Champagne avec des gens aimables, mais faites quelque chose qui vous mette en état de boire un jour du vin qui soit à vous. N'oubliez point vos amis, et ne passez pas des mois entiers sans leur écrire un mot. Il n'est point question d'écrire des lettres pensées et réfléchies avec soin, qui peuvent un peu coûter à la paresse. Il n'est question que de deux ou trois mots d'amitié et quelques nouvelles, soit de littérature, soit des sottises humaines, le tout courant sur le papier, sans peine et sans attention. Il ne faut pour cela que se mettre un demi-quart d'heure vis-à-vis son écritoire. Est-ce donc là un effort si pénible ? J'ai d'autant plus envie d'avoir avec vous un commerce régulier que votre lettre m'a fait un plaisir extrême.

...Écrivez-moi, et aimez toute la vie un homme vrai qui n'a jamais changé.

VI

LETTRES DE DEMANDES.

Florian à Bailly.

Comme il est impossible, étant donné la multiplicité des choses que, bon gré, mal gré, on peut avoir à demander dans la vie, de donner plusieurs modèles pour ce genre de lettres, nous nous contenterons d'exposer seulement à ce sujet quelques préceptes, tout en donnant quelques extraits d'une demande rédigée par Florian.

Demander est une affaire très délicate. Il faut s'y prendre très adroitement, et, avant tout, chercher à plaire à la personne à qui l'on s'adresse.

Il y a des hommes auxquels le ton grave et compassé déplaît, et qui, même dans les cas très sérieux, n'aiment pas le style pontifical. D'autres à qui l'obséquiosité (et ils ont raison) est on ne peut plus antipathique et qui préfèrent un ton franchement expansif au ton énervant de l'emphase. Donc, toutes les fois que l'on aura occasion de s'adresser à un homme *intelligent*, on emploiera un ton simple et dégagé, tout en restant, inutile de le dire, très respectueux.

Mais avant tout, les demandes doivent être très courtes et écrites très lisiblement.

« Je tâche d'être extrêmement court dans mes demandes, a écrit Voltaire (un des hommes les plus spirituels que la nature ait produit), car il me semble que les présenteurs de requête sont presque toujours d'une prolixité insupportable, et s'imaginent qu'un ministre (on peut appliquer tout cela à tous les fonctionnaires) doit oublier le monde entier pour leur *affaire*. »

Réussir à se faire lire par celui à qui l'on demande quelque chose est déjà beaucoup. Si la demande est courte, concise et lisible, il en prendra connaissance ; si elle est mal écrite et longue, il la jettera au panier, on peut en être certain. Une demande importune toujours, plus ou moins, celui qui la reçoit.

Il ne faut donc pas oublier d'abréger et d'embellir cette importunité.

Toutes les sollicitations sont faites par écrit, car, généralement, un sentiment de honte ou de crainte empêche de les faire de vive voix. Or si, comme l'a dit Cicéron, le plus grand orateur romain, « la lettre ne rougit pas », il ne faut pas non plus qu'elle importune.

En résumé la demande sera courte, simple et très lisible.

Lettre de Florian à Bailly, maire de Paris. (Demande de dégrèvement d'impôts.)

Paris... 1791.

... Vous me connaissez depuis assez longtemps pour être sûr et pouvoir répondre de la vérité des raisons que je vais vous alléguer, et que j'abrégerai le plus possible pour ne pas trop vous ennuyer.

Le petit logement que j'occupe à l'hôtel de Toulouse, où vous m'avez fait l'amitié de venir quelquefois, a été estimé 600 livres de loyer, dans la dernière répartition que l'on a faite de l'imposition mobilière. On m'a taxé d'après cette estimation à 240 livres c'est-à-dire à près de moitié de mon loyer présumé. Je vous demande... si c'est juste.

J'ai commencé par payer et même sans répugnance, parce que je sens, dans le fond du cœur, que lorsque la patrie est en danger, quand ses dépenses sont nécessairement énormes, il faut que chaque citoyen fasse des sacrifices, et qu'en faisant tout ce qu'il peut, il ne fait peut-être que ce qu'il doit. Mais comme voici de nouveaux impôts pour lesquels on prendra pour base l'imposition mobilière, je crois juste et raisonnable d'obtenir une diminution...

... Je vous demande en grâce de vouloir bien m'obtenir la justice que je réclame le plus promptement qu'il vous sera possible...

... Je passe mes jours dans ma petite retraite de Sceaux avec notre ami Michel Cervantes, et je pense souvent à nos parties de Vincennes avec le pauvre Dumont...

VII

LETTRES DE REMERCIEMENT.

Charles Nodier à une jeune fille. — P.-L. Courier au général Duroc.

Le remerciement est le fruit de la reconnaissance. Les ingrats seuls n'en usent pas.

Tout homme de cœur doit manifester de la gratitude à ses bienfaiteurs.

Les lettres de remerciements, comme, du reste, toutes les autres lettres, doivent être courtes et sincères. Il faut surtout qu'elles n'annoncent ni obséquiosité, ni flatterie. Le cœur seul doit les dicter.

Lettre de Charles Nodier (un poète) à Mlle Fanny Robert (peintre sourde-muette), pour la remercier de lui avoir envoyé le portrait de Mlle Désirée Nodier, sa fille, le jour de sa fête.

Paris, 18 mai 1832.

Je vous remercie, belle, chère et admirable Fanny! Jamais plaisir n'a été plus complet et plus doux que celui que m'a donné votre délicieux dessin; toutes les charmantes idées de la vie sont là. C'est Désirée et c'est vous.

Ne regrettez pas le sens que Dieu vous a ôté, Fanny; c'est qu'il hésitait à vous faire âme ou corps, et que les misérables organes du vulgaire seraient une disgrâce pour les anges. La parole est si peu de chose, une expression si imparfaite de la pensée, que les malheureux qui, comme moi, sont obligés d'en faire métier, ne s'en servent qu'avec dégoût quand ils s'élèvent par l'imagination au mystère d'une pure intelligence. Et voyez ce que j'en fais avec vous : Que puis-je vous dire qui peigne mon admiration, mon enthousiasme, ma reconnaissance, ma tendresse? Hélas! tout cela n'est rien, tout cela n'est pas ce que je sens : ce que je sens, cherchez-en le secret dans votre cœur, il me traduira mieux.

Mille grâces, chère Fanny, mille, cent mille, des millions, autant qu'il y a de perfections en vous, de ressources dans votre esprit, d'heureuses inspirations dans votre génie! Aimez-nous comme nous vous aimons.

Lettre de Paul-Louis Courier, capitaine d'artillerie à l'armée d'Italie, au général Duroc, en remerciement d'un congé.

De la Véronique, près Langeais, 6 octobre 1802.

Mon Général,

En apprenant de quelle façon vous avez bien voulu recommander ma demande, je voudrais bien être à Paris pour vous exprimer de vive voix toute ma reconnaissance. Mais puisque de maudites affaires, aussi fâcheuses qu'indispensables, me privent de ce plaisir, trouvez bon, mon Général, que je vous témoigne ici combien je suis sensible à une marque d'intérêt si flatteuse et en même temps si honorable pour moi. La moitié seulement de cette bonté m'aurait attaché à vous pour la vie; mais c'est une affaire faite, et chez moi l'inclination, permettez-moi de vous le dire, avait précédé le devoir et la reconnaissance.

VIII

LETTRES DE FÉLICITATIONS.

Le marquis de Lassay au cardinal Fleury. — Le général Hoche au général Bonaparte.

Si à la suite d'un service ou d'une gracieuseté, le remerciement est une chose due, la félicitation est toujours un acte spontané de sympathie ou d'admiration. A de rares exceptions près, on ne peut user de la félicitation qu'entre égaux. En cas d'inégalité de situation sociale elle est plutôt permise de supérieur à inférieur que de subordonné à chef.

Quand on est dans une position sociale trop éloignée de la personne à qui la fortune vient de sourire, on ne peut se permettre de la féliciter que de vive voix si on la rencontre. Lui écrire, à moins d'être en excellentes relations avec elle, peut paraître une obséquiosité, et un homme digne de ce nom ne doit jamais en arriver là.

Le ton de ces lettres doit être, avant tout, sincère et ne jamais sentir la recherche du compliment.

Il faut absolument que la félicitation parte du cœur et non de la mémoire des mots à effet, et il faut qu'elle soit exprimée en peu de mots. Malheur aux compliments quand ils sont longs! a dit Voltaire.

La réponse à une lettre de félicitations est une courtoisie obligatoire. Quel que soit le rang élevé dans la hiérarchie sociale du félicité, il faut absolument qu'il réponde au félicitant. Ne pas répondre serait un manque complet de savoir-vivre et même une grossièreté. On a vu des rois répondre aux lettres de félicitations de leurs domestiques.

Lettre du marquis de Lassay au cardinal Fleury sur sa promotion au cardinalat.

Décembre 1732.

Vous recevrez, Monseigneur, bien des compliments en cette occasion-ci, mais pas un assurément qui soit plus sincère que le mien; je me réjouis comme votre ancien serviteur, et comme bon Français, d'une

« dignité qui vous met plus en état de travailler à notre bonheur, ce n'est pas un petit ouvrage, mais j'espère que Dieu bénira le travail d'un homme vertueux; personne ne le souhaite plus que moi et n'est avec un plus profond respect

de Votre Éminence
le très humble et très obéissant serviteur.

Lettre du général Hoche au général Bonaparte sur la victoire de Millesimo.

12 floréal an IV (1er mai 1796).

Honneur aux héros de Millesimo! honneur au brave chef qui les commande! Le Directoire a transmis à l'armée que j'ai l'honneur de commander l'éclatante victoire que celle d'Italie a remportée sur les ennemis de la République; acceptez, mon cher Général, le témoignage de la joie vive et pure que vos éclatants succès ont produite en nos cœurs. Vous continuerez, brave Général, à nous causer de semblables sensations, et, en mon particulier, je m'applaudis de vous avoir connu. Salut et amitié.

IX

LETTRES DE JUSTIFICATION.

Joséphine ayant reproché à Napoléon d'avoir été dur envers la reine de Prusse, l'empereur répondit :

J'ai reçu ta lettre où tu me parais fâchée du mal que je dis des femmes; il est vrai que je hais les femmes intrigantes au delà de tout. Je suis accoutumé à des femmes bonnes, douces et concilliantes; ce sont celles que j'aime. Si elles m'ont gâté, ce n'est pas ma faute mais la tienne. Au reste, tu verras que j'ai été fort bon pour une qui s'est montrée sensible et bonne, Mme d'Hatzfeld. Lorsque je lui montrais la lettre de son mari, elle me dit en sanglotant avec une profonde sensibilité, et naïvement : « Ah! c'est bien là son écriture! » Lorsqu'elle lisait, son accent allait à l'âme; elle me fit peine. Je lui dis : « Eh bien! Madame, jetez cette lettre au feu, je ne serai plus assez puissant pour faire punir votre mari. » Elle brûla la lettre, et me parut bien heureuse. Son mari est, depuis, fort tranquille : deux heures plus tard, il était perdu. Tu vois donc que j'aime les femmes bonnes, naïves et douces, mais c'est celles-là seules qui te ressemblent.

« Adieu, mon amie, je me porte bien. »

X

LETTRES DE CARTEL.

(Réponse à une insulte).

Lettre du général La Fayette (alors âgé de 21 ans) à lord Carlisle, commissaire anglais qui, en 1778, pendant l'insurrection américaine, avait écrit une lettre au Congrès des États-Unis et aux journaux, dans laquelle il disait que « la nation française était d'une perfidie trop connue pour qu'il fût besoin d'en fournir une nouvelle preuve ».

La Fayette répondit :

23 septembre, 1778.

J'avais cru jusqu'à ce jour, Milord, n'avoir jamais affaire qu'avec vos généraux, et je n'espérais les voir qu'à la tête des troupes qui nous sont respectivement confiées; votre lettre au Congrès des États-Unis, la phrase insultante pour ma patrie, que vous avez signée, pouvaient seules me donner quelque chose à démêler avec vous. Je ne daigne pas la réfuter, Milord, mais je désire la punir. C'est vous, comme chef de la commission, que je somme de m'en donner une réparation aussi publique que l'a été l'offense, et que le sera le démenti qui la suit; il n'aurait pas tant tardé si la lettre me fût parvenue plus tôt. Obligé de m'absenter quelques jours, j'espère, en revenant, trouver votre réponse. M. de Gimat, officier français, prendra, pour moi, les arrangements qui vous conviendront; je ne doute pas que, pour l'honneur de son compatriote, le général Clinton ne veuille bien s'y prêter. Quant à moi, Milord, tous me sont bons, pourvu qu'à l'avantage glorieux d'être Français je joigne celui de prouver à un homme de votre nation qu'on n'attaque jamais impunément la mienne.

(Lord Carlisle se déroba.)

XI

LETTRES DE CONDOLÉANCE.

Comme nous l'avons déjà dit relativement à toutes les autres lettres, c'est le cœur qui doit dicter les lettres de condoléance. Bien plus que dans les autres circonstances de la vie, ce n'est que la sincérité qui doit parler ici. Si, dans une lettre de condoléance, on répète les phrases banales que tout le monde connaît, si l'on copie les élucubrations imprimées dans un *Parfait secrétaire* quelconque, la lettre de condoléance est plutôt la marque de la flagornerie que la marque de l'affliction.

Quand on ne ressent pas réellement de douleur, il est préférable de se taire que d'écrire, parce que l'hypocrisie, en pareil cas, est impardonnable.

Quand on reçoit une lettre de faire part de la mort d'une personne avec laquelle on n'était pas intime, ce qu'il y a de mieux à faire c'est d'envoyer tout simplement sa carte.

Il ne faut écrire de lettres de condoléance que lorsque l'on est réellement affligé, que lorsque la plume est — pour ainsi dire — trempée de larmes et non trempée d'encre. Et ces occasions-là seront rares. L'égoïsme (virus rongeant constamment la misérable espèce humaine) conduit vite à l'insensibilité, et — il faut avoir le courage de le dire parce que c'est vrai — il y a des gens chez qui la mort de l'un des leurs cause plutôt du soulagement que de l'amertume. « Ma nièce, de Bussy, dit Mme de Sévigné, en écrivant à sa fille, est veuve ; son mari est mort à l'armée de M. de Schomberg... Cette affligée ne l'est point du tout, elle dit... qu'elle avait toujours souhaité d'être veuve... Elle est grosse de neuf mois. » Bussy-Rabutin (écrivain célèbre) dit dans une lettre adressée à sa cousine Mme de Sévigné précitée : « Vous me devez un compliment sur la mort du Grand-Prieur de Champagne ; ce n'est pas que je m'en soucie ; mais il était cousin germain de mon père... Si vous vouliez, pour n'en pas faire à deux fois, fourrez aussi dans le même compliment la condoléance de la mort de la vieille Bouligneux, qui était ma tante, je crois que vous ne feriez pas mal, si ce n'est que vous voulussiez attendre la mort de la vieille Toulongeon (c'était sa belle-mère) pour les mettre tous ensemble. »

C'est, direz-vous, du cynisme.

Oui, mais le cynisme n'est-il pas un produit du cœur humain ?

Mais nous nous empressons d'ajouter, et nous n'aurions même pas besoin de le dire, qu'il y a, à l'opposé de ce cynisme, en définitive assez rare, des poignantes douleurs qui font plus que d'affliger, qui tuent. Et qu'il existe aussi, entre ces deux extrémités, des douleurs qui dictent des lettres sincères de condoléances comme celle-ci :

Lettre de Fléchier, évêque de Nîmes, à Mme de Grignan, sur la mort de son fils.

Quoiqu'il y ait déjà quelques jours, Madame, que vous avez perdu M. votre fils, la perte est si grande, et je sais que votre douleur est encore si vive, qu'il est toujours temps qu'on y prenne part. Vous pleurez avec raison ce fils estimable par sa personne, plus encore par son mérite, on peut dire à la fleur de son âge. Sorti depuis peu des plus grands dangers de la guerre, honoré de l'approbation et des louanges du Roi, et couvert de sa propre gloire, je me souviens quelquefois des soins que vous avez pris de son éducation, dont j'ai été le témoin, et les espérances que vous fondiez sur les vertus et les sciences que vous vouliez lui faire apprendre, et que vous étiez occupée à lui inspirer. Je sais, Madame, le profit qu'il avait fait des principes que vous lui aviez donnés pour les mœurs et pour la conduite de la vie, et je ne doute pas que ce qui faisait votre satisfaction ne devienne aujourd'hui le sujet de votre douleur.

Il serait inutile après cela de vouloir vous consoler; ni votre sagesse ni votre bon esprit même ne peuvent le faire. Dieu seul qui a fait le mal peut le guérir, et c'est uniquement du fond de votre piété que vous pouvez tirer les véritables consolations.

Plus la faiblesse de la nature nous paraît douce et raisonnable plus il faut faire agir la Foi et la Religion pour nous soutenir. Vous éprouverez cela, Madame, mieux que je ne puis vous le dire. Je me contente de vous témoigner que personne ne compatit plus sincèrement que moi à votre affliction et ne conserve plus fidèlement, dans une résidence éloignée, les sentiments respectueux avec lesquels j'ai été et je dois être, Madame, votre très dévoué serviteur.

XII

LETTRES DE CONSOLATION.

« S'il est peu de véritables douleurs, a dit Joseph de Maistre, les véritables consolateurs sont encore plus rares. » C'est encore, et toujours, le cœur qu'il faut laisser parler dans les lettres de consolation et non l'esprit. Quand ces lettres sont sincères, — ce qui se reconnaît aux premières lignes, — elles sont un doux soulagement pour la personne affligée qui les reçoit. Comme elles ne sont jamais adressées qu'entre intimes, on peut les faire le plus longues possibles : plus elles contiendront d'affectueuses expansions, plus longtemps elles distrairont de la douleur la personne éprouvée.

Lettre de l'abbé Langeron à la maréchale de Noailles sur la mort de son mari.

Cambrai, le 13 octobre 1708.

Personne ne sait mieux que moi, Madame, la grandeur de la perte que vous faites; personne ne vous est plus attaché; jugez tout ce que je ressens et combien je suis touché de votre affliction. Je prie Dieu instamment qu'il vous donne une véritable consolation proportionnée au besoin que vous en avez. Je ne puis vous faire des compliments, moins en cette occasion qu'en toute autre; mais vous savez depuis bien des années quel est mon attachement,..

Le général Lamarque à sa belle-sœur (mort d'une amie commune).

Saint-Sever, 28 juillet 1824.

Pauvre Sœur, que je voudrais vous consoler! Que vous devez souffrir! Ah! vous seule pouvez apprécier toute l'étendue de la perte que nous avons faite : votre âme seule pouvait pénétrer dans son âme; aussi quand je vous ai rapprochées l'une de l'autre je n'ai pas été surpris du coup électrique qui vous a frappées toutes les deux : c'étaient deux habitantes du Ciel qui se rencontraient sur cette terre d'exil.

Le Ciel! il faut bien y croire quand la mort nous sépare de ce que nous aimons...

M. Toulouzette, qui est arrivé après la fatale nouvelle, m'a dit tout ce que vous aviez souffert, tout ce que vous aviez fait; cela ne m'a pas étonné, le sublime est votre naturel.

A présent que vous avez accompli tout ce que l'amitié vous commandait, obéissez à d'autres devoirs : soignez votre santé; conservez-vous pour les amis qui vous restent, et qui ont plus besoin de vous encore depuis la perte qu'ils ont faite. Songez qu'elle vous a laissée ici-bas pour continuer le bien qu'elle y faisait et pour y aimer ce qu'elle y aimait.

Adieu, ma Sœur, les enfants se livrent aux larmes; les femmes ordinaires s'abandonnent à une tristesse qui convient à la faiblesse; les âmes fortes luttent avec le malheur; les âmes pieuses savent se résigner à ce que le Ciel ordonne.

XIII

LETTRES D'ADIEU.

Quelle est la personne qui, la première, a prononcé ce mot *adieu*, toujours si triste, toujours si poignant? On dit que c'est une mère se séparant de son enfant. Sachant que les retours sont incertains, sachant que celui qui part, peut ne pas revenir, elle dit en embrassant son fils: « *A Dieu*, je te recommande! *à Dieu*, je te confie! qu'il soit avec toi comme j'y étais, qu'il veille à tous moments sur toi comme j'y veillais. »

Et, en effet, c'est bien à titre de recommandation que l'on devrait entendre ces deux mots réduits en un seul par l'usage. Pourtant, plusieurs personnes l'entendent autrement, et traduisent, dans leur pensée, le mot *adieu* par: « *Je ne vous verrai plus* » ou par: « *Je ne vous verrai pas de sitôt* ». Mais quelle que soit l'interprétation qu'on lui donne, ce mot s'emploie aussi bien lors d'une séparation temporaire que lors d'une séparation définitive. De là deux sortes d'*adieu*: le *long adieu* et l'*éternel adieu*, dont les touchantes et magnifiques lettres qui suivent nous offrent des modèles exquis:

Lettre du général Lamarque, lors de son départ en exil, en 1816, à une de ses amies (femme très honorable), qu'il aimait comme une sœur.

Mademoiselle,

J'ai attendu jusqu'au dernier moment pour vous écrire: j'avais je ne sais quelle espérance vague de vous voir, et il me semblait que je la perdais en prenant congé de vous. Je m'enfuis de Versailles. C'est le supplice de Tantale; de loin on se soumet au malheur de ne pas voir ceux qu'on aime, et l'impossibilité a presque le caractère de la résignation. Mais être aussi près de vous, et ne pas courir vous remercier de l'intérêt que vous m'avez témoigné, et de votre fidélité au malheur, et de toutes les consolations que m'ont accordées et votre esprit et votre cœur, c'est un tourment insupportable.

Je pars désolé: j'aurais tant voulu vous voir! Sans ma sœur je me serais déguisé, et, bravant tous les ordres, je vous aurais dit que je bénis l'infortune qui m'a donné une amie aussi bonne, aussi courageuse; que je supporte l'exil qui me rendra toujours présent à votre souvenir; que je pardonne l'injustice contre laquelle vous vous élevez avec un dévouement si touchant et si rare. L'idée que je dois quitter ma patrie est encore pour moi comme l'idée de la mort, j'en suis convaincu sans y croire...

Ceux qui me voient partir de mon pays avec un visage calme, ne se doutent pas du tourment de mon âme; ils n'ont pas combattu vingt ans pour la patrie. Leurs amis ne sont pas morts pour cette sainte cause.

Il faut partir; adieu. Sur la route d'ici à Saint-Denis je verrai Paris, je prononcerai les noms de tous ceux qui m'y sont chers; ils seront présents à ma pensée quand je foulerai une terre étrangère. Jamais je ne vous oublierai.

Oh! la jolie lettre.

Il est impossible de mieux dire en s'éloignant d'une personne aimée.

Le général Lamarque a été un grand écrivain en art épistolaire. Parmi les nombreuses correspondances que la constitution de notre petit *Paquet de lettres*, nous a appelé à consulter, nous n'avons rien trouvé de plus touchant (excepté la lettre qu'on lira plus loin, du maréchal Moncey) que la correspondance du général Lamarque, correspondance insérée dans les trois volumes de *Souvenirs et Mémoires* de ce grand caractère.

La lecture de ces trois volumes nous ayant fait passer des heures délicieuses, nous serions bien ingrat si nous n'adressions pas un salut d'admiration et de gratitude à la mémoire du général Lamarque.

Maximilien LAMARQUE, général, orateur, écrivain et *homme* de grand mérite, né à Saint-Sever (Landes), le 22 juillet 1770, est mort à Paris le 1er juin 1832. (Ses funérailles causèrent les historiques *journées de juin*.) Il avait été capitaine des grenadiers composant l'héroïque *Colonne Infernale* que commandait La Tour d'Auvergne, 1er grenadier de la République, dont les cendres ont été transportées au Panthéon en 1889. Le général Lamarque a figuré avec éclat dans toutes les guerres de la Révolution, du Consulat et de l'Empire. C'est lui qui, en 1814, répondit au duc de Blacas qui vantait le repos que la Restauration allait donner à la France, ces mots : « Ce n'est pas là du repos, mais *une halte dans la boue.* » C'est lui qui, chargé, en 1815, de réprimer la résistance royaliste de la Vendée, disait dans ses proclamations respirant les plus nobles sentiments : « Je ne rougis pas de vous demander la paix... L'aspect d'un champ de bataille où l'on ne voit que des Français, déchire l'âme. » Il traitait les Vendéens prisonniers avec la plus grande douceur, et pardonna à un d'entre eux qui avait voulu l'assassiner. « La popularité du général Lamarque, dit Louis Blanc dans le 3e volume de son *Histoire de Dix Ans*, donnait à sa mort une importance particulière. Napoléon expirant l'avait nommé maréchal de France. Tribun et soldat, il possédait ce mélange de qualités qu'adore la partie vive du peuple français, la partie turbulente et guerrière. Il y avait, d'ailleurs, quelque chose d'héroïque dans ce qu'on racontait de son agonie. Sentant la vie se retirer de lui, on l'avait vu recueillir, en quelque sorte, toutes ses forces dans une préoccupation amère des maux et des humiliations de son pays. A l'un il disait : « Je meurs avec « le regret de n'avoir pas vengé la France des infâmes traités « de 1814, » à un autre : « Ce duc de Wellington ! Je suis sûr, « que je l'aurais battu. » Il se fit apporter l'épée que les officiers des Cent-Jours lui avaient donnée, et l'embrassa avec exaltation, ne voulant plus s'en séparer. Puis, comme il parlait de sa fin prochaine et qu'on cherchait à détourner de lui cette pensée funeste : « Qu'importe, s'écria-t-il que je « meure, pourvu que la patrie vive ! » Et la *patrie* fut le dernier mot qui s'échappa de ses lèvres éloquentes, glacées pour jamais.. »

Vive la mémoire du général Lamarque!!!

Et maintenant, passons aux lettres de l'*éternel adieu :*

Lettre de l'empereur d'Autriche Joseph II au maréchal Maurice de Lascy (Lettre écrite du lit de mort) :

Mon cher maréchal Lascy, l'impossibilité seule qui m'empêche de tracer ce peu de lignes de ma main tremblante, m'engage à me servir d'une main étrangère. Je vois approcher à grands pas le moment qui

M.^{AL} LAMARQUE.

MONCEY.

doit nous séparer. Je serais bien ingrat, si je sortais de ce monde sans vous réitérer ici, mon cher ami, tous les sentiments de reconnaissance que je vous dois à tant de titres, et que j'ai eu le plaisir de faire valoir vis-à-vis de toute la terre. Oui! si je suis devenu quelque chose, je vous le dois, car vous m'avez formé, vous m'avez éclairé, vous m'avez fait connaître les hommes.

La sûreté de vos conseils dans toutes les circonstances, cet attachement personnel pour moi qui ne s'est jamais démenti dans aucune occasion, petite ou grande, tout cela fait, mon cher Maréchal, que je ne puis assez vous réitérer mes remerciements. J'ai vu couler vos larmes pour moi... Recevez mes adieux. Je vous embrasse tendrement. La seule chose que je regrette de quitter dans le monde, c'est le petit nombre d'amis dont certainement vous êtes le premier. Souvenez-vous de moi, de votre plus sincère ami et affectionné

JOSEPH.

Comme c'est l'homme de cœur reconnaissant et affectueux et l'ami sincère qui parle, et non le monarque, cette émouvante lettre peut servir de modèle à toute personne qui éprouve de déchirants regrets en disant un éternel adieu à son meilleur ami.

Lettre écrite, quelques minutes avant d'être fusillé, par le roi Murat, à sa femme.

Pizzo, 13 octobre 1815.

Ma chère Caroline,

Ma dernière heure est arrivée!... Dans quelques instants, j'aurai cessé de vivre; dans quelques instants tu n'auras plus d'époux, et mes enfants n'auront plus de père. Ne m'oublie jamais, ne maudis pas mon souvenir, je meurs innocent. Ma vie ne fut jamais tachée d'aucune injustice! Adieu, mon Achille! adieu, ma Lætitia! adieu, mon Lucien! adieu, ma Louise! Montrez-vous au monde dignes de moi! Je vous laisse sans royaume et sans biens au milieu de mes nombreux ennemis! Soyez constamment unis! Montrez-vous supérieurs à l'infortune; pensez à ce que vous êtes et non à ce que vous avez été, et Dieu vous bénira! Respectez ma mémoire. Sachez que la douleur la plus profonde qui m'accable aux derniers instants de ma vie, c'est de mourir loin de mes enfants.

Recevez ma bénédiction paternelle, recevez mes embrassements et mes larmes! Ayez toujours présent à votre mémoire votre malheureux père.

Cette lettre fut remise par le roi Murat au général Nunziante qui venait de le faire prisonnier. Ce général était un homme de guerre, sachant concilier en lui les devoirs de la nature et les devoirs de la situation. « Murat demeuré seul, dit Lamartine dans son *Histoire de la Restauration*, écrivit en arrosant le papier de ses larmes, cette lettre sublime où son âme et son sort, son amour d'époux, sa passion de père, sa conscience de roi, sa fermeté de soldat, se résumaient en quelques lignes dans les dernières palpitations de son cœur. »

XIV

LETTRES DE FORCE DE CARACTÈRE.

Lettre du maréchal Moncey au roi Louis XVIII.

Les défaillances de l'homme sans caractère sont de véritables fléaux, et sont l'origine de toutes les vilenies et de la plupart des crimes.

L'homme sans force de caractère se laisse facilement dominer, et cède à la moindre pression.

La plus grande partie des malheurs qui désolent l'humanité, soit dans la vie intime, soit dans la vie publique, ont pour cause la faiblesse de caractère.

L'homme sans force de caractère est plus à craindre que le forçat parce qu'il peut inspirer de la confiance. Aussi, il vaut cent fois mieux avoir affaire à un repris de justice, ayant volé et tué (on sait à quoi s'en tenir avec lui), qu'avec un homme sans force de caractère qui, par faiblesse, laisse tout faire, tout aller, et finit par trahir tout, jusques et y compris ses parents, ses amis et sa patrie.

Étant donné que les hommes penchent — malheureusement — plutôt du côté de leurs intérêts que du côté de leurs devoirs, les lettres de force de caractère sont rares, très rares, mais celle que nous allons transcrire ci-après remplace avantageusement toutes celles qui devraient exister. Pour notre propre compte nous n'avons jamais lu de lettre qui nous ait si profondément ému ; nous n'avons jamais lu de page qui nous ait tant touché ; nous n'avons jamais rien lu de si beau et de si sublime. « Cette lettre, dit Vaulabelle dans son histoire *Des Deux Restaurations*, qui ne voudrait l'avoir signée ? » Elle seule suffit pour immortaliser la pure et noble mémoire de son illustre auteur, l'héroïque maréchal Moncey !

C'était en août 1815. C'était pendant cette triste page de notre histoire que l'on a appelée : *La Terreur Blanche.*

C'était pendant cette horrible et infernale période où des officiers de l'armée française étaient journellement fusillés par leurs propres soldats. — Officiers dont le *crime* était d'avoir appartenu à l'immortelle armée qui, par suite des idées de progrès répandues par la Révolution Française, avaient lutté contre le despotisme pendant vingt-cinq ans, et était entrée triomphante dans toutes les capitales de l'Europe.

C'était pendant une époque de honteuse délation mutuelle, pendant une époque de palinodies et de platitudes commises en présence des alliés.

Le général Labédoyère, qui avait fait les campagnes de 1806 et 1807, comme gendarme d'ordonnance, et qui était monté le premier à l'assaut de Ratisbonne, venait d'être fusillé à l'âge de 29 ans.

Le maréchal Ney allait être jugé.

Le maréchal Moncey, désigné pour présider le conseil de guerre qui, tout d'abord, devait **CONDAMNER** *le Brave des braves*, refusa cette présidence. Un ministre vint, *au nom du roi*, lui signifier l'ordre d'accepter. Alors l'intègre maréchal écrivit à Louis XVIII la lettre ci-après que la postérité n'oubliera pas. (Le maréchal savait qu'il jouait sa vie.)

Sire,

Placé dans la cruelle alternative de désobéir à Votre Majesté ou de *manquer à ma* CONSCIENCE, je dois m'expliquer à Votre Majesté.

Je n'entre pas dans la question de savoir si le maréchal Ney est innocent ou coupable ; votre justice et l'équité de ses juges *en répon-*

dront à la postérité qui juge dans la même balance les rois et les sujets. Ah! Sire, si ceux qui dirigent vos conseils ne voulaient que le bien de Votre Majesté, ils lui diraient que *l'échafaud ne fit jamais des amis*. Croient-ils donc que la mort soit si redoutable pour ceux qui la bravèrent si souvent?

Sont-ce les Alliés qui exigent que la France immole ses citoyens les plus illustres? Mais, Sire, n'y a-t-il aucun danger pour votre personne et votre dynastie à leur accorder ce sacrifice? Et après avoir désarmé la France à ce point que, dans les deux tiers de votre royaume il ne reste pas un fusil de chasse, pas un seul homme sous les drapeaux, pas un canon attelé, les Alliés veulent-ils donc vous rendre odieux à vos sujets en faisant tomber les têtes de ceux dont ils *ne peuvent prononcer les noms sans rappeler leur humiliation?*

Qui? Moi! J'irais prononcer sur le sort du maréchal Ney! Mais, Sire, permettez-moi de demander à Votre Majesté *où étaient les accusateurs, tandis que Ney parcourait tant de champs de bataille?* Ah! si les Alliés ne peuvent pardonner au prince de la Moskowa, la France peut-elle donc oublier le *héros de la Bérésina?*

C'est à la Bérésina, Sire, que Ney sauva les débris de l'armée. J'y avais des parents, des amis, des soldats, enfin, qui sont les amis de leurs chefs, et *j'enverrais à la* MORT celui à qui tant de Français *doivent la vie*, tant de familles leurs fils, leurs époux, leurs pères! NON, Sire, et s'il ne m'est pas permis de sauver mon pays *ni ma propre existence*, je sauverai du moins *l'honneur*. S'il me reste un regret, c'est d'avoir trop vécu, puisque je survis à la gloire de ma patrie. Quel est, je ne dis pas le maréchal, mais l'homme d'honneur qui ne sera pas forcé de regretter de n'avoir pas trouvé la mort dans les champs de Waterloo?

Ah! Sire, si le malheureux Ney eût fait là ce qu'il avait fait tant de fois ailleurs, peut-être ne serait-il pas traîné devant une commission militaire, peut-être ceux qui demandent aujourd'hui sa mort imploreraient sa protection!

Excusez, Sire, la franchise dans un vieux soldat qui, toujours éloigné des *intrigues*, n'a jamais connu que son métier et la patrie. Il a cru que la même voix qui a blâmé les guerres d'Espagne et de Russie pouvait aussi parler le langage de la vérité au meilleur des rois. Je ne me dissimule pas qu'auprès de tout autre monarque ma démarche *serait dangereuse*, et qu'elle peut m'attirer la haine des courtisans; mais si, *en descendant dans la tombe*, je peux m'écrier avec un de vos illustres aïeux : « *Tout est perdu hormis l'honneur*, » alors je mourrai content.

Le lendemain le *Journal officiel* publiait ceci :

« Le maréchal Moncey est *destitué;* il subira une peine de *trois mois d'emprisonnement*.

« Donné à Paris, à notre château des Tuileries, le 29 août de l'an de grâce 1815, et de notre règne le vingt et unième.

« *Signé* : Louis. »

Jamais lettre n'a reflété plus de force de caractère que celle que l'on vient de lire.

Ah ! si tous les hommes étaient capables d'écrire une lettre semblable en des circonstances si périlleuses pour son auteur, comme l'espèce humaine cesserait d'être « misérable » !

En acceptant de juger Ney, en étant docile aux volontés du roi, le maréchal Moncey pouvait espérer d'être ministre de la Guerre quelques jours après. En acceptant il était sûr d'être comblé de faveurs. En refusant il était sûr que sa carrière serait brisée, que sa liberté serait perdue et que, peut-être, sa vie serait compromise.

Le brave Moncey n'hésita pas. Il ne vendit pas sa conscience. Il sacrifia son intérêt. Il plaça son devoir au-dessus de tout. Il fut héroïque comme doivent toujours l'être ceux qui ont pour mission d'honorer l'armée française et de défendre la Patrie.

FIN

En préparation (manuscrit terminé) :

LE LIVRE DU CHEZ SOI

(Suite au *Livre de la Famille*, avec lequel il pourra être relié.)

Hygiène. — Soins aux malades. — Secours aux blessés. — Garde-malade. — Actes de l'état civil. — Économie domestique traitée en détails (linge, meubles, vêtements, comestible, combustible, placements d'argent : intérêts décomptés pour tous les taux (3, 4, 4 1/2, 5 et 6 0/0). *— Ordre, propreté*, etc...

TABLE

ALPHABÉTIQUE ET ANALYTIQUE DES MATIÈRES

A

B

C

D

E

F

G

H

I

J

L

M

N

O

P

Q

R

S

T

V

www.ingramcontent.com/pod-product-compliance
Lightning Source LLC
Chambersburg PA
CBHW060956280326
41935CB00009B/734

9782012569065